Arbeitsrecht

Herausgegeben von Manfred Rehbinder

Arbeitsrecht

Sämtliche Vorschriften des Bundes
Textausgabe mit Sachregister

Die Rechtsgrundlagen zu:
Arbeitsvertragsrecht
Öffentliches Arbeitsrecht
Kollektives Arbeitsrecht

5., neubearbeitete Auflage

Herausgegeben von

Dr. Manfred Rehbinder

em. o. Professor an der Universität Zürich

orell füssli Verlag AG

5., neubearbeitete Auflage 2004

© 2004 Orell Füssli Verlag AG, Zürich
www.ofv.ch

Druck: fgb · freiburger grafische betriebe, Freiburg i. Brsg.
ISBN 3-280-07088-0

———

Bibilografische Information der Deutschen Bibliothek

Die Deutsche Bibliothek verzeichnet diese Publikation in der Deutschen
Nationalbibliografie; detaillierte bibliografische Daten sind im Internet
abrufbar über: http:/dnb.ddb.de

Inhaltsverzeichnis

II. Gestaltendes öffentliches Arbeitsrecht *361*

C. Kollektives Arbeitsrecht *511*

I. Der Gesamtarbeitsvertrag *511*

II. Betriebsverfassungsrecht *527*

Einführung

Das Arbeitsrecht regelt als *Sonderrecht* den sozialen Tatbestand der *abhängigen* Arbeit. Abhängige Arbeit ist Arbeit, die unter Eingliederung in eine fremde Arbeitsorganisation und damit fremdbestimmt geleistet wird. Das Arbeitsrecht regelt also nicht die selbständige Arbeit. Die sogenannten freien Dienste, insbesondere das Dienstleistungsgewerbe und die in eigener Praxis tätigen freien Berufe, unterliegen den Vorschriften über den Auftrag oder den Werkvertrag. Im weiteren muss die abhängige Arbeit auf Grund eines besonderen *privatrechtlichen Arbeitsvertrages* geleistet werden. Beruht die Arbeitspflicht auf anderweitigen Rechtsbeziehungen (Familienrecht, Gesellschaftsrecht, *öffentlich-rechtliche Subordinationsverhältnisse* des öffentlichen Dienstes oder der Strafgefangenen), so finden die Regelungen des Arbeitsrechts grundsätzlich keine Anwendung.

Das Arbeitsrecht im heutigen Sinn als Sonderrecht entstand erst in der *modernen Industriegesellschaft,* und zwar als *Arbeitnehmerschutzrecht.* Der wirtschaftliche Liberalismus mit seinem Sozialmodell des freien Spiels der Kräfte hatte auf der Grundlage eines rein individualistisch verstandenen Prinzips der *Vertragsfreiheit* und einer nur formalen Rechtsgleichheit die faktische Abhängigkeit des unselbständigen Lohnarbeiters in wirtschaftlicher und persönlicher Hinsicht derart verstärkt, dass untragbare soziale Verhältnisse die Folge waren. Der Staat sah sich daher veranlasst, zur Beseitigung der Missstände auf dem Weg der Gesetzgebung einzugreifen.

Inhaltlich besteht das Arbeitsrecht aus drei grossen Normenkomplexen, nämlich aus dem *Recht des Arbeitsverhältnisses* (Arbeitsvertragsrecht), das die privatrechtlichen Beziehungen zwischen den einzelnen Arbeitgebern und ihren Arbeitnehmern regelt, aus dem *öffentlichen Arbeitsrecht,* das öffentlich-rechtliche Pflichten (in der Regel: des Arbeitgebers) gegenüber dem Staat begründet, und aus dem *kollektiven Arbeitsrecht,* nämlich dem Recht der Arbeitsverbände und deren Beziehungen zum jeweiligen Sozialpartner.

I. Recht des Arbeitsverhältnisses

Das Recht des einzelnen Arbeitsverhältnisses ergibt sich aus einer Reihe recht unterschiedlicher Rechtsquellen, nämlich aus dem Gesetz, aus Rechtsverordnung, aus Normalarbeitsvertrag, aus Einzelvereinbarung, aus dem Direktionsrecht des Arbeitgebers, aus betrieblicher Übung, aus Betriebsordnung oder aus Gesamtarbeitsvertrag.

1. Rechtsquellen

Die *gesetzliche Regelung* findet sich in den Art. 319–363 OR, die im Jahr 1971 grundlegend revidiert wurden. Die arbeitsrechtlichen *Rechtsverordnungen* betreffen in der Regel das (öffentlich-rechtliche) Arbeitsschutzrecht. Aber auch die Allgemeinverbindlicherklärung eines Gesamtarbeitsvertrages wirkt gegenüber den Aussenseitern als Rechtsverordnung. Der *Normalarbeitsvertrag* ist eine besondere Form der Rechtsverordnung, in der bestimmte Typen von Arbeitsverhältnissen geregelt werden können. Ihr Erlass steht im Ermessen der Kantone oder des Bundesrates, die dabei bestimmte Verfahrensvorschriften einhalten müssen. Nur bezüglich landwirtschaftlicher Arbeitsverhältnisse und der Arbeitsverhältnisse im Hausdienst sind die Kantone zum Erlass entsprechender Regelungen verpflichtet. Die *Einzelvereinbarung* kann zwischen Arbeitgeber und Arbeitnehmer schriftlich oder mündlich, ausdrücklich oder stillschweigend erfolgen. Nur in einigen besonders geregelten Fällen ist für die Gültigkeit der Vereinbarung die Schriftform vorgeschrieben. *Das Direktionsrecht* ermöglicht dem Arbeitgeber, die Leistungspflicht des Arbeitnehmers zu konkretisieren. Die *betriebliche Übung* ist eine besondere Form stillschweigender Kollektivvereinbarung, bei der aus der faktischen Handhabung im Betrieb nach einer gewissen Dauer Rechtsansprüche entstehen können. Die *Betriebsordnung* ist eine kollektive Regelung der Arbeitsverhältnisse eines Betriebes durch einseitigen Erlass oder durch Vereinbarung mit der Arbeitnehmervertretung (Betriebskommission). Sie ist für industrielle Betriebe zwingend vorgeschrieben. Der *Gesamtarbeitsvertrag* schliesslich ist die kollektive Vereinbarung von Arbeitsbedingungen zwischen den Gewerkschaften und einzelnen Arbeitgebern oder deren Verbänden.

Die einzelnen Rechtsquellen stehen zueinander in einem komplizierten Konkurrenzverhältnis. Soweit für ein Arbeitsverhältnis ein Gesamtarbeitsvertrag gilt, kann von seinen zwingenden Bestimmungen nicht zuungunsten des Arbeitnehmers abgewichen werden. Soweit nicht zwingendes Gesetzesrecht oder Vereinbarungen eines Gesamtarbeitsvertrages entgegenstehen, kann auch eine Betriebsordnung zwingende Mindestregelungen enthalten. Von den Mindestregelungen kann stets zugunsten der Arbeitnehmer Abweichendes bestimmt werden. Ist dagegen für eine bestimmte Frage keine zwingende *Mindestregelung* erfolgt, so besteht freier Raum für Vereinbarungen. Dabei gehen Einzelvereinbarungen den Kollektivvereinbarungen vor. Ist nichts Besonderes vereinbart, gelten die nicht zwingenden, dispositiven Vorschriften.

2. Allgemeines Arbeitsvertragsrecht

Die gesetzlichen Vorschriften des Individualarbeitsrechts enthalten allgemeine Regelungen, die für alle Arbeitsverhältnisse gelten, und Sonderregelungen, die nur für bestimmte Arbeitsverhältnisse gelten.

a) *Die Begründung eines Arbeitsverhältnisses.* Das Arbeitsverhältnis wird durch einen privatrechtlichen Vertrag begründet, der die «Leistung von Arbeit im Dienst des Arbeitgebers» zum Gegenstand hat. Für diesen Vertrag gilt wie für alle Verträge der Grundsatz der Vertragsfreiheit, jedoch mit erheblichen Einschränkungen. Nicht alle Personen können bestimmte Arbeitsverhältnisse eingehen (Jugendliche und Frauen dürfen mit bestimmten Arbeiten nicht betraut werden, Ausländer dürfen auch nach Inkrafttreten des Freizügigkeitabkommens mit der EU nur mit Aufenthaltsbewilligung beschäftigt werden, Arbeitgeber bedürfen der Befähigung zur Ausbildung von lernenden Personen). Zudem kann nicht jeder Inhalt eines Arbeitsverhältnisses frei vereinbart werden. Es gelten vielmehr die zahlreichen zwingenden Vorschriften der übrigen Rechtsquellen. Einzelvereinbarungen, die gegen diese zwingenden Normen verstossen, sind ungültig und werden durch die betreffenden Normen ersetzt. Einige Einschränkungen bestehen auch gegenüber dem Grundsatz der Formfreiheit. So bedarf z.B. der Lehrvertrag der Schriftform. Überdies gilt das Erfordernis der Schriftlichkeit nach dem Gesetz bei zahlreichen Einzelvereinbarungen (z.B. die Vereinbarung einer Auslagenpauschale oder die sogenannte Erfinderklausel). Ist ein Arbeitsverhältnis begründet worden und stellt sich später heraus, dass der zugrunde liegende Arbeitsvertrag insgesamt fehlerhaft war, so wird der Arbeitnehmer, der bereits gearbeitet hat, in seinem Vertrauen auf die Gültigkeit des Vertrages geschützt.

Das Arbeitsverhältnis ist für die Vergangenheit als rechtswirksam zu behandeln, soweit der Arbeitnehmer gutgläubig war. Für die Zukunft kann es von beiden Seiten mit sofortiger Wirkung aufgelöst werden.

b) *Pflichten des Arbeitnehmers.* Der Arbeitsvertrag begründet für die Vertragspartner gegenseitige Rechte und Pflichten. Der Arbeitnehmer hat im Rahmen des Vereinbarten und der zwingenden Vorschriften die ihm übertragene Arbeit sorgfältig auszuführen. Er hat dabei den allgemeinen Anordnungen und besonderen Weisungen des Arbeitgebers Folge zu leisten, soweit sie nach Art und Umfang der *Arbeitspflicht* zumutbar sind (z.B. die üblichen Nebenpflichten wie kleinere Reparaturen für den Firmenchauffeur) oder mit der Arbeitsleistung in einem unmittelbaren Zusammenhang stehen und sich im Rahmen des Üblichen halten (z.B. in bestimmten Fällen auch Rauchverbot und Torkontrolle). Der Arbeitnehmer ist ferner verpflichtet, «*die berechtigten Interessen des Arbeitgebers* in guten Treuen zu wahren» (Art. 321a OR). Er muss also, soweit ihm das zumutbar ist, Schädigungen des Arbeitgebers unterlassen und Schaden von ihm abwenden. Darunter fällt insbesondere das *Verbot der Schwarzarbeit,* die *Geheimhaltungspflicht* sowie die *Rechenschafts- und Herausgabepflicht.*

c) *Pflichten des Arbeitgebers.* Die wesentlichen Pflichten des Arbeitgebers sind die *Lohnzahlungspflicht* und die *Fürsorgepflicht.* Zwecks *Existenzsicherung des Arbeitnehmers* besteht die Lohnzahlungspflicht in Sonderfällen auch dann, wenn keine Arbeitsleistung erfolgt ist, nämlich bei unverschuldeter Verhinderung des Arbeitnehmers während einer beschränkten Zeit, soweit nicht eine *Pflichtversicherung* eintritt; bei mangelnder oder nicht gehöriger Entgegennahme der angebotenen Arbeit durch den Arbeitgeber sowie bei Arbeitsausfall durch Umstände, die zum sogenannten *Betriebsrisiko* gehören. Ferner ist ein *Existenzminimum* des Lohnes, dessen Höhe vom Betreibungsbeamten festgesetzt wird, gegen Pfändung durch Dritte, gegen Zugriffe durch den Arbeitgeber und gegen Verfügung durch den Arbeitnehmer selbst geschützt. Die Fürsorgepflicht des Arbeitgebers gebietet, die berechtigten Interessen des Arbeitnehmers in guten Treuen zu wahren. Dazu gehört auch der arbeitsrechtliche Gleichbehandlungsgrundsatz, d. h. das Verbot willkürlicher Schlechterstellung einzelner Arbeitnehmer desselben Betriebes. Eine geschlechtsbezogene Ungleichbehandlung verbietet das *Gleichstellungsgesetz.* Im einzelnen

gebietet die Fürsorgepflicht den *Schutz der Persönlichkeit,* insbesondere auch den *Datenschutz, die Gewährung von Freizeit und Ferien,
Schutz des Vermögens* und *Förderung des wirtschaftlichen Fortkommens (Pflicht zur Erteilung eines Zeugnisses).*

d) Beendigung des Arbeitsverhältnisses. Das Arbeitsverhältnis endet
mit *Kündigung des Arbeitsvertrages,* in beiderseitigem Einvernehmen
durch Aufhebungsvertrag, durch Zeitablauf eines befristeten Arbeitsvertrages und durch Tod des Arbeitnehmers. Keine Endigungsgründe
sind im allgemeinen der *Tod des Arbeitgebers,* der *Konkurs des Arbeitgebers* oder des Arbeitnehmers sowie die *Unmöglichkeit der
Arbeitsleistung* und der Militärdienst. Ist der Arbeitsvertrag auf unbestimmte Zeit eingegangen worden, so haben beide Parteien grundsätzlich das Recht, ihn aus *beliebigen Gründen* einseitig aufzulösen,
soweit dieses nicht missbräuchlich ist (Art. 336 OR). Die Auflösung
kann nur zu bestimmten Zeitpunkten erfolgen *(Kündigungstermin).*
Zwischen dem Zugang der Kündigung und der Beendigung des Arbeitsverhältnisses muss ein bestimmter Zeitraum liegen *(Kündigungsfrist).* Für Arbeitgeber und Arbeitnehmer dürfen keine *verschiedenen
Kündigungsfristen* vereinbart werden. Im übrigen kann jedes Arbeitsverhältnis, auch das befristete, *durch ausserordentliche Kündigung*
fristlos aufgelöst werden, wenn ein *wichtiger Grund* vorliegt. Das ist
der Fall, wenn die Fortsetzung des Arbeitsverhältnisses bis zum nächsten ordentlichen Kündigungstermin nach den Umständen des Falles
nicht zuzumuten ist.

3. Besondere Arbeitsverhältnisse

Neben den allgemeinen Vorschriften bestehen spezielle Regelungen
des Gesetzes für bestimmte Typen von Arbeitsverhältnissen, und zwar
für den *Lehrvertrag,* den *Handelreisendenvertrag,* den *Heimarbeitsvertrag,* den *Heuervertrag (Seeschiffahrtsgesetz)* und den öffentlichen
Dienst (Sondergesetze des Bundes und der Kantone).

II. Öffentliches Arbeitsrecht

Das öffentliche Arbeitsrecht lässt sich in das Arbeitsschutzrecht, das
gestaltende öffentliche Arbeitsrecht und in das Recht der Sozialversicherung unterteilen.

Das *Arbeitsschutzrecht* ist im wesentlichen im *Arbeitsgesetz* geregelt. Das Gesetz, das Mindestvorschriften über den Gesundheitsschutz und die Unfallverhütung, Arbeits- und Ruhezeit sowie den Sonderschutz für jugendliche und weibliche Arbeitnehmer enthält, wird durch vier umfangreiche Verordnungen ergänzt. Neu zum Arbeitsschutzrecht wird die Mutterschutzverordnung in die Sammlung aufgenommen. Daneben bestehen Spezialregelungen, z. B. im sogenannten *Arbeitszeitgesetz* für die Unternehmen des öffentlichen Verkehrs, in der *Chauffeurverordnung,* im *Heimarbeitsgesetz,* im *Landwirtschaftsgesetz.* Das *gestaltende öffentliche Arbeitsrecht* bezweckt eine Lenkung der Arbeitswelt durch staatliche Massnahmen *(Berufsausbildung, Arbeitsbeschaffung).* Das *Recht der Sozialversicherung* hat sich als eigenständiges Rechtsgebiet fortentwickelt und wird daher in der vorliegenden Textausgabe nicht berücksichtigt.

III. Kollektives Arbeitsrecht

Unter kollektivem Arbeitsrecht versteht man das Recht der Arbeitsverbände und deren Beziehungen zum jeweiligen Sozialpartner.

1. Recht der Arbeitsverbände

Träger des kollektiven Arbeitsrechts sind die Arbeitsverbände. Sie sind privatrechtliche Vereinigungen von Arbeitnehmern oder von Arbeitgebern zur Wahrung und Förderung der Arbeits- und Wirtschaftsbedingungen ihrer Mitglieder. Sie wurden in der Schweiz schon frühzeitig als Träger des kollektiven Arbeitsrechts anerkannt und vom Staat mit der selbsttätigen Regelung bestimmter sozialer Belange in der Arbeitswelt betraut. Zu ihren Aufgaben gehört u. a. der Abschluss von *Gesamtarbeitsverträgen* mit der Befugnis, die Ausdehnung dieser Verträge auf Nichtmitglieder durch *Allgemeinverbindlicherklärung* des Staates zu beantragen. Sie sind ferner an der Verwaltung zahlreicher sozialer Institutionen beteiligt und haben sonstige vielfältige Mitwirkungsrechte. Ihre Tätigkeit ist verfassungsrechtlich geschützt und garantiert (sogenannte *Koalitionsfreiheit;* vgl. Art. 28 BV). Die Schweizer Gewerkschaften haben das Recht, von Nichtmitgliedern, die gegenwärtig durchschnittlich etwa 80% der Arbeitnehmer ausmachen, sogenannte *Solidaritätsbeiträge* zu erheben.

2. Gesamtarbeitsvertragsrecht

Die Gestaltung der Arbeitsbedingungen im kollektiven Arbeitsrecht geschieht mit Hilfe von Gesamtarbeitsverträgen. Sie können Bestimmungen über Abschluss, Inhalt und Beendigung der einzelnen Arbeitsverhältnisse der betroffenen Arbeitgeber und Arbeitnehmer, Bestimmungen über Rechte und Pflichten der Parteien der Gesamtarbeitsverträge (z. B. Friedenspflicht) und sonstige Bestimmungen enthalten, die das Verhältnis zwischen Arbeitgebern und Arbeitnehmern regeln (z. B. Zahlung an Ausgleichskassen).

3. Betriebsverfassungsrecht

Das Betriebsverfassungsrecht regelt Zuständigkeit und Verfahren beim Zusammenwirken von Arbeitgebern und Arbeitnehmern im Betrieb, insbesondere die Einschränkung der arbeitsrechtlichen Weisungsgewalt durch *Beteiligungsrechte* der Arbeitnehmer *(Mitwirkung)*. Die in der Schweiz abgelehnte Beteiligung der Arbeitnehmer an der Leitung des Unternehmens *(Mitbestimmung)* ist dagegen eine Frage des *Unternehmensverfassungsrechts.* Eine Mitwirkung der Arbeitnehmer im Betrieb wurde gesetzlich mit dem *Mitwirkungsgesetz* eingeführt. Das Gesetz enthält nur wenige zwingende Vorschriften und lässt als Rahmengesetz weiten Raum für abweichende Regelungen durch Gesamtarbeitsverträge. Das Arbeitsgesetz enthält Vorschriften über die *Betriebsordnung* (Art. 37–39 ArG).

4. Recht der Kollektivstreitigkeiten

Kollektivstreitigkeiten sind Auseinandersetzungen zwischen Gewerkschaften und einzelnen Arbeitgebern oder Arbeitgeberverbänden um die Gestaltung der Arbeitsbedingungen. Ihrer Beilegung dient das *Schlichtungswesen.* Werden im Lauf der Auseinandersetzungen Massnahmen ergriffen, die den Arbeitsfrieden stören, so spricht man von *Arbeitskampf.* Hauptformen des Arbeitskampfes sind *Streik, Aussperrung* und *Boykott.* Arbeitskämpfe sind grundsätzlich erlaubt und nur ausnahmsweise verboten (Grundsatz der *Kampffreiheit;* vgl. Art. 28 Abs. 3 BV). In der Schweiz wird jedoch häufig eine absolute *Friedenspflicht* vereinbart. Eine besondere gesetzliche Regelung des *Arbeitskampfrechts* fehlt.

Auch an dieser Stelle danke ich meinem Assistenten, Herrn lic. iur. Emil Salagean, für seine Mitarbeit.

Zürich, im Juli 2004
Manfred Rehbinder

A. Recht des Arbeitsverhältnisses
I. Der Einzelarbeitsvertrag

Schweizerisches Obligationenrecht[1]

(SR 220)

(OR 319–355, 361–362)

Zehnter Titel: Der Arbeitsvertrag[2]
1. Abschnitt: Der Einzelarbeitsvertrag

A. Begriff und Entstehung

I. Begriff

Art. 319

[1] Durch den Einzelarbeitsvertrag verpflichtet sich der Arbeitnehmer auf bestimmte oder unbestimmte Zeit zur Leistung von Arbeit im Dienst des Arbeitgebers und dieser zur Entrichtung eines Lohnes, der nach Zeitabschnitten (Zeitlohn) oder nach der geleisteten Arbeit (Akkordlohn) bemessen wird.

[2] Als Einzelarbeitsvertrag gilt auch der Vertrag, durch den sich ein Arbeitnehmer zur regelmässigen Leistung von stunden-, halbtage- oder tageweiser Arbeit (Teilzeitarbeit) im Dienst des Arbeitgebers verpflichtet.

II. Entstehung

Art. 320

[1] Wird es vom Gesetz nicht anders bestimmt, so bedarf der Einzelarbeitsvertrag zu seiner Gültigkeit keiner besonderen Form.

[2] Er gilt auch dann als abgeschlossen, wenn der Arbeitgeber Arbeit in seinem Dienst auf Zeit entgegennimmt, deren Leistung nach den Umständen nur gegen Lohn zu erwarten ist.

---

1   **Fettgedruckte Vorschriften mit Seitenstrich sind absolut (beidseitig) zwingend (siehe Art. 361 OR). Von ihnen darf in keinem Falle abgewichen werden. Fettgedruckte Vorschriften ohne Seitenstrich sind relativ, d. h. nur zugunsten des Arbeitnehmers zwingend (siehe Art. 362 OR). Von ihnen darf also abgewichen werden, wenn dies für den Arbeitnehmer günstiger ist.** Die übrigen Vorschriften sind dispositiv, d. h. sie kommen nur zur Anwendung, wenn nichts Abweichendes bestimmt ist. Zu den verschiedenen Rechtsquellen, die neben dem OR in Frage kommen, siehe die Einführung unter I 1.

2   Botschaft: BBl **1967** II 241.

[3] Leistet der Arbeitnehmer in gutem Glauben Arbeit im Dienste des Arbeitgebers auf Grund eines Arbeitsvertrages, der sich nachträglich als ungültig erweist, so haben beide Parteien die Pflichten aus dem Arbeitsverhältnis in gleicher Weise wie aus gültigem Vertrag zu erfüllen, bis dieses wegen Ungültigkeit des Vertrages vom einen oder andern aufgehoben wird.

B. Pflichten des Arbeitnehmers

I. Persönliche Arbeitspflicht

Art. 321

Der Arbeitnehmer hat die vertraglich übernommene Arbeit in eigener Person zu leisten, sofern nichts anderes verabredet ist oder sich aus den Umständen ergibt.

II. Sorgfalts- und Treuepflicht

Art. 321a

[1] Der Arbeitnehmer hat die ihm übertragene Arbeit sorgfältig auszuführen und die berechtigten Interessen des Arbeitgebers in guten Treuen zu wahren.

[2] Er hat Maschinen, Arbeitsgeräte, technische Einrichtungen und Anlagen sowie Fahrzeuge des Arbeitgebers fachgerecht zu bedienen und diese sowie Material, die ihm zur Ausführung der Arbeit zur Verfügung gestellt werden, sorgfältig zu behandeln.

[3] Während der Dauer des Arbeitsverhältnisses darf der Arbeitnehmer keine Arbeit gegen Entgelt für einen Dritten leisten, soweit er dadurch seine Treuepflicht verletzt, insbesondere den Arbeitgeber konkurrenziert.

[4] Der Arbeitnehmer darf geheim zu haltende Tatsachen, wie namentlich Fabrikations- und Geschäftsgeheimnisse, von denen er im Dienst des Arbeitgebers Kenntnis erlangt, während des Arbeitsverhältnisses nicht verwerten oder anderen mitteilen; auch nach dessen Beendigung bleibt er zur Verschwiegenheit verpflichtet, soweit es zur Wahrung der berechtigten Interessen des Arbeitgebers erforderlich ist.

III. Rechenschafts- und Herausgabepflicht

Art. 321b

[1] Der Arbeitnehmer hat dem Arbeitgeber über alles, was er bei seiner vertraglichen Tätigkeit für diesen von Dritten erhält, wie namentlich Geldbeträge, Rechenschaft abzulegen und ihm alles sofort herauszugeben.

[2] Er hat dem Arbeitgeber auch alles sofort herauszugeben, was er in Ausübung seiner vertraglichen Tätigkeit hervorbringt.

IV. Überstundenarbeit

Art. 321c

[1] Wird gegenüber dem zeitlichen Umfang der Arbeit, der verabredet oder üblich oder durch Normalarbeitsvertrag oder Gesamtarbeitsvertrag bestimmt ist, die Leistung von Überstundenarbeit notwendig, so ist der Arbeitnehmer dazu soweit verpflichtet, als er sie zu leisten vermag und sie ihm nach Treu und Glauben zugemutet werden kann.

[2] Im Einverständnis mit dem Arbeitnehmer kann der Arbeitgeber die Überstundenarbeit innert eines angemessenen Zeitraumes durch Freizeit von mindestens gleicher Dauer ausgleichen.

[3] Wird die Überstundenarbeit nicht durch Freizeit ausgeglichen und ist nichts anderes schriftlich verabredet oder durch Normalarbeitsvertrag oder Gesamtarbeitsvertrag bestimmt, so hat der Arbeitgeber für die Überstundenarbeit Lohn zu entrichten, der sich nach dem Normallohn samt einem Zuschlag von mindestens einem Viertel bemisst.

V. Befolgung von Anordnungen und Weisungen

Art. 321d

[1] Der Arbeitgeber kann über die Ausführung der Arbeit und das Verhalten der Arbeitnehmer im Betrieb oder Haushalt allgemeine Anordnungen erlassen und ihnen besondere Weisungen erteilen.

[2] Der Arbeitnehmer hat die allgemeinen Anordnungen des Arbeitgebers und die ihm erteilten besonderen Weisungen nach Treu und Glauben zu befolgen.

VI. Haftung des Arbeitnehmers

Art. 321e

[1] Der Arbeitnehmer ist für den Schaden verantwortlich, den er absichtlich oder fahrlässig dem Arbeitgeber zufügt.

[2] Das Mass der Sorgfalt, für die der Arbeitnehmer einzustehen hat, bestimmt sich nach dem einzelnen Arbeitsverhältnis, unter Berücksichtigung des Berufsrisikos, des Bildungsgrades oder der Fachkenntnisse, die zu der Arbeit verlangt werden, sowie der Fähigkeiten und Eigenschaften des Arbeitnehmers, die der Arbeitgeber gekannt hat oder hätte kennen sollen.

C. Pflichten des Arbeitgebers

I. Lohn

1. Art und Höhe im allgemeinen

Art. 322

[1] Der Arbeitgeber hat dem Arbeitnehmer den Lohn zu entrichten, der verabredet oder üblich oder durch Normalarbeitsvertrag oder Gesamtarbeitsvertrag bestimmt ist.

[2] Lebt der Arbeitnehmer in Hausgemeinschaft mit dem Arbeitgeber, so bildet der Unterhalt im Hause mit Unterkunft und Verpflegung einen Teil des Lohnes, sofern nichts anderes verabredet oder üblich ist.

2. Anteil am Geschäftsergebnis

Art. 322a

[1] Hat der Arbeitnehmer vertraglich Anspruch auf einen Anteil am Gewinn oder am Umsatz oder sonst am Geschäftsergebnis, so ist für die Berechnung des Anteils das Ergebnis des Geschäftsjahres massgebend, wie es nach den gesetzlichen Vorschriften und allgemein anerkannten kaufmännischen Grundsätzen festzustellen ist.

[2] Der Arbeitgeber hat dem Arbeitnehmer oder an dessen Stelle einem gemeinsam bestimmten oder vom Richter bezeichneten Sachverständigen die nötigen Aufschlüsse zu geben und Einsicht in die Geschäftsbücher zu gewähren, soweit dies zur Nachprüfung erforderlich ist.

[3] Ist ein Anteil am Gewinn des Unternehmens verabredet, so ist dem Arbeitnehmer überdies auf Verlangen eine Abschrift der Gewinn- und Verlustrechnung des Geschäftsjahres zu übergeben.

3. Provision

a) Entstehung

Art. 322b

[1] **Ist eine Provision des Arbeitnehmers auf bestimmten Geschäften verabredet, so entsteht der Anspruch darauf, wenn das Geschäft mit dem Dritten rechtsgültig abgeschlossen ist.**

[2] **Bei Geschäften mit gestaffelter Erfüllung sowie bei Versicherungsverträgen kann schriftlich verabredet werden, dass der Provisionsanspruch auf jeder Rate mit ihrer Fälligkeit oder ihrer Leistung entsteht.**

[3] Der Anspruch auf Provision fällt nachträglich dahin, wenn das Geschäft vom Arbeitgeber ohne sein Verschulden nicht ausgeführt wird oder wenn der Dritte seine Verbindlichkeiten nicht erfüllt; bei nur teilweiser Erfüllung tritt eine verhältnismässige Herabsetzung der Provision ein.

b) Abrechnung

Art. 322c

[1] **Ist vertraglich nicht der Arbeitnehmer zur Aufstellung der Provisionsabrechnung verpflichtet, so hat ihm der Arbeitgeber auf jeden Fälligkeitstermin eine schriftliche Abrechnung, unter Angabe der provisionspflichtigen Geschäfte, zu übergeben.**

[2] **Der Arbeitgeber hat dem Arbeitnehmer oder an dessen Stelle einem gemeinsam bestimmten oder vom Richter bezeichneten Sachverständigen die nötigen Aufschlüsse zu geben und Einsicht in die für die Abrechnung massgebenden Bücher und Belege zu gewähren, soweit dies zur Nachprüfung erforderlich ist.**

4. Gratifikation

Art. 322d

[1] Richtet der Arbeitgeber neben dem Lohn bei bestimmten Anlässen, wie Weihnachten oder Abschluss des Geschäftsjahres, eine Sondervergütung aus, so hat der Arbeitnehmer einen Anspruch darauf, wenn es verabredet ist.

[2] Endigt das Arbeitsverhältnis, bevor der Anlass zur Ausrichtung der Sondervergütung eingetreten ist, so hat der Arbeitnehmer einen An-

spruch auf einen verhältnismässigen Teil davon, wenn es verabredet ist.

II. Ausrichtung des Lohnes
1. Zahlungsfristen und -termine
Art. 323

[1] Sind nicht kürzere Fristen oder andere Termine verabredet oder üblich und ist durch Normalarbeitsvertrag oder Gesamtarbeitsvertrag nichts anderes bestimmt, so ist dem Arbeitnehmer der Lohn Ende jedes Monats auszurichten.

[2] Ist nicht eine kürzere Frist verabredet oder üblich, so ist die Provision Ende jedes Monats auszurichten; erfordert jedoch die Durchführung von Geschäften mehr als ein halbes Jahr, so kann durch schriftliche Abrede die Fälligkeit der Provision für diese Geschäfte hinausgeschoben werden.

[3] Der Anteil am Geschäftsergebnis ist auszurichten, sobald dieses festgestellt ist, spätestens jedoch sechs Monate nach Ablauf des Geschäftsjahres.

[4] Der Arbeitgeber hat dem Arbeitnehmer nach Massgabe der geleisteten Arbeit den Vorschuss zu gewähren, dessen der Arbeitnehmer infolge einer Notlage bedarf und den der Arbeitgeber billigerweise zu gewähren vermag.

2. Lohnrückbehalt
Art. 323a

[1] Sofern es verabredet oder üblich oder durch Normalarbeitsvertrag oder Gesamtarbeitsvertrag bestimmt ist, darf der Arbeitgeber einen Teil des Lohnes zurückbehalten.

[2] Von dem am einzelnen Zahltag fälligen Lohn darf nicht mehr als ein Zehntel des Lohnes und im gesamten nicht mehr als der Lohn für eine Arbeitswoche zurückbehalten werden; jedoch kann ein höherer Lohnrückbehalt durch Normalarbeitsvertrag oder Gesamtarbeitsvertrag vorgesehen werden.

[3] Ist nichts anderes verabredet oder üblich oder durch Normalarbeitsvertrag oder Gesamtarbeitsvertrag bestimmt, so gilt der zurückbehaltene Lohn als Sicherheit für die Forderungen des Arbeitgebers aus dem Arbeitsverhältnis und nicht als Konventionalstrafe.

3. Lohnsicherung

Art. 323b

[1] Der Geldlohn ist dem Arbeitnehmer in gesetzlicher Währung innert der Arbeitszeit auszurichten, sofern nichts anderes verabredet oder üblich ist; **dem Arbeitnehmer ist eine schriftliche Abrechnung zu übergeben.**

[2] **Der Arbeitgeber darf Gegenforderungen mit der Lohnforderung nur soweit verrechnen, als diese pfändbar ist, jedoch dürfen Ersatzforderungen für absichtlich zugefügten Schaden unbeschränkt verrechnet werden.**

[3] Abreden über die Verwendung des Lohnes im Interesse des Arbeitgebers sind nichtig.

III. Lohn bei Verhinderung an der Arbeitsleistung
1. bei Annahmeverzug des Arbeitgebers

Art. 324

[1] **Kann die Arbeit infolge Verschuldens des Arbeitgebers nicht geleistet werden oder kommt er aus anderen Gründen mit der Annahme der Arbeitsleistung in Verzug, so bleibt er zur Entrichtung des Lohnes verpflichtet, ohne dass der Arbeitnehmer zur Nachleistung verpflichtet ist.**

[2] **Der Arbeitnehmer muss sich auf den Lohn anrechnen lassen, was er wegen Verhinderung an der Arbeitsleistung erspart oder durch anderweitige Arbeit erworben oder zu erwerben absichtlich unterlassen hat.**

2. bei Verhinderung des Arbeitnehmers
a) Grundsatz

Art. 324a

[1] **Wird der Arbeitnehmer aus Gründen, die in seiner Person liegen, wie Krankheit, Unfall, Erfüllung gesetzlicher Pflichten oder Ausübung eines öffentlichen Amtes, ohne sein Verschulden an der Arbeitsleistung verhindert, so hat ihm der Arbeitgeber für eine beschränkte Zeit den darauf entfallenden Lohn zu entrichten, samt einer angemessenen Vergütung für ausfallenden Naturallohn, sofern das Arbeitsverhältnis mehr als drei Monate gedauert hat oder für mehr als drei Monate eingegangen ist.**

2 Sind durch Abrede, Normalarbeitsvertrag oder Gesamtarbeitsvertrag nicht längere Zeitabschnitte bestimmt, so hat der Arbeitgeber im ersten Dienstjahr den Lohn für drei Wochen und nachher für eine angemessene längere Zeit zu entrichten, je nach der Dauer des Arbeitsverhältnisses und den besonderen Umständen.

3 Bei Schwangerschaft und Niederkunft der Arbeitnehmerin hat der Arbeitgeber den Lohn im gleichen Umfang zu entrichten.

4 Durch schriftliche Abrede, Normalarbeitsvertrag oder Gesamtarbeitsvertrag kann eine von den vorstehenden Bestimmungen abweichende Regelung getroffen werden, wenn sie für den Arbeitnehmer mindestens gleichwertig ist.

b) Ausnahmen

Art. 324b
1 Ist der Arbeitnehmer auf Grund gesetzlicher Vorschrift gegen die wirtschaftlichen Folgen unverschuldeter Arbeitsverhinderung aus Gründen, die in seiner Person liegen, obligatorisch versichert, so hat der Arbeitgeber den Lohn nicht zu entrichten, wenn die für die beschränkte Zeit geschuldeten Versicherungsleistungen mindestens vier Fünftel des darauf entfallenden Lohnes decken.

2 Sind die Versicherungsleistungen geringer, so hat der Arbeitgeber die Differenz zwischen diesen und vier Fünfteln des Lohnes zu entrichten.

3 Werden die Versicherungsleistungen erst nach einer Wartezeit gewährt, so hat der Arbeitgeber für diese Zeit mindestens vier Fünftel des Lohnes zu entrichten.[3]

IV. Abtretung und Verpfändung von Lohnforderungen

Art. 325[4]
1 Zur Sicherung familienrechtlicher Unterhalts- und Unterstützungspflichten kann der Arbeitnehmer künftige Lohnforderungen so weit abtreten oder verpfänden, als sie pfändbar sind; auf Ansuchen eines

---

3   Eingefügt durch Anhang Ziff. 12 des Unfallversicherungsgesetzes, in Kraft seit 1. Jan. 1984 (SR **832.20**, **832.201** Art. 1 Abs. 1).
4   Fassung gemäss Ziff. I des BG vom 14. Dez. 1990, in Kraft seit 1. Juli 1991 (AS **1991** 974 975; BBl **1989** III 1233, **1990** I 120).

Beteiligten setzt das Betreibungsamt am Wohnsitz des Arbeitnehmers den nach Artikel 93 des Schuldbetreibungs- und Konkursgesetzes[5] unpfändbaren Betrag fest.

[2] Die Abtretung und die Verpfändung künftiger Lohnforderungen zur Sicherung anderer Verbindlichkeiten sind nichtig.

V. Akkordlohnarbeit

1. Zuweisung von Arbeit

Art. 326

[1] Hat der Arbeitnehmer vertragsgemäss ausschliesslich Akkordlohnarbeit nur für einen Arbeitgeber zu leisten, so hat dieser genügend Arbeit zuzuweisen.

[2] Ist der Arbeitgeber ohne sein Verschulden ausserstande, vertragsgemässe Akkordlohnarbeit zuzuweisen oder verlangen die Verhältnisse des Betriebes vorübergehend die Leistung von Zeitlohnarbeit, so kann dem Arbeitnehmer solche zugewiesen werden.

[3] Ist der Zeitlohn nicht durch Abrede, Normalarbeitsvertrag oder Gesamtarbeitsvertrag bestimmt, so hat der Arbeitgeber dem Arbeitnehmer den vorher durchschnittlich verdienten Akkordlohn zu entrichten.

[4] Kann der Arbeitgeber weder genügend Akkordlohnarbeit noch Zeitlohnarbeit zuweisen, so bleibt er gleichwohl verpflichtet, nach den Vorschriften über den Annahmeverzug den Lohn zu entrichten, den er bei Zuweisung von Zeitlohnarbeit zu entrichten hätte.

2. Akkordlohn

Art. 326a

[1] Hat der Arbeitnehmer vertraglich Akkordlohnarbeit zu leisten, so hat ihm der Arbeitgeber den Akkordlohnansatz vor Beginn der einzelnen Arbeit bekanntzugeben.

[2] Unterlässt der Arbeitgeber diese Bekanntgabe, so hat er den Lohn nach dem für gleichartige oder ähnliche Arbeiten festgesetzten Ansatz zu entrichten.

VI. Arbeitsgeräte, Material und Auslagen
1. Arbeitsgeräte und Material

Art. 327

¹ Ist nichts anderes verabredet oder üblich, so hat der Arbeitgeber den Arbeitnehmer mit den Geräten und dem Material auszurüsten, die dieser zur Arbeit benötigt.

² Stellt im Einverständnis mit dem Arbeitgeber der Arbeitnehmer selbst Geräte oder Material für die Ausführung der Arbeit zur Verfügung, so ist er dafür angemessen zu entschädigen, sofern nichts anderes verabredet oder üblich ist.

2. Auslagen
a) im allgemeinen

Art. 327a

¹ Der Arbeitgeber hat dem Arbeitnehmer alle durch die Ausführung der Arbeit notwendig entstehenden Auslagen zu ersetzen, bei Arbeit an auswärtigen Arbeitsorten auch die für den Unterhalt erforderlichen Aufwendungen.

² Durch schriftliche Abrede, Normalarbeitsvertrag oder Gesamtarbeitsvertrag kann als Auslagenersatz eine feste Entschädigung, wie namentlich ein Taggeld oder eine pauschale Wochen- oder Monatsvergütung festgesetzt werden, durch die jedoch alle notwendig entstehenden Auslagen gedeckt werden müssen.

³ Abreden, dass der Arbeitnehmer die notwendigen Auslagen ganz oder teilweise selbst zu tragen habe, sind nichtig.

b) Motorfahrzeug

Art. 327b

¹ Benützt der Arbeitnehmer im Einverständnis mit dem Arbeitgeber für seine Arbeit ein von diesem oder ein von ihm selbst gestelltes Motorfahrzeug, so sind ihm die üblichen Aufwendungen für dessen Betrieb und Unterhalt nach Massgabe des Gebrauchs für die Arbeit zu vergüten.

² Stellt der Arbeitnehmer im Einverständnis mit dem Arbeitgeber selbst ein Motorfahrzeug, so sind ihm überdies die öffentlichen Abgaben für das Fahrzeug, die Prämien für die Haftpflichtversicherung und

eine angemessene Entschädigung für die Abnützung des Fahrzeugs nach Massgabe des Gebrauchs für die Arbeit zu vergüten.

[3] ...[6]

c) Fälligkeit

Art. 327c

[1] Auf Grund der Abrechnung des Arbeitnehmers ist der Auslagenersatz jeweils zusammen mit dem Lohn auszurichten, sofern nicht eine kürzere Frist verabredet oder üblich ist.

[2] Hat der Arbeitnehmer zur Erfüllung der vertraglichen Pflichten regelmässig Auslagen zu machen, so ist ihm ein angemessener Vorschuss in bestimmten Zeitabständen, mindestens aber jeden Monat auszurichten.

VII. Schutz der Persönlichkeit des Arbeitnehmers
1. im allgemeinen

Art. 328

[1] Der Arbeitgeber hat im Arbeitsverhältnis die Persönlichkeit des Arbeitnehmers zu achten und zu schützen, auf dessen Gesundheit gebührend Rücksicht zu nehmen und für die Wahrung der Sittlichkeit zu sorgen. Er muss insbesondere dafür sorgen, dass Arbeitnehmerinnen und Arbeitnehmer nicht sexuell belästigt werden und dass den Opfern von sexuellen Belästigungen keine weiteren Nachteile entstehen.[7]

[2] Er hat zum Schutz von Leben, Gesundheit und persönlicher Integrität der Arbeitnehmerinnen und Arbeitnehmer die Massnahmen zu treffen, die nach der Erfahrung notwendig, nach dem Stand der Technik anwendbar und den Verhältnissen des Betriebes oder Haushaltes angemessen sind, soweit es mit Rücksicht auf das einzelne Arbeitsverhältnis und die Natur der Arbeitsleistung[8] ihm billigerweise zugemutet werden kann.[9]

---

6   Aufgehoben durch Anhang Ziff. 12 des Unfallversicherungsgesetzes (SR **832.20**).

7   Zweiter Satz eingefügt durch Anhang Ziff. 3 des Gleichstellungsgesetzes vom 24. März 1995, in Kraft seit 1. Juli 1996 (SR 151.1).

8   Berichtigt von der Redaktionskommission der BVers (Art. 33 des Geschäftsverkehrsgesetzes – SR **171.11**).

9   Fassung gemäss Anhang Ziff. 3 des Gleichstellungsgesetzes vom 24. März 1995, in Kraft seit 1. Juli 1996 (SR **151.1**).

2. bei Hausgemeinschaft

Art. 328a

[1] Lebt der Arbeitnehmer in Hausgemeinschaft mit dem Arbeitgeber, so hat dieser für ausreichende Verpflegung und einwandfreie Unterkunft zu sorgen.

[2] Wird der Arbeitnehmer ohne sein Verschulden durch Krankheit oder Unfall an der Arbeitsleistung verhindert, so hat der Arbeitgeber Pflege und ärztliche Behandlung für eine beschränkte Zeit zu gewähren, im ersten Dienstjahr für drei Wochen und nachher für eine angemessene längere Zeit, je nach der Dauer des Arbeitsverhältnisses und den besonderen Umständen.

[3] Bei Schwangerschaft und Niederkunft der Arbeitnehmerin hat der Arbeitgeber die gleichen Leistungen zu gewähren.

3. Bei der Bearbeitung von Personendaten

Art. 328b

Der Arbeitgeber darf Daten über den Arbeitnehmer nur bearbeiten, soweit sie dessen Eignung für das Arbeitsverhältnis betreffen oder zur Durchführung des Arbeitsvertrages erforderlich sind. Im übrigen gelten die Bestimmungen des Bundesgesetzes vom 19. Juni 1992[10] über den Datenschutz.

VIII. Freizeit, Ferien und Urlaub für ausserschulische Jugendarbeit

1. Freizeit

Art. 329

[1] Der Arbeitgeber hat dem Arbeitnehmer jede Woche einen freien Tag zu gewähren, in der Regel den Sonntag oder, wo dies nach den Verhältnissen nicht möglich ist, einen vollen Werktag.

[2] Unter besonderen Umständen können dem Arbeitnehmer mit dessen Zustimmung ausnahmsweise mehrere freie Tage zusammenhängend oder statt eines freien Tages zwei freie Halbtage eingeräumt werden.

[3] Dem Arbeitnehmer sind im übrigen die üblichen freien Stunden und Tage und nach erfolgter Kündigung die für das Aufsu-

chen einer anderen Arbeitsstelle erforderliche Zeit zu gewähren.

[4] Bei der Bestimmung der Freizeit ist auf die Interessen des Arbeitgebers wie des Arbeitnehmers angemessen Rücksicht zu nehmen.

2. Ferien

a) Dauer

Art. 329a

[1] **Der Arbeitgeber hat dem Arbeitnehmer jedes Dienstjahr wenigstens vier Wochen, dem Arbeitnehmer bis zum vollendeten 20. Altersjahr wenigstens fünf Wochen Ferien zu gewähren.**[11]

[2] ...[12]

[3] **Für ein unvollständiges Dienstjahr sind Ferien entsprechend der Dauer des Arbeitsverhältnisses im betreffenden Dienstjahr zu gewähren.**

b) Kürzung

Art. 329b

[1] Ist der Arbeitnehmer durch sein Verschulden während eines Dienstjahres insgesamt um mehr als einen Monat an der Arbeitsleistung verhindert, so kann der Arbeitgeber die Ferien für jeden vollen Monat der Verhinderung um einen Zwölftel kürzen.[13]

[2] **Beträgt die Verhinderung insgesamt nicht mehr als einen Monat im Dienstjahr und ist sie durch Gründe, die in der Person des Arbeitnehmers liegen, wie Krankheit, Unfall, Erfüllung gesetzlicher Pflichten, Ausübung eines öffentlichen Amtes oder Jugendurlaub, ohne Verschulden des Arbeitnehmers verursacht, so dürfen die Ferien vom Arbeitgeber nicht gekürzt werden.**[14]

[3] **Die Ferien dürfen vom Arbeitgeber auch nicht gekürzt werden, wenn eine Arbeitnehmerin wegen Schwangerschaft und**

---

11   Fassung gemäss Ziff. I des BG vom 16. Dez. 1983, in Kraft seit 1. Juli 1984 (AS 1984 580 581; BBl 1982 III 201).

12   Aufgehoben durch Ziff. I des BG vom 16. Dez. 1983 (AS **1984** 580; BBl **1982** III 201).

13   Fassung gemäss Art. 117 des Arbeitslosenversicherungsgesetzes, in Kraft seit 1. Jan. 1984 (SR **837.0, 837.01**).

14   Fassung gemäss Art. 13 des JFG vom 6. Okt. 1989, in Kraft seit 1. Jan. 1991 (SR **446.1**).

Niederkunft bis zu zwei Monate an der Arbeitsleistung verhindert ist.

[4] Durch Normalarbeitsvertrag oder Gesamtarbeitsvertrag kann eine von den Absätzen 2 und 3 abweichende Regelung getroffen werden, wenn sie für den Arbeitnehmer im ganzen mindestens gleichwertig ist.[15]

c) Zusammenhang und Zeitpunkt

Art. 329c
[1] **Die Ferien sind in der Regel im Verlauf des betreffenden Dienstjahres zu gewähren; wenigstens zwei Ferienwochen müssen zusammenhängen.[16]**

[2] **Der Arbeitgeber bestimmt den Zeitpunkt der Ferien und nimmt dabei auf die Wünsche des Arbeitnehmers soweit Rücksicht, als dies mit den Interessen des Betriebes oder Haushaltes vereinbar ist.**

d) Lohn

Art. 329d
[1] **Der Arbeitgeber hat dem Arbeitnehmer für die Ferien den gesamten darauf entfallenden Lohn und eine angemessene Entschädigung für ausfallenden Naturallohn zu entrichten.**

[2] **Die Ferien dürfen während der Dauer des Arbeitsverhältnisses nicht durch Geldleistungen oder andere Vergünstigungen abgegolten werden.**

[3] **Leistet der Arbeitnehmer während der Ferien entgeltliche Arbeit für einen Dritten und werden dadurch die berechtigten Interessen des Arbeitgebers verletzt, so kann dieser den Ferienlohn verweigern und bereits bezahlten Ferienlohn zurückverlangen.**

---

15   Eingefügt durch Ziff. I des BG vom 16. Dez. 1983, in Kraft seit 1. Juli 1984 (AS **1984** 580 581; BBl **1982** III 201).
16   Fassung gemäss Ziff. I des BG vom 16. Dez. 1983, in Kraft seit 1. Juli 1984 (AS **1984** 580 581; BBl **1982** III 201).

3. Urlaub für ausserschulische Jugendarbeit

Art. 329e

¹ **Der Arbeitgeber hat dem Arbeitnehmer bis zum vollendeten 30. Altersjahr für unentgeltliche leitende, betreuende oder beratende Tätigkeit im Rahmen ausserschulischer Jugendarbeit in einer kulturellen oder sozialen Organisation sowie für die dazu notwendige Aus- und Weiterbildung jedes Dienstjahr Jugendurlaub bis zu insgesamt einer Arbeitswoche zu gewähren.**

² Der Arbeitnehmer hat während des Jugendurlaubs keinen Lohnanspruch. Durch Abrede, Normalarbeitsvertrag oder Gesamtarbeitsvertrag kann zugunsten des Arbeitnehmers eine andere Regelung getroffen werden.

³ **Über den Zeitpunkt und die Dauer des Jugendurlaubs einigen sich Arbeitgeber und Arbeitnehmer; sie berücksichtigen dabei ihre beidseitigen Interessen. Kommt eine Einigung nicht zustande, dann muss der Jugendurlaub gewährt werden, wenn der Arbeitnehmer dem Arbeitgeber die Geltendmachung seines Anspruches zwei Monate im voraus angezeigt hat. Nicht bezogene Jugendurlaubstage verfallen am Ende des Kalenderjahres.**

⁴ Der Arbeitnehmer hat auf Verlangen des Arbeitgebers seine Tätigkeiten und Funktionen in der Jugendarbeit nachzuweisen.

IX. Übrige Pflichten
1. Kaution

Art. 330

¹ **Übergibt der Arbeitnehmer zur Sicherung seiner Verpflichtungen aus dem Arbeitsverhältnis dem Arbeitgeber eine Kaution, so hat sie dieser von seinem Vermögen getrennt zu halten und ihm dafür Sicherheit zu leisten.**

² Der Arbeitgeber hat die Kaution spätestens bei Beendigung des Arbeitsverhältnisses zurückzugeben, sofern nicht durch schriftliche Abrede der Zeitpunkt der Rückgabe hinausgeschoben ist.

³ **Macht der Arbeitgeber Forderungen aus dem Arbeitsverhältnis geltend und sind diese streitig, so kann er die Kaution bis zum Entscheid darüber insoweit zurückbehalten, muss aber auf**

Verlangen des Arbeitnehmers den zurückbehaltenen Betrag gerichtlich hinterlegen.

4 Im Konkurs des Arbeitgebers kann der Arbeitnehmer die Rückgabe der von dem Vermögen des Arbeitgebers getrennt gehaltenen Kaution verlangen, unter Vorbehalt der Forderungen des Arbeitgebers aus dem Arbeitsverhältnis.

2. Zeugnis

Art. 330a

1 Der Arbeitnehmer kann jederzeit vom Arbeitgeber ein Zeugnis verlangen, das sich über die Art und Dauer des Arbeitsverhältnisses sowie über seine Leistungen und sein Verhalten ausspricht.

2 Auf besonderes Verlangen des Arbeitnehmers hat sich das Zeugnis auf Angaben über die Art und Dauer des Arbeitsverhältnisses zu beschränken.

D. Personalvorsorge

I. Pflichten des Arbeitgebers

Art. 331

1 Macht der Arbeitgeber Zuwendungen für die Personalvorsorge[17] oder leisten die Arbeitnehmer Beiträge daran, so hat der Arbeitgeber diese Zuwendungen und Beiträge auf eine Stiftung, eine Genossenschaft oder eine Einrichtung des öffentlichen Rechtes zu übertragen.

2 Werden die Zuwendungen des Arbeitgebers und allfällige Beiträge des Arbeitnehmers zu dessen Gunsten für eine Kranken-, Unfall-, Lebens-, Invaliden- oder Todesfallversicherung bei einer der Versicherungsaufsicht unterstellten Unternehmung oder bei einer anerkannten Krankenkasse verwendet, so hat der Arbeitgeber die Übertragung gemäss vorstehendem Absatz nicht vorzunehmen, wenn dem Arbeitnehmer mit dem Eintritt des Versicherungsfalles ein selbständiges Forderungsrecht gegen den Versicherungsträger zusteht.

---

17 Ausdruck gemäss Anhang Ziff. 2 des Freizügigkeitsgesetzes vom 17. Dez. 1993, in Kraft seit 1. Jan. 1995 (SR **831.42**).

3 Hat der Arbeitnehmer Beiträge an eine Personalvorsorgeeinrichtung[18] zu leisten, so ist der Arbeitgeber verpflichtet, zur gleichen Zeit mindestens gleich hohe Beiträge wie die gesamten Beiträge aller Arbeitnehmer zu entrichten; er erbringt seine Beiträge aus eigenen Mitteln oder aus Beitragsreserven der Vorsorgeeinrichtung[19] , die von ihm vorgängig hiefür geäufnet worden und gesondert ausgewiesen sind.[20]

4 Der Arbeitgeber hat dem Arbeitnehmer über die ihm gegen eine Vorsorgeeinrichtung[21] oder einen Versicherungsträger zustehenden Forderungsrechte den erforderlichen Aufschluss zu erteilen.

5 Auf Verlangen der Zentralstelle 2. Säule ist der Arbeitgeber verpflichtet, ihr die Angaben zu liefern, die ihm vorliegen und die geeignet sind, die Berechtigten vergessener Guthaben oder die Einrichtungen, welche solche Guthaben führen, zu finden.[22]

II. Beginn und Ende des Vorsorgeschutzes

Art. 331a

1 Der Vorsorgeschutz beginnt mit dem Tag, an dem das Arbeitsverhältnis anfängt, und endet an dem Tag, an welchem der Arbeitnehmer die Vorsorgeeinrichtung verlässt.

2 Der Arbeitnehmer geniesst jedoch einen Vorsorgeschutz gegen Tod und Invalidität, bis er in ein neues Vorsorgeverhältnis eingetreten ist, längstens aber während eines Monats.

3 Für den nach Beendigung des Vorsorgeverhältnisses gewährten Vorsorgeschutz kann die Vorsorgeeinrichtung vom Arbeitnehmer Risikobeiträge verlangen.

18   Ausdruck gemäss Anhang Ziff. 2 des Freizügigkeitsgesetzes vom 17. Dez. 1993, in Kraft seit 1. Jan. 1995 (SR **831.42**).
19   Ausdruck gemäss Anhang Ziff. 2 des Freizügigkeitsgesetzes vom 17. Dez. 1993, in Kraft seit 1. Jan. 1995 (SR **831.42**).
20   Fassung gemäss Ziff. 2 des Anhangs zum BG vom 25. Juni 1982 über die berufliche Alters-, Hinterlassenen- und Invalidenvorsorge, in Kraft seit 1. Jan. 1985 (SR **831.40**, **831.401** Art. 1 Abs. 1).
21   Ausdruck gemäss Anhang Ziff. 2 des Freizügigkeitsgesetzes vom 17. Dez. 1993, in Kraft seit 1. Jan. 1995 (SR **831.42**).
22   Eingefügt durch Ziff. II 2 des BG vom 18. Dez. 1998, in Kraft seit 1. Mai 1999 (AS **1999** 1384 1387; BBl **1998** 5569).

III. Abtretung und Verpfändung
Art. 331b
Die Forderung auf künftige Vorsorgeleistungen kann vor der Fälligkeit gültig weder abgetreten noch verpfändet werden.

IV. Gesundheitliche Vorbehalte
Art. 331c
Vorsorgeeinrichtungen dürfen für die Risiken Tod und Invalidität einen Vorbehalt aus gesundheitlichen Gründen machen. Dieser darf höchstens fünf Jahre betragen.

V. Wohneigentumsförderung
1. Verpfändung
Art. 331d
[1] Der Arbeitnehmer kann bis drei Jahre vor Entstehung des Anspruchs auf Altersleistungen seinen Anspruch auf Vorsorgeleistungen oder einen Betrag bis zur Höhe seiner Freizügigkeitsleistung für Wohneigentum zum eigenen Bedarf verpfänden.

[2] Die Verpfändung ist auch zulässig für den Erwerb von Anteilscheinen einer Wohnbaugenossenschaft oder ähnlicher Beteiligungen, wenn der Arbeitnehmer eine dadurch mitfinanzierte Wohnung selbst benutzt.

[3] Die Verpfändung bedarf zu ihrer Gültigkeit der schriftlichen Anzeige an die Vorsorgeeinrichtung.

[4] Arbeitnehmer, die das 50. Altersjahr überschritten haben, dürfen höchstens die Freizügigkeitsleistung, auf die sie im 50. Altersjahr Anspruch gehabt hätten, oder die Hälfte der Freizügigkeitsleistung im Zeitpunkt der Verpfändung als Pfand einsetzen.

[5] Ist der Arbeitnehmer verheiratet, so ist die Verpfändung nur zulässig, wenn sein Ehegatte schriftlich zustimmt. Kann er die Zustimmung nicht einholen oder wird sie ihm verweigert, so kann er das Gericht anrufen.

[6] Wird das Pfand vor dem Vorsorgefall oder vor der Barauszahlung verwertet, so finden die Artikel 30*d*–30*f* und 83*a* des Bundesgesetzes

vom 25. Juni 1982[23] über die berufliche Alters-, Hinterlassenen- und Invalidenvorsorge Anwendung.

[7] Der Bundesrat bestimmt:

a.   die zulässigen Verpfändungszwecke und den Begriff «Wohn-eigentum zum eigenen Bedarf»;

b.   welche Voraussetzungen bei der Verpfändung von Anteilscheinen einer Wohnbaugenossenschaft oder ähnlicher Beteiligungen zu erfüllen sind.

2. Vorbezug

Art. 331e

[1] Der Arbeitnehmer kann bis drei Jahre vor Entstehung des Anspruchs auf Altersleistungen von seiner Vorsorgeeinrichtung einen Betrag für Wohneigentum zum eigenen Bedarf geltend machen.

[2] Arbeitnehmer dürfen bis zum 50. Altersjahr einen Betrag bis zur Höhe der Freizügigkeitsleistung beziehen. Versicherte, die das 50. Altersjahr überschritten haben, dürfen höchstens die Freizügigkeitsleistung, auf die sie im 50. Altersjahr Anspruch gehabt hätten, oder die Hälfte der Freizügigkeitsleistung im Zeitpunkt des Bezuges in Anspruch nehmen.

[3] Der Arbeitnehmer kann diesen Betrag auch für den Erwerb von Anteilscheinen einer Wohnbaugenossenschaft oder ähnlicher Beteiligungen verwenden, wenn er eine dadurch mitfinanzierte Wohnung selbst benutzt.

[4] Mit dem Bezug wird gleichzeitig der Anspruch auf Vorsorgeleistungen entsprechend den jeweiligen Vorsorgereglementen und den technischen Grundlagen der Vorsorgeeinrichtung gekürzt. Um eine Einbusse des Vorsorgeschutzes durch eine Leistungskürzung bei Tod oder Invalidität zu vermeiden, bietet die Vorsorgeeinrichtung eine Zusatzversicherung an oder vermittelt eine solche.

[5] Ist der Arbeitnehmer verheiratet, so ist der Bezug nur zulässig, wenn sein Ehegatte schriftlich zustimmt. Kann er die Zustimmung nicht einholen oder wird sie ihm verweigert, so kann er das Gericht anrufen.

23   SR **831.40**

⁶ Werden Ehegatten vor Eintritt eines Vorsorgefalls geschieden, so gilt der Vorbezug als Freizügigkeitsleistung und wird nach den Artikeln 122, 123 und 141 des Zivilgesetzbuches²⁴ sowie Artikel 22 des Freizügigkeitsgesetzes vom 17. Dezember 1993²⁵ geteilt.²⁶

⁷ Wird durch den Vorbezug oder die Verpfändung die Liquidität der Vorsorgeeinrichtung in Frage gestellt, so kann diese die Erledigung der entsprechenden Gesuche aufschieben. Sie legt in ihrem Reglement eine Prioritätenordnung für das Aufschieben dieser Vorbezüge beziehungsweise Verpfändungen fest. Der Bundesrat regelt die Einzelheiten.

⁸ Im übrigen gelten die Artikel 30*d*–30*f* und 83*a* des Bundesgesetzes vom 25. Juni 1982²⁷ über die berufliche Alters-, Hinterlassenen- und Invalidenvorsorge.

E. Rechte an Erfindungen und Designs
Art. 332

¹ Erfindungen und Designs, die der Arbeitnehmer bei Ausübung seiner dienstlichen Tätigkeit und in Erfüllung seiner vertraglichen Pflichten macht oder an deren Hervorbringung er mitwirkt, gehören unabhängig von ihrer Schutzfähigkeit dem Arbeitgeber.

² Durch schriftliche Abrede kann sich der Arbeitgeber den Erwerb von Erfindungen und Designs ausbedingen, die vom Arbeitnehmer bei Ausübung seiner dienstlichen Tätigkeit, aber nicht in Erfüllung seiner vertraglichen Pflichten gemacht werden.

³ Der Arbeitnehmer, der eine Erfindung oder ein Design gemäss Absatz 2 macht, hat davon dem Arbeitgeber schriftlich Kenntnis zu geben; dieser hat ihm innert sechs Monaten schriftlich mitzuteilen, ob er die Erfindung beziehungsweise das Design erwerben will oder sie dem Arbeitnehmer freigibt.

⁴ Wird die Erfindung oder das Design dem Arbeitnehmer nicht freigegeben, so hat ihm der Arbeitgeber eine besondere an-

---

24   SR **210**

25   SR **831.42**

26   Fassung gemäss Anhang Ziff. 2 des BG vom 26. Juni 1998, in Kraft seit 1. Jan. 2000 (AS **1999** 1118 1144; BBl **1996** I 1).

27   SR **831.40**

gemessene Vergütung auszurichten; bei deren Festsetzung sind alle Umstände zu berücksichtigen, wie namentlich der wirtschaftliche Wert der Erfindung beziehungsweise des Designs, die Mitwirkung des Arbeitgebers, die Inanspruchnahme seiner Hilfspersonen und Betriebseinrichtungen, sowie die Aufwendungen des Arbeitnehmers und seine Stellung im Betrieb.

II. Gewerbliche Muster und Modelle

Art. 332a[28]

F. Übergang des Arbeitsverhältnisses

1. Wirkungen

Art. 333

[1] Überträgt der Arbeitgeber den Betrieb oder einen Betriebsteil auf einen Dritten, so geht das Arbeitsverhältnis mit allen Rechten und Pflichten mit dem Tage der Betriebsnachfolge auf den Erwerber über, sofern der Arbeitnehmer den Übergang nicht ablehnt.[29]

[1bis] Ist auf das übertragene Arbeitsverhältnis ein Gesamtarbeitsvertrag anwendbar, so muss der Erwerber diesen während eines Jahres einhalten, sofern er nicht vorher abläuft oder infolge Kündigung endet.[30]

[2] Bei Ablehnung des Überganges wird das Arbeitsverhältnis auf den Ablauf der gesetzlichen Kündigungsfrist aufgelöst; der Erwerber des Betriebes und der Arbeitnehmer sind bis dahin zur Erfüllung des Vertrages verpflichtet.

[3] **Der bisherige Arbeitgeber und der Erwerber des Betriebes haften solidarisch für die Forderungen des Arbeitnehmers, die vor dem Übergang fällig geworden sind und die nachher bis zum Zeitpunkt fällig werden, auf den das Arbeitsverhältnis ordentlicherweise beendigt werden könnte oder bei Ablehnung des Überganges durch den Arbeitnehmer beendigt wird.**

---

28   Aufgehoben durch Anhang Ziff. II 1 des Designgesetzes vom 5. Okt. 2001 (SR **232.12**).

29   Fassung gemäss Ziff. I des BG vom 17. Dez. 1993, in Kraft seit 1. Mai 1994 (AS **1994** 804 807; BBl **1993** I 805).

30   Eingefügt durch Ziff. I des BG vom 17. Dez. 1993, in Kraft seit 1. Mai 1994 (AS **1994** 804 807; BBl **1993** I 805).

4 Im übrigen ist der Arbeitgeber nicht berechtigt, die Rechte aus dem Arbeitsverhältnis auf einen Dritten zu übertragen, sofern nichts anderes verabredet ist oder sich aus den Umständen ergibt.

2. Konsultation der Arbeitnehmervertretung

Art. 333a

1 Überträgt ein Arbeitgeber den Betrieb oder einen Betriebsteil auf einen Dritten, so hat er die Arbeitnehmervertretung oder, falls es keine solche gibt, die Arbeitnehmer rechtzeitig vor dem Vollzug des Übergangs zu informieren über:

a. den Grund des Übergangs;

b. die rechtlichen, wirtschaftlichen und sozialen Folgen des Übergangs für die Arbeitnehmer.

2 Sind infolge des Übergangs Massnahmen beabsichtigt, welche die Arbeitnehmer betreffen, so ist die Arbeitnehmervertretung oder, falls es keine solche gibt, sind die Arbeitnehmer rechtzeitig vor dem Entscheid über diese Massnahmen zu konsultieren.

G. Beendigung des Arbeitsverhältnisses
I. Befristetes Arbeitsverhältnis

Art. 334

1 Ein befristetes Arbeitsverhältnis endigt ohne Kündigung.

2 Wird ein befristetes Arbeitsverhältnis nach Ablauf der vereinbarten Dauer stillschweigend fortgesetzt, so gilt es als unbefristetes Arbeitsverhältnis.

3 Nach Ablauf von zehn Jahren kann jede Vertragspartei ein auf längere Dauer abgeschlossenes befristetes Arbeitsverhältnis jederzeit mit einer Kündigungsfrist von sechs Monaten auf das Ende eines Monats kündigen.

II. Unbefristetes Arbeitsverhältnis
1. Kündigung im allgemeinen

Art. 335

1 Ein unbefristetes Arbeitsverhältnis kann von jeder Vertragspartei gekündigt werden.

2 Der Kündigende muss die Kündigung schriftlich begründen, wenn die andere Partei dies verlangt.

2. Kündigungsfristen

a) im allgemeinen

Art. 335a

[1] Für Arbeitgeber und Arbeitnehmer dürfen keine verschiedenen Kündigungsfristen festgesetzt werden; bei widersprechender Abrede gilt für beide die längere Frist.

[2] Hat der Arbeitgeber das Arbeitsverhältnis aus wirtschaftlichen Gründen gekündigt oder eine entsprechende Absicht kundgetan, so dürfen jedoch durch Abrede, Normalarbeitsvertrag oder Gesamtarbeitsvertrag für den Arbeitnehmer kürzere Kündigungsfristen vereinbart werden.

b) während der Probezeit

Art. 335b

[1] Das Arbeitsverhältnis kann während der Probezeit jederzeit mit einer Kündigungsfrist von sieben Tagen gekündigt werden; als Probezeit gilt der erste Monat eines Arbeitsverhältnisses.

[2] Durch schriftliche Abrede, Normalarbeitsvertrag oder Gesamtarbeitsvertrag können abweichende Vereinbarungen getroffen werden; die Probezeit darf jedoch auf höchstens drei Monate verlängert werden.

[3] Bei einer effektiven Verkürzung der Probezeit infolge Krankheit, Unfall oder Erfüllung einer nicht freiwillig übernommenen gesetzlichen Pflicht erfolgt eine entsprechende Verlängerung der Probezeit.

c) nach Ablauf der Probezeit

Art. 335c

[1] Das Arbeitsverhältnis kann im ersten Dienstjahr mit einer Kündigungsfrist von einem Monat, im zweiten bis und mit dem neunten Dienstjahr mit einer Frist von zwei Monaten und nachher mit einer Frist von drei Monaten je auf das Ende eines Monats gekündigt werden.

[2] Diese Fristen dürfen durch schriftliche Abrede, Normalarbeitsvertrag oder Gesamtarbeitsvertrag abgeändert werden; unter einen Monat dürfen sie jedoch nur durch Gesamtarbeitsvertrag und nur für das erste Dienstjahr herabgesetzt werden.

IIbis Massenentlassung

1. Begriff

Art. 335d

Als Massenentlassung gelten Kündigungen, die der Arbeitgeber innert 30 Tagen in einem Betrieb aus Gründen ausspricht, die in keinem Zusammenhang mit der Person des Arbeitnehmers stehen, und von denen betroffen werden:

1. mindestens 10 Arbeitnehmer in Betrieben, die in der Regel mehr als 20 und weniger als 100 Arbeitnehmer beschäftigen;

2. mindestens 10 Prozent der Arbeitnehmer in Betrieben, die in der Regel mindestens 100 und weniger als 300 Arbeitnehmer beschäftigen;

3. mindestens 30 Arbeitnehmer in Betrieben, die in der Regel mindestens 300 Arbeitnehmer beschäftigen.

2. Geltungsbereich

Art. 335e

[1] Die Bestimmungen über die Massenentlassung gelten auch für befristete Arbeitsverhältnisse, wenn diese vor Ablauf der vereinbarten Dauer enden.

[2] Sie gelten nicht für Betriebseinstellungen infolge gerichtlicher Entscheidungen.

3. Konsultation der Arbeitnehmervertretung

Art. 335f

[1] Beabsichtigt der Arbeitgeber, eine Massenentlassung vorzunehmen, so hat er die Arbeitnehmervertretung oder, falls es keine solche gibt, die Arbeitnehmer zu konsultieren.

[2] Er gibt ihnen zumindest die Möglichkeit, Vorschläge zu unterbreiten, wie die Kündigungen vermieden oder deren Zahl beschränkt sowie ihre Folgen gemildert werden können.

[3] Er muss der Arbeitnehmervertretung oder, falls es keine solche gibt, den Arbeitnehmern alle zweckdienlichen Auskünfte erteilen und ihnen auf jeden Fall schriftlich mitteilen:

a. die Gründe der Massenentlassung;

b. die Zahl der Arbeitnehmer, denen gekündigt werden soll;

c.   die Zahl der in der Regel beschäftigten Arbeitnehmer;

d.   den Zeitraum, in dem die Kündigungen ausgesprochen werden
     sollen.

4. Verfahren

Art. 335g

¹ Der Arbeitgeber hat dem kantonalen Arbeitsamt jede beabsichtigte Massenentlassung schriftlich anzuzeigen und der Arbeitnehmervertretung oder, falls es keine solche gibt, den Arbeitnehmern eine Kopie dieser Anzeige zuzustellen.

² Die Anzeige muss die Ergebnisse der Konsultation der Arbeitnehmervertretung (Art. 335f) und alle zweckdienlichen Angaben über die beabsichtigte Massenentlassung enthalten.

³ Das kantonale Arbeitsamt sucht nach Lösungen für die Probleme, welche die beabsichtigte Massenentlassung aufwirft. Die Arbeitnehmervertretung oder, falls es keine solche gibt, die Arbeitnehmer können ihm ihre Bemerkungen einreichen.

⁴ Ist das Arbeitsverhältnis im Rahmen einer Massenentlassung gekündigt worden, so endet es 30 Tage nach der Anzeige der beabsichtigten Massenentlassung an das kantonale Arbeitsamt, ausser wenn die Kündigung nach den vertraglichen oder gesetzlichen Bestimmungen auf einen späteren Termin wirksam wird.

III. Kündigungsschutz
1. Missbräuchliche Kündigung
a) Grundsatz

Art. 336

¹ **Die Kündigung eines Arbeitsverhältnisses ist missbräuchlich, wenn eine Partei sie ausspricht:**

a.   **wegen einer Eigenschaft, die der anderen Partei kraft ihrer Persönlichkeit zusteht, es sei denn, diese Eigenschaft stehe in einem Zusammenhang mit dem Arbeitsverhältnis oder beeinträchtige wesentlich die Zusammenarbeit im Betrieb;**

b.   **weil die andere Partei ein verfassungsmässiges Recht ausübt, es sei denn, die Rechtsausübung verletze eine Pflicht aus dem Arbeitsverhältnis oder beeinträchtige wesentlich die Zusammenarbeit im Betrieb;**

c.   ausschliesslich um die Entstehung von Ansprüchen der anderen Partei aus dem Arbeitsverhältnis zu vereiteln;

d.   weil die andere Partei nach Treu und Glauben Ansprüche aus dem Arbeitsverhältnis geltend macht;

e.   weil die andere Partei schweizerischen obligatorischen Militär- oder Schutzdienst oder schweizerischen Zivildienst leistet oder eine nicht freiwillig übernommene gesetzliche Pflicht erfüllt.

[2] Die Kündigung des Arbeitsverhältnisses durch den Arbeitgeber ist im weiteren missbräuchlich, wenn sie ausgesprochen wird:

weil der Arbeitnehmer einem Arbeitnehmerverband angehört oder nicht angehört oder weil er eine gewerkschaftliche Tätigkeit rechtmässig ausübt;

während der Arbeitnehmer gewählter Arbeitnehmervertreter in einer betrieblichen oder in einer dem Unternehmen angeschlossenen Einrichtung ist, und der Arbeitgeber nicht beweisen kann, dass er einen begründeten Anlass zur Kündigung hatte;

im Rahmen einer Massenentlassung, ohne dass die Arbeitnehmervertretung oder, falls es keine solche gibt, die Arbeitnehmer, konsultiert worden sind (Art. 335f).

[3] Der Schutz eines Arbeitnehmervertreters nach Absatz 2 Buchstabe b, dessen Mandat infolge Übergangs des Arbeitsverhältnisses endet (Art. 333), besteht so lange weiter, als das Mandat gedauert hätte, falls das Arbeitsverhältnis nicht übertragen worden wäre.

b) Sanktionen

Art. 336a

[1] Die Partei, die das Arbeitsverhältnis missbräuchlich kündigt, hat der anderen Partei eine Entschädigung auszurichten.

[2] Die Entschädigung wird vom Richter unter Würdigung aller Umstände festgesetzt, darf aber den Betrag nicht übersteigen, der dem Lohn des Arbeitnehmers für sechs Monate entspricht. Schadenersatzansprüche aus einem anderen Rechtstitel sind vorbehalten.

3 Ist die Kündigung nach Artikel 336 Absatz 2 Buchstabe c missbräuchlich, so darf die Entschädigung nicht mehr als den Lohn des Arbeitnehmers für zwei Monate betragen.

c) Verfahren

Art. 336b

1 Wer gestützt auf Artikel 336 und 336a eine Entschädigung geltend machen will, muss gegen die Kündigung längstens bis zum Ende der Kündigungsfrist beim Kündigenden schriftliche Einsprache erheben.

2 Ist die Einsprache gültig erfolgt und einigen sich die Parteien nicht über die Fortsetzung des Arbeitsverhältnisses, so kann die Partei, der gekündigt worden ist, ihren Anspruch auf Entschädigung geltend machen. Wird nicht innert 180 Tagen nach Beendigung des Arbeitsverhältnisses eine Klage anhängig gemacht, ist der Anspruch verwirkt.

2. Kündigung zur Unzeit

a) durch den Arbeitgeber

Art. 336c

1 Nach Ablauf der Probezeit darf der Arbeitgeber das Arbeitsverhältnis nicht kündigen:

während die andere Partei schweizerischen obligatorischen Militär- oder Schutzdienst oder schweizerischen Zivildienst leistet, sowie, sofern die Dienstleistung mehr als elf Tage dauert, während vier Wochen vorher und nachher;

während der Arbeitnehmer ohne eigenes Verschulden durch Krankheit oder durch Unfall ganz oder teilweise an der Arbeitsleistung verhindert ist, und zwar im ersten Dienstjahr während 30 Tagen, ab zweitem bis und mit fünftem Dienstjahr während 90 Tagen und ab sechstem Dienstjahr während 180 Tagen;

während der Schwangerschaft und in den 16 Wochen nach der Niederkunft einer Arbeitnehmerin;

während der Arbeitnehmer mit Zustimmung des Arbeitgebers an einer von der zuständigen Bundesbehörde angeordneten Dienstleistung für eine Hilfsaktion im Ausland teilnimmt.

2 Die Kündigung, die während einer der in Absatz 1 festgesetzten Sperrfristen erklärt wird, ist nichtig; ist dagegen die Kündigung vor Beginn einer solchen Frist erfolgt, aber die Kündigungsfrist bis dahin noch nicht abgelaufen, so wird deren Ablauf unterbrochen und erst nach Beendigung der Sperrfrist fortgesetzt.

[3] Gilt für die Beendigung des Arbeitsverhältnisses ein Endtermin, wie das Ende eines Monats oder einer Arbeitswoche, und fällt dieser nicht mit dem Ende der fortgesetzten Kündigungsfrist zusammen, so verlängert sich diese bis zum nächstfolgenden Endtermin.

b) durch den Arbeitnehmer

Art. 336d

[1] Nach Ablauf der Probezeit darf der Arbeitnehmer das Arbeitsverhältnis nicht kündigen, wenn ein Vorgesetzter, dessen Funktionen er auszuüben vermag, oder der Arbeitgeber selbst unter den in Art. 336c Absatz 1 Buchstabe a angeführten Voraussetzungen an der Ausübung der Tätigkeit verhindert ist und der Arbeitnehmer dessen Tätigkeit während der Verhinderung zu übernehmen hat.

[2] Artikel 336c Absätze 2 und 3 sind entsprechend anwendbar.

IV. Fristlose Auflösung

1. Voraussetzungen

a) aus wichtigen Gründen

Art. 337

[1] Aus wichtigen Gründen kann der Arbeitgeber wie der Arbeitnehmer jederzeit das Arbeitsverhältnis fristlos auflösen; er muss die fristlose Vertragsauflösung schriftlich begründen, wenn die andere Partei dies verlangt.

[2] Als wichtiger Grund gilt namentlich jeder Umstand, bei dessen Vorhandensein dem Kündigenden nach Treu und Glauben die Fortsetzung des Arbeitsverhältnisses nicht mehr zugemutet werden darf.

[3] Über das Vorhandensein solcher Umstände entscheidet der Richter nach seinem Ermessen, darf aber in keinem Fall die unverschuldete Verhinderung des Arbeitnehmers an der Arbeitsleistung als wichtigen Grund anerkennen.

b) wegen Lohngefährdung

Art. 337a

Wird der Arbeitgeber zahlungsunfähig, so kann der Arbeitnehmer das Arbeitsverhältnis fristlos auflösen, sofern ihm für seine Forderungen aus dem Arbeitsverhältnis nicht innert angemessener Frist Sicherheit geleistet wird.

2. Folgen

a) bei gerechtfertigter Auflösung

Art. 337b

[1] **Liegt der wichtige Grund zur fristlosen Auflösung des Arbeitsverhältnisses im vertragswidrigen Verhalten einer Vertragspartei, so hat diese vollen Schadenersatz zu leisten, unter Berücksichtigung aller aus dem Arbeitsverhältnis entstehenden Forderungen.**

[2] In den andern Fällen bestimmt der Richter die vermögensrechtlichen Folgen der fristlosen Auflösung unter Würdigung aller Umstände nach seinem Ermessen.

b) bei ungerechtfertigter Entlassung

Art. 337c

[1] **Entlässt der Arbeitgeber den Arbeitnehmer fristlos ohne wichtigen Grund, so hat dieser Anspruch auf Ersatz dessen, was er verdient hätte, wenn das Arbeitsverhältnis unter Einhaltung der Kündigungsfrist oder durch Ablauf der bestimmten Vertragszeit beendigt worden wäre.**

[2] Der Arbeitnehmer muss sich daran anrechnen lassen, was er infolge der Beendigung des Arbeitsverhältnisses erspart hat und was er durch anderweitige Arbeit verdient oder zu verdienen absichtlich unterlassen hat.

[3] Der Richter kann den Arbeitgeber verpflichten, dem Arbeitnehmer eine Entschädigung zu bezahlen, die er nach freiem Ermessen unter Würdigung aller Umstände festlegt; diese Entschädigung darf jedoch den Lohn des Arbeitnehmers für sechs Monate nicht übersteigen.

c) bei ungerechtfertigtem Nichtantritt oder Verlassen der Arbeitsstelle

Art. 337d

[1] Tritt der Arbeitnehmer ohne wichtigen Grund die Arbeitsstelle nicht an oder verlässt er sie fristlos, so hat der Arbeitgeber Anspruch auf eine Entschädigung, die einem Viertel des Lohnes für einen Monat entspricht; ausserdem hat er Anspruch auf Ersatz weiteren Schadens.

[2] Ist dem Arbeitgeber kein Schaden oder ein geringerer Schaden erwachsen, als der Entschädigung gemäss dem vorstehenden Absatz entspricht, so kann sie der Richter nach seinem Ermessen herabsetzen.

[3] Erlischt der Anspruch auf Entschädigung nicht durch Verrechnung, so ist er durch Klage oder Betreibung innert 30 Tagen seit dem Nichtantritt oder Verlassen der Arbeitsstelle geltend zu machen; andernfalls ist der Anspruch verwirkt.

V. Tod des Arbeitnehmers oder des Arbeitgebers
1. Tod des Arbeitnehmers

Art. 338

[1] Mit dem Tod des Arbeitnehmers erlischt das Arbeitsverhältnis.

[2] Der Arbeitgeber hat jedoch den Lohn für einen weiteren Monat und nach fünfjähriger Dienstdauer für zwei weitere Monate, gerechnet vom Todestag an, zu entrichten, sofern der Arbeitnehmer den Ehegatten oder minderjährige Kinder oder bei Fehlen dieser Erben andere Personen hinterlässt, denen gegenüber er eine Unterstützungspflicht erfüllt hat.

2. Tod des Arbeitgebers

Art. 338a

[1] Mit dem Tod des Arbeitgebers geht das Arbeitsverhältnis auf die Erben über; die Vorschriften betreffend den Übergang des Arbeitsverhältnisses bei Betriebsnachfolge sind sinngemäss anwendbar.

[2] Ist das Arbeitsverhältnis wesentlich mit Rücksicht auf die Person des Arbeitgebers eingegangen worden, so erlischt es mit dessen Tod; jedoch kann der Arbeitnehmer angemessenen Er-

satz für den Schaden verlangen, der ihm infolge der vorzeitigen Beendigung des Arbeitsverhältnisses erwächst.

VI. Folgen der Beendigung des Arbeitsverhältnisses

1. Fälligkeit der Forderungen

Art. 339

[1] **Mit der Beendigung des Arbeitsverhältnisses werden alle Forderungen aus dem Arbeitsverhältnis fällig.**

[2] Für Provisionsforderungen auf Geschäften, die ganz oder teilweise nach Beendigung des Arbeitsverhältnisses erfüllt werden, kann durch schriftliche Abrede die Fälligkeit hinausgeschoben werden, jedoch in der Regel nicht mehr als sechs Monate, bei Geschäften mit gestaffelter Erfüllung nicht mehr als ein Jahr und bei Versicherungsverträgen sowie Geschäften, deren Durchführung mehr als ein halbes Jahr erfordert, nicht mehr als zwei Jahre.

[3] Die Forderung auf einen Anteil am Geschäftsergebnis wird fällig nach Massgabe von Artikel 323 Absatz 3.

2. Rückgabepflichten

Art. 339a

[1] **Auf den Zeitpunkt der Beendigung des Arbeitsverhältnisses hat jede Vertragspartei der andern alles herauszugeben, was sie für dessen Dauer von ihr oder von Dritten für deren Rechnung erhalten hat.**

[2] **Der Arbeitnehmer hat insbesondere Fahrzeuge und Fahrausweise zurückzugeben sowie Lohn- oder Auslagenvorschüsse soweit zurückzuerstatten, als sie seine Forderungen übersteigen.**

[3] **Vorbehalten bleiben die Retentionsrechte der Vertragsparteien.**

3. Abgangsentschädigung

a) Voraussetzungen

Art. 339b

[1] **Endigt das Arbeitsverhältnis eines mindestens fünfzig Jahre alten Arbeitnehmers nach zwanzig oder mehr Dienstjahren, so hat ihm der Arbeitgeber eine Abgangsentschädigung auszurichten.**

2 Stirbt der Arbeitnehmer während des Arbeitsverhältnisses, so ist die Entschädigung dem überlebenden Ehegatten oder den minderjährigen Kindern oder bei Fehlen dieser Erben anderen Personen auszurichten, denen gegenüber er eine Unterstützungspflicht erfüllt hat.

b) Höhe und Fälligkeit

Art. 339c

1 Die Höhe der Entschädigung kann durch schriftliche Abrede, Normalarbeitsvertrag oder Gesamtarbeitsvertrag bestimmt werden, darf aber den Betrag nicht unterschreiten, der dem Lohn des Arbeitnehmers für zwei Monate entspricht.

2 Ist die Höhe der Entschädigung nicht bestimmt, so ist sie vom Richter unter Würdigung aller Umstände nach seinem Ermessen festzusetzen, darf aber den Betrag nicht übersteigen, der dem Lohn des Arbeitnehmers für acht Monate entspricht.

3 Die Entschädigung kann herabgesetzt werden oder wegfallen, wenn das Arbeitsverhältnis vom Arbeitnehmer ohne wichtigen Grund gekündigt oder vom Arbeitgeber aus wichtigem Grund fristlos aufgelöst wird, oder wenn dieser durch die Leistung der Entschädigung in eine Notlage versetzt würde.

4 Die Entschädigung ist mit der Beendigung des Arbeitsverhältnisses fällig, jedoch kann eine spätere Fälligkeit durch schriftliche Abrede, Normalarbeitsvertrag oder Gesamtarbeitsvertrag bestimmt oder vom Richter angeordnet werden.

c) Ersatzleistungen

Art. 339d

1 Erhält der Arbeitnehmer Leistungen von einer Personalfürsorgeeinrichtung, so können sie von der Abgangsentschädigung abgezogen werden, soweit diese Leistungen vom Arbeitgeber oder aufgrund seiner Zuwendungen von der Personalfürsorgeeinrichtung finanziert worden sind.

2 Der Arbeitgeber hat auch insoweit keine Entschädigung zu leisten, als er dem Arbeitnehmer künftige Vorsorgeleistungen verbindlich zusichert oder durch einen Dritten zusichern lässt.

VII. Konkurrenzverbot

1. Voraussetzungen

Art. 340

[1] **Der handlungsfähige Arbeitnehmer kann sich gegenüber dem Arbeitgeber schriftlich verpflichten, nach Beendigung des Arbeitsverhältnisses sich jeder konkurrenzierenden Tätigkeit zu enthalten, insbesondere weder auf eigene Rechnung ein Geschäft zu betreiben, das mit dem des Arbeitgebers in Wettbewerb steht, noch in einem solchen Geschäft tätig zu sein oder sich daran zu beteiligen.**

[2] Das Konkurrenzverbot ist nur verbindlich, wenn das Arbeitsverhältnis dem Arbeitnehmer Einblick in den Kundenkreis oder in Fabrikations- und Geschäftsgeheimnisse gewährt und die Verwendung dieser Kenntnisse den Arbeitgeber erheblich schädigen könnte.

2. Beschränkungen

Art. 340a

[1] **Das Verbot ist nach Ort, Zeit und Gegenstand angemessen zu begrenzen, so dass eine unbillige Erschwerung des wirtschaftlichen Fortkommens des Arbeitnehmers ausgeschlossen ist; es darf nur unter besonderen Umständen drei Jahre überschreiten.**

[2] Der Richter kann ein übermässiges Konkurrenzverbot unter Würdigung aller Umstände nach seinem Ermessen einschränken; er hat dabei eine allfällige Gegenleistung des Arbeitgebers angemessen zu berücksichtigen.

3. Folgen der Übertretung

Art. 340b

[1] **Übertritt der Arbeitnehmer das Konkurrenzverbot, so hat er den dem Arbeitgeber erwachsenden Schaden zu ersetzen.**

[2] **Ist bei Übertretung des Verbotes eine Konventionalstrafe geschuldet und nichts anderes verabredet, so kann sich der Arbeitnehmer durch deren Leistung vom Verbot befreien; er bleibt jedoch für weiteren Schaden ersatzpflichtig.**

[3] Ist es besonders schriftlich verabredet, so kann der Arbeitgeber neben der Konventionalstrafe und dem Ersatz weiteren Schadens die Beseitigung des vertragswidrigen Zustandes verlangen, sofern die

verletzten oder bedrohten Interessen des Arbeitgebers und das Verhalten des Arbeitnehmers dies rechtfertigen.

4. Wegfall

Art. 340c

¹ Das Konkurrenzverbot fällt dahin, wenn der Arbeitgeber nachweisbar kein erhebliches Interesse mehr hat, es aufrechtzuerhalten.

² Das Verbot fällt ferner dahin, wenn der Arbeitgeber das Arbeitsverhältnis kündigt, ohne dass ihm der Arbeitnehmer dazu begründeten Anlass gegeben hat, oder wenn es dieser aus einem begründeten, vom Arbeitgeber zu verantwortenden Anlass auflöst.

H. Unverzichtbarkeit und Verjährung

Art. 341

¹ Während der Dauer des Arbeitsverhältnisses und eines Monats nach dessen Beendigung kann der Arbeitnehmer auf Forderungen, die sich aus unabdingbaren Vorschriften des Gesetzes oder aus unabdingbaren Bestimmungen eines Gesamtarbeitsvertrages erge-ben, nicht verzichten.

² Die allgemeinen Vorschriften über die Verjährung sind auf Forderungen aus dem Arbeitsverhältnis anwendbar.

I. Vorbehalt und zivilrechtliche Wirkungen des öffentlichen Rechts

Art. 342

¹ Vorbehalten bleiben:

a.[31] Vorschriften des Bundes, der Kantone und Gemeinden über das öffentlich-rechtliche Dienstverhältnis, soweit sie nicht die Artikel 331 Absatz 5 und 331a–331e betreffen;

b.   öffentlich-rechtliche Vorschriften des Bundes und der Kantone über die Arbeit und die Berufsbildung.

² Wird durch Vorschriften des Bundes oder der Kantone über die Arbeit und die Berufsbildung dem Arbeitgeber oder dem Arbeitnehmer eine öffentlich-rechtliche Verpflichtung aufer-

---

31   Fassung gemäss Ziff. II 2 des BG vom 18. Dez. 1998, in Kraft seit 1. Mai 1999 (AS **1999** 1384 1387; BBI **1998** 5569).

legt, so steht der andern Vertragspartei ein zivilrechtlicher Anspruch auf Erfüllung zu, wenn die Verpflichtung Inhalt des Einzelarbeitsvertrages sein könnte.

K. Zivilrechtspflege

Art. 343

1 ... [32]

2 Die Kantone haben für Streitigkeiten aus dem Arbeitsverhältnis bis zu einem Streitwert von 30 000 Franken ein einfaches und rasches Verfahren vorzusehen; der Streitwert bemisst sich nach der eingeklagten Forderung, ohne Rücksicht auf Widerklagebegehren.

3 Bei Streitigkeiten im Sinne des vorstehenden Absatzes dürfen den Parteien weder Gebühren noch Auslagen des Gerichts auferlegt werden; jedoch kann bei mutwilliger Prozessführung der Richter gegen die fehlbare Partei Bussen aussprechen und ihr Gebühren und Auslagen des Gerichts ganz oder teilweise auferlegen.

4 Bei diesen Streitigkeiten stellt der Richter den Sachverhalt von Amtes wegen fest und würdigt die Beweise nach freiem Ermessen.

2. Abschnitt: Besondere Einzelarbeitsverträge

A.[33] Der Lehrvertrag
I. Begriff und Entstehung
1. Begriff

Art. 344

Durch den Lehrvertrag verpflichten sich der Arbeitgeber, die lernende Person für eine bestimmte Berufstätigkeit fachgemäss zu bilden, und die lernende Person, zu diesem Zweck Arbeit im Dienst des Arbeitgebers zu leisten.

2. Entstehung und Inhalt

Art. 344a

1 Der Lehrvertrag bedarf zu seiner Gültigkeit der schriftlichen Form.

---

32   Aufgehoben durch Anhang Ziff. 5 des Gerichtsstandsgesetzes vom 24. März 2000 (SR **272**).

33   Fassung gemäss Anhang Ziff. II 3 des Berufsbildungsgesetzes vom 13. Dez. 2002, in Kraft seit 1. Jan. 2004 (SR **412.10**).

2 Der Vertrag hat die Art und die Dauer der beruflichen Bildung, den Lohn, die Probezeit, die Arbeitszeit und die Ferien zu regeln.

3 Die Probezeit darf nicht weniger als einen Monat und nicht mehr als drei Monate betragen. Haben die Vertragsparteien im Lehrvertrag keine Probezeit festgelegt, so gilt eine Probezeit von drei Monaten.

4 Die Probezeit kann vor ihrem Ablauf durch Abrede der Parteien und unter Zustimmung der kantonalen Behörde ausnahmsweise bis auf sechs Monate verlängert werden.

5 Der Vertrag kann weitere Bestimmungen enthalten, wie namentlich über die Beschaffung von Berufswerkzeugen, Beiträge an Unterkunft und Verpflegung, Übernahme von Versicherungsprämien oder andere Leistungen der Vertragsparteien.

6 Abreden, die die lernende Person im freien Entschluss über die berufliche Tätigkeit nach beendigter Lehre beeinträchtigen, sind nichtig.

II. Wirkungen

1. Besondere Pflichten der lernenden Person und ihrer gesetzlichen Vertretung

Art. 345

1 Die lernende Person hat alles zu tun, um das Lehrziel zu erreichen.

2 Die gesetzliche Vertretung der lernenden Person hat den Arbeitgeber in der Erfüllung seiner Aufgabe nach Kräften zu unterstützen und das gute Einvernehmen zwischen dem Arbeitgeber und der lernenden Person zu fördern.

2. Besondere Pflichten des Arbeitgebers

Art. 345a

1 Der Arbeitgeber hat dafür zu sorgen, dass die Berufslehre unter der Verantwortung einer Fachkraft steht, welche die dafür nötigen beruflichen Fähigkeiten und persönlichen Eigenschaften besitzt.

2 Er hat der lernenden Person ohne Lohnabzug die Zeit freizugeben, die für den Besuch der Berufsfachschule und der überbetrieblichen Kurse und für die Teilnahme an den Lehrabschlussprüfungen erforderlich sind.

[3] Er hat der lernenden Person bis zum vollendeten 20. Altersjahr für jedes Lehrjahr wenigstens fünf Wochen Ferien zu gewähren.

[4] Er darf die lernende Person zu anderen als beruflichen Arbeiten und zu Akkordlohnarbeiten nur soweit einsetzen, als solche Arbeiten mit dem zu erlernenden Beruf in Zusammenhang stehen und die Bildung nicht beeinträchtigt wird.

III. Beendigung
1. Vorzeitige Auflösung

Art. 346

[1] Das Lehrverhältnis kann während der Probezeit jederzeit mit einer Kündigungsfrist von sieben Tagen gekündigt werden.

[2] Aus wichtigen Gründen im Sinne von Artikel 337 kann das Lehrverhältnis namentlich fristlos aufgelöst werden, wenn

a.   der für die Bildung verantwortlichen Fachkraft die erforderlichen beruflichen Fähigkeiten oder persönlichen Eigenschaften zur Bildung der lernenden Person fehlen;

b.   die lernende Person nicht über die für die Bildung unentbehrlichen körperlichen oder geistigen Anlagen verfügt oder gesundheitlich oder sittlich gefährdet ist; die lernende Person und gegebenenfalls deren gesetzliche Vertretung sind vorgängig anzuhören;

c.   die Bildung nicht oder nur unter wesentlich veränderten Verhältnissen zu Ende geführt werden kann.

2. Lehrzeugnis

Art. 346a

[1] Nach Beendigung der Berufslehre hat der Arbeitgeber der lernenden Person ein Zeugnis auszustellen, das die erforderlichen Angaben über die erlernte Berufstätigkeit und die Dauer der Berufslehre enthält.

[2] Auf Verlangen der lernenden Person oder deren gesetzlichen Vertretung hat sich das Zeugnis auch über die Fähigkeiten, die Leistungen und das Verhalten der lernenden Person auszusprechen.

B. Der Handelsreisendenvertrag
I. Begriff und Entstehung
1. Begriff

Art. 347

[1] Durch den Handelsreisendenvertrag verpflichtet sich der Handelsreisende, auf Rechnung des Inhabers eines Handels-, Fabrikations- oder andern nach kaufmännischer Art geführten Geschäftes gegen Lohn Geschäfte jeder Art ausserhalb der Geschäftsräume des Arbeitgebers zu vermitteln oder abzuschliessen.

[2] Nicht als Handelsreisender gilt der Arbeitnehmer, der nicht vorwiegend eine Reisetätigkeit ausübt oder nur gelegentlich oder vorübergehend für den Arbeitgeber tätig ist, sowie der Reisende, der Geschäfte auf eigene Rechnung abschliesst.

2. Entstehung und Inhalt

Art. 347a

[1] Das Arbeitsverhältnis ist durch schriftlichen Vertrag zu regeln, der namentlich Bestimmungen enthalten soll über

a.   die Dauer und Beendigung des Arbeitsverhältnisses,

b.   die Vollmachten des Handelsreisenden,

c.   das Entgelt und den Auslagenersatz,

d.   das anwendbare Recht und den Gerichtsstand, sofern eine Vertragspartei ihren Wohnsitz im Ausland hat.

[2] Soweit das Arbeitsverhältnis nicht durch schriftlichen Vertrag geregelt ist, wird der im vorstehenden Absatz umschriebene Inhalt durch die gesetzlichen Vorschriften und durch die üblichen Arbeitsbedingungen bestimmt.

[3] Die mündliche Abrede gilt nur für die Festsetzung des Beginns der Arbeitsleistung, der Art und des Gebietes der Reisetätigkeit sowie für weitere Bestimmungen, die mit den gesetzlichen Vorschriften und dem schriftlichen Vertrag nicht in Widerspruch stehen.

II. Pflichten und Vollmachten des Handelsreisenden

1. Besondere Pflichten

Art. 348

[1] Der Handelsreisende hat die Kundschaft in der ihm vorgeschriebenen Weise zu besuchen, sofern nicht ein begründeter Anlass eine Änderung notwendig macht; ohne schriftliche Bewilligung des Arbeitgebers darf er weder für eigene Rechnung noch für Rechnung eines Dritten Geschäfte vermitteln oder abschliessen.

[2] Ist der Handelsreisende zum Abschluss von Geschäften ermächtigt, so hat er die ihm vorgeschriebenen Preise und andern Geschäftsbedingungen einzuhalten und muss für Änderungen die Zustimmung des Arbeitgebers vorbehalten.

[3] Der Handelsreisende hat über seine Reisetätigkeit regelmässig Bericht zu erstatten, die erhaltenen Bestellungen dem Arbeitgeber sofort zu übermitteln und ihn von erheblichen Tatsachen, die seinen Kundenkreis betreffen, in Kenntnis zu setzen.

2. Delcredere

Art. 348a

[1] Abreden, dass der Handelsreisende für die Zahlung oder anderweitige Erfüllung der Verbindlichkeiten der Kunden einzustehen oder die Kosten der Einbringung von Forderungen ganz oder teilweise zu tragen hat, sind nichtig.

[2] Hat der Handelsreisende Geschäfte mit Privatkunden abzuschliessen, so kann er sich schriftlich verpflichten, beim einzelnen Geschäft für höchstens einen Viertel des Schadens zu haften, der dem Arbeitgeber durch die Nichterfüllung der Verbindlichkeiten der Kunden erwächst, vorausgesetzt dass eine angemessene Delcredere-Provision verabredet wird.

[3] Bei Versicherungsverträgen kann sich der reisende Versicherungsvermittler schriftlich verpflichten, höchstens die Hälfte der Kosten der Einbringung von Forderungen zu tragen, wenn eine Prämie oder deren Teile nicht bezahlt werden und er deren Einbringung im Wege der Klage oder Zwangsvollstreckung verlangt.

3. Vollmachten

Art. 348b

[1] Ist nichts anderes schriftlich verabredet, so ist der Handelsreisende nur ermächtigt, Geschäfte zu vermitteln.

[2] Ist der Handelsreisende zum Abschluss von Geschäften ermächtigt, so erstreckt sich seine Vollmacht auf alle Rechtshandlungen, welche die Ausführung dieser Geschäfte gewöhnlich mit sich bringt; jedoch darf er ohne besondere Ermächtigung Zahlungen von Kunden nicht entgegennehmen und keine Zahlungsfristen bewilligen.

[3] Artikel 34 des Bundesgesetzes vom 2. April 1908[34] über den Versicherungsvertrag bleibt vorbehalten.

III. Besondere Pflichten des Arbeitgebers

1. Tätigkeitskreis

Art. 349

[1] Ist dem Handelsreisenden ein bestimmtes Reisegebiet oder ein bestimmter Kundenkreis zugewiesen und nichts anderes schriftlich verabredet, so gilt er als mit Ausschluss anderer Personen bestellt; jedoch bleibt der Arbeitgeber befugt, mit den Kunden im Gebiet oder Kundenkreis des Handelsreisenden persönlich Geschäfte abzuschliessen.

[2] Der Arbeitgeber kann die vertragliche Bestimmung des Reisegebietes oder Kundenkreises einseitig abändern, wenn ein begründeter Anlass eine Änderung vor Ablauf der Kündigungsfrist notwendig macht; jedoch bleiben diesfalls Entschädigungsansprüche und das Recht des Handelsreisenden zur Auflösung des Arbeitsverhältnisses aus wichtigem Grund vorbehalten.

2. Lohn

a) im allgemeinen

Art. 349a

[1] Der Arbeitgeber hat dem Handelsreisenden Lohn zu entrichten, der aus einem festen Gehalt mit oder ohne Provision besteht.

2 Eine schriftliche Abrede, dass der Lohn ausschliesslich oder vorwiegend in einer Provision bestehen soll, ist gültig, wenn die Provision ein angemessenes Entgelt für die Tätigkeit des Handelsreisenden ergibt.

3 Für eine Probezeit von höchstens zwei Monaten kann durch schriftliche Abrede der Lohn frei bestimmt werden.

b) Provision

Art. 349b

1 Ist dem Handelsreisenden ein bestimmtes Reisegebiet oder ein bestimmter Kundenkreis ausschliesslich zugewiesen, so ist ihm die verabredete oder übliche Provision auf allen Geschäften auszurichten, die von ihm oder seinem Arbeitgeber mit Kunden in seinem Gebiet oder Kundenkreis abgeschlossen werden.

2 Ist dem Handelsreisenden ein bestimmtes Reisegebiet oder ein bestimmter Kundenkreis nicht ausschliesslich zugewiesen, so ist ihm die Provision nur auf den von ihm vermittelten oder abgeschlossenen Geschäften auszurichten.

3 Ist im Zeitpunkt der Fälligkeit der Provision der Wert eines Geschäftes noch nicht genau bestimmbar, so ist die Provision zunächst auf dem vom Arbeitgeber geschätzten Mindestwert und der Rest spätestens bei Ausführung des Geschäftes auszurichten.

c) bei Verhinderung an der Reisetätigkeit

Art. 349c

1 Ist dem Handelsreisenden ein bestimmtes Reisegebiet oder ein bestimmter Kundenkreis ausschliesslich zugewiesen, so ist ihm die verabredete oder übliche Provision auf allen Geschäften auszurichten, die von ihm oder seinem Arbeitgeber mit Kunden in seinem Gebiet oder Kundenkreis abgeschlossen werden.

2 Ist dem Handelsreisenden ein bestimmtes Reisegebiet oder ein bestimmter Kundenkreis nicht ausschliesslich zugewiesen, so ist ihm die Provision nur auf den von ihm vermittelten oder abgeschlossenen Geschäften auszurichten.

3 Ist im Zeitpunkt der Fälligkeit der Provision der Wert eines Geschäftes noch nicht genau bestimmbar, so ist die Provision

zunächst auf dem vom Arbeitgeber geschätzten Mindestwert und der Rest spätestens bei Ausführung des Geschäftes auszurichten.

3. Auslagen

Art. 349d

[1] Ist der Handelsreisende für mehrere Arbeitgeber gleichzeitig tätig und ist die Verteilung des Auslagenersatzes nicht durch schriftliche Abrede geregelt, so hat jeder Arbeitgeber einen gleichen Kostenanteil zu vergüten.

[2] Abreden, dass der Auslagenersatz ganz oder teilweise im festen Gehalt oder in der Provision eingeschlossen sein soll, sind nichtig.

4. Retentionsrecht

Art. 349e

[1] **Zur Sicherung der fälligen Forderungen aus dem Arbeitsverhältnis, bei Zahlungsunfähigkeit des Arbeitgebers auch der nicht fälligen Forderungen, steht dem Handelsreisenden das Retentionsrecht an beweglichen Sachen und Wertpapieren sowie an Zahlungen von Kunden zu, die er auf Grund einer Inkassovollmacht entgegengenommen hat.**

[2] An Fahrausweisen, Preistarifen, Kundenverzeichnissen und andern Unterlagen kann das Retentionsrecht nicht ausgeübt werden.

IV. Beendigung
1. Besondere Kündigung

Art. 350

[1] **Beträgt die Provision mindestens einen Fünftel des Lohnes und unterliegt sie erheblichen saisonmässigen Schwankungen, so darf der Arbeitgeber dem Handelsreisenden, der seit Abschluss der letzten Saison bei ihm gearbeitet hat, während der Saison nur auf das Ende des zweiten der Kündigung folgenden Monats kündigen.**

[2] **Unter den gleichen Voraussetzungen darf der Handelsreisende dem Arbeitgeber, der ihn bis zum Abschluss der Saison beschäftigt hat, bis zum Beginn der nächsten nur auf das Ende des zweiten der Kündigung folgenden Monats kündigen.**

2. Besondere Folgen

Art. 350a

[1] Bei Beendigung des Arbeitsverhältnisses ist dem Handelsreisenden die Provision auf allen Geschäften auszurichten, die er abgeschlossen oder vermittelt hat, sowie auf allen Bestellungen, die bis zur Beendigung dem Arbeitgeber zugehen, ohne Rücksicht auf den Zeitpunkt ihrer Annahme und ihrer Ausführung.

[2] Auf den Zeitpunkt der Beendigung des Arbeitsverhältnisses hat der Handelsreisende die ihm für die Reisetätigkeit zur Verfügung gestellten Muster und Modelle, Preistarife, Kundenverzeichnisse und andern Unterlagen zurückzugeben; das Retentionsrecht bleibt vorbehalten.

C. Der Heimarbeitsvertrag
I. Begriff und Entstehung
1. Begriff

Art. 351

Durch den Heimarbeitsvertrag verpflichtet sich der Heimarbeitnehmer, in seiner Wohnung oder in einem andern, von ihm bestimmten Arbeitsraum allein oder mit Familienangehörigen Arbeiten im Lohn für den Arbeitgeber auszuführen.

2. Bekanntgabe der Arbeitsbedingungen

Art. 351a

[1] Vor jeder Ausgabe von Arbeit hat der Arbeitgeber dem Heimarbeitnehmer die für deren Ausführung erheblichen Bedingungen bekanntzugeben, namentlich die Einzelheiten der Arbeit, soweit sie nicht durch allgemein geltende Arbeitsbedingungen geregelt sind; er hat das vom Heimarbeitnehmer zu beschaffende Material und schriftlich die dafür zu leistende Entschädigung sowie den Lohn anzugeben.

[2] Werden die Angaben über den Lohn und über die Entschädigung für das vom Heimarbeitnehmer zu beschaffende Material nicht vor der Ausgabe der Arbeit schriftlich bekanntgegeben, so gelten dafür die üblichen Arbeitsbedingungen

II. Besondere Pflichten des Arbeitnehmers

1. Ausführung der Arbeit

Art. 352

[1] Der Heimarbeitnehmer hat mit der übernommenen Arbeit rechtzeitig zu beginnen, sie bis zum verabredeten Termin fertigzustellen und das Arbeitserzeugnis dem Arbeitgeber zu übergeben.

[2] Wird aus Verschulden des Heimarbeitnehmers die Arbeit mangelhaft ausgeführt, so ist er zur unentgeltlichen Verbesserung des Arbeitserzeugnisses verpflichtet, soweit dadurch dessen Mängel behoben werden können.

2. Material und Arbeitsgeräte

Art. 352a

[1] Der Heimarbeitnehmer ist verpflichtet, Material und Geräte, die ihm vom Arbeitgeber übergeben werden, mit aller Sorgfalt zu behandeln, über deren Verwendung Rechenschaft abzulegen und den zur Arbeit nicht verwendeten Rest des Materials sowie die erhaltenen Geräte zurückzugeben.

[2] Stellt der Heimarbeitnehmer bei der Ausführung der Arbeit Mängel an dem übergebenen Material oder an den erhaltenen Geräten fest, so hat er den Arbeitgeber sofort zu benachrichtigen und dessen Weisungen abzuwarten, bevor er die Ausführung der Arbeit fortsetzt.

[3] **Hat der Heimarbeitnehmer Material oder Geräte, die ihm übergeben wurden, schuldhaft verdorben, so haftet er dem Arbeitgeber höchstens für den Ersatz der Selbstkosten.**

III. Besondere Pflichten des Arbeitgebers

1. Abnahme des Arbeitserzeugnisses

Art. 353

[1] **Der Arbeitgeber hat das Arbeitserzeugnis nach Ablieferung zu prüfen und Mängel spätestens innert einer Woche dem Heimarbeitnehmer bekanntzugeben.**

[2] **Unterlässt der Arbeitgeber die rechtzeitige Bekanntgabe der Mängel, so gilt die Arbeit als abgenommen.**

2. Lohn

a) Ausrichtung des Lohnes

Art. 353a

[1] **Steht der Heimarbeitnehmer ununterbrochen im Dienst des Arbeitgebers, so ist der Lohn für die geleistete Arbeit halbmonatlich oder mit Zustimmung des Heimarbeitnehmers am Ende jedes Monats, in den anderen Fällen jeweils bei Ablieferung des Arbeitserzeugnisses auszurichten.**

[2] **Bei jeder Lohnzahlung ist dem Heimarbeitnehmer eine schriftliche Abrechnung zu übergeben, in der für Lohnabzüge der Grund anzugeben ist.**

b) Lohn bei Verhinderung an der Arbeitsleistung

Art. 353b

[1] **Steht der Heimarbeitnehmer ununterbrochen im Dienst des Arbeitgebers, so ist dieser nach Massgabe der Artikel 324 und 324a zur Ausrichtung des Lohnes verpflichtet, wenn er mit der Annahme der Arbeitsleistung in Verzug kommt oder wenn der Heimarbeitnehmer aus Gründen, die in seiner Person liegen, ohne sein Verschulden an der Arbeitsleistung verhindert ist.**

[2] In den anderen Fällen ist der Arbeitgeber zur Ausrichtung des Lohnes nach Massgabe der Artikel 324 und 324a nicht verpflichtet.

IV. Beendigung

Art. 354

[1] Wird dem Heimarbeitnehmer eine Probearbeit übergeben, so gilt das Arbeitsverhältnis zur Probe auf bestimmte Zeit eingegangen, sofern nichts anderes verabredet ist.

[2] Steht der Heimarbeitnehmer ununterbrochen im Dienst des Arbeitgebers, so gilt das Arbeitsverhältnis als auf unbestimmte Zeit, in den anderen Fällen als auf bestimmte Zeit eingegangen, sofern nichts anderes verabredet ist.

D. Anwendbarkeit der allgemeinen Vorschriften

Art. 355

Auf den Lehrvertrag, den Handelsreisendenvertrag und den Heimarbeitsvertrag sind die allgemeinen Vorschriften über den Einzelarbeitsvertrag ergänzend anwendbar.

4. Abschnitt: Zwingende Vorschriften

A. Unabänderlichkeit zuungunsten des Arbeitgebers und des Arbeitnehmers

Art. 361

¹ Durch Abrede, Normalarbeitsvertrag oder Gesamtarbeitsvertrag darf von den folgenden Vorschriften weder zuungunsten des Arbeitgebers noch des Arbeitnehmers abgewichen werden:

Artikel 321c:	**Absatz 1 (Überstundenarbeit)**
Artikel 323:	**Absatz 4 (Vorschuss)**
Artikel 323b:	**Absatz 2 (Verrechnung mit Gegenforderungen)**
Artikel 325:	**Absatz 2 (Abtretung und Verpfändung von Lohnforderungen)**
Artikel 326:	**Absatz 2 (Zuweisung von Arbeit)**
Artikel 329d:	**Absätze 2 und 3 (Ferienlohn)**
Artikel 331:	**Absätze 1 und 2 (Zuwendungen für die Personalfürsorge)**
Artikel 331b:	**(Abtretung und Verpfändung von Forderungen auf Vorsorgeleistungen)³⁵**
...³⁶	
Artikel 334:	**Absatz 3 (Kündigung beim langjährigen Arbeitsverhältnis)**
Artikel 335:	**(Kündigung des Arbeitsverhältnisses)**
Artikel 336:	**Absatz 1 (Missbräuchliche Kündigung)**
Artikel 336a:	**(Entschädigung bei missbräuchlicher Kündigung)**
Artikel 336b:	**(Geltendmachung der Entschädigung)**
Artikel 336d:	**(Kündigung zur Unzeit durch den Arbeitnehmer)**
Artikel 337:	**Absätze 1 und 2 (Fristlose Auflösung aus wichtigen Gründen)**
Artikel 337b:	**Absatz 1 (Folgen bei gerechtfertigter Auflösung)**
Artikel 337d:	**(Folgen bei ungerechtfertigtem Nichtantritt oder Ver-**

---

35   Eingefügt durch Anhang Ziff. 2 des Freizügigkeitsgesetzes vom 17. Dez. 1993, in Kraft seit 1. Jan. 1995 (SR **831.42**).

36   Aufgehoben durch Anhang Ziff. 2 des Freizügigkeitsgesetzes vom 17. Dez. 1993 (SR **831.42**).

lassen der Arbeitsstelle)

Artikel 339:	**Absatz 1 (Fälligkeit der Forderungen)**
Artikel 339a:	**(Rückgabepflichten)**
Artikel 340b:	**Absätze 1 und 2 (Folgen der Übertretung des Konkurrenzverbotes)**
Artikel 342:	**Absatz 2 (Zivilrechtliche Wirkungen des öffentlichen Rechts)**
Artikel 343:	**Absatz 1 aufgehoben**[37]
Artikel 346:	**(Vorzeitige Auflösung des Lehrvertrages)**
Artikel 349c:	**Absatz 3 (Verhinderung an der Reisetätigkeit)**
Artikel 350:	**(Besondere Kündigung)**
Artikel 350a:	**Absatz 2 (Rückgabepflichten)**

² Abreden sowie Bestimmungen von Normalarbeitsverträgen und Gesamtarbeitsverträgen, die von den vorstehend angeführten Vorschriften zuungunsten des Arbeitgebers oder des Arbeitnehmers abweichen, sind nichtig.

B. Unabänderlichkeit zuungunsten des Arbeitnehmers

Art. 362

¹ Durch Abrede, Normalarbeitsvertrag oder Gesamtarbeitsvertrag darf von den folgenden Vorschriften zuungunsten des Arbeitnehmers nicht abgewichen werden:

Artikel 321e:	**(Haftung des Arbeitnehmers)**
Artikel 322a:	**Absätze 2 und 3 (Anteil am Geschäftsergebnis)**
Artikel 322b:	**Absätze 1 und 2 (Entstehung des Provisionsanspruchs)**
Artikel 322c:	**(Provisionsabrechnung)**
Artikel 323b:	**Absatz 1 zweiter Satz (Lohnabrechnung)**
Artikel 324:	**(Lohn bei Annahmeverzug des Arbeitgebers)**
Artikel 324a:	**Absätze 1 und 3 (Lohn bei Verhinderung des Arbeitnehmers)**
Artikel 324b:	**(Lohn bei obligatorischer Versicherung des Arbeitnehmers)**

---

37   Aufgehoben durch Anhang Ziff. 5 des Gerichtsstandsgesetzes vom 24. März 2000 (SR 272).

38   Eingefügt durch Anhang Ziff. 2 des BG vom 19. Juni 1992 über den Datenschutz, in Kraft seit 1. Juli 1993 (SR **235.1**).

39   Eingefügt durch Art. 13 des JFG vom 6. Okt. 1989, in Kraft seit 1. Jan. 1991 (SR **446.1**).

40   Fassung gemäss Anhang Ziff. 2 des Freizügigkeitsgesetzes vom 17. Dez. 1993, in Kraft seit 1. Jan. 1995 (SR **831.42**).

41   Aufgehoben durch Anhang Ziff. 2 des Freizügigkeitsgesetzes vom 17. Dez. 1993 (SR **831.42**).

Artikel 336c:	**(Kündigung zur Unzeit durch den Arbeitgeber)**
Artikel 337a:	**(Fristlose Auflösung wegen Lohngefährdung)**
Artikel 337c:	**Absatz 1 (Folgen bei ungerechtfertigter Entlassung)**
Artikel 338:	**(Tod des Arbeitnehmers)**
Artikel 338a:	**(Tod des Arbeitgebers)**
Artikel 339b:	**(Voraussetzungen der Abgangsentschädigung)**
Artikel 339d:	**(Ersatzleistungen)**
Artikel 340:	**Absatz 1 (Voraussetzungen des Konkurrenzverbotes)**
Artikel 340a:	**Absatz 1 (Beschränkung des Konkurrenzverbotes)**
Artikel 340c:	**(Wegfall des Konkurrenzverbotes)**
Artikel 341:	**Absatz 1 (Unverzichtbarkeit)**
Artikel 345a:	**(Pflichten des Lehrmeisters[42])**
Artikel 346a:	**(Lehrzeugnis)**
Artikel 349a:	**Absatz 1 (Lohn des Handelsreisenden)**
Artikel 349b:	**Absatz 3 (Ausrichtung der Provision)**
Artikel 349c:	**Absatz 1 (Lohn bei Verhinderung an der Reisetätigkeit)**
Artikel 349e:	**Absatz 1 (Retentionsrecht des Handelsreisenden)**
Artikel 350a:	**Absatz 1 (Provision bei Beendigung des Arbeitsverhältnisses)**
Artikel 352a:	**Absatz 3 (Haftung des Heimarbeiters)**
Artikel 353:	**(Abnahme des Arbeitserzeugnisses)**
Artikel 353a:	**(Ausrichtung des Lohnes)**
Artikel 353b:	**Absatz 1 (Lohn bei Verhinderung an der Arbeitsleistung).[43]**

² Abreden sowie Bestimmungen von Normalarbeitsverträgen und Gesamtarbeitsverträgen, die von den vorstehend angeführten Vorschriften zuungunsten des Arbeitnehmers abweichen, sind nichtig.

---

42 Heute: des Arbeitgebers.
43 Fassung gemäss Ziff. I des BG vom 18. März 1988, in Kraft seit 1. Jan. 1989 (AS **1988** 1472 1479; BBl **1984** II 551).

Bundesamt von sich aus die nötigen Massnahmen zur Herbeiführung des gesetzmässigen Zustandes.

2. Abschnitt: Kantone

Art. 79   Aufgaben (Art. 41 ArG)

[1] Soweit der Vollzug des Gesetzes und der Verordnungen nicht dem Bunde vorbehalten ist, nehmen die kantonalen Behörden diesen wahr; insbesondere haben sie:

a. Kontrollen in den Betrieben über die Einhaltung der Vorschriften des Gesetzes und der Verordnungen durchzuführen;

b. Arbeitgeber und Arbeitnehmer, Bauherren, Planer und andere mit Aufgaben des Arbeitsgesetzes betraute Personen in Fragen der Anwendung des Gesetzes und der Verordnungen zu beraten;

c. Arbeitgeber, Arbeitnehmer, deren Organisationen sowie weitere Fachorganisationen und andere interessierte Stellen über aktuelle Fragen und Entwicklungen zu informieren.

[2] Die Kantone sorgen dafür, dass:

a. gut ausgebildete Aufsichtspersonen in einer für die Erfüllung der gesetzlichen Aufgaben genügenden Zahl eingesetzt werden;

b. weibliches Aufsichtspersonal für spezifische Frauenanliegen eingesetzt wird oder beigezogen werden kann;

c. den Aufsichtspersonen die nötigen Kompetenzen und Sachmittel eingeräumt werden; und

d. das Anstellungsverhältnis der Aufsichtspersonen diesen die nötige Stetigkeit bei ihrer Beschäftigung erlaubt und die Wahrung ihrer Unabängigkeit gewährleistet.

[3] Das Bundesamt erlässt Richtlinien hinsichtlich des Aus- und Weiterbildungsstandards und der Anzahl der zu beschäftigenden Aufsichtspersonen pro Kanton in Abhängigkeit der Anzahl Betriebe und der zu erfüllenden gesetzlichen Aufgaben sowie ihrer Komplexität.

Art. 80   Mitteilungen und Berichterstattung (Art. 41 ArG)

[1] Die Kantone haben dem Bundesamt mitzuteilen:

a.   die nach Artikel 41 Absatz 1 des Gesetzes bezeichneten Vollzugs-
     behörden sowie die kantonalen Rekursbehörden;

b.   die nach Artikel 20a Absatz 1 des Gesetzes den Sonntagen
     gleichgestellten Feiertage;

c.   die gestützt auf das Gesetz erlassenen kantonalen Vollzugserlas-
     se wie jede Änderung derselben;

d.   Entscheide über Verwaltungsmassnahmen, Strafurteile und Ein-
     stellungsbeschlüsse in vollständiger und begründeter Ausferti-
     gung.

2 Die Kantone liefern dem Bundesamt jährlich die für die Berichterstattung an das internationale Arbeitsamt sowie die zur Wahrnehmung
der Oberaufsicht nötigen Angaben.

3 Die vom Bundesamt verlangten Angaben sind diesem innert drei
Monaten nach Ablauf des Berichtsjahres einzureichen.

4 Die kantonale Behörde hat dem Bundesamt eine Ausfertigung der
erteilten Arbeitszeitbewilligungen zuzustellen und ihm Kenntnis zu geben von ihren Verfügungen und Massnahmen, die sie nach den Artikeln 51 Absätze 2 und 3 sowie 52 und 53 des Gesetzes getroffen
hat.[13]

3. Abschnitt: Eidgenössische Arbeits-
kommission

Art. 81   (Art. 43 ArG)

1 Die Eidgenössische Arbeitskommission besteht aus 24 Mitgliedern.
In der Kommission sind vertreten:

a.   die Kantone mit drei Mitgliedern;

b.   die Wissenschaft mit drei Mitgliedern;

c.   die Arbeitgeberverbände und die Arbeitnehmerverbände mit je
     acht Mitgliedern;

d.   die Frauenorganisationen mit zwei Mitgliedern.

---

13   Fassung gemäss Ziff. I der V vom 24. April 2002, in Kraft seit 1. Juni 2002 (AS **2002**
     1347).

2 Den Vorsitz führt der Direktor oder die Direktorin für Arbeit im Staatssekretariat für Wirtschaft oder der Stellvertreter oder die Stellverteterin.

3 Die Mitglieder werden für die jeweilige Dauer der für die Bundesbehörden geltenden Amtsperiode gewählt.

4 Die Kommission kann für die Behandlung bestimmter Fragen Ausschüsse bestellen und Sachverständige beiziehen.

5 Das Geschäftsreglement der Kommission wird in ihrem Einvernehmen vom Eidgenössischen Volkswirtschaftsdepartement erlassen.

8. Kapitel: Datenschutz und Datenverwaltung

1. Abschnitt: Schweigepflicht, Datenbekanntgabe und Auskunftsrecht

Art. 82   Schweigepflicht (Art. 44 ArG)

1 Die Schweigepflicht nach Artikel 44 des Gesetzes erstreckt sich auf die Aufsichts- und Vollzugsbehörden des Arbeitsgesetzes, die Mitglieder der Eidgenössischen Arbeitskommission, beigezogene Sachverständige und Fachinspektoren.

2 Werden Sachverständige und Fachinspektoren beigezogen, sind diese auf die Schweigepflicht gegenüber Dritten schriftlich aufmerksam zu machen.

Art. 83   Bekanntgabe von besonders schützenswerten Personendaten (Art. 44a ArG)

1 Soweit die Datenbekanntgabe der betroffenen Person nicht ausdrücklich mitgeteilt wurde oder ihr nicht aus den Umständen ersichtlich ist, muss die betroffene Person über die Bekanntgabe und den tatsächlichen Umfang der Personendaten informiert werden und es ist ihr Gelegenheit einzuräumen, sich dazu zu äussern.

2 Auf die Einräumung des rechtlichen Gehörs vor der Datenbekanntgabe kann verzichtet werden, wenn die Gefahr besteht, dass Rechtsansprüche oder wichtige Interessen Dritter beeinträchtigt oder die Erfüllung gesetzlicher Aufgaben vereitelt werden, oder wenn der Betroffene innert Frist nicht reagiert oder unauffindbar ist.

3 Eine generelle Datenbekanntgabe besonders schützenswerter Personendaten erfolgt allein zu statistischen Zwecken des Bundesamtes für

Statistik, sofern sich dieses für die nachgefragten Informationen auf eine gesetzliche Grundlage mit klar umschriebenem Aufgabenprofil berufen kann, und die Datenweitergabe an Dritte nicht oder nur in anonymisierter Form möglich ist.

4 Die Einwilligung der betroffenen Person nach Artikel 44a Absatz 2 des Gesetzes wird vorausgesetzt, wenn die Datenbekanntgabe von grosser Dringlichkeit für den Adressaten ist, diese im Interesse der betroffenen Person erfolgt und eine Stellungnahme der betroffenen Person nicht innert nützlicher Frist erfolgen kann.

**Art. 84   Bekanntgabe bei nicht besonders schützens-
              werten Personendaten (Art. 44a ArG)**

1 Die generelle Bekanntgabe von nicht besonders schützenswerten Personendaten erfolgt an die Vollzugs- und Aufsichtsbehörden des Arbeits- und Unfallversicherungsgesetzes.

2 Im Einzelfall können auf begründetes Gesuch hin auch an Dritte nicht besonders schützenswerte Personendaten bekannt gegeben werden, wenn ein öffentliches oder ein erhebliches privates Interesse geltend gemacht werden kann.

2. Abschnitt: Informations- und Dokumen-
tationssysteme

Art. 85   Betriebsregister (Art. 44b ArG)

1 Das Bundesamt führt für die Erfüllung seiner gesetzlichen Aufgaben ein Betriebsregister (BR) für:

a.   industrielle Betriebe nach Artikel 5 des Gesetzes;

b.   Betriebe mit Dauerarbeitszeitbewilligungen;

c.   Betriebe, die im Rahmen des Vollzugs und der Oberaufsicht besucht werden;

d.   Betriebe, die der Plangenehmigungspflicht nach Artikel 7 Absatz 4 des Gesetzes unterstehen.

2 Das Betriebsregister enthält folgende Daten:

a.   Name und Adresse des Betriebes und des Arbeitgebers;

b. Anzahl der Arbeitnehmer und Arbeitnehmerinnen im Zeitpunkt der Unterstellung nach Artikel 5 Absatz 2 Buchstabe a des Gesetzes;

c. sprechende Identifikationsnummern (BR-Nummern);

d. die Art der wirtschaftlichen Tätigkeit;

e. die besonderen Gefahren nach Artikel 5 Absatz 2 Buchstabe c des Gesetzes;

f. Datum der Aufnahme in das BR sowie der Löschung des Eintrages;

g. Protokolle über Betriebsbesuche;

h. Pläne, Planbeschreibungen, Plangenehmigungen, Betriebsbewilligungen, Risikobeurteilungen, Gutachten, Verfügungen, Anzeigen und Strafurteile;

i. den Grund des Eintrages.

[3] Die kantonale Behörde führt für alle Betriebe des Gesetzes ein kantonales BR, soweit es zur Aufgabenerfüllung notwendig ist. Das kantonale BR enthält die in Absatz 2 genannten Daten.

Art. 86 Automatisiertes Informations- und Dokumentationssystem (Art. 44b ArG, Art. 97a UVG)

[1] Für die Bearbeitung und Verwaltung der Aufsichts- und Vollzugstätigkeiten richtet das Bundesamt ein automatisiertes Informations- und Dokumentationssystem ein für:

a. das Betriebsregister;

b. die Unterstellung industrieller Betriebe;

c. das Plangenehmigungs- und Betriebsbewilligungsverfahren;

d. Arbeits- und Ruhezeitbewilligungen;

e. die arbeitsrechtliche Datenbank (Auskünfte und Kartothek);

f. die Vollzugsdatenbank der Eidgenössischen Koordinationskommission für Arbeitssicherheit;

g. Betriebsbesuche;

h. die Adressverwaltung.

[2] Für nicht besonders schützenswerte Daten nach Absatz 1 Buchstaben a, b, c, f und g kann eine Verknüpfung mit anderen automatisierten Informations- und Dokumentationssystemen der Vollzugs- und

Aufsichtsbehörden des Arbeits- und Unfallversicherungsgesetzes für den gegenseitigen Informations- und Datenaustausch mittels Abrufverfahren eingerichtet werden.

Art. 87 Datenaustausch und -sicherheit
(Art. 44 Abs. 2 und 44b ArG)

[1] Die Kantone und der Bund tauschen ihre Daten gegenseitig aus, soweit es für die Erfüllung des gesetzlichen Auftrages nötig ist.

[2] Kantone, die am automatisierten Informations- und Dokumentationssystem beteiligt sind, können uneingeschränkt in nicht besonders schützenswerte Personendaten Einsicht nehmen. Das Gleiche gilt umgekehrt für das Bundesamt.

[3] Der Zugriff auf besonders schützenswerte Personendaten muss im Rahmen der gegenseitigen Rechtshilfe begründet werden.

[4] Das Bundesamt und die Kantone haben die erforderlichen Massnahmen zu ergreifen, damit nicht unbefugte Dritte auf die Daten zugreifen können.

Art. 88 Eingabe, Mutation und Archivierung von Daten
(Art. 44b ArG)

[1] Die Daten werden für den Bund vom Bundesamt zentral verwaltet; für den Kanton erfolgt die Verwaltung durch die zuständige Behörde.

[2] Daten, die Personen betreffen, sind fünf Jahre nach Ablauf ihrer Gültigkeit zu vernichten, sofern sie nicht dem Bundesarchiv übergeben werden müssen. Für anonymisierte Daten, die zu Zwecken der Planung, Forschung oder Statistik erarbeitet worden sind, gilt diese Frist nicht.

Art. 89 Datenschutz
(Art. 16 Abs. 2 DSG, Art. 44–46 ArG)

Die Rechte der Betroffenen, insbesondere das Auskunfts-, Berichtigungs- und Löschungsrecht, richten sich nach den Bestimmungen des Bundesgesetzes vom 19. Juni 1992[14] über den Datenschutz, soweit das Gesetz (ArG) keine abweichenden Bestimmungen kennt.

14   SR **235.1**

Art. 90   Strafbestimmung
Die Strafverfolgung für Verletzungen des Datenschutzes und der Auskunftspflicht richtet sich nach dem Datenschutzgesetz.

9. Kapitel: Schlussbestimmungen
1. Abschnitt: Aufhebung bisherigen Rechts

Art. 91
(hier nicht von Interesse)

2. Abschnitt: Übergangsbestimmungen
Art. 92   Unter altem Recht erlassene Arbeitszeitbewilligungen
(hier nicht von Interesse)

Art. 93   Einführung des neuen Rechts
(hier nicht von Interesse)

3. Abschnitt: Inkrafttreten

Art. 94
[1] Diese Verordnung tritt unter Vorbehalt von Absatz 2 am 1. August 2000 in Kraft.

[2] Die Bestimmungen des 8. Kapitels über den Datenschutz und die Datenverwaltung (Art. 83–91) treten gleichzeitig mit dem Bundesgesetz vom 24. März 2000[15] über die Schaffung und die Anpassung gesetzlicher Grundlagen für die Bearbeitung von Personendaten in Kraft.

Anhang

(Art. 28 Abs. 4)

Nachweis der technischen oder wirtschaftlichen Unentbehrlichkeit von Nacht- oder Sonntagsarbeit für einzelne Arbeitsverfahren

Der Nachweis der Unentbehrlichkeit von dauernder oder regelmässig wiederkehrender Nacht- und Sonntagsarbeit gilt für die nachstehend genannten Arbeitsverfahren im bezeichneten Umfang als vermutet:

---

15   BBl **2000** 2136. Dieses BG ist noch nicht in Kraft getreten.

1. Milchverarbeitung

Nacht- und Sonntagsarbeit für die Annahme und Behandlung von Milch sowie die Herstellung von Milchprodukten und die zugehörigen Reinigungsarbeiten.

2. Müllereien

Nachtarbeit für die Bedienung der Müllereianlagen.

3. Teigwarenherstellung

Nachtarbeit für automatisierte Produktionsanlagen inkl. Trocknereien.

4. Herstellung von Bäckerei- und Konditoreiwaren

Nachtarbeit für die Produktion.

5. Bierbrauereien

Nacht- und Sonntagsarbeit für Mälzerei und Gärprozess;

Nachtarbeit für Sudhaus.

6. Herstellung von Papier, beschichteten und behandelten Papieren, Karton und Zellulose

Nacht- und Sonntagsarbeit für die ganze Produktion von Basisprodukten.

7. Druckereien

Nacht- und Sonntagsarbeit für den Druck von Tages- und Wochenzeitungen, soweit sie einen hohen Aktualitätsbezug aufweisen.

8. Kunststoffverarbeitung und Folienherstellung durch Spritzgiessen, Blasen, Extrudieren, inkl. direkt damit verbundene Veredelungsverfahren

Nacht- und Sonntagsarbeit für alle direkten Herstellverfahren.

9. Chemische, chemisch-physikalische und biologische Arbeitsverfahren

Nacht- und Sonntagsarbeit für Verfahren, die aus technischen Gründen nicht unterbrochen werden können;

Nacht- und Sonntagsarbeit für die Durchführung langfristiger technischer oder wissenschaftlicher Versuche;

Nacht- und Sonntagsarbeit für Arbeiten mit Versuchstieren und die unerlässlichen Arbeiten in Gewächshäusern;

Sonnntagsarbeit für die Betreuung von Versuchstieren.

10. Textilindustrie

Nacht- und Sonntagsarbeit in Spinnereien, Zwirnereien für die Herstellung von Garnen und Zwirnen, inkl. direkt damit verbundene Veredelungsverfahren;

Nacht- und Sonntagsarbeit in Webereien, Wirkereien und Strickereien für die Herstellung von Geweben und Gestricken, inkl. damit verbundene Veredelungsverfahren;

Nacht- und Sonntagsarbeit in Strickereien, inkl. damit verbundene Veredelungsverfahren.

11. Kalk- und Zementindustrie

Nacht- und Sonntagsarbeit für alle Mahl- und Brennprozesse sowie für die Überwachung des Materialzu- oder -wegflusses.

12. Keramische Industrie (Ziegeleien, Keramik- und Porzellanfabrikation)

Nacht- und Sonntagsarbeit für Brenn- und Trockenverfahren.

13. Metallindustrie

Nachtarbeit für

– die Bedienung von Elektroschmelzöfen, Vorwärmeöfen sowie der damit unmittelbar im Zusammenhang stehenden Anlagen;

– für die Bedienung von Kalt- und Warmwalzwerken sowie der damit unmittelbar im Zusammenhang stehenden Anlagen;

– für das Schweissen von Werkstücken, an denen die Arbeit aus technischen Gründen nicht unterbrochen werden kann;

– für das Bedienen von Druckguss- und Strangpressanlagen;

Nacht- und Sonntagsarbeit für die Bedienung von Wärmebehandlungsanlagen.

14. Tunnel- und Stollenbau

Nacht- und Sonntagsarbeit für Vortriebs- und Sicherungsarbeiten.

15. Uhrenindustrie

Teilweise Sonntagsarbeit für die Überprüfung von mechanischen und automatischen Uhrwerken, die anschliessende Reglage sowie für die Chronometer-Prüfung.

16. Elektronikindustrie

Nacht- und Sonntagsarbeit für die Produktion integrierter Schaltkreise (Mikroelektronik).

17. Glasindustrie

Nacht- und Sonntagsarbeit zur Verarbeitung von Rohmaterial zu Glas.

Verordnung des EVD über gefährliche und beschwerliche Arbeiten bei Schwangerschaft und Mutterschaft (Mutterschutzverordnung)

vom 20. März 200; SR 822.111.52

(gestützt auf Artikel 62 Absatz 4 der Verordnung 1 vom 10. Mai 2000[1] zum Arbeitsgesetz, ArGV 1)

1. Kapitel: Allgemeine Bestimmungen
1. Abschnitt: Gegenstand

Art. 1

[1] Diese Verordnung regelt die Kriterien für die Beurteilung der gefährlichen und beschwerlichen Arbeiten (Risikobeurteilung) nach Artikel 62 Absatz 3 ArGV 1 und umschreibt Stoffe, Mikroorganismen und Arbeiten mit einem hohen Gefahrenpotenzial für Mutter und Kind (Ausschlussgründe) nach Artikel 62 Absatz 4 ArGV 1.

[2] Sie bezeichnet:

a. die fachlich kompetenten Personen nach Artikel 63 Absatz 1 ArGV 1, die für die Beurteilung der Risiken für Mutter und Kind oder der Ausschlussgründe (Beschäftigungsverbote) beizuziehen sind;

b. die Personen, welche die Wirksamkeit der getroffenen Schutzmassnahmen nach Artikel 62 Absatz 1 ArGV 1 überprüfen.

2. Abschnitt: Überprüfung von Schutzmassnahmen

Art. 2 Grundsatz

[1] Die Beurteilung des Gesundheitszustandes der schwangeren Frau oder der stillenden Mutter im Rahmen der Überprüfung der Wirksamkeit von getroffenen Schutzmassnahmen nach Artikel 62 Absatz 2 ArGV 1 ist durch den Arzt oder die Ärztin vorzunehmen, der oder die

1   SR **822.111**

im Rahmen der Schwangerschaft die Arbeitnehmerin medizinisch betreut.

2 Der Arzt oder die Ärztin nimmt eine Eignungsuntersuchung an der schwangeren Frau oder stillenden Mutter vor. Er oder sie berücksichtigt bei der Beurteilung mehrere Faktoren:

a.   die Risikobeurteilung des Betriebes;

b.   die Befragung und Untersuchung der Arbeitnehmerin;

c.   die Kriterienliste der vorliegenden Verordnung; sowie

d.   allenfalls weitere Informationen, die er oder sie aufgrund einer Rücksprache mit dem Verfasser der Risikobeurteilung und/oder dem Arbeitgeber erhalten hat.

3 Eine schwangere Frau oder eine stillende Mutter darf im von einer Gefahr betroffenen Betrieb oder Betriebsteil nicht beschäftigt werden, wenn sich im Rahmen der Befragung und Untersuchung der schwangeren Frau oder stillenden Mutter zeigt, dass:

a.   im Betrieb keine oder eine ungenügende Risikobeurteilung durch eine fachlich kompetente Person nach Artikel 17 vorgenommen worden ist;

b.   einer oder mehrere Ausschlussgründe nach den Artikeln 15 und 16 bestehen; oder

c.   eine getroffene Schutzmassnahme sich als nicht oder nicht genügend wirksam erweist.

Art. 3   Ärztliches Zeugnis

1 Der untersuchende Arzt oder die untersuchende Ärztin hält in einem Zeugnis fest, ob eine Beschäftigung am betreffenden Arbeitsplatz vorbehaltlos, nur unter bestimmten Voraussetzungen oder nicht mehr möglich ist.

2 Der untersuchende Arzt oder die untersuchende Ärztin teilt der betroffenen Arbeitnehmerin und dem Arbeitgeber das Ergebnis der Beurteilung nach Absatz 1 mit, damit der Arbeitgeber nötigenfalls die erforderlichen Massnahmen im von der Gefahr betroffenen Betrieb oder Betriebsteil treffen kann.

Art. 4 Kostentragung

Der Arbeitgeber trägt die Kosten für die Aufwendungen nach den Artikeln 2 und 3.

2. Kapitel: Risikobeurteilung und Ausschlussgründe

1. Abschnitt: Beurteilungskriterien der Gefährdung

Art. 5 Vermutung der Gefährdung

Werden die in den Artikeln 7–10 aufgeführten Richtwerte und Grössen erreicht, wird eine Gefährdung von Mutter und Kind vermutet.

Art. 6 Gewichtung der Kriterien

Bei der Gewichtung der Kriterien sind auch die konkreten Umstände im Betrieb zu berücksichtigen wie namentlich das Zusammenwirken verschiedener Belastungen, die Expositionsdauer, die Häufigkeit der Belastung oder der Gefährdung und weitere Faktoren, die einen positiven oder negativen Einfluss auf das abzuschätzende Gefahrenpotenzial haben können.

Art. 7 Bewegen schwerer Lasten

[1] Als gefährlich oder beschwerlich für Schwangere gilt bis zum Ende des sechsten Schwangerschaftsmonats das regelmässige Versetzen von Lasten von mehr als 5 kg bzw. das gelegentliche Versetzen von Lasten von mehr als 10 kg . Diese Werte gelten auch bei der Inanspruchnahme mechanischer Hilfsmittel wie z.B. von Hebeln, Kurbeln.

[2] Ab dem siebten Schwangerschaftsmonat dürfen Schwangere schwere Lasten im Sinn von Absatz 1 nicht mehr bewegen.

Art. 8 Arbeiten bei Kälte oder Hitze oder bei Nässe

Als gefährlich oder beschwerlich für Schwangere gelten Arbeiten in Innenräumen bei Raumtemperaturen unter –5° C oder über 28° C sowie die regelmässige Beschäftigung mit Arbeiten, die mit starker Nässe verbunden sind. Bei Temperaturen, die 15° C unterschreiten, sind warme Getränke bereit zu stellen. Arbeiten bei Temperaturen unter 10° C bis –5° C sind zulässig, sofern der Arbeitgeber eine Bekleidung zur Verfügung stellt, die der thermischen Situation und der Tätigkeit angepasst ist. Bei der Beurteilung der Raumtemperatur sind auch Faktoren wie die Luftfeuchtigkeit, die Luftgeschwindigkeit oder die Dauer der Exposition zu berücksichtigen.

Art. 9   Bewegungen und Körperhaltungen, die zu vorzeitiger Ermüdung führen

Als gefährlich oder beschwerlich gelten während der Schwangerschaft und bis zur 16. Woche nach der Niederkunft Tätigkeiten, die mit häufig auftretenden ungünstigen Bewegungen oder Körperhaltungen verbunden sind, wie z. B. sich erheblich Strecken oder Beugen, dauernd Kauern oder sich gebückt Halten sowie Tätigkeiten mit fixierten Körperhaltungen ohne Bewegungsmöglichkeit. Ebenso gehören dazu äussere Krafteinwirkungen auf den Körper wie Stösse, Vibrationen und Erschütterungen.

Art. 10   Mikroorganismen

[1] Bei Tätigkeiten mit Mikroorganismen der Gruppe 2 im Sinne der Verordnung vom 25. August 1999[2] über den Schutz der Arbeitnehmerinnen und Arbeitnehmer vor Gefährdung durch Mikroorganismen (SAMV) darf eine schwangere Frau oder stillende Mutter nur beschäftigt werden, wenn der Nachweis erbracht wird, dass sowohl für die Mutter wie für das Kind eine Gefährdung ausgeschlossen ist.

[2] Dasselbe gilt für Arbeiten, bei denen eine Exposition gegenüber Organismen der Gruppen 2–4 möglich ist.

2. Abschnitt: Grenzwerte

Art. 11   Einwirkung von Lärm

Schwangere dürfen an Arbeitsplätzen mit einem Schalldruckpegel von $\geq$ 85 dB(A) (L_{eq} 8 Std) nicht beschäftigt werden. Belastungen durch Infra-/Ultraschall sind gesondert zu beurteilen.

Art. 12   Arbeiten unter Einwirkung von ionisierender Strahlung

[1] Ab Kenntnis einer Schwangerschaft bis zu ihrem Ende darf für beruflich strahlenexponierte Frauen die Äquivalentdosis an der Oberfläche des Abdomens 2 mSv und die effektive Dosis als Folge einer Inkorpo-

ration 1 mSv nicht überschreiten (Art. 36 Abs. 2 Strahlenschutzverordnung vom 22. Juni 1994[3]).

[2] Stillende Frauen dürfen keine Arbeiten mit radioaktiven Stoffen ausführen, bei denen die Gefahr einer Inkorporation oder radioaktiven Kontamination besteht (Art. 36 Abs. 3 Strahlenschutzverordnung vom 22. Juni 1994).

Art. 13 Einwirkung von chemischen Gefahrstoffen

[1] Es ist sicherzustellen, dass die Exposition gegenüber Gefahrstoffen zu keinen Schädigungen für Mutter und Kind führt. Insbesondere ist sicherzustellen, dass die Exposition gegenüber den in der Grenzwertliste der Schweizerischen Unfallversicherungsanstalt (SUVA) aufgeführten gesundheitsgefährdenden Stoffen ohne Kennzeichnung A, B oder D unter den entsprechenden Grenzwerten liegt.

[2] Als für Mutter und Kind besonders gefährlich gelten insbesondere:

a. Stoffe mit der Gefahrenkennzeichnung R40, R45, R46, R49, R61 sowie mit Kombinationen dieser Gefahrencodes nach Artikel 5 der Verordnung vom 10. Januar 1994[4] über die besondere Kennzeichnung gewerblicher Gifte;

b. Quecksilber und Quecksilberverbindungen;

c. Mitosehemmstoffe;

d. Kohlenmonoxid.

3. Abschnitt: Stark belastende Arbeitszeitsysteme

Art. 14

Frauen dürfen während der gesamten Schwangerschaft und danach während der Stillzeit nicht Nacht- und Schichtarbeit leisten, wenn diese mit gefährlichen oder beschwerlichen Arbeiten nach den Artikeln 7–13 verbunden sind oder wenn ein besonders gesundheitsbelastendes Schichtsystem vorliegt. Als besonders gesundheitsbelastend gelten Schichtsysteme, die eine regelmässige Rückwärtsrotation aufwei-

3   SR **814.501**
4   SR **814.842.21**

sen (Nacht-, Spät-, Frühschicht), oder solche mit mehr als drei hintereinander liegenden Nachtschichten.

4. Abschnitt: Ausschlussgründe

Art. 15   Akkordarbeit und taktgebundene Arbeit

Nicht zulässig ist Arbeit im Akkord oder taktgebundene Arbeit, wenn der Arbeitsrhythmus durch eine Maschine oder technische Einrichtung vorgegeben wird und von der Arbeitnehmerin nicht beeinflusst werden kann.

Art. 16   Besondere Beschäftigungsverbote

Schwangere Frauen und stillende Mütter dürfen nicht beschäftigt werden:

a.   mit Arbeiten bei Überdruck, z.B. in Druckkammern, beim Tauchen usw.;

b.   bei Tätigkeiten mit Mikroorganismen der Gruppe 3 oder 4 im Sinne der SAMV[5] oder mit Mikroorganismen der Gruppe 2, von denen bekannt ist, dass sie fruchtschädigend wirken können, wie Rötelnvirus oder Toxoplasma. Davon ausgenommen sind Fälle, in denen nachgewiesen ist, dass die Arbeitnehmerin durch Immunisierung ausreichend dagegen geschützt ist;

c.   bei Arbeiten mit Patienten mit einer ansteckenden Krankheit, die durch einen Mikroorganismus der Gruppe 3 oder 4 im Sinne der SAMV oder durch einen Mikroorganismus der Gruppe 2 verursacht wird, von dem bekannt ist, dass er fruchtschädigend wirken kann, wie das Rötelnvirus oder Toxoplasma. Davon ausgenommen sind Fälle, in denen nachgewiesen ist, dass die Arbeitnehmerin durch Immunisierung ausreichend dagegen geschützt ist;

d.   wenn eine Exposition gegenüber fruchtschädigenden Stoffen der Gruppen A, B und D gemäss Grenzwertliste der SUVA, die gestützt auf Artikel 50 Absatz 3 der Verordnung vom 19. Dezember 1983[6] über die Unfallverhütung erlassen worden ist, nicht ausgeschlossen werden kann;

5   SR **832.321**
6   SR **832.30**

e. wenn eine Exposition gegenüber Blei und Bleiverbindungen nicht ausgeschlossen werden kann.

3. Kapitel: Fachlich kompetente Personen und Information

Art. 17 Fachlich kompetente Personen

[1] Fachlich kompetente Personen nach Artikel 63 Absatz 1 ArGV 1 sind Arbeitsärzte und Arbeitsärztinnen sowie Arbeitshygieniker und Arbeitshygienikerinnen nach der Verordnung vom 25. November 1996[7] über die Eignung der Spezialistinnen und Spezialisten der Arbeitssicherheit sowie weitere Fachspezialisten, wie Ergonomen, die sich über die notwendigen Kenntnisse und Erfahrungen zur Durchführung einer Risikobeurteilung nach den Artikeln 4 und 5 der genannten Verordnung ausweisen können.

[2] Es ist sicherzustellen, dass bei der Risikobeurteilung alle zu beurteilenden Fachbereiche kompetent abgedeckt werden.

Art. 18 Information

[1] Der Arbeitgeber sorgt dafür, dass die zur Risikobeurteilung beigezogenen Personen zu allen Informationen gelangen, die für eine Beurteilung der betrieblichen Situation und zur Überprüfung der getroffenen Schutzmassnahmen notwendig sind.

[2] Der Arbeitgeber sorgt auch dafür, dass der Arzt oder die Ärztin nach Artikel 2 zu den für die Beurteilung der Beschäftigung der schwangeren Frau oder stillenden Mutter notwendigen Informationen gelangt.

4. Kapitel: Schlussbestimmung

Art. 19

Diese Verordnung tritt am 1. April 2001 in Kraft.

---

[7] SR **822.116**

Verordnung 2 zum Arbeitsgesetz (Sonderbestimmungen für bestimmte Gruppen von Betrieben oder Arbeitnehmern und Arbeitnehmerinnen, ArGV 2)

vom 10. Mai 2000; SR 822.112

(gestützt auf Artikel 27 des Arbeitsgesetzes[1])

1. Abschnitt: Gegenstand und Begriffe

Gegenstand

Art. 1

Diese Verordnung umschreibt die bei Vorliegen besonderer Verhältnisse nach Artikel 27 Absatz 1 des Gesetzes möglichen Abweichungen von den gesetzlichen Arbeits- und Ruhezeitvorschriften und bezeichnet die Betriebsarten oder Gruppen von Arbeitnehmern und Arbeitnehmerinnen, welche unter diese Abweichungen fallen. Sie bezeichnet für die einzelnen Branchen oder Gruppen von Arbeitnehmern und Arbeitnehmerinnen den Umfang der Abweichungen.

Kleingewerbliche Betriebe

Art. 2

[1] Kleingewerbliche Betriebe (Art. 27 Abs. 1bis des Gesetzes) sind Betriebe, in denen neben dem Arbeitgeber nicht mehr als vier Arbeitnehmer und Arbeitnehmerinnen, unabhängig von ihrem Beschäftigungsgrad, beschäftigt werden.

[2] Betriebsnotwendigkeit (Art. 27 Abs. 1bis des Gesetzes) liegt vor, wenn:

a)   ein Betrieb zu einer im 3. Abschnitt dieser Verordnung aufgeführten Betriebsart gehört; oder

b)   die Voraussetzungen nach Artikel 28 der Verordnung 1 zum Arbeitsgesetz vom 10. Mai 2000 erfüllt sind.

---

1   SR **822.11**

2. Abschnitt: Sonderbestimmungen

Geltung

Art. 3

Die Bestimmungen dieses Abschnitts sind auf die einzelnen Betriebsarten sowie Arbeitnehmer und Arbeitnehmerinnen entsprechend den Bestimmungen des 3. Abschnitts anwendbar.

Befreiung von der Bewilligungspflicht für Nacht- und Sonntagsarbeit sowie für den ununterbrochenen Betrieb

Art. 4

[1] Der Arbeitgeber darf die Arbeitnehmer und Arbeitnehmerinnen ohne behördliche Bewilligung ganz oder teilweise in der Nacht beschäftigen.

[2] Der Arbeitgeber darf die Arbeitnehmer und Arbeitnehmerinnen ohne behördliche Bewilligung ganz oder teilweise am Sonntag beschäftigen.

[3] Der Arbeitgeber darf die Arbeitnehmer und Arbeitnehmerinnen ohne behördliche Bewilligung im ununterbrochenen Betrieb beschäftigen.

Verlängerung des Zeitraumes der täglichen Arbeit bei Tages- und Abendarbeit

Art. 5

Der Zeitraum der Tages- und Abendarbeit darf für die einzelnen Arbeitnehmer und Arbeitnehmerinnen, mit Einschluss der Pausen und der Überzeitarbeit, auf höchstens 17 Stunden verlängert werden, sofern im Durchschnitt einer Kalenderwoche eine tägliche Ruhezeit von mindestens 12 aufeinanderfolgenden Stunden gewährt wird. Die tägliche Ruhezeit zwischen zwei Arbeitseinsätzen muss dabei mindestens 8 aufeinanderfolgende Stunden betragen.

Verlängerung der wöchentlichen Höchstarbeitszeit

Art. 6

Die wöchentliche Höchstarbeitszeit darf in einzelnen Wochen um 4 Stunden verlängert werden, sofern sie im Durchschnitt von drei Wochen eingehalten wird und im Durchschnitt des Kalenderjahres die Fünf-Tage-Woche gewährt wird.

Verlängerung der Arbeitswoche

Art. 7

Die einzelnen Arbeitnehmer und Arbeitnehmerinnen dürfen bis zu elf aufeinanderfolgende Tage beschäftigt werden, sofern unmittelbar im Anschluss daran mindestens drei aufeinanderfolgende Tage frei gewährt werden und im Durchschnitt des Kalenderjahrs die Fünf-Tage-Woche gewährt wird.

Überzeitarbeit am Sonntag

Art. 8

[1] Überzeitarbeit nach Artikel 12 Absatz 1 des Gesetzes darf am Sonntag geleistet werden. Die am Sonntag geleistete Überzeitarbeit ist innert 14 Wochen durch Freizeit von gleicher Dauer auszugleichen.

[2] Überzeitarbeit nach Artikel 12 Absatz 1 des Gesetzes darf am Sonntag geleistet werden. Die am Sonntag geleistete Überzeitarbeit ist innert 26 Wochen durch Freizeit von gleicher Dauer auszugleichen.[2]

Verkürzung der täglichen Ruhezeit

Art. 9

Die Ruhezeit darf für erwachsene Arbeitnehmer und Arbeitnehmerinnen bis auf 9 Stunden herabgesetzt werden, sofern sie im Durchschnitt von zwei Wochen 12 Stunden beträgt.

Dauer der Nachtarbeit

Art. 10

[1] Bei Nachtarbeit darf die tägliche Arbeitszeit für die einzelnen erwachsenen Arbeitnehmer und Arbeitnehmerinnen 9 Stunden nicht überschreiten. Sie muss, mit Einschluss der Pausen, innert eines Zeitraumes von 12 Stunden liegen. Dabei ist den Arbeitnehmern und Arbeitnehmerinnen eine tägliche Ruhezeit von 12 Stunden und einmal in der Woche eine zusammenhängende Ruhezeit von 48 Stunden zu gewähren.

[2] Bei Nachtarbeit darf die tägliche Arbeitszeit für die einzelnen erwachsenen Arbeitnehmer und Arbeitnehmerinnen 10 Stunden nicht

---

2   Eingefügt durch Ziff. I der V vom 18. Mai 2004, in Kraft seit 1. Juli 2004 (AS **2004** 3045).

überschreiten, wenn ein grosser Teil davon reine Präsenzzeit darstellt und eine Ruhegelegenheit vorhanden ist. Sie muss, mit Einschluss der Pausen, innert eines Zeitraumes von 12 Stunden liegen. Dabei ist den Arbeitnehmern und Arbeitnehmerinnen eine tägliche Ruhezeit von 12 Stunden zu gewähren.

[3] Bei Nachtarbeit mit einem Arbeitsbeginn nach 4 Uhr oder einem Arbeitsschluss vor 1 Uhr darf die tägliche Arbeitszeit in einem Zeitraum von höchstens 17 Stunden liegen. Beginnt die tägliche Arbeitszeit vor 5 Uhr oder endet sie nach 24 Uhr, so ist im Durchschnitt einer Kalenderwoche eine tägliche Ruhezeit von mindestens 12 Stunden zu gewähren. Die tägliche Ruhezeit zwischen zwei Arbeitseinsätzen muss dabei mindestens 8 Stunden betragen.

[4] Bei Nachtarbeit darf die tägliche Arbeitszeit innert eines Zeitraumes von 13 Stunden höchstens 11 Stunden betragen, sofern sie im Durchschnitt einer Kalenderwoche 9 Stunden nicht übersteigt.

[5] Nachtarbeit ohne Wechsel mit Tagesarbeit darf in höchstens 6 von 7 aufeinanderfolgenden Nächten geleistet werden, sofern im Durchschnitt des Kalenderjahrs die Fünf-Tage-Woche gewährt wird.

Verschiebung der Lage des Sonntages
Art. 11
Die Lage des Sonntagszeitraumes nach Artikel 18 Absatz 1 des Gesetzes darf um höchstens 3 Stunden vor- oder nachverschoben werden.

Anzahl freie Sonntage
Art. 12
[1] Im Kalenderjahr sind mindestens 26 freie Sonntage zu gewähren. Sie können unregelmässig auf das Jahr verteilt werden. Im Zeitraum eines Kalenderquartals ist jedoch mindestens ein freier Sonntag zu gewähren.

[2] Im Kalenderjahr sind mindestens zwölf freie Sonntage zu gewähren. Sie können unregelmässig auf das Jahr verteilt werden. In den Wochen ohne freien Sonntag ist jedoch im Anschluss an die tägliche Ruhezeit eine wöchentliche Ruhezeit von 36 aufeinanderfolgenden Stunden zu gewähren.

[3] Wird im Durchschnitt des Kalenderjahres die Fünf-Tage-Woche gewährt, so kann die Anzahl freie Sonntage bis auf vier herabgesetzt

werden. Die freien Sonntage können unregelmässig auf das Jahr verteilt werden.

Ersatzruhetag für Feiertagsarbeit
Art. 13

Die Ersatzruhe für Feiertagsarbeit darf für ein Kalenderjahr zusammengefasst gewährt werden.

Wöchentlicher freier Halbtag
Art. 14

[1] Der wöchentliche freie Halbtag darf für einen Zeitraum von höchstens acht Wochen zusammenhängend gewährt werden.

[2] Der wöchentliche freie Halbtag darf in Betrieben mit erheblichen saisonmässigen Schwankungen für einen Zeitraum von höchstens zwölf Wochen zusammenhängend gewährt werden.

[3] Der wöchentliche freie Halbtag kann von 8 bis auf 6 aufeinanderfolgende Stunden verkürzt werden. Er ist am Vormittag bis 12 Uhr oder am Nachmittag ab 14 Uhr zu gewähren. Die durch die Verkürzung ausfallende Ruhezeit ist innerhalb von sechs Monaten zusammenhängend nachzugewähren.

3. Abschnitt: Unterstellte Betriebsarten und Arbeitnehmer

Krankenanstalten und Kliniken
Art. 15

[1] Auf Krankenanstalten und Kliniken und die in ihnen beschäftigten Arbeitnehmer und Arbeitnehmerinnen sind Artikel 4 für die ganze Nacht und den ganzen Sonntag sowie die Artikel 5, 8 Absatz 2, 9, 10 Absatz 2 und 12 Absatz 2 anwendbar.[3]

[2] Krankenanstalten und Kliniken sind ärztlich betreute Betriebe für Kranke, Wöchnerinnen, Säuglinge, Verunfallte und Rekonvaleszente.

---

3   Fassung gemäss Ziff I der V vom 18. Mai 2004, in Kraft seit 1. Juli 2004 (AS **2004** 3045).

Heime und Internate

Art. 16

[1] Auf Heime und Internate und die in ihnen mit der Betreuung der Insassen beschäftigten Arbeitnehmer und Arbeitnehmerinnen sind Artikel 4 für die ganze Nacht und den ganzen Sonntag sowie die Artikel 8 Absatz 1, 9, 10 Absatz 2, 12 Absatz 2 und 14 Absatz 1 anwendbar.[4]

[2] Heime und Internate sind Kinder-, Erziehungs-, Anlern-, Ausbildungs-, Beschäftigungs-, Alters-, Pflege-, Kranken-, Unterkunfts- und Versorgungsheime.

Spitex-Betriebe

Art. 17

[1] Auf Spitex-Betriebe und die von ihnen mit Pflege- und Betreuungsaufgaben beschäftigten Arbeitnehmer und Arbeitnehmerinnen ist Artikel 4 für die ganze Nacht und den ganzen Sonntag anwendbar.

[2] Spitex-Betriebe sind Betriebe, die spitalexterne Aufgaben für pflege- und betreuungsbedürftige Personen erfüllen.

Arzt-, Zahnarzt- und Tierarztpraxen

Art. 18

Auf Arzt-, Zahnarzt- und Tierarztpraxen und die in ihnen beschäftigten Arbeitnehmer und Arbeitnehmerinnen ist Artikel 4 für die ganze Nacht und den ganzen Sonntag anwendbar, soweit die Aufrechterhaltung von Notfalldiensten zu gewährleisten ist.

Apotheken

Art. 19

Auf Apotheken und die in ihnen mit der Bereitstellung und dem Verkauf von Medikamenten beschäftigten Arbeitnehmer und Arbeitnehmerinnen ist Artikel 4 für die ganze Nacht und den ganzen Sonntag anwendbar, soweit die Aufrechterhaltung von Notfalldiensten zu gewährleisten ist.

---

4   Fassung gemäss Ziff I der V vom 18. Mai 2004, in Kraft seit 1. Juli 2004 (AS **2004** 3045).

Medizinische Labors

Art. 19a[5]

Auf medizinische Labors und die in ihnen beschäftigten Arbeitnehmer sind Artikel 4 für die ganze Nacht und den ganzen Sonntag sowie die Artikel 5, 8 Absatz 2, 9, 10 Absatz 2 und 12 Absatz 2 anwendbar.

Bestattungsbetriebe

Art. 20

[1] Auf Bestattungsbetriebe und die in ihnen beschäftigten Arbeitnehmer und Arbeitnehmerinnen sind Artikel 4 für die ganze Nacht und den ganzen Sonntag und Artikel 8 Absatz 1 anwendbar, soweit Nacht- und Sonntagsarbeit für unaufschiebbare Tätigkeiten notwendig sind.[6]

[2] Bestattungsbetriebe sind Betriebe, die Formalitäten und Verrichtungen bei Todesfällen besorgen.

Tierkliniken

Art. 21

[1] Auf Tierkliniken und die in ihnen mit der Pflege und Betreuung der Tiere beschäftigten Arbeitnehmer und Arbeitnehmerinnen ist Artikel 4 für die ganze Nacht und den ganzen Sonntag anwendbar.

[2] Tierkliniken sind Tierspitäler und tierspitalähnliche Betriebe, die kranke, pflegebedürftige und verunfallte Tiere medizinisch betreuen.

Zoologische Gärten, Tiergärten und Tierheime

Art. 22

Auf zoologische Gärten, Tiergärten und Tierheime und die in ihnen mit der Beaufsichtigung und der Pflege der Tiere, mit dem Unterhalt der Anlagen sowie der Bedienung der Kassen beschäftigten Arbeitnehmer und Arbeitnehmerinnen sind Artikel 4 Absatz 1 für die ganze Nacht für Überwachungstätigkeiten und Absatz 2 für den ganzen Sonntag sowie die Artikel 8 Absatz 1 und 12 Absatz 2 anwendbar.[7]

---

5   Eingefügt durch Ziff I der V vom 18. Mai 2004, in Kraft seit 1. Juli **2004** (AS 2004 3045).

6   Fassung gemäss Ziff I der V vom 18. Mai 2004, in Kraft seit 1. Juli 2004 (AS **2004** 3045).

7   Fassung gemäss Ziff I der V vom 18. Mai 2004, in Kraft seit 1. Juli 2004 (AS **2004** 3045).

Gastbetriebe

Art. 23

[1] Auf Gastbetriebe und die in ihnen beschäftigten gastgewerblichen Arbeitnehmer und Arbeitnehmerinnen sind Artikel 4 für die ganze Nacht und den ganzen Sonntag sowie die Artikel 8 Absatz 1, 11, 12 Absatz 3, 13 und 14 Absätze 2 und 3 anwendbar.[8]

[2] Auf Arbeitnehmer und Arbeitnehmerinnen mit Erziehungs- und Betreuungspflichten nach Artikel 36 des Gesetzes ist anstelle von Artikel 12 Absatz 3 Artikel 12 Absatz 2 anwendbar.

[3] Gastbetriebe sind Betriebe, die gegen Entgelt Personen beherbergen oder Speisen oder Getränke zum Genuss an Ort und Stelle abgeben.

Spielbanken

Art. 24

[1] Auf Spielbanken und die in ihnen beschäftigten Arbeitnehmer und Arbeitnehmerinnen sind Artikel 4 für die ganze Nacht und den ganzen Sonntag anwendbar sowie die Artikel 12 Absatz 2, 13 und 14 Absätze 2 und 3.[9]

[2] Spielbanken sind Betriebe, die über eine Betriebskonzession gemäss Bundesgesetz vom 18. Dezember 1998[10] über die Spielbanken verfügen.

Betriebe in Fremdenverkehrsgebieten

Art. 25

[1] Auf die Betriebe in Fremdenverkehrsgebieten, die der Befriedigung spezifischer Bedürfnisse der Touristen dienen, und auf die in ihnen mit der Bedienung der Kundschaft beschäftigten Arbeitnehmer und Arbeitnehmerinnen sind während der Saison die Artikel 4 Absatz 2 für den ganzen Sonntag sowie die Artikel 8 Absatz 1, 12 Absatz 1 und 14 Absatz 1 anwendbar.[11]

---

8   Fassung gemäss Ziff I der V vom 18. Mai 2004, in Kraft seit 1. Juli 2004 (AS **2004** 3045).

9   Fassung gemäss Ziff I der V vom 18. Mai 2004, in Kraft seit 1. Juli 2004 (AS **2004** 3045).

10   SR 935.52.

11   Fassung gemäss Ziff I der V vom 18. Mai 2004, in Kraft seit 1. Juli 2004 (AS **2004** 3045).

² Betriebe in Fremdenverkehrsgebieten sind Betriebe in Kur-, Sport-, Ausflugs- und Erholungsorten, in denen der Fremdenverkehr von wesentlicher Bedeutung ist und erheblichen saisonmässigen Schwankungen unterliegt.

Kioske und Betriebe für Reisende

Art. 26

¹ Auf Kioske an öffentlichen Strassen und Plätzen sind Artikel 4 Absatz 2 für den ganzen Sonntag sowie die Artikel 8 Absatz 1, 12 Absatz 1 und 14 Absatz 1 anwendbar.

² Auf Kioske und Betriebe für Reisende und die in ihnen für die Bedienung der Durchreisenden beschäftigten Arbeitnehmer und Arbeitnehmerinnen sind Artikel 4 Absatz 1 für die Nacht bis 1 Uhr und Absatz 2 für den ganzen Sonntag sowie die Artikel 8 Absatz 1, 12 Absatz 2 und 14 Absatz 1 anwendbar.

³ Kioske sind kleinere Verkaufsstände oder Verkaufsstellen, die der Kundschaft überwiegend Presseerzeugnisse, Süssigkeiten, Tabak- und Souvenirwaren sowie kleine Verpflegungsartikel zum Verzehr an Ort und Stelle oder für unterwegs anbieten.

⁴ Betriebe für Reisende sind Verkaufsstellen und Dienstleistungsbetriebe an Bahnhöfen, Flughäfen, an anderen Terminals des öffentlichen Verkehrs und in Grenzorten sowie Tankstellenshops auf Autobahnraststätten und an Hauptverkehrswegen mit starkem Reiseverkehr, die ein Waren- und Dienstleistungsangebot führen, das überwiegend auf die spezifischen Bedürfnisse der Reisenden ausgerichtet ist.

Bäckereien, Konditoreien, Confiserien

Art. 27

¹ Auf Bäckereien, Konditoreien, Confiserien und die in ihnen mit der Herstellung von Bäckerei-, Konditorei- oder Confiseriewaren beschäftigten Arbeitnehmer und Arbeitnehmerinnen sind die Artikel 4 an zwei Tagen pro Woche für die ganze Nacht, für die übrigen Tage ab 1 Uhr sowie für den ganzen Sonntag sowie die Artikel 10 Absätze 4 und 5, 11, 12 Absatz 2 und 13 anwendbar.[12]

---

12   Fassung gemäss Ziff I der V vom 18. Mai 2004, in Kraft seit 1. Juli 2004 (AS **2004** 3045).

[2] Auf die Verkaufsgeschäfte in Bäckereien, Konditoreien, Confiserien und das in ihnen beschäftigte Verkaufspersonal sind Artikel 4 Absatz 2 für den ganzen Sonntag sowie die Artikel 12 Absatz 2 und 13 anwendbar.

[3] Bäckereien, Konditoreien oder Confiserien sind Betriebe, die Bäckerei-, Konditorei- oder Confiseriewaren herstellen, einschliesslich der dazugehörigen Verkaufsgeschäfte, sofern diese überwiegend selbst hergestellte Produkte verkaufen.

Fleischverarbeitende Betriebe

Art. 27a[13]

[1] Auf fleischverarbeitende Betriebe und die in ihnen mit der Verarbeitung des Fleisches sowie dessen Verpackung und Lagerung beschäftigen Arbeitnehmerund Arbeitnehmerinnen sind der Artikel 4 an zwei Tagen pro Woche ab 2 Uhr und an den übrigen Tagen ab 4 Uhr für die Nacht sowie für den Sonntag ab 17 Uhr sowie die Artikel 12 Absatz 1, 13 und 14 Absatz 1 anwendbar.

[2] Fleischverarbeitende Betriebe sind Betriebe, die überwiegend Fleisch gewinnen, verarbeiten, veredeln und Fleischerzeugnisse herstellen.

Milchverarbeitungsbetriebe

Art. 28

[1] Auf Milchverarbeitungsbetriebe und die in ihnen mit der Entgegennahme und Behandlung der Milch beschäftigten Arbeitnehmer und Arbeitnehmerinnen ist Artikel 4 für die Nacht ab 2 Uhr und für den ganzen Sonntag anwendbar, soweit Nachtarbeit und Sonntagsarbeit notwendig sind, um den Verderb der Milch zu verhindern.

[2] Milchverarbeitungsbetriebe sind Betriebe, welche Milch zur Lagerung und Weiterverarbeitung entgegen nehmen.

---

13   Fassung gemäss Ziff I der V vom 18. Mai 2004, in Kraft seit 1. Juli 2004 (AS **2004** 3045).

Blumenläden

Art. 29

Auf Blumenläden des Detailhandels und die in ihnen beschäftigten Arbeitnehmer und Arbeitnehmerinnen ist Artikel 4 Absatz 2 für den ganzen Sonntag anwendbar.

Zeitungs- und Zeitschriftenredaktionen sowie Nachrichten- und Bildagenturen

Art. 30

[1] Auf Zeitungs- und Zeitschriftenredaktionen sowie Nachrichten- und Bildagenturen und die in ihnen beschäftigten Arbeitnehmer und Arbeitnehmerinnen sind Artikel 4 für die ganze Nacht und für den ganzen Sonntag sowie die Artikel 8 Absatz 1, 11, 12 Absatz 1 und 13 anwendbar, soweit Nacht- und Sonntagsarbeit zur Wahrung der Aktualität notwendig sind.[14]

[2] Auf Arbeitnehmer und Arbeitnehmerinnen, die in der Sportberichterstattung tätig sind, ist anstelle von Artikel 12 Absatz 1 Artikel 12 Absatz 2 anwendbar.

[3] Zeitungs- und Zeitschriftenredaktionen sowie Nachrichten- und Bildagenturen sind Betriebe, die Informationen oder Bildmaterial empfangen, verarbeiten, weiterleiten oder verbreiten.

Radio- und Fernsehbetriebe

Art. 31

[1] Auf Radio- und Fernsehbetriebe und die in ihnen mit der Vorbereitung, Produktion, Aufnahme oder Ausstrahlung der Sendung beschäftigten Arbeitnehmer und Arbeitnehmerinnen sind Artikel 4 für die ganze Nacht und den ganzen Sonntag sowie die Artikel 5, 6, 7, 8 Absatz 1, 9, 10 Absatz 3, 11, 12 Absatz 1 und 13 anwendbar.[15]

14　Fassung gemäss Ziff I der V vom 18. Mai 2004, in Kraft seit 1. Juli 2004 (AS **2004** 3045).

15　Fassung gemäss Ziff I der V vom 18. Mai 2004, in Kraft seit 1. Juli 2004 (AS **2004** 3045).

2 Artikel 6, 7 und 8 sind nur anwendbar auf Arbeitnehmer und Arbeitnehmerinnen, die bei länger dauernden zusammenhängenden Produktionen zum Einsatz gelangen.[16]

3 Auf Arbeitnehmer und Arbeitnehmerinnen, die bei der Vorbereitung, Produktion, Aufnahme oder Ausstrahlung von Sportveranstaltungen zum Einsatz kommen, ist anstelle von Artikel 12 Absatz 1 Artikel 12 Absatz 2 anwendbar.

4 Radio- und Fernsehbetriebe sind Betriebe, die Radio- und Fernsehsendungen vorbereiten, produzieren, aufnehmen oder ausstrahlen.

Telekommunikationsbetriebe

Art. 32

1 Auf Telekommunikationsbetriebe und die in ihnen beschäftigten Arbeitnehmer und Arbeitnehmerinnen ist Artikel 4 für die ganze Nacht und für den ganzen Sonntag anwendbar, soweit Nacht- und Sonntagsarbeit für die Aufrechterhaltung der angebotenen Fernmeldedienste notwendig sind.

2 Telekommunikationsbetriebe sind konzessionierte Betriebe, die Anlagen zur Erbringung von Fernmeldediensten betreiben.

Telefonzentralen

Art. 33

1 Auf Telefonzentralen und die in ihnen beschäftigten Arbeitnehmer und Arbeitnehmerinnen ist Artikel 4 für die ganze Nacht und den ganzen Sonntag sowie für den ununterbrochenen Betrieb anwendbar.

2 Absatz 1 ist nicht anwendbar auf Arbeitnehmer und Arbeitnehmerinnen, die ausserhalb der Erbringung von reinen Telefondiensten mit kommerziellen Dienstleistungen wie namentlich Telefonmarketing und Verkauf von Waren sowie Dienstleistungen beschäftigt sind.

3 Telefonzentralen sind Betriebe, die in Zentralen telefonisch Auskunft erteilen, Anrufe und Aufträge entgegennehmen und weiterleiten.

---

16   Fassung gemäss Ziff I der V vom 18. Mai 2004, in Kraft seit 1. Juli 2004 (AS **2004** 3045).

Banken, Effektenhandel, Börsen und deren Gemeinschaftswerke

Art. 34

Auf Arbeitnehmer und Arbeitnehmerinnen in Banken, im Effektenhandel, in Börsen sowie in deren Gemeinschaftswerken ist Artikel 4 für die ganze Nacht und für die auf einen Werktag fallenden gesetzlichen Feiertage anwendbar, soweit Nacht- und Feiertagsarbeit für die Aufrechterhaltung des ununterbrochenen Funktionierens internationaler Zahlungsverkehrs-, Effektenhandels- und Abwicklungssysteme notwendig sind.

Berufstheater

Art. 35[17]

[1] Auf Berufstheater und die in ihnen für die künstlerische Gestaltung der Aufführungen beschäftigten Arbeitnehmer und Arbeitnehmerinnen sind Artikel 4 für die Nacht bis 1 Uhr und für den ganzen Sonntag sowie die Artikel 11, 12 Absätze 1 oder 2, 13, 14 Absatz 2 und für die Vorbereitung von Premieren Artikel 7 anwendbar.

[2] Für die mit den für die Aufführungen notwendigen Tätigkeiten sowie für die Bedienung und Betreuung der Theaterbesucher beschäftigten Arbeitnehmer und Arbeitnehmerinnen sind Artikel 4 für die Nacht bis 1 Uhr und für den ganzen Sonntag sowie die Artikel 10 Absatz 3, 11, 12 Absätze 1 oder 3, 13, 14 Absatz 2 und für die Vorbereitung von Premieren Artikel 7 anwendbar.

[3] Für die mit der künstlerisch-technischen Gestaltung der Aufführungen beschäftigten Arbeitnehmer und Arbeitnehmerinnen sind Artikel 4 für die Nacht bis 1 Uhr und für den ganzen Sonntag sowie die Artikel 5, 9, 12 Absätze 1 oder 2, 13, 14 Absatz 2 und für die Vorbereitung von Premieren Artikel 7 anwendbar. Dabei darf vor oder nach einer Verlängerung der Tages- und Abendarbeit gemäss Artikel 5 die tägliche Ruhezeit nicht herabgesetzt werden.

[4] Für die während Tourneen oder Gastspielen beschäftigen Arbeitnehmerinnen und Arbeitnehmer nach Absatz 1, 2 und 3 ist Artikel 4 Absatz 1 für die Nacht bis 3 Uhr anwendbar.

---

17   Fassung gemäss Ziff I der V vom 18. Mai 2004, in Kraft seit 1. Juli 2004 (AS **2004** 3045).

[5] Berufstheater sind Betriebe, die Schauspiel-, Opern-, Operetten-, Ballett- und Musical-aufführungen durchführen.

Berufsmusiker

Art. 36

Auf Arbeitnehmer und Arbeitnehmerinnen, die mit der Durchführung musikalischer Darbietungen beschäftigt sind, sind Artikel 4 für die ganze Nacht und den ganzen Sonntag sowie die Artikel 12 Absatz 2 und 13 anwendbar.

Betriebe der Filmvorführung

Art. 37

Auf Betriebe der Filmvorführung, die gewerbsmässig Kinofilme vorführen und die in ihnen beschäftigten Arbeitnehmer und Arbeitnehmerinnen sind Artikel 4 für die Nacht bis 2 Uhr und für den ganzen Sonntag sowie Artikel 12 Absatz 2 anwendbar.

Zirkusbetriebe

Art. 38

[1] Auf Zirkusbetriebe und die in ihnen beschäftigten Arbeitnehmer und Arbeitnehmerinnen sind Artikel 4 für die ganze Nacht und den ganzen Sonntag sowie die Artikel 8 Absatz 1, 9, 10 Absatz 3, 12 Absatz 2, 13 und 14 Absatz 1 anwendbar.[18]

[2] Die Artikel 4 Absatz 1 und 10 Absatz 3 sind nur anwendbar, soweit Nachtarbeit für den Auf- und Abbau der Zelte, für die Tierpflege und den Weitertransport notwendig ist.

[3] Zirkusbetriebe sind Betriebe, die das Publikum gegen Entgelt mit einem artistischen Programm unterhalten und die ihren Standort in der Regel ständig ändern.

18   Fassung gemäss Ziff I der V vom 18. Mai 2004, in Kraft seit 1. Juli 2004 (AS **2004** 3045).

Schaustellungsbetriebe

Art. 39

[1] Auf Schaustellungsbetriebe und die in ihnen beschäftigten Arbeitnehmer und Arbeitnehmerinnen sind Artikel 4 Absatz 2 für den ganzen Sonntag sowie die Artikel 12 Absatz 2 und 13 anwendbar.

[2] Schaustellungsbetriebe sind Betriebe, die bei Kirchmessen, Märkten oder ähnlichen Anlässen dem Publikum gegen Entgelt Darbietungen vorführen, oder Vergnügungs- oder andere Unterhaltungseinrichtungen zum Gebrauch zur Verfügung stellen.

Sport- und Freizeitanlagen

Art. 40

[1] Auf die in Sport- und Freizeitanlagen mit der Bedienung, Betreuung und Anleitung der Kunden sowie mit dem Unterhalt der Anlagen beschäftigten Arbeitnehmer und Arbeitnehmerinnen sind Artikel 4 für die ganze Nacht und den ganzen Sonntag sowie die Artikel 8 Absatz 1, 10 Absatz 3, 12 Absatz 2 und 14 Absatz 1 anwendbar.[19]

[2] Die Artikel 4 Absatz 1 und 10 Absatz 3 sind nur anwendbar, soweit Nachtarbeit für den Unterhalt der Anlagen notwendig ist.

Skilifte und Luftseilbahnen

Art. 41

[1] Auf Skilifte und Luftseilbahnen und die in ihnen mit dem Betrieb und Unterhalt beschäftigten Arbeitnehmer und Arbeitnehmerinnen sind Artikel 4 für die ganze Nacht und den ganzen Sonntag sowie die Artikel 8 Absatz 1, 12 Absatz 2, 13 und 14 Absatz 1 anwendbar.

[2] Artikel 4 Absatz 1 ist nur anwendbar, soweit Nachtarbeit für den Unterhalt der Anlagen notwendig ist. [20]

[3] Skilifte und Luftseilbahnen sind vom Bund nicht konzessionierte Betriebe, die Anlagen zum Transport von Personen betreiben.

---

[19] Fassung gemäss Ziff I der V vom 18. Mai 2004, in Kraft seit 1. Juli 2004 (AS **2004** 3045).

[20] Fassung gemäss Ziff I der V vom 18. Mai 2004, in Kraft seit 1. Juli 2004 (AS **2004** 3045).

Campingplätze

Art. 42

Auf Campingplätze und die in ihnen mit dem Betrieb und Unterhalt der Anlagen sowie mit der Bedienung und Betreuung der Kunden beschäftigten Arbeitnehmer und Arbeitnehmerinnen sind Artikel 4 Absatz 2 für den ganzen Sonntag, sowie die Artikel 8 Absatz 1, 9, 12 Absatz 2, 13 und 14 Absatz 1 anwendbar.[21]

Konferenz-, Kongress- und Messebetriebe

Art. 43

[1] Auf Konferenz- und Kongressbetriebe und die mit der Betreuung und Bedienung der Besucher sowie mit dem Unterhalt beschäftigten Arbeitnehmer und Arbeitnehmerinnen sind Artikel 4 für die ganze Nacht und für den ganzen Sonntag sowie die Artikel 12 Absatz 1 und 13 anwendbar.

[2] Auf Messebetriebe und die in ihnen mit dem Auf- und Abbau, der Bedienung der Stände und Eintrittskassen sowie mit dem Unterhalt beschäftigten Arbeitnehmer und Arbeitnehmerinnen sind Artikel 4 für die ganze Nacht und den ganzen Sonntag, sowie die Artikel 7, 12 Absatz 1 und 13 anwendbar.

[3] Artikel 4 Absatz 1 ist nur anwendbar, soweit Nachtarbeit für den Auf- und Abbau von Veranstaltungseinrichtungen und Ständen sowie für den Unterhalt notwendig ist.

[4] Konferenz- und Kongressbetriebe sind Betriebe, die politische, kulturelle oder wissenschaftliche Informationsveranstaltungen durchführen.

[5] Messebetriebe sind Betriebe, die für Aussteller Präsentations- und Verkaufsveranstaltungen durchführen.

Museen und Ausstellungsbetriebe

Art. 44

[1] Auf Museen und Ausstellungsbetriebe und die in ihnen mit der Bedienung der Eintrittskassen, der Verkaufsstände und der Garderoben, für Führungen und die Aufsicht sowie mit dem technischen Unterhalt beschäftigten Arbeitnehmer und Arbeitnehmerinnen sind Artikel 4 Ab-

---

21   Fassung gemäss Ziff I der V vom 18. Mai 2004, in Kraft seit 1. Juli 2004 (AS **2004** 3045).

satz 2 für den ganzen Sonntag sowie die Artikel 12 Absatz 2 und 13 anwendbar.

² Museen und Ausstellungsbetriebe sind Betriebe, die kulturelle Ausstellungen durchführen.

Bewachungs- und Überwachungspersonal

Art. 45

Auf die mit Bewachungs- und Überwachungsaufgaben beschäftigten Arbeitnehmer und Arbeitnehmerinnen sind Artikel 4 für die ganze Nacht für den ganzen Sonntag und für untunterbrochenen Betrieb sowie die Artikel 6, 8 Absatz 1, 9, 10 Absätze 4 und 5, 12 Absatz 2 und 13 anwendbar.[22]

Betriebe des Autogewerbes

Art. 46

Auf Betriebe des Autogewerbes und die in ihnen beschäftigten Arbeitnehmer und Arbeitnehmerinnen ist Artikel 4 für die ganze Nacht und den ganzen Sonntag anwendbar, soweit sie mit der Versorgung von Fahrzeugen mit Betriebsstoffen sowie für die Aufrechterhaltung eines Pannen-, Abschlepp- und damit verbundenen Reparaturdienstes beschäftigt sind.

Bodenpersonal der Luftfahrt

Art. 47

¹ Auf das Bodenpersonal der Luftfahrt sind Artikel 4 für die ganze Nacht, den ganzen Sonntag und für den ununterbrochenen Betrieb sowie die Artikel 5, 10 Absatz 3, 12 Absatz 1 und 13 anwendbar.

² Die Artikel 5 und 10 Absatz 3 sind nur anwendbar für Tätigkeiten zur Vermeidung oder Behebung von Betriebsstörungen im Flugbetrieb.

³ Bodenpersonal der Luftfahrt sind Arbeitnehmer und Arbeitnehmerinnen, die Dienstleistungen erbringen, die der Aufrechterhaltung des ordentlichen Flugbetriebes dienen.

---

22   Fassung gemäss Ziff I der V vom 18. Mai 2004, in Kraft seit 1. Juli 2004 (AS **2004** 3045).

Bau- und Unterhaltsbetriebe für Eisenbahnanlagen

Art. 48

Auf Bau- und Unterhaltsbetriebe für Eisenbahnanlagen und die in ihnen mit Unterhalts- und Erneuerungsarbeiten an Eisenbahnanlagen beschäftigten Arbeitnehmer und Arbeitnehmerinnen ist Artikel 4 für die ganze Nacht und den ganzen Sonntag anwendbar, soweit Nacht- und Sonntagsarbeit, namentlich an Anlagen der Fahrbahn und der Stromversorgung sowie an Anlagen für die Steuerung und Sicherung des Zugverkehrs, für die Aufrechterhaltung des Bahnbetriebes notwendig sind.

Betriebe der Energie- und Wasserversorgung

Art. 49

Auf Betriebe, die die Versorgung mit Elektrizität, Gas, Wärme oder Wasser sicherstellen und die in ihnen mit der Produktion und der Sicherstellung der Verteilung beschäftigten Arbeitnehmer und Arbeitnehmerinnen ist Artikel 4 für die ganze Nacht, den ganzen Sonntag und für den ununterbrochenen Betrieb anwendbar.

Betriebe der Kehricht- und Abwasserentsorgung

Art. 50

Auf Betriebe der Kehricht- und Abwasserentsorgung und die in ihnen mit dem Betrieb und dem Unterhalt der Anlagen beschäftigten Arbeitnehmer und Arbeitnehmerinnen ist Artikel 4 für die ganze Nacht, den ganzen Sonntag und für den ununterbrochenen Betrieb anwendbar.

Reinigungsbetriebe

Art. 51

[1] Auf Arbeitnehmer und Arbeitnehmerinnen von Reinigungsbetrieben, die ausschliesslich oder vorwiegend in einem Betrieb eingesetzt werden, der dieser Verordnung unterstellt ist, sind die für die betreffende Betriebsart geltenden Sonderbestimmungen anwendbar, sofern:

a) der betreffende Einsatzbetrieb die entsprechenden Sonderbestimmungen tatsächlich in Anspruch nimmt; und

b) der Einsatz des Reinigungspersonals in der Nacht oder am Sonntag für den Betriebsablauf des Einsatzbetriebes notwendig ist.

[2] Reinigungsbetriebe sind Betriebe, die Reinigungs- und Aufräumarbeiten durchführen.

Betriebe für die Verarbeitung landwirtschaftlicher Produkte

Art. 52

[1] Auf die Betriebe für die Verarbeitung landwirtschaftlicher Produkte und die in ihnen beschäftigten Arbeitnehmer und Arbeitnehmerinnen sind Artikel 4 für die ganze Nacht und den ganzen Sonntag sowie die Artikel 5, 8 Absatz 1, 9, 10 Absatz 1, 11, 12 Absatz 1, 13 und 14 Absatz 2 anwendbar, sofern eine unverzügliche Verarbeitung zur Vermeidung einer erheblichen Qualitätseinbusse der Produkte notwendig ist.[23]

[2] Die Artikel 5, 8 Absatz 1, 9, 10 Absatz 1 und 11 sind nur während Erntezeiten zur Vermeidung eines Verderbes der Produkte anwendbar.[24]

[3] Betriebe für die Verarbeitung landwirtschaftlicher Produkte sind Betriebe, die pflanzliche Erzeugnisse wie Früchte, Gemüse, Kartoffeln, Obst, Speisepilze oder Schnittblumen aufbereiten, lagern, verarbeiten, kommissionieren oder verteilen.

4. Abschnitt: Schlussbestimmungen

Aufhebung bisherigen Rechts

Art. 53

Die Verordnung 2 zum Arbeitsgesetz (Sonderbestimmungen für bestimmte Gruppen von Betrieben oder Arbeitnehmern) vom 14. Januar 1966 wird aufgehoben.

Übergangsbestimmung

Art. 54

(hier nicht von Interesse)

Inkrafttreten

Art. 55

Diese Verordnung tritt am 1. August 2000 in Kraft.

---

23 Fassung gemäss Ziff I der V vom 18. Mai 2004, in Kraft seit 1. Juli 2004 (AS **2004** 3045).

24 Fassung gemäss Ziff I der V vom 18. Mai 2004, in Kraft seit 1. Juli 2004 (AS **2004** 3045).

Verordnung 3 zum Arbeitsgesetz (Gesundheitsvorsorge, ArGV 3)

vom 18. August 1993; SR 822.113

(gestützt auf die Artikel 6 Absatz 4 und 40 des Arbeitsgesetzes[1])

1. Kapitel: Allgemeine Bestimmungen

Gegenstand und Geltungsbereich
Art. 1

[1] Diese Verordnung regelt die Massnahmen, die in allen dem Gesetz unterstehenden Betrieben für die Gesundheitsvorsorge zu treffen sind.

[2] Nicht in den Bereich der Gesundheitsvorsorge im Sinne dieser Verordnung fallen die Massnahmen zur Verhütung von Berufsunfällen und Berufskrankheiten nach Artikel 82 des Unfallversicherungsgesetzes[2].

Grundsatz
Art. 2

[1] Der Arbeitgeber muss alle Massnahmen treffen, die nötig sind, um den Gesundheitsschutz zu wahren und zu verbessern und die physische und psychische Gesundheit der Arbeitnehmer zu gewährleisten. Insbesondere muss er dafür sorgen, dass:

a) ergonomisch und hygienisch gute Arbeitsbedingungen herrschen;

b) die Gesundheit nicht durch schädliche und belästigende physikalische, chemische und biologische Einflüsse beeinträchtigt wird;

c) eine übermässig starke oder allzu einseitige Beanspruchung vermieden wird;

d) die Arbeit geeignet organisiert wird.

[2] Die Massnahmen, welche die Behörde vom Arbeitgeber zur Gesundheitsvorsorge verlangt, müssen im Hinblick auf ihre baulichen und organisatorischen Auswirkungen verhältnismässig sein.

---

1   SR **822.11**
2   SR **832.20**

Besondere Pflichten des Arbeitgebers

Art. 3

1 Der Arbeitgeber muss dafür sorgen, dass die Massnahmen der Gesundheitsvorsorge in ihrer Wirksamkeit nicht beeinträchtigt werden; er hat sie in angemessenen Zeitabständen zu überprüfen.

2 Werden Bauten, Gebäudeteile, technische Einrichtungen und Geräte oder Arbeitsverfahren geändert oder im Betrieb neue Stoffe verwendet, so muss der Arbeitgeber die Massnahme den neuen Verhältnissen anpassen.

3 Liegen Hinweise vor, dass die Gesundheit eines Arbeitnehmers durch die von ihm ausgeübte Tätigkeit geschädigt wird, so ist eine arbeitsmedizinische Abklärung durchzuführen.

Fachtechnisches Gutachten

Art. 4

Der Arbeitgeber hat auf Verlangen der Behörde ein fachtechnisches Gutachten beizubringen, wenn begründete Zweifel bestehen, ob die Anforderungen der Gesundheitsvorsorge erfüllt sind.

Information und Anleitung der Arbeitnehmer

Art. 5

1 Der Arbeitgeber muss dafür sorgen, dass alle in seinem Betrieb beschäftigten Arbeitnehmer, einschliesslich der dort tätigen Arbeitnehmer eines anderen Betriebes, ausreichend und angemessen informiert und angeleitet werden über die bei ihren Tätigkeiten auftretenden Gefahren sowie über die Massnahmen der Gesundheitsvorsorge zu deren Verhütung. Diese Anleitung hat im Zeitpunkt des Stellenantritts und bei jeder Änderung der Arbeitsbedingungen zu erfolgen und ist nötigenfalls zu wiederholen.

2 Der Arbeitgeber sorgt dafür, dass die Arbeitnehmer die Massnahmen der Gesundheitsvorsorge einhalten.

3 Die Information und die Anleitung müssen während der Arbeitszeit erfolgen und dürfen nicht zu Lasten der Arbeitnehmer gehen.

Anhörung der Arbeitnehmer

Art. 6

[1] Die Arbeitnehmer oder ihre Vertretung im Betrieb müssen über alle Fragen, welche die Gesundheitsvorsorge betreffen, frühzeitig und umfassend angehört werden. Sie haben das Recht, Vorschläge zu unterbreiten.

[2] Die Arbeitnehmer oder ihre Vertretung im Betrieb sind auf ihren Wunsch in geeigneter Form zu Abklärungen und Betriebsbesuchen der Behörden beizuziehen. Der Arbeitgeber hat ihnen von Anordnungen der Behörden Kenntnis zu geben.

Zuständigkeiten für die Gesundheitsvorsorge

Art. 7

[1] Der Arbeitgeber regelt die Zuständigkeit für die Gesundheitsvorsorge in seinem Betrieb. Wenn nötig überträgt er geeigneten Arbeitnehmern besondere Aufgaben der Gesundheitsvorsorge. Diesen Arbeitnehmern dürfen aus der entsprechenden Tätigkeit keine Nachteile erwachsen.

[2] Hat der Arbeitgeber einen Arbeitnehmer mit bestimmten Aufgaben der Gesundheitsvorsorge betraut, so muss er ihn in zweckmässiger Weise aus- und weiterbilden und ihm klare Weisungen und Kompetenzen erteilen. Die für die Aus- und Weiterbildung benötigte Zeit gilt in der Regel als Arbeitszeit.

[3] Werden Spezialisten der Arbeitssicherheit nach den Ausführungsvorschriften zu Artikel 83 Absatz 2 des Unfallversicherungsgesetzes[3] beigezogen, so beziehen sie bei ihrer Tätigkeit auch die Anforderungen der Gesundheitsvorsorge mit ein.

[4] Die Regelung der Zuständigkeiten im Betrieb entbindet den Arbeitgeber nicht von seiner Verantwortung für die Gesundheitsvorsorge.

Zusammenwirken mehrerer Betriebe

Art. 8

[1] Sind an einem Arbeitsplatz Arbeitnehmer mehrerer Betriebe tätig, so haben deren Arbeitgeber die zur Wahrung der Gesundheitsvorsorge erforderlichen Absprachen zu treffen und die notwendigen Massnahmen anzuordnen. Sie haben sich gegenseitig und ihre jeweiligen Ar-

3   SR **832.20**

beitnehmer über die Gefahren und die Massnahmen zu deren Behebung zu informieren.

2 Der Arbeitgeber muss einen Dritten auf die Anforderungen der Gesundheitsvorsorge ausdrücklich aufmerksam machen, wenn er ihm den Auftrag erteilt, für seinen Betrieb:

a) Einrichtungen zu planen, herzustellen, zu ändern oder instand zu setzen;

b) technische Einrichtungen und Geräte oder gesundheitsgefährdende Stoffe zu liefern;

c) Arbeitsverfahren zu planen oder zu gestalten.

Personalverleih

Art. 9

Der Arbeitgeber, der in seinem Betrieb Arbeitskräfte beschäftigt, die er von einem anderen Arbeitgeber ausleiht, hat hinsichtlich der Gesundheitsvorsorge gegenüber diesen die gleichen Pflichten wie gegenüber den eigenen Arbeitnehmern.

Pflichten der Arbeitnehmer

Art. 10

1 Der Arbeitnehmer muss die Weisungen des Arbeitgebers in bezug auf die Gesundheitsvorsorge befolgen und die allgemein anerkannten Regeln berücksichtigen. Er muss insbesondere die persönlichen Schutzausrüstungen benützen und darf die Wirksamkeit der Schutzeinrichtungen nicht beeinträchtigen.

2 Stellt ein Arbeitnehmer Mängel fest, welche die Gesundheitsvorsorge beeinträchtigen, so muss er sie beseitigen. Ist er dazu nicht befugt oder nicht in der Lage, so muss er den Mangel dem Arbeitgeber melden.

2. Kapitel: Besondere Anforderungen der Gesundheitsvorsorge
1. Abschnitt: Gebäude und Räume

Bauweise

Art. 11

[1] Aussenwände und Bedachung müssen ausreichenden Schutz gegen Witterungseinflüsse gewähren. Innenwände und Böden sind nötigenfalls gegen Feuchtigkeit und Kälte zu isolieren.

[2] Es sind Baumaterialien zu verwenden, die nicht zu Gesundheitsbeeinträchtigungen führen.

Luftraum

Art. 12

[1] In Arbeitsräumen muss auf jeden darin beschäftigten Arbeitnehmer ein Luftraum von wenigstens 12m³, bei ausreichender künstlicher Lüftung von wenigstens 10m³, entfallen.

[2] Die Behörde schreibt einen grösseren Luftraum vor, wenn es die Gesundheitsvorsorge erfordert.

Decken und Wände

Art. 13

Decken und Wände im Innern der Gebäude sollen so beschaffen sein, dass sie leicht gereinigt werden können und sich möglichst wenig Staub und Schmutz darauf ablagern.

Böden

Art. 14

[1] Bodenbeläge sollen so beschaffen sein, dass sie wenig Staub bilden, wenig Schmutzstoffe aufnehmen und leicht gereinigt werden können. Gelangt erfahrungsgemäss Flüssigkeit auf den Boden, so ist für raschen Ablauf und wenn möglich für trockene Standorte für die Arbeitnehmer zu sorgen.

[2] Soweit die produktionstechnischen Bedingungen es gestatten, müssen die Bodenbeläge aus einem die Wärme schlecht leitenden Material bestehen. Wird nur an bestimmten Plätzen dauernd gearbeitet, so müssen nur dort solche Beläge vorhanden sein.

3 Bodenkonstruktionen sind wärmeisolierend auszuführen, wenn unter dem Boden wesentlich niedrigere oder höhere Temperaturen als im Arbeitsraum auftreten können.

2. Abschnitt: Licht, Raumklima, Lärm und Erschütterungen

Licht

Art. 15

1 Sämtliche Räume, Arbeitsplätze und Verkehrswege innerhalb und ausserhalb der Gebäude müssen entsprechend ihrer Verwendung ausreichend natürlich oder künstlich beleuchtet sein.

2 In den Arbeitsräumen soll Tageslicht vorhanden sein sowie eine künstliche Beleuchtung, welche der Art und den Anforderungen der Arbeit angepasste Sehverhältnisse (Gleichmässigkeit, Blendung, Lichtfarbe, Farbspektrum) gewährleistet.

3 Räume ohne natürliche Beleuchtung dürfen nur dann als Arbeitsräume benützt werden, wenn durch besondere bauliche oder organisatorische Massnahmen sichergestellt ist, dass den Anforderungen der Gesundheitsvorsorge insgesamt Genüge getan ist.

Raumklima

Art. 16

Sämtliche Räume sind ihrem Verwendungszweck entsprechend ausreichend natürlich oder künstlich zu lüften. Raumtemperatur, Luftgeschwindigkeit und relative Luftfeuchtigkeit sind so zu bemessen und aufeinander abzustimmen, dass ein der Gesundheit nicht abträgliches und der Art der Arbeit angemessenes Raumklima gewährleistet ist.

Lüftung

Art. 17

1 Bei natürlicher Lüftung sind Fassadenfenster und Dachlichter sowohl für eine schwache Dauerlüftung als auch für eine rasche Durchlüftung einzurichten.

2 Bei künstlicher Lüftung sind Zufuhr und Abfuhr der Luft aufeinander abzustimmen und der Art der Arbeit sowie der Art des Betriebes anzupassen. Belästigende Zugerscheinungen sind zu vermeiden.

3 Wenn es mit Rücksicht auf die Gesundheit der Arbeitnehmer erforderlich ist, müssen Lüftungsanlagen mit einer Warneinrichtung versehen sein, die Störungen anzeigt.

4 Ablagerungen und Verunreinigungen, die zu einer unmittelbaren Gesundheitsgefährdung der Arbeitnehmer durch Verschmutzung der Raumluft führen können, müssen rasch beseitigt werden.

5 Lüftungskanäle müssen mit gut zugänglichen Kontroll- und Reinigungsöffnungen sowie allenfalls mit Spülwasseranschlüssen und -ableitungen ausgestattet sein.

Luftverunreinigung

Art. 18

1 Luft, die durch Gerüche, Gase, Dämpfe, Nebel, Rauch, Staub, Späne und dergleichen in einer die Gesundheit beeinträchtigenden Weise verunreinigt wird, ist so nahe wie möglich an der Stelle, wo sie verunreinigt wird, wirksam abzusaugen. Nötigenfalls ist die Verunreinigungsquelle räumlich abzutrennen.

2 Soweit erforderlich, ist die abgesaugte Luft durch Frischluft zu ersetzen; diese ist nötigenfalls ausreichend zu erwärmen und zu befeuchten.

3 Abgesaugte Luft darf nur in die Räume zurückgeführt werden, wenn dadurch keine Gesundheitsbeeinträchtigung der Arbeitnehmer entsteht.

Nichtraucherschutz

Art. 19

Der Arbeitgeber hat im Rahmen der betrieblichen Möglichkeiten dafür zu sorgen, dass die Nichtraucher nicht durch das Rauchen anderer Personen belästigt werden.

Sonneneinwirkung und Wärmestrahlung

Art. 20

Die Arbeitnehmer sind vor übermässiger Sonneneinwirkung sowie vor übermässiger Wärmestrahlung, die durch Betriebseinrichtungen und Arbeitsvorgänge verursacht wird, zu schützen.

Arbeit in ungeheizten Räumen oder im Freien
Art. 21
Muss in ungeheizten Räumen, in nicht vollumwandeten Bauten oder im Freien gearbeitet werden, so sind die erforderlichen Massnahmen zum Schutz der Arbeitnehmer vor Kälte- und Witterungseinflüssen zu treffen. Soweit möglich ist insbesondere dafür zu sorgen, dass sich die Arbeitnehmer an den einzelnen Arbeitsplätzen erwärmen können.

Lärm und Erschütterungen
Art. 22
[1] Lärm und Erschütterungen sind zu vermeiden oder zu bekämpfen.

[2] Zum Schutz der Arbeitnehmer sind insbesondere folgende Vorkehrungen zu treffen:

a)   bauliche Massnahmen;

b)   Massnahmen an Betriebseinrichtungen;

c)   Isolation oder örtliche Abtrennung der Lärmquelle;

d)   Massnahmen der Arbeitsorganisation.

3. Abschnitt: Arbeitsplätze

Allgemeine Anforderungen
Art. 23
Arbeitsplätze, Arbeitsgeräte und Hilfsmittel sind nach ergonomischen Gesichtspunkten zu gestalten und einzurichten. Arbeitgeber und Arbeitnehmer sorgen für ihre sachgerechte Benutzung.

Besondere Anforderungen
Art. 24
[1] Bei den Arbeitsplätzen muss so viel freier Raum vorhanden sein, dass sich die Arbeitnehmer bei ihrer Tätigkeit unbehindert bewegen können.

[2] Ständige Arbeitsplätze sind so zu gestalten, dass in zwangloser Körperhaltung gearbeitet werden kann. Sitze müssen bequem und der auszuführenden Arbeit sowie dem Arbeitnehmer angepasst sein; nötigenfalls sind Arm- und Fussstützen anzubringen.

³ Die Arbeitsplätze sind so einzurichten, dass, wenn möglich, sitzend oder wechselweise sitzend und stehend gearbeitet werden kann. Kann die Arbeit nur stehend verrichtet werden, so sind Sitzgelegenheiten zur zeitweisen Benützung bereitzustellen.

⁴ Arbeitsplätze sind durch geeignete Massnahmen, wie Schutzwände oder räumliche Trennung, so einzurichten, dass die Arbeitnehmer vor Gesundheitsbeeinträchtigungen durch benachbarte Betriebseinrichtungen oder Lager geschützt sind.

⁵ Von ständigen Arbeitsplätzen aus muss die Sicht ins Freie vorhanden sein. In Räumen ohne Fassadenfenster sind ständige Arbeitsplätze nur zulässig, wenn durch besondere bauliche oder organisatorische Massnahmen sichergestellt ist, dass den Anforderungen der Gesundheitsvorsorge insgesamt Genüge getan ist.

4. Abschnitt: Lasten

Art. 25

¹ Um zu vermeiden, dass die Arbeitnehmer Lasten manuell handhaben müssen, sind die geeigneten organisatorischen Massnahmen zu treffen und die geeigneten Mittel, insbesondere mechanische Ausrüstungen, zur Verfügung zu stellen.

² Lässt sich die manuelle Handhabung von Lasten nicht vermeiden, so sind die geeigneten Arbeitsmittel zum Heben, Tragen und Bewegen schwerer oder unhandlicher Lasten zur Verfügung zu stellen, um die Gefährdung der Arbeitnehmer bei deren manuellen Handhabung möglichst gering zu halten.

³ Die Arbeitnehmer sind über die mit dem Handhaben von Lasten verbundenen Gesundheitsgefahren zu informieren und über das richtige Heben und Tragen von Lasten anzuleiten.

⁴ Die Arbeitnehmer sind über Gewicht und Gewichtsverteilung der Lasten zu informieren.

5. Abschnitt: Überwachung der Arbeitnehmer

Art. 26

[1] Überwachungs- und Kontrollsysteme, die das Verhalten der Arbeitnehmer am Arbeitsplatz überwachen sollen, dürfen nicht eingesetzt werden.

[2] Sind Überwachungs- oder Kontrollsysteme aus andern Gründen erforderlich, sind sie insbesondere so zu gestalten und anzuordnen, dass die Gesundheit und die Bewegungsfreiheit der Arbeitnehmer dadurch nicht beeinträchtigt werden.

6. Abschnitt: Persönliche Schutzausrüstung und Arbeitskleidung

Persönliche Schutzausrüstung

Art. 27

[1] Können Gesundheitsbeeinträchtigungen durch technische oder organisatorische Massnahmen nicht oder nicht vollständig ausgeschlossen werden, so muss der Arbeitgeber den Arbeitnehmern zumutbare und wirksame persönliche Schutzausrüstungen zur Verfügung stellen.

[2] Grundsätzlich ist eine persönliche Schutzausrüstung für den persönlichen Gebrauch bestimmt. Erfordern die Umstände, dass eine persönliche Schutzausrüstung von mehreren Personen benutzt wird, so muss der Arbeitgeber entsprechende Massnahmen treffen, damit sich dadurch für die verschiedenen Benutzer keine Gesundheits- und Hygieneprobleme ergeben.

[3] Ist der gleichzeitige Einsatz mehrerer persönlicher Schutzausrüstungen notwendig, so muss der Arbeitgeber dafür sorgen, dass diese aufeinander abgestimmt werden und ihre Wirksamkeit nicht beeinträchtigt wird.

Arbeitskleidung

Art. 28

Wird die Arbeitskleidung durch übelriechende oder sonstige im Betrieb verwendete Stoffe stark verunreinigt, so hat der Arbeitgeber in angemessenen Zeitabständen für ihre Reinigung zu sorgen.

7. Abschnitt: Garderoben, Waschanlagen, Toiletten, Ess- und Aufenthaltsräume, Erste Hilfe

Allgemeine Anforderungen

Art. 29

[1] Die Bestimmungen über die Gestaltung und Benutzung der Arbeitsräume gelten sinngemäss auch für Garderoben, Waschanlagen, Toiletten, Ess- und Aufenthaltsräume sowie Sanitätsräume.

[2] Alle Anlagen nach Absatz 1 müssen in hygienisch einwandfreiem Zustand gehalten werden.

[3] Für Frauen und Männer sind getrennte Garderoben, Waschanlagen und Toiletten oder zumindest eine getrennte Benutzung dieser Einrichtungen vorzusehen.

Garderoben

Art. 30

[1] Den Arbeitnehmern sind ausreichende und den Verhältnissen angemessene Garderoben zum Wechseln und zur Aufbewahrung der Kleider zur Verfügung zu stellen, die wenn möglich in ausreichend belüftbaren, keinem andern Zwecke dienenden Räumen unterzubringen sind.

[2] Jedem Arbeitnehmer ist ein genügend grosser und lüftbarer Kleiderkasten oder eine offene Einrichtung zum Aufbewahren der Kleider und ein abschliessbares Fach zur Verfügung zu stellen. Nötigenfalls muss die Arbeitskleidung getrocknet und getrennt von der Strassenkleidung aufbewahrt werden können.

Waschanlagen

Art. 31

[1] Den Arbeitnehmern sind in der Nähe des Arbeitsplatzes und der Garderoben zweckmässige Waschgelegenheiten, in der Regel mit kaltem und warmem Wasser, und geeignete Reinigungsmittel zur Verfügung zu stellen.

[2] Bringt die Arbeit eine erhebliche Beschmutzung oder Verunreinigung mit sich, oder sind die Arbeitnehmer grosser Hitze ausgesetzt, so sind in der Nähe der Garderoben zweckmässige Duschen mit kaltem und warmem Wasser in genügender Zahl einzurichten.

³ Duschen oder Waschgelegenheiten und Umkleideräume, die vonein-ander getrennt sind, müssen untereinander leicht erreichbar sein.

Toiletten
Art. 32
¹ In der Nähe der Arbeitsplätze, Pausenräume, Umkleideräume und Duschen oder Waschgelegenheiten sind Toiletten in ausreichender Zahl zur Verfügung zu stellen.

² Die Zahl der Toiletten richtet sich nach der Zahl der gleichzeitig im Betrieb beschäftigten Arbeitnehmer.

³ Toiletten sind von den Arbeitsräumen durch lüftbare Vorräume zu trennen und ausreichend zu lüften.

⁴ In der Nähe der Toiletten müssen zweckmässige Einrichtungen und Mittel zum Waschen und Trocknen der Hände vorhanden sein.

Ess- und Aufenthaltsgelegenheiten
Art. 33
¹ Soweit ein Bedürfnis besteht, insbesondere bei Nacht- und Schicht-arbeit, sind den Arbeitnehmern von den Arbeitsplätzen getrennte zweckmässige, ruhige und möglichst natürlich beleuchtete Ess- und Aufenthaltsgelegenheiten mit Blick ins Freie zur Verfügung zu stellen.

² Erfordert der Arbeitsablauf die Anwesenheit von Arbeitnehmern in Arbeitsräumen auch während der Pausen, so müssen zweckmässige Sitzplätze zur Verfügung stehen.

³ Nötigenfalls sind Ruhegelegenheiten einzurichten.

⁴ Stehen die Arbeitnehmer während der Arbeitszeit regelmässig und häufig in Arbeitsbereitschaft und sind keine Pausenräume vorhanden, so sind andere Räume zur Verfügung zu stellen, in denen sie sich auf-halten können.

Schutz der schwangeren Frauen und stillenden Mütter
Art. 34
Schwangere Frauen und stillende Mütter müssen sich unter geeigne-ten Bedingungen hinlegen und ausruhen können.

Trinkwasser und andere Getränke

Art. 35

[1] In der Nähe der Arbeitsplätze muss Trinkwasser zur Verfügung stehen. Soweit es die Arbeit erfordert, sollen ausserdem andere alkoholfreie Getränke erhältlich sein.

[2] Trinkwasser und andere Getränke sind in hygienisch einwandfreier Weise abzugeben.

[3] Der Arbeitgeber kann den Genuss alkoholischer Getränke einschränken oder verbieten.

Erste Hilfe

Art. 36

[1] Für die Erste Hilfe müssen entsprechend den Betriebsgefahren, der Grösse und der örtlichen Lage des Betriebes stets die erforderlichen Mittel verfügbar sein. Die Erste-Hilfe-Ausstattung muss gut erreichbar sein und überall dort aufbewahrt werden, wo die Arbeitsbedingungen dies erfordern.

[2] Nötigenfalls müssen zweckmässig gelegene und eingerichtete Sanitätsräume und im Sanitätsdienst ausgebildetes Personal zur Verfügung stehen. Die Sanitätsräume müssen mit Tragbahren leicht zugänglich sein.

[3] Die Sanitätsräume und die Aufbewahrungsstellen für die Erste-Hilfe-Ausstattung sind gut sichtbar zu kennzeichnen.

8. Abschnitt: Unterhalt und Reinigung

Art. 37

[1] Gebäude, Räume, Lager, Verkehrswege, Beleuchtungsanlagen, Absaugungs- und Lüftungsanlagen, Arbeitsplätze, Betriebseinrichtungen, Schutzausrüstungen und sanitäre Einrichtungen sind sauber und in gutem, betriebssicherem Zustand zu halten.

[2] Die für Unterhalt und Reinigung erforderlichen Einrichtungen, Apparate, Geräte und Mittel müssen zur Verfügung stehen.

3. Kapitel: Schlussbestimmungen

Richtlinien

Art. 38

[1] Das Staatssekretariat für Wirtschaft (seco) kann Richtlinien über die Anforderungen der Gesundheitsvorsorge aufstellen.

[2] Vor Erlass der Richtlinien sind die Eidgenössische Arbeitskommission, die kantonalen Behörden, die Eidgenössische Koordinationskommission für Arbeitssicherheit sowie weitere interessierte Organisationen anzuhören.

[3] Werden vom Arbeitgeber die Richtlinien befolgt, so wird vermutet, dass er seinen Verpflichtungen hinsichtlich der Gesundheitsvorsorge nachgekommen ist. Der Arbeitgeber kann diesen Verpflichtungen auf andere Weise nachkommen, wenn er nachweist, dass die Gesundheitsvorsorge gewährleistet ist.

Ausnahmebewilligungen

Art. 39

[1] Die Behörden können auf Antrag des Arbeitgebers im Einzelfall Ausnahmen von den Vorschriften dieser Verordnung bewilligen, wenn:

a) der Arbeitgeber eine andere, ebenso wirksame Massnahme trifft, oder

b) die Durchführung der Vorschrift zu einer unverhältnismässigen Härte führen würde und die Ausnahme mit dem Schutz der Arbeitnehmer vereinbar ist.

[2] Bevor der Arbeitgeber den Antrag stellt, muss er den betroffenen Arbeitnehmern oder deren Vertretung im Betrieb Gelegenheit geben, sich dazu zu äussern und der Behörde das Ergebnis dieser Anhörung mitteilen.

Änderung bisherigen Rechts

Art. 40

(hier nicht von Interesse)

Aufhebung bisherigen Rechts und Inkrafttreten

Art. 41

[1] Die Verordnung III vom 26. März 1969 zum Arbeitsgesetz (Gesundheitsvorsorge und Unfallverhütung in industriellen Betrieben) wird aufgehoben.

[2] Diese Verordnung tritt am 1. Oktober 1993 in Kraft.

Verordnung 4 zum Arbeitsgesetz (Industrielle Betriebe, Plangenehmigung und Betriebsbewilligung, ArGV 4)

vom 18. August 1993; SR 822.114

(gestützt auf die Artikel 8 und 40 des Arbeitsgesetzes[1] sowie gestützt auf Artikel 83 des Unfallversicherungsgesetzes[2])

1. Kapitel: Geltungsbereich

Art. 1 ...[3]

[1] Diese Verordnung regelt:

a. die besonderen Anforderungen an den Bau und die Einrichtung von Betrieben, die der Plangenehmigung und der Betriebsbewilligung (Art. 7 und 8 des Gesetzes) unterstellt sind;

b. das Verfahren der Unterstellung industrieller Betriebe unter die Sondervorschriften;

c. das Verfahren der Plangenehmigung und der Betriebsbewilligung.[4]

[2] Dem Plangenehmigungsverfahren sind neben den industriellen folgende nichtindustrielle Betriebe unterstellt:

a. Sägereien;

b. Betriebe, die Abfallstoffe verwerten;

c. chemisch-technische Produktionsbetriebe;

d. Steinsägewerke;

e. Betriebe, die Zementwaren herstellen;

f. Eisen-, Stahl- und Metallgiessereien;

g. Betriebe der Abwasserreinigung;

---

1   SR **822.11**

2   SR **832.20**

3   Aufgehoben durch Ziff. I der V vom 10. Mai 2000 (AS **2000** 1636).

4   Fassung gemäss Ziff. I der V vom 10. Mai 2000, in Kraft seit 1. Aug. 2000 (AS **2000** 1636).

h.   Eisenbiegereien;

i.   Verzinkereien;

k.   Betriebe der Holzimprägnierung;

l.   Grosslager für Chemikalien sowie für flüssige und gasförmige Brennstoffe;

m.[5] Betriebe, die mit Mikroorganismen der Gruppe 3 oder 4 nach Artikel 3 Absatz 2 der Verordnung vom 25. August 1999[6] über den Schutz der Arbeitnehmerinnen und Arbeitnehmer vor Gefährdung durch Mikroorganismen umgehen.

[3] Das Plangenehmigungs- und Betriebsbewilligungsverfahren erstreckt sich auf diejenigen Betriebsteile und Anlagen, die industriellen Charakter aufweisen beziehungsweise den in Absatz 2 umschriebenen Betriebsarten zuzuordnen sind, sowie auf damit baulich oder sachlich unmittelbar zusammenhängende Betriebsteile und Anlagen.

2. Kapitel: Bau und Einrichtung von Betrieben mit Plangenehmigungspflicht[7]

1. Abschnitt: Allgemeine Bestimmungen[8]

Art. 2   Aufträge an Dritte

Der Arbeitgeber muss einen Dritten auf die Anforderungen der Plangenehmigung ausdrücklich aufmerksam machen, wenn er ihm den Auftrag erteilt, für seinen Betrieb Einrichtungen zu planen, herzustellen, zu ändern oder instand zu setzen.

Art. 3   Fachtechnisches Gutachten

Der Arbeitgeber hat auf Verlangen der Behörde ein fachtechnisches Gutachten beizubringen, wenn begründete Zweifel bestehen, ob die

---

5   Eingefügt durch Fassung gemäss Art. 18 der SAMV vom 25. Aug. 1999 (SR **832.321**). Fassung gemäss Ziff. I der V vom 10. Mai 2000, in Kraft seit 1. Aug. 2000 (AS **2000** 1636).

6   SR **832.321**

7   Ursprünglich vor Art. 4. Fassung gemäss Ziff. I der V vom 10. Mai 2000, in Kraft seit 1. Aug. 2000 (AS **2000** 1636).

8   Eingefügt durch Ziff. I der V vom 10. Mai 2000, in Kraft seit 1. Aug. 2000 (AS **2000** 1636).

geplante Anlage bei bestimmungsgemässer Benutzung den auftretenden Belastungen und Beanspruchungen standhalten wird.

2. Abschnitt: Arbeitsräume[9]

Art. 4   Unterirdische sowie fensterlose Arbeitsräume

Unter dem Erdboden liegende sowie fensterlose Räume mit ständigen
Arbeitsplätzen dürfen nur in begründeten Ausnahmefällen bewilligt
werden.

Art. 5   Raumhöhe

[1] Die lichte Höhe der Arbeitsräume hat mindestens zu betragen:

a.   2,75 m bei einer Bodenfläche von höchstens 100 m²;

b.   3,00 m bei einer Bodenfläche von höchstens 250 m²;

c.   3,50 m bei einer Bodenfläche von höchstens 400 m²;

d.   4,00 m bei einer Bodenfläche von mehr als 400 m².

[2] Als Bodenfläche gilt die Fläche, die durch Wände begrenzt wird, die
aus Gründen der Statik, der Sicherheit, der Gesundheitsvorsorge, des
Brandschutzes oder der Produktionstechnik errichtet werden.

[3] Die Behörde kann geringere Raumhöhen zulassen, wenn:

a.   der Raum, im rechten Winkel zu den Fassadenfenstern gemessen,
      eine geringe Tiefe aufweist;

b.   bei künstlicher Lüftung die Luft durch eine heruntergehängte De-
      cke eingeführt wird;

c.   die im betreffenden Raum geplante Arbeit im wesentlichen sit-
      zend und unter geringer körperlicher Beanspruchung ausgeführt
      wird und das vorgesehene Arbeitsverfahren die Raumluft und das
      Raumklima nicht oder nur geringfügig belastet.

[4] Die Behörde schreibt grössere Raumhöhen vor, wenn es die Gesundheitsvorsorge und Arbeitssicherheit erfordern. Sie kann grössere
Raumhöhen vorschreiben, wenn Ausnahmen nach Artikel 17 Absatz 3
bewilligt werden.

---

9   Eingefügt durch Ziff. I der V vom 10. Mai 2000, in Kraft seit 1. Aug. 2000
     (AS **2000** 1636).

3. Abschnitt: Verkehrswege[10]

Art. 6   Breite

Hauptverkehrswege im Innern von Gebäuden müssen wenigstens 1,20 m breit sein.

Art. 7   Treppenanlagen und Ausgänge

[1] Treppenanlagen müssen unmittelbar ins Freie führende Ausgänge aufweisen.

[2] Als Fluchtwege müssen zur Verfügung stehen:

a.   bei Geschossflächen bis 600 m2 mindestens eine Treppenanlage bzw. ein direkter Ausgang ins Freie;

b.   bei Geschossflächen bis 1800 m2 mindestens zwei und für je weitere angebrochene 900 m2 eine zusätzliche Treppenanlage;

c.   in Gebäuden mit mehr als acht Vollgeschossen oder mehr als 25 m Höhe bis 600 m2 Geschossfläche mindestens eine und für je weitere angebrochene 600 m2 eine zusätzliche Treppenanlage.

[3] Von jedem Raum eines einzelnen Untergeschosses muss wenigstens eine Treppenanlage und zusätzlich ein sicher benützbarer Notausgang erreichbar sein; mehrere Untergeschosse müssen wenigstens zwei Treppenanlagen aufweisen.

[4] Sind zwei oder mehr Ausgänge oder Treppenanlagen vorgeschrieben, so dürfen diese höchstens 15 m von den Gebäudeenden entfernt sein.

[5] In Gebäuden mit mehr als acht Vollgeschossen oder mehr als 25 m Höhe müssen die erforderlichen Treppenanlagen als Sicherheitstreppenanlagen ausgebildet sein.

Art. 8   Fluchtwege

[1] Der Abstand von jedem Aufenthaltsort im Gebäude zur nächsten Treppenanlage oder zum nächsten Ausgang ins Freie (Fluchtweg) darf nicht länger als 35 m sein. Führen die Fluchtwege zu mindestens zwei voneinander entfernten Treppenanlagen bzw. Ausgängen ins Freie, darf der Fluchtweg nicht länger als 50 m sein.

---

10   Eingefügt durch gemäss Ziff. I der V vom 10. Mai 2000, in Kraft seit 1. Aug. 2000 (AS **2000** 1636).

[2] Die Länge des Fluchtwegs wird im Raum als Luftlinie, im Korridor als Gehweglinie gemessen. Die Strecke innerhalb der Treppenanlage und bis ins Freie wird nicht mit gerechnet.

[3] Besitzt ein Raum nur einen Ausgang, so darf kein Punkt des Raumes von diesem mehr als 20 m entfernt sein. Sind zwei oder mehr Raumausgänge vorhanden, so erhöht sich das zulässige Mass auf 35 m. Sofern die Raumausgänge nicht direkt ins Freie oder in eine Treppenanlage münden, ist als Verbindung ein Korridor notwendig, und die gesamte Fluchtweglänge darf 50 m nicht übersteigen.

[4] Mündet eine Treppenanlage oder ein anderer Fluchtweg in einen Innenhof, so muss mindestens ein sicher benützbarer Hofausgang vorhanden sein.

Art. 9 Ausführung von Treppenanlagen und Korridoren

[1] Die lichte Breite von Treppen und Korridoren muss wenigstens 1,20 m betragen. Müssen Treppen und Korridore von einer grossen Zahl von Personen begangen werden, so kann die Behörde eine grössere Breite vorschreiben.

[2] Die lichte Breite von Treppen und Podesten für das Begehen technischer Einrichtungen und Anlagen muss wenigstens 0,80 m betragen.

[3] Treppenanlagen sind in der Regel geradläufig zu führen. Höhe und Auftrittsbreite der Stufen sind so zu bemessen, dass ein sicheres und bequemes Begehen gewährleistet ist. Bei grossen Geschosshöhen sind Zwischenpodeste anzuordnen.

[4] Nicht umwandete Treppen und Podeste sind auf jeder Seite mit Geländern zu versehen. Umwandete Treppen müssen beidseitig Handläufe aufweisen; für Treppen, die weniger als 1,5 m breit sind, genügen Handläufe auf einer Seite.

[5] Die Treppenanlagen, zu denen Fluchtwege führen (Art. 7), sind gegen das Gebäudeinnere feuerwiderstandsfähig abzutrennen.

[6] Korridore, die als Fluchtwege dienen, sind gegen das Gebäudeinnere in feuerwiderstandsfähiger Bauweise auszuführen.

[7] Türen, die zu Korridoren oder Treppenanlagen führen, sind als Brandschutztüren auszuführen.

Art. 10 Türen und Tore

[1] Türen, die ins Freie oder im Innern des Gebäudes zu den Ausgängen und Treppenanlagen führen, müssen sich in Richtung des Fluchtweges öffnen lassen. Nach innen öffnende Flügeltüren oder andere Türen und Tore, wie Kipp-, Hub-, Roll- und Schiebetore, sind grundsätzlich nur für Räume zulässig, die noch weitere, zweckmässig angeordnete, in der Richtung des Fluchtweges zu öffnende Türen aufweisen. Ausgenommen sind Türen von kleinen oder schwach belegten Räumen ohne besondere Gefahren.

[2] Besteht die Gefahr einer starken Verqualmung oder eines Gasaustritts, so kann die Behörde selbstschliessende Türen vorschreiben.

[3] Die lichte Breite einflügeliger Türen muss mindestens 0,90 m, bei Notausgängen mindestens 0,80 m betragen. Bei zweiflügeligen Türen, die sich nur in eine Richtung öffnen lassen, muss ein Flügel eine lichte Breite von mindestens 0,90 m aufweisen. Bei zweiflügeligen Pendeltüren muss die lichte Breite jedes Flügels mindestens 0,65 m betragen. Die Behörde kann eine grössere Anzahl und Breite der Ausgänge verlangen, wenn diese von einer grossen Zahl von Personen benutzt werden.

[4] Die Breite von Türen, Korridoren und Treppen, die als Fluchtwege dienen, darf weder durch Einbauten noch durch sonstige Einrichtungen unter die vorgeschriebenen Mindestmasse verkleinert werden.

Art. 11 Ortsfeste Leitern

[1] Ortsfeste Leitern mit einer Sturzhöhe von mehr als 5 m, die über keinen Steigschutz verfügen, sind von 3 m an mit einem Rückenschutz zu versehen; in Abständen von höchstens 10 m sind Zwischenpodeste anzubringen. Diese Vorschrift gilt nicht für Leitern, die für die Feuerwehr bestimmt sind.

[2] Die Leiterholme sind als Handlauf mindestens 1 m über die Ausstiegsebene hochzuziehen.

[3] Ortsfeste Leitern im Freien sind aus witterungsbeständigen Werkstoffen herzustellen.

Art. 12   Abschrankungen, Geländer

Abschrankungen und Geländer müssen eine Höhe von mindestens 1 m aufweisen und mit Zwischenleisten versehen sein. Nötigenfalls sind Bordleisten anzubringen.

Art. 13   Gleise

1 Gleise für Schienenfahrzeuge sind so zu verlegen, dass zwischen dem Ladeprofil der Fahrzeuge und Bauten oder Hindernissen, ausgenommen bei Laderampen, ein minimaler Sicherheitsabstand wie folgt vorhanden ist:

a.   60 cm in Bereichen, in denen sich ausschliesslich mit dem Schienenverkehr beschäftigte Arbeitnehmer aufhalten;

b.   1 m im allgemeinen Verkehrsbereich.

2 Drehscheiben sind mit bodeneben versenkten Feststellvorrichtungen zu versehen.

Art. 14   Laderampen

Laderampen für Schienenfahrzeuge müssen, wenn sie eine Länge von mehr als 10 m und eine Höhe von mehr als 80 cm über der Schienenoberkante aufweisen, unter der Rampe über einen Sicherheitsraum von mindestens 80 cm Höhe und 80 cm Tiefe über die ganze Rampenlänge verfügen.

Art. 15   Transporteinrichtungen

Für den innerbetrieblichen Transport von gefährlichen Stoffen oder Gegenständen sind geeignete Transporteinrichtungen und Behälter vorzusehen.

Art. 16   Rampenauffahrten

Die Neigung von Rampenauffahrten ist der Art der Fahrzeuge und der Ladungen anzupassen. Sie darf höchstens 10 Prozent, bei Benützung von handgezogenen Fahrzeugen höchstens 5 Prozent betragen. Der Belag der Fahrbahn muss griffig sein.

4. Abschnitt: Licht, Raumluft[11]

Art. 17   Fenster

[1] Die Fläche aller Fassadenfenster und Dachlichter muss bei Verwendung von normal durchsichtigem Glas ein Verhältnis zur Bodenfläche von mindestens 1 zu 8 haben.

[2] Mindestens die Hälfte der nach Absatz 1 vorgeschriebenen Fensterfläche muss in Form von durchsichtig verglasten Fassadenfenstern ausgeführt werden. Von den Arbeitsplätzen aus ist der Blick ins Freie durch Fassadenfenster zu gewährleisten, soweit es Betriebseinrichtungen und Produktionstechnik gestatten.

[3] Die Behörde kann eine geringere Fensterfläche bewilligen, insbesondere wenn Gründe der Sicherheit oder der Produktionstechnik es erfordern; mit der Bewilligung können besondere Auflagen zum Schutz der Arbeitnehmer verbunden werden.

[4] Die Höhe der Fensterbrüstung ist der Arbeitsweise anzupassen; sie soll nicht mehr als 1,2 m betragen.

[5] Blendung und belästigende Wärmeeinstrahlung sind zu verhüten.

[6] Bei natürlicher Lüftung sollen in Fassadenfenstern und Dachlichtern in der Regel auf 100 m^2 Bodenfläche mindestens 3 m^2 zur Lüftung geöffnet werden können.

Art. 18   Lüftungsanlagen

[1] Lüftungsanlagen müssen aus geeigneten Materialien bestehen. Insbesondere müssen Abluftanlagen für brennbare Gase, Dämpfe, Nebel und feste Stoffe aus nichtbrennbarem, beim Vorliegen besonderer Verhältnisse mindestens aus schwer brennbarem Material bestehen und dürfen nicht zu Funkenbildung Anlass geben.

[2] Die Ausmündungen sind so anzuordnen, dass keine Entzündung durch äussere Einwirkung eintreten kann.

[3] Trockenabscheider für brennbare feste Stoffe sind in sicherem Abstand zu Zündquellen anzuordnen. Sie sind so zu gestalten, dass Druckwellen einer möglichen Explosion keine schädlichen Auswirkungen haben.

---

11   Eingefügt durch Ziff. I der V vom 10. Mai 2000, in Kraft seit 1. Aug. 2000 (AS **2000** 1636).

[4] Lüftungskanäle müssen mit gut zugänglichen Kontroll- und Reinigungsöffnungen sowie allenfalls mit Spülwasseranschlüssen und -ableitungen ausgestattet sein.

5. Abschnitt: Betriebe mit besonderen Gefahren[12]

Art. 19   Betriebe mit besonderer Brandgefahr
a. Geltungsbereich[13]

[1] Die Bestimmungen dieses Abschnitts gelten für Betriebe oder Betriebsteile, in denen besonders brandgefährliche Stoffe in gefahrbringender Weise oder Menge hergestellt, verarbeitet, gehandhabt oder gelagert werden.

[2] Als besonders brandgefährliche Stoffe gelten:

a.   hochentzündliche, leicht entzündliche und rasch abbrennende Stoffe;

b.   Stoffe, bei deren Erhitzung grosse Mengen brennbarer oder giftiger Gase frei werden;

c.   brandfördernde Stoffe, wie Sauerstoff, leicht zersetzbare Sauerstoffträger und andere Oxydationsmittel.

Art. 20   b. Bauweise[14]

[1] Gebäude oder Räume sind in der Regel in feuerwiderstandsfähiger Bauweise zu erstellen. Freistehende eingeschossige Gebäude können in leichter Bauweise mit nichtbrennbaren Baustoffen ausgeführt werden, wenn die Sicherheit der Arbeitnehmer und der Umgebung gewährleistet ist.

[2] Die Behörde kann, je nach Art und Menge der besonders brandgefährlichen Stoffe und der Arbeitsverfahren, zum Schutz der Arbeitnehmer vorschreiben, dass:

---

12   Eingefügt durch Ziff. I der V vom 10. Mai 2000, in Kraft seit 1. Aug. 2000 (AS **2000** 1636).

13   Fassung gemäss Ziff. I der V vom 10. Mai 2000, in Kraft seit 1. Aug. 2000 (AS **2000** 1636).

14   Fassung gemäss Ziff. I der V vom 10. Mai 2000, in Kraft seit 1. Aug. 2000 (AS **2000** 1636).

a.   Gebäude oder Räume in Brandabschnitte unterteilt oder freistehende oder eingeschossige Gebäude erstellt werden;

b.   genügende Sicherheitsabstände eingehalten werden;

c.   die Herstellung, Verarbeitung, Handhabung und Lagerung von besonders brandgefährlichen Stoffen nur in bestimmten Geschossen oder Räumen eines Gebäudes oder an bestimmten anderen Orten erfolgen darf;

d.   die Fluchtwege von den einzelnen Arbeitsplätzen zu den Ausgängen eine der Gefährdung entsprechende Länge nicht überschreiten.

[3] Herstellung, Verarbeitung, Handhabung und Lagerung von besonders brandgefährlichen Stoffen in Räumen unter dem Erdboden können ausnahmsweise zugelassen werden, wenn die Sicherheit gewährleistet bleibt.

Art. 21   c. Höchstzahl der Arbeitnehmer, Betriebseinrichtungen, Stoffmengen[15]

Die Behörde legt je nach Art und Menge der besonders brandgefährlichen Stoffe und der Arbeitsverfahren zum Schutz der Arbeitnehmer für bestimmte Bereiche fest:

a.   die zulässige Zahl der dort tätigen Arbeitnehmer;

b.   die zulässigen Betriebseinrichtungen und deren Ausgestaltung;

c.   die für die Herstellung, Verarbeitung, Handhabung oder Lagerung zulässigen Mengen der Stoffe;

d.   die zu treffenden organisatorischen Massnahmen.

e.   … [16]

Art. 22   Betriebe mit Explosionsgefahr a. Geltungsbereich[17]

Die Bestimmungen dieses Abschnitts gelten für Betriebe und Betriebsteile, in denen:

---

15   Fassung gemäss Ziff. I der V vom 10. Mai 2000, in Kraft seit 1. Aug. 2000 (AS **2000** 1636).

16   Tit. aufgehoben durch Ziff. I der V vom 10. Mai 2000 (AS **2000** 1636).

17   Fassung gemäss Ziff. I der V vom 10. Mai 2000, in Kraft seit 1. Aug. 2000 (AS **2000** 1636).

a. bei der Herstellung, Verarbeitung, Handhabung oder Lagerung brennbarer Stoffe sich zusammen mit Luft explosionsfähige Gemische zu bilden vermögen;

b. explosionsfähige Stoffe und Stoffgemische vorhanden sind oder entstehen;

c. Explosivstoffe hergestellt, verarbeitet, gehandhabt oder gelagert werden.

Art. 23 b. Bauweise[18]

[1] Fabrikationsräume sind nötigenfalls mit leichten Bauelementen in der Weise zu versehen, dass die Gefährdung von Arbeitnehmern in benachbarten Gebäuden, Räumen und auf Verkehrswegen sowie in der Umgebung im Fall einer Explosion soweit möglich vermindert wird.

[2] Zwischen Gebäuden und zum Schutz von Verkehrswegen sowie der Umgebung sind nötigenfalls Schutzwälle oder Schutzmauern zu erstellen oder andere geeignete Massnahmen zu treffen.

[3] Bodenbeläge sind so auszuführen, dass sich keine Funken bilden können.

Art. 24 c. Höchstzahl der Arbeitnehmer, Betriebseinrichtungen, Stoffmengen[19]

Die Behörde legt je nach Art und Menge der explosionsfähigen Stoffe und der Arbeitsverfahren zum Schutz der Arbeitnehmer für bestimmte Bereiche fest:

a. die zulässige Zahl der dort tätigen Arbeitnehmer;

b. die zulässigen Betriebseinrichtungen und deren Ausgestaltung;

c. die für die Herstellung, Verarbeitung, Handhabung oder Lagerung zulässigen Mengen der Stoffe;

d. die zu treffenden organisatorischen Massnahmen.

---

18 Fassung gemäss Ziff. I der V vom 10. Mai 2000, in Kraft seit 1. Aug. 2000 (AS **2000** 1636).

19 Fassung gemäss Ziff. I der V vom 10. Mai 2000, in Kraft seit 1. Aug. 2000 (AS **2000** 1636).

Art. 25	**d. Zusätzliche Vorschriften für Betriebe mit Explosivstoffen**[20]

[1] Betriebe oder Betriebsteile zur Herstellung, Verarbeitung, Handhabung und Lagerung von Explosivstoffen sind in explosionsgefährdete und nichtexplosionsgefährdete Bereiche zu unterteilen.

[2] In besonders gefährdeten Bereichen ist durch technische oder organisatorische Massnahmen die Zahl der Arbeitnehmer auf ein Mindestmass zu beschränken oder deren Anwesenheit ganz auszuschliessen.

[3] Aus jedem Raum mit ständigen Arbeitsplätzen muss wenigstens ein ungehindert benützbarer Ausgang unmittelbar ins Freie oder in eine gesicherte Zone führen.

[4] Die Verkehrswege im Freien und die Zugänge zu den Gebäuden müssen so beschaffen sein, dass die Räume beim Betreten nicht verunreinigt werden.

[5] Das Betriebsgelände ist gegen den Zutritt Unbefugter abzusperren; an den Eingängen ist durch gut sichtbare Anschriften Unbefugten der Zutritt zu verbieten.

6. Abschnitt: Richtlinien und Ausnahmebewilligungen[21]

Art. 26	**Richtlinien**

[1] Das Staatssekretariat für Wirtschaft (Bundesamt) kann Richtlinien über die in dieser Verordnung umschriebenen Anforderungen an den Bau und die Einrichtung von Betrieben im Rahmen der Plangenehmigung aufstellen.[22]

[2] Vor Erlass der Richtlinien sind die Eidgenössische Arbeitskommission, die kantonalen Behörden, die Eidgenössische Koordinationskommission für Arbeitssicherheit, die Schweizerische Unfallversicherungsanstalt (SUVA) sowie weitere interessierte Organisationen anzuhören.

---

20 Fassung gemäss Ziff. I der V vom 10. Mai 2000, in Kraft seit 1. Aug. 2000 (AS **2000** 1636).

21 Eingefügt durch Ziff. I der V vom 10. Mai 2000, in Kraft seit 1. Aug. 2000 (AS **2000** 1636).

22 Fassung gemäss Ziff. I der V vom 10. Mai 2000, in Kraft seit 1. Aug. 2000 (AS **2000** 1636).

³ Werden vom Arbeitgeber die Richtlinien befolgt, so wird vermutet, dass er seinen Verpflichtungen hinsichtlich Bau und Einrichtung seines Betriebes nachgekommen ist. Der Arbeitgeber kann diesen Verpflichtungen auf andere Weise nachkommen, wenn er nachweist, dass die von ihm getroffenen Massnahmen gleichwertig sind.

Art. 27 Ausnahmebewilligungen

¹ Die Behörde kann auf Antrag des Gesuchstellers im Einzelfall Ausnahmen von den Vorschriften dieser Verordnung bewilligen, wenn:

a. eine andere, ebenso wirksame Massnahme vorgesehen wird; oder

b. die Durchführung der Vorschrift zu einer unverhältnismässigen Härte führen würde und die Ausnahme mit dem Schutz der Arbeitnehmer vereinbar ist.[23]

² Bevor der Arbeitgeber den Antrag stellt, muss er allenfalls betroffenen Arbeitnehmern oder deren Vertretung im Betrieb Gelegenheit geben, sich dazu zu äussern und der Behörde das Ergebnis dieser Anhörung mitteilen.

³ Vor der Bewilligung von Ausnahmen holt die kantonale Behörde die Stellungnahme des Bundesamtes ein. Dieses holt erforderlichenfalls die Stellungnahme der SUVA ein.[24]

3. Kapitel: [25] Industrielle Betriebe[26]

1. Abschnitt: Allgemeine Bestimmungen

Art. 28 Begriffe

¹ Unter die Betriebe für die Herstellung, Verarbeitung oder Behandlung von Gütern im Sinne von Artikel 5 Absatz 2 des Gesetzes fallen auch Betriebe für die Verbrennung und Verarbeitung von Kehricht, Betriebe der Wasserversorgung und der Abwasserreinigung.

---

23 Fassung gemäss Ziff. I der V vom 10. Mai 2000, in Kraft seit 1. Aug. 2000 (AS **2000** 1636).

24 Fassung gemäss Ziff. II 1 der V vom 24. April 2002, in Kraft seit 1. Juni 2002 (AS **2002** 1347).

25 Fassung gemäss Ziff. I der V vom 10. Mai 2000, in Kraft seit 1. Aug. 2000 (AS **2000** 1636).

26 Ursprünglich vor Art. 6.

2 Betriebe für die Erzeugung, Umwandlung oder Übertragung von Energie sind namentlich Gaswerke, Elektrizitätswerke, mit Einschluss der Unterwerke, der Umformer- und Transformatorenstationen, Atomanlagen sowie Pump- und Speicherwerke von Rohrleitungsanlagen zur Beförderung flüssiger oder gasförmiger Brenn- und Treibstoffe.

Art. 29   Mindestzahl der Arbeitnehmer

1 Für die Mindestzahl von Arbeitnehmern fallen alle Arbeitnehmer in Betracht, die in den industriellen Teilen des Betriebes beschäftigt werden, auch wenn sich die Betriebsteile in verschiedenen, aber benachbarten politischen Gemeinden befinden.

2 Für die Mindestzahl von Arbeitnehmern nach Absatz 1 fallen nicht in Betracht:

a.   das technische und kaufmännische Büropersonal sowie andere Arbeitnehmer, die nicht für die Herstellung, Verarbeitung oder Behandlung von Gütern oder für die Erzeugung, Umwandlung oder Übertragung von Energie beschäftigt sind;

b.   Lehrlinge, Volontäre, Praktikanten sowie Personen, die nur vorübergehend im Betrieb tätig sind;

c.   die überwiegend ausserhalb des industriellen Betriebes beschäftigten Arbeitnehmer.

Art. 30   Automatisierte Verfahren

Ein Verfahren gilt als automatisiert, wenn technische Einrichtungen die Bedienung, Steuerung und Überwachung von Anlagen selbsttätig besorgen und planmässig ablaufen lassen, so dass normalerweise während des ganzen Verfahrens kein menschliches Eingreifen erforderlich ist.

Art. 31   Betriebe mit besonderen Gefahren

Betriebe, die mit besonderen Gefahren für Leben oder Gesundheit der Arbeitnehmer verbunden sind (Art. 5 Abs. 2 Bst. c des Gesetzes), sind insbesondere:

a.   Betriebe, in denen explosionsgefährliche, besonders brandgefährliche oder besonders gesundheitsschädliche Stoffe verarbeitet oder gelagert werden;

b.   andere Betriebe, in denen erfahrungsgemäss die Gefahr von Unfällen, von Krankheiten oder von Überbeanspruchung der Arbeitnehmer besonders gross ist.

2. Abschnitt: Unterstellungsverfahren

Art. 32   Antrag auf Unterstellung

[1] Die kantonale Behörde ermittelt jeden Betrieb oder Betriebsteil, der
die Voraussetzungen eines industriellen Betriebes erfüllt, und beantragt dem Bundesamt schriftlich und begründet die Unterstellung unter die Sondervorschriften für industrielle Betriebe.[27]

[2] Der Antrag auf Unterstellung kann auch von der SUVA gestellt
werden.

[3] Der Arbeitgeber hat der Behörde in einem Fragebogen Auskunft über
die für die Unterstellung massgebenden Tatsachen zu geben; er kann
sich dabei zur Frage der Unterstellung äussern. Der Fragebogen ist
dem Antrag beizulegen.

Art. 33   Unterstellungsverfügung

[1] ...[28]

[2] Die Unterstellung bleibt in Kraft, bis sie rechtskräftig aufgehoben ist.
Geht ein industrieller Betrieb auf einen anderen Arbeitgeber über, so
dauert die Unterstellung fort, und die Unterstellungsverfügung ist entsprechend zu ändern.

Art. 34   Aufhebung der Unterstellung

[1] Erfüllt ein unterstellter Betrieb die Voraussetzungen für die Unterstellung nicht mehr, so hebt das Bundesamt die Unterstellung auf.

[2] Die Unterstellung wird insbesondere aufgehoben, wenn seit einem
Jahr weniger als sechs Arbeitnehmer im Betrieb beschäftigt werden
oder diese Mindestzahl voraussichtlich nicht mehr erreicht wird.

[3] Die Artikel 32 Absätze 1 und 2 sowie 33 Absatz 1 sind sinngemäss
anwendbar.

---

27   Fassung gemäss Ziff. II 1 der V vom 24. April 2002, in Kraft seit 1. Juni 2002 (AS
      2002 1347).
28   Aufgehoben durch Ziff. II 1 der V vom 24. April 2002, in Kraft seit 1. Juni 2002 (AS
      2002 1347).

Art. 35   Eröffnung der Verfügung

[1] Die Verfügung über die Unterstellung eines Betriebes oder Betriebsteiles unter die Sondervorschriften für industrielle Betriebe oder über die Aufhebung der Unterstellung wird dem Arbeitgeber vom Bundesamt schriftlich und begründet eröffnet.

[2] Doppel der Verfügung werden der kantonalen Behörde und der SUVA übermittelt.[29]

Art. 36[30]   Mitteilungen von Änderungen

[1] Die kantonale Behörde hat dem Bundesamt jede ihr zur Kenntnis gelangende Tatsache mitzuteilen, die zu einer Änderung der Unterstellungsverfügung Anlass geben kann.

[2] Das Bundesamt eröffnet die Änderung der Unterstellungsverfügung dem Arbeitgeber und gibt diese der kantonalen Behörde sowie der SUVA bekannt.

4. Kapitel:[31] Plangenehmigung und Betriebsbewilligung[32]

1. Abschnitt: Plangenehmigungsverfahren

Art. 37   Gesuch um Plangenehmigung

[1] Das Gesuch um Genehmigung der geplanten Anlage nach Artikel 7 Absatz 1 des Gesetzes ist zusammen mit den Plänen und ihrer Beschreibung bei der kantonalen Behörde schriftlich einzureichen.

[2] Im Falle eines Verfahrens nach Artikel 7 Absatz 4 des Gesetzes (koordiniertes Bundesverfahren) ist das Gesuch bei der zuständigen Bundesbehörde (Leitbehörde) einzureichen.

[3] Bei Anlagen und Bauten des Bundes, die nicht im koordinierten Bundesverfahren genehmigt werden, ist das Gesuch um Plangenehmigung beim Bundesamt einzureichen.[33]

---

29   Fassung gemäss Ziff. II 1 der V vom 24. April 2002, in Kraft seit 1. Juni 2002 (AS **2002** 1347).

30   Fassung gemäss Ziff. II 1 der V vom 24. April 2002, in Kraft seit 1. Juni 2002 (AS **2002** 1347).

31   Fassung gemäss Ziff. I der V vom 10. Mai 2000, in Kraft seit 1. Aug. 2000 (AS **2000** 1636).

32   Ursprünglich vor Art. 17.

Art. 38   Pläne

1 Folgende Pläne sind im Doppel einzureichen:

a.   ein Lageplan der Anlage und ihrer Umgebung mit Orientierung im Massstab des Grundbuchplanes, jedoch nicht kleiner als 1:1000;

b.   die Grundrisse sämtlicher Räume mit Angabe ihrer Bestimmung, einschliesslich der Aufenthalts-, Ess- und Waschräume, der Räume für Erste Hilfe, der Garderoben und Toiletten, sowie die Lage der Ausgänge, Treppen und Notausgänge;

c.   die Fassadenpläne mit Angabe der Fensterkonstruktionen;

d.   die zur Beurteilung des Baues erforderlichen Längs- und Querschnitte, wovon je einer durch jedes Treppenhaus;

e.   bei Umbauten die Pläne der bisherigen Anlage, falls sie aus den neuen Plänen nicht ersichtlich ist.

2 Die Pläne nach Absatz 1 Buchstaben b–d sind mit eingeschriebenen Massen im Massstab 1:50, 1:100 oder 1:200 vorzulegen.

3 Aus den Plänen müssen insbesondere ersichtlich sein die Lage der Arbeitsplätze, der Maschinen und der nachstehend genannten technischen Einrichtungen:

a.   Dampfkessel, Dampfgefässe und Druckbehälter;

b.   Heizungs-, Öltank-, Lüftungsanlagen, Feuerungsanlagen für technische Zwecke sowie Gas- und Abwasserreinigungsanlagen;

c.   mechanische Transportanlagen;

d.   Anlagen zur Verarbeitung und Lagerung von besonders brandgefährlichen, explosionsgefährlichen und gesundheitsschädlichen Stoffen;

e.   Silos und Tankanlagen;

f.   Farbspritzanlagen und Einbrennöfen;

g.   Anlagen zur Erzeugung ionisierender Strahlen;

h.   Feuerlösch- und Feuermeldeeinrichtungen.

33   Fassung gemäss Ziff. II 1 der V vom 24. April 2002, in Kraft seit 1. Juni 2002 (AS **2002** 1347).

Art. 39   Planbeschreibung

[1] Die Planbeschreibung ist im Doppel einzureichen und hat die folgenden Angaben zu enthalten:

a.   die Art des geplanten Betriebes, die Zweckbestimmung der Räume und, soweit es zur Beurteilung des Gesuches nötig ist, ein Fabrikationsschema;

b.   die Höchstzahl der voraussichtlich in den einzelnen Räumen beschäftigten Arbeitnehmer;

c.   das Material der Fundamente, Wände, Fussböden, Decken, Dächer, Treppen, Türen und Fenster;

d.   die technischen Einrichtungen nach Artikel 38 Absatz 3 sowie die Beleuchtungsanlagen;

e.   die Räume und Einrichtungen für die Verwendung von radioaktiven Stoffen;

f.   die Art und Menge besonders brandgefährlicher, explosionsgefährlicher oder gesundheitsschädlicher Stoffe;

g.   die Art und Lage von Lärmquellen mit erheblicher Einwirkung auf die Arbeitnehmer und das Betriebsgelände;

h.   die Verpackungs- und Transportweise besonders brandgefährlicher, explosionsgefährlicher oder gesundheitsschädlicher Stoffe.

[2] Können in der Planbeschreibung die nach Absatz 1 erforderlichen Angaben noch nicht oder nicht vollständig gemacht werden, so sind sie nachträglich, spätestens vor der Erstellung der betreffenden Einrichtungen beizubringen.

Art. 40   Plangenehmigung

[1] Die zuständige Behörde entscheidet über das Plangenehmigungsgesuch.

[2] Wird das Gesuch genehmigt, so stellt die zuständige Behörde dem Gesuchsteller den Entscheid samt einem Doppel der genehmigten Pläne und der Beschreibung zu. Das zweite Doppel der Pläne und der Beschreibung ist von der zuständigen Behörde während mindestens zehn Jahren aufzubewahren.

[3] Die kantonale Behörde und die Bundesbehörden bedienen einander mit einem Doppel ihrer Plangenehmigungen; ebenso erhält die SUVA ein Doppel der Plangenehmigung.

Art. 41 Plangenehmigung im koordinierten Bundesverfahren

[1] Das Bundesamt ist die Fachbehörde im koordinierten Bundesverfahren nach den Artikeln 62a–62c des Regierungs- und Verwaltungsorganisationsgesetzes vom 21. März 1997[34] (RVOG) für die Beurteilung, ob eine Plangenehmigung nach Artikel 7 oder 8 des Gesetzes erforderlich ist.[35]

[2] Die Leitbehörde hat das Bundesamt in jedem ordentlichen Plangenehmigungsverfahren nach Artikel 62a RVOG zu konsultieren; darüber hinaus ist es zur Mitwirkung beizuziehen, wenn:[36]

a. im koordinierten Bundesverfahren Bauten und Anlagen nach Artikel 7 oder 8 des Gesetzes errichtet oder umgestaltet werden;

b. für die Errichtung oder Umgestaltung plangenehmigungs- und betriebsbewilligungspflichtiger Bauten und Anlagen eigens für die Bauphase oder Etappen davon Betriebsstätten oder Anlagen wie z.B. Betonmisch-, Förder- oder Abwasserreinigungsanlagen nötig sind; oder

c. nach Abschluss des koordinierten Bundesverfahrens in oder auf diesen errichteten Bauten und Anlagen Arbeitnehmer beschäftigt werden.

[3] Das Bundesamt nimmt als Fachbehörde zuhanden der Leitbehörde Stellung zum eingereichten Plangenehmigungsgesuch und ist für Planbesprechungen beizuziehen, soweit es um Fragen des Arbeitnehmerschutzes geht.[37]

[4] Für die Plangenehmigung im koordinierten Bundesverfahren sind die übrigen Vorschriften des Gesetzes und dieser Verordnung über die Plangenehmigung anwendbar.

---

34 SR **172.010**
35 Fassung gemäss Ziff. II 1 der V vom 24. April 2002, in Kraft seit 1. Juni 2002 (AS **2002** 1347).
36 Fassung gemäss Ziff. II 1 der V vom 24. April 2002, in Kraft seit 1. Juni 2002 (AS **2002** 1347).
37 Fassung gemäss Ziff. II 1 der V vom 24. April 2002, in Kraft seit 1. Juni 2002 (AS **2002** 1347).

2. Abschnitt: Betriebsbewilligungsverfahren

Art. 42   Gesuch um Betriebsbewilligung

Vor Aufnahme der betrieblichen Tätigkeit hat der Arbeitgeber bei der zuständigen Behörde nach Artikel 37 ein schriftliches Gesuch um Erteilung einer Betriebsbewilligung einzureichen.

Art. 43   Betriebsbewilligung

[1] Die zuständige Behörde entscheidet über das Betriebsbewilligungsgesuch. Erfordern ausreichende Gründe eine vorzeitige Aufnahme der betrieblichen Tätigkeit, so kann die zuständige Behörde eine provisorische Betriebsbewilligung erteilen, wenn die notwendigen Massnahmen zum Schutz von Leben und Gesundheit der Arbeitnehmer getroffen worden sind.

[2] Ergibt die Prüfung des Gesuches, dass Mängel im Bau oder in der Einrichtung des Betriebes vorhanden sind, die bei der Plangenehmigung nicht vorausgesehen werden konnten, so kann die zuständige Behörde, nach Anhörung des Arbeitgebers, die Bewilligung unter zusätzlichen Auflagen erteilen, sofern die festgestellten Mängel Leben oder Gesundheit der Arbeitnehmer gefährden.

[3] Die kantonale Behörde und die Bundesbehörden bedienen einander mit einem Doppel ihrer Betriebsbewilligungen; ebenso erhält die SUVA ein Doppel der Betriebsbewilligung.

Art. 44   Betriebsbewilligung im koordinierten Bundesverfahren

[1] Das Verfahren richtet sich nach Artikel 41, soweit dieser Artikel nichts anderes vorsieht.

[2] Das Bundesamt ist in jedem Fall durch die Leitbehörde beizuziehen:[38]

a.   wenn der Betrieb vorzeitig seine betriebliche Tätigkeit aufnehmen will;

b.   bei der Abnahme des Betriebes oder der Anlage.

[3] Ergeben sich Mängel bei der Abnahme, dann verfährt die Leitbehörde nach Artikel 43 Absatz 2. Für die Erteilung der notwendigen Aufla-

---

38   Fassung gemäss Ziff. II 1 der V vom 24. April 2002, in Kraft seit 1. Juni 2002 (AS **2002** 1347).

gen in der Betriebsbewilligung zum Schutz von Leben und Gesundheit der Arbeitnehmer konsultiert sie das Bundesamt.[39]

3. Abschnitt: Besondere Bestimmungen

Art. 45   Umgestaltung innerer Einrichtungen

Die Plangenehmigung und Betriebsbewilligung im Sinne von Artikel 7 oder 8 des Gesetzes sind auch für die Umgestaltung innerer Einrichtungen des Betriebes wie technischer Anlagen und Einrichtungen, Umnutzungen von Räumen oder Umgestaltung von Arbeitsplätzen nachzusuchen, wenn sie eine wesentliche Änderung zur Folge haben oder wenn erhöhte Gefahren für Leben oder Gesundheit der Arbeitnehmer vorauszusehen sind.

Art. 46   Nachträglich festgestellte Missstände

[1] Hat der Betrieb seine Tätigkeit aufgenommen und wird festgestellt, dass die Anlage den Vorschriften des Bundes nicht entspricht, so haben die Vollzugs- und Aufsichtsorgane den Arbeitgeber darauf aufmerksam zu machen und ihn aufzufordern, innert einer bestimmten Frist den vorschriftsgemässen Zustand herzustellen.

[2] Kommt der Arbeitgeber dieser Aufforderung nicht nach, so ist nach den Artikeln 51 und 52 des Gesetzes zu verfahren.

[3] Ein Doppel der Aufforderung ist der SUVA zuzustellen, sofern sie die Verhütung von Unfällen und Berufskrankheiten betrifft.

5. Kapitel:[40] Schlussbestimmungen[41]

Art. 47   Übergangsbestimmung

Für Bauvorhaben von nichtindustriellen Betrieben, die nach Artikel 1 Absatz 2 Buchstabe m der Plangenehmigungspflicht unterstellt werden, ist das Plangenehmigungsverfahren durchzuführen, wenn:

a.   im Zeitpunkt des Inkrafttretens der Verordnungsänderung vom 10. Mai 2000 das Baugesuch noch nicht eingereicht worden ist;

---

39   Fassung gemäss Ziff. II 1 der V vom 24. April 2002, in Kraft seit 1. Juni 2002 (AS **2002** 1347).

40   Fassung gemäss Ziff. I der V vom 10. Mai 2000, in Kraft seit 1. Aug. 2000 (AS **2000** 1636). Die SchlB befanden sich ursprünglich in einem Kap. 6.

41   Ursprünglich vor Art. 19.

230

b. das Baugesuch zwar eingereicht, aber mit der Ausführung des Baus noch nicht begonnen worden ist und besondere Gründe des Arbeitnehmerschutzes es erfordern.

Art. 48   Inkrafttreten

Diese Verordnung tritt am 1. Oktober 1993 in Kraft.

Verordnung über die Arbeits- und Ruhezeit der berufsmässigen Motorfahrzeugführer und -führerinnen (Chauffeurverordnung, ARV 1)

vom 19. Juni 1995; SR 822.221

(gestützt auf die Artikel 56 und 103 des Strassenverkehrsgesetzes[1])

1. Abschnitt: Gegenstand und Begriffe

Art. 1   Gegenstand

Diese Verordnung regelt die Arbeits-, Lenk- und Ruhezeit der berufsmässigen Motorfahrzeugführer und -führerinnen sowie ihre Kontrolle und die Pflichten der Arbeitgeber.

Art. 2   Begriffe

In dieser Verordnung werden folgende Begriffe verwendet:

a.   Als *Führer* oder *Führerin* gilt, wer, sei es auch nur für kurze Zeit, ein Fahrzeug nach Artikel 3 Absatz 1 lenkt;

b.   als *selbständigerwerbend* gilt, wer in keinerlei Anstellungs- oder Unterstellungsverhältnis steht und allein über den Einsatz des Fahrzeuges entscheidet (Betriebsinhaber); in Zweifelsfällen (z. B. bei Vertragsfahrern) ist das tatsächliche Beschäftigungsverhältnis und nicht die Bezeichnung in einem allfälligen Vertrag massgebend; als selbständigerwerbende Führer oder Führerinnen gelten auch der Ehegatte des Betriebsinhabers, seine Verwandten in auf- und absteigender Linie und deren Ehegatten sowie seine Stiefkinder;

c.   als *Arbeitnehmer* oder *Arbeitnehmerin* gilt, wer nicht selbständigerwerbender Führer oder selbständigerwerbende Führerin ist, insbesondere wer Fahrzeuge in einem Anstellungs- oder Unterstellungsverhältnis führt;

d.   als *Arbeitgeber* gilt, wer als Betriebsinhaber oder Vorgesetzter gegenüber dem Führer oder der Führerin weisungsbevollmächtigt ist;

1   SR **741.01**

e. als *Arbeitszeit* gilt die Zeit, während der sich der Arbeitnehmer oder die Arbeitnehmerin zur Verfügung des Arbeitgebers zu halten hat; sie umfasst auch die blosse Präsenzzeit, die Arbeitspausen von weniger als 15 Minuten und bei Mehrfachbesatzung die Zeit des Mitfahrens; zur Arbeitszeit zählt ferner die Dauer jeder Erwerbstätigkeit bei einem anderen Arbeitgeber;

f. als *berufliche Tätigkeit* gilt für den Arbeitnehmer oder die Arbeitnehmerin die Arbeitszeit, für den selbständigerwerbenden Führer oder die selbständigerwerbende Führerin die Lenkzeit sowie die mit dem Transport zusammenhängenden Tätigkeiten;

g. als *Ruhezeit* gilt jeder ununterbrochene Zeitraum von mindestens 1 Stunde, in dem der Führer oder die Führerin frei über die Zeit verfügen kann;

h. als *Woche* gilt der Zeitraum zwischen Montag 00.00 Uhr und Sonntag 24.00 Uhr.

2. Abschnitt: Geltungsbereich

Art. 3   Geltungsbereich

[1] Die Verordnung gilt für die Führer und Führerinnen von Motorwagen und Fahrzeugkombinationen:

a. zum Sachentransport, deren Gesamtgewicht nach Fahrzeugausweis 3,5 t übersteigt;

b. zum Personentransport, die ausser dem Führersitz für eine Platzzahl von mehr als acht Personen zugelassen sind.

[2] Lenkt ein Führer oder eine Führerin im Ausland ein Fahrzeug, das in der Schweiz immatrikuliert ist, so gilt diese Verordnung, sofern die von der Schweiz ratifizierten internationalen Übereinkommen nicht strengere Vorschriften vorsehen.

[3] Die Führer und Führerinnen, die im Ausland immatrikulierte Fahrzeuge in der Schweiz lenken, müssen nur die Vorschriften der Artikel 5, 8 Absätze 1–3 und 5 sowie 9–12, 14 und 18 Absatz 1 einhalten.

[4] Für die Arbeitgeber gilt diese Verordnung nur, soweit sie ihnen ausdrücklich Pflichten auferlegt.

Art. 4   Ausnahmen

[1] Die Verordnung gilt nicht für die Führer und Führerinnen von Fahrzeugen:

a. mit einer zulässigen Höchstgeschwindigkeit von 30 km/h;

b. die von der Armee, der Polizei, der Feuerwehr, vom Zivilschutz oder im Auftrag dieser Stellen verwendet werden;

c. die von Müllabfuhr-, Kanalisations- und Hochwasserschutzdiensten, von Wasser-, Gas- und Elektrizitätswerken, von Strassenunterhaltsdiensten, von Telefon-, Telegraf- und Postsachenbeförderungsdiensten und von Radio oder Fernsehen eingesetzt werden, sowie Fahrzeugen, die zur Ortung von Radio- und Fernsehübertragungs- oder -empfangsanlagen verwendet werden;

d. die zum Personentransport im Linienverkehr dienen, sofern die Linienstrecke nicht mehr als 50 km beträgt;

e. die in Notfällen oder für Rettungsmassnahmen eingesetzt werden;

f. die für ärztliche Aufgaben speziell ausgerüstet sind;

g. die für Transporte im Zirkus- oder Schaustellergewerbe verwendet werden;

h. die für die Pannenhilfe speziell ausgerüstet sind;

i. mit denen zum Zwecke der technischen Entwicklung oder bei Reparatur-oder Wartungsarbeiten Probefahrten oder Überführungsfahrten ausgeführt werden, und die neu oder umgebaut noch nicht in Verkehr stehen;

k. die zu nichtgewerblichen Sachentransporten für rein private Zwecke verwendet werden;

l. die zum Abholen von Milch bei landwirtschaftlichen Betrieben und zur Rückgabe von Milchbehältern oder von Milcherzeugnissen für Futterzwecke an diese Betriebe verwendet werden;

m. die bloss im werkinternen Verkehr eingesetzt werden und öffentliche Strassen nur mit behördlicher Bewilligung benützen dürfen (Art. 33 der Verkehrsversicherungsverordnung vom 20. Nov. 1959[2] und Art. 72 Abs. 1 Bst. e der Verordnung vom 27. Okt.

1976[3] über die Zulassung von Personen und Fahrzeugen zum Strassenverkehr, VZV).

2 Im Binnenverkehr gilt diese Verordnung ferner nicht für Führer und Führerinnen, die ausschliesslich Fahrten mit folgenden Fahrzeugen oder Fahrzeugkombinationen ausführen:

a.[4] Motorwagen zum Personentransport mit nicht mehr als 16 Sitzplätzen ausser dem Führersitz;

b. Fahrzeugkombinationen zum Sachentransport, sofern das Gesamtgewicht des Zugfahrzeugs 3,5 t und bei Sattelschleppern zudem das zulässige Gesamtgewicht des Zuges gemäss Fahrzeugausweis des Sattelschleppers 5 t nicht übersteigt;

c. Fahrzeuge der Bundesverwaltung (Art. 1 Abs. 1 Bst. a der Verordnung vom 31. März 1971[5] über die Motorfahrzeuge des Bundes und ihrer Führer) im Verwaltungseinsatz;

d. Fahrzeuge, die zum Ausleihen von Büchern, Spielsachen, für Wanderausstellungen und dergleichen verwendet werden und für diesen Zweck besonders ausgerüstet sind;

e. Fahrschulfahrzeuge.

2bis Führer und Führerinnen, die Fahrzeuge nach Absatz 2 Buchstabe a für berufsmässige Personentransporte einsetzen, unterstehen im Binnenverkehr der Verordnung vom 6. Mai 1981[6] über die Arbeits- und Ruhezeit der berufsmässigen Führer von leichten Personentransportfahrzeugen und schweren Personenwagen.[7]

3 Im Binnenverkehr gilt die Verordnung nicht für Führer und Führerinnen, die dem Arbeitszeitgesetz vom 8. Oktober 1971[8] unterstehen und nur Transporte ausführen, die von diesem Gesetz erfasst werden. Werden zusätzlich andere Transporte ausgeführt, müssen sie für ihre gesamte berufliche Tätigkeit die Arbeits-, Lenk- und Ruhezeitvorschrif-

---

3   SR **741.51**
4   Fassung gemäss Ziff. I der V vom 3. Juli 2002, in Kraft seit 1. April 2003 (AS **2002** 3324).
5   SR **741.541**
6   SR **822.222**
7   Eingefügt durch Ziff. I der V vom 3. Juli 2002, in Kraft seit 1. April 2003 (AS **2002** 3324).
8   SR **822.21**

ten der Artikel 5–12 beachten und die Kontrollmittel nach den Artikeln 14–16 führen.

4 Im Binnenverkehr gilt die Verordnung nicht für Führer und Führerinnen, die ausschliesslich Transporte mit landwirtschaftlichen Traktoren ausführen.[9]

3. Abschnitt: Lenkzeiten, Arbeitszeiten, Pausen, Ruhezeiten

Art. 5 Lenkzeit

1 Die Lenkzeit zwischen zwei täglichen Ruhezeiten oder zwischen einer täglichen und einer wöchentlichen Ruhezeit (Tageslenkzeit) darf 9 Stunden nicht überschreiten. Die Tageslenkzeit darf zweimal pro Woche auf 10 Stunden ausgedehnt werden.

2 Der Führer oder die Führerin eines Fahrzeugs zum Sachentransport muss nach höchstens sechs Tageslenkzeiten eine wöchentliche Ruhezeit nach Artikel 11 einhalten. Diese wöchentliche Ruhezeit kann bis zum Ende des sechsten Tages verschoben werden, sofern die Gesamtlenkzeit während der sechs Tage die Höchstdauer von sechs Tageslenkzeiten nicht übersteigt.

3 Der Führer oder die Führerin eines Fahrzeugs zum Personentransport muss nach höchstens zwölf Tageslenkzeiten eine wöchentliche Ruhezeit nach Artikel 11 einhalten. Diese wöchentliche Ruhezeit kann bis zum Ende des zwölften Tages verschoben werden, sofern die Gesamtlenkzeit während der zwölf Tage nicht die Höchstdauer von zwölf Tageslenkzeiten übersteigt. Für die Führer und Führerinnen im internationalen Personen-Linienverkehr gelten die Grenzen von Absatz 2.

4 Die Gesamtlenkzeit darf innerhalb zweier Wochen höchstens 90 Stunden betragen.

Art. 6 Wöchentliche Höchstarbeitszeit

1 Die wöchentliche Höchstarbeitszeit des Arbeitnehmers oder der Arbeitnehmerin beträgt 46 Stunden.

2 Wird ein Fahrzeug von mehr als einer Person gelenkt, die sich an mindestens drei Tagen der Woche als Mitfahrer und Führer ablösen

---

9   Eingefügt durch Anhang 1 Ziff. 4 der V vom 2. Sept. 1998 (AS **1998** 2352).

(Mehrfachbesatzung), so darf die wöchentliche Höchstarbeitszeit 53 Stunden betragen.

Art. 7 Überzeitarbeit

[1] Die wöchentliche Höchstarbeitszeit (Art. 6) darf durch Überzeitarbeit um 5 Stunden überschritten werden. Bei vorübergehenden, ausserordentlichen Betriebsbedürfnissen (z. B. saisonale Schwankungen) sind je Woche 5 weitere Stunden Überzeitarbeit zulässig. In einem Kalenderjahr dürfen jedoch insgesamt höchstens 208 Stunden Überzeitarbeit geleistet werden.

[2] Wurden in einer Woche mehr als 5 Stunden Überzeitarbeit geleistet, so meldet der Arbeitgeber dies der Vollzugsbehörde vierteljährlich, und zwar innerhalb 14 Tagen nach Quartalsende.

[3] Die Überzeitarbeit kann durch einen Lohnzuschlag nach Obligationenrecht[10] oder durch Freizeit von gleicher Dauer ausgeglichen werden. Ein solcher Ausgleich ist innert dreier Monate vorzunehmen, sofern Arbeitgeber und Arbeitnehmer oder Arbeitnehmerin nicht einen längeren Zeitraum schriftlich vereinbaren; dieser Zeitraum darf in keinem Fall länger als zwölf Monate sein.

Art. 8 Pausen

[1] Der Führer oder die Führerin hat nach einer Lenkzeit von $4^1/_2$ Stunden eine Pause von mindestens 45 Minuten einzulegen. Diese Pause entfällt, sofern direkt anschliessend eine tägliche oder wöchentliche Ruhezeit begonnen wird.

[2] Die Pause nach Absatz 1 kann in Pausen von je mindestens 15 Minuten unterteilt werden, die in die Lenkzeit oder unmittelbar nach dieser so einzufügen sind, dass Absatz 1 eingehalten ist.

[3] Während der Pausen nach den Absätzen 1 und 2 darf der Führer oder die Führerin keine berufliche Tätigkeit ausüben; gestattet ist jedoch das Mitfahren bei Mehrfachbesatzung und das Begleiten des Fahrzeugs bei kombinierten Transporten auf der Fähre oder dem Zug.

[4] Arbeitnehmer und Arbeitnehmerinnen haben nach einer Arbeitszeit von $5^1/_2$ Stunden eine zusammenhängende Arbeitspause von mindes-

tens 1 Stunde einzulegen. Wenn die Pause vor Ablauf von $5^{1}/_{2}$ Stunden begonnen wird, genügen 30 zusammenhängende Minuten.

[5] Eine nach Absatz 1 eingelegte Pause gilt nicht als tägliche Ruhezeit.

Art. 9   Tägliche Ruhezeit

[1] Der Führer oder die Führerin muss innerhalb jeden Zeitraumes von 24 Stunden eine tägliche Ruhezeit von mindestens 11 zusammenhängenden Stunden einhalten.

[2] Der Führer oder die Führerin darf die Ruhezeit nach Absatz 1 höchstens dreimal pro Woche auf 9 zusammenhängende Stunden verkürzen, sofern er oder sie bis zum Ende der folgenden Woche eine entsprechende Ruhezeit zum Ausgleich nachholt.

[3] Wird die Ruhezeit nicht nach Absatz 2 verkürzt, darf sie innerhalb von 24 Stunden in zwei oder drei Zeitabschnitte unterteilt werden, sofern ein Abschnitt mindestens 8 zusammenhängende Stunden und die tägliche Ruhezeit insgesamt mindestens 12 Stunden beträgt.

[4] Wird ein Fahrzeug von mehr als einer Person gelenkt, die sich als Mitfahrer und Führer ablösen (Mehrfachbesatzung), muss jede von ihnen innerhalb jeden Zeitraums von 30 Stunden eine tägliche Ruhezeit von mindestens 8 zusammenhängenden Stunden einhalten.

[5] Die tägliche Ruhezeit kann im Fahrzeug verbracht werden, sofern das Fahrzeug abgestellt und mit einer Schlafkabine ausgerüstet ist.

[6] Jede als Ausgleich für eine Verkürzung der täglichen Ruhezeit nachgeholte Ruhezeit muss mit einer anderen mindestens achtstündigen Ruhezeit verbunden sein. Sie ist dem Führer oder der Führerin auf dessen oder deren Antrag hin an seinem oder ihrem Wohnort oder am Standort des Fahrzeugs zu gewähren.

Art. 10   Unterbrechung der täglichen Ruhezeit bei kombinierten Transporten

Bei kombinierten Transporten darf der Führer oder die Führerin in Abweichung von Artikel 9 die tägliche Ruhezeit höchstens einmal für das Verladen des Fahrzeugs auf die Eisenbahn oder die Fähre oder das Entladen von dort unterbrechen, sofern folgende Voraussetzungen erfüllt sind:

a. Der an Land verbrachte Teil der täglichen Ruhezeit muss unmittelbar vor oder nach dem auf dem Fährschiff oder in der Eisenbahn verbrachten Teil der täglichen Ruhezeit liegen;

b. der Unterbruch zwischen den beiden Teilen der täglichen Ruhezeit muss möglichst kurz sein und darf vor Verladen des Fahrzeugs oder nach dem Verlassen der Fähre oder Eisenbahn, inbegriffen allfällige Zollformalitäten, keinesfalls länger als 1 Stunde dauern;

c. während der beiden Teile der täglichen Ruhezeit muss dem Führer oder der Führerin ein Bett oder eine Schlafkabine zur Verfügung stehen;

d. die beiden Teile der täglichen Ruhezeit müssen zusammen mindestens 2 Stunden länger sein als die zusammenhängende tägliche Ruhezeit, die der Führer oder die Führerin nach Artikel 9 am betreffenden Tag ohne Unterbruch einhalten müsste.

Art. 11 Wöchentliche Ruhezeit

[1] In jeder Woche muss der Führer oder die Führerin eine tägliche Ruhezeit nach Artikel 9 als wöchentliche Ruhezeit auf insgesamt 45 zusammenhängende Stunden ausdehnen.

[2] Die wöchentliche Ruhezeit nach Absatz 1 kann am Wohnort des Führers oder der Führerin oder am Standort des Fahrzeugs auf eine Mindestdauer von 36 zusammenhängenden Stunden, an einem anderen Ort auf eine Mindestdauer von 24 zusammenhängenden Stunden verkürzt werden.

[3] Jede Verkürzung nach Absatz 2 ist durch eine zusammenhängende Ruhezeit auszugleichen, die vor Ende der auf die betreffende Woche folgenden dritten Woche zu beziehen ist.

[4] Eine wöchentliche Ruhezeit, die in einer Woche beginnt und in die folgende Woche hineinreicht, kann der einen oder anderen der beiden Wochen zugerechnet werden.

[5] Der Führer oder die Führerin eines Fahrzeugs zum Personentransport kann, ausgenommen im internationalen Linienverkehr (Art. 5 Abs. 3 Satz 3), die wöchentliche Ruhezeit auf die Woche übertragen, die auf die Woche folgt, in der er oder sie die Ruhezeit beziehen müsste, und sie an die wöchentliche Ruhezeit dieser zweiten Woche hinzufügen.

6 Jede als Ausgleich für eine Verkürzung der wöchentlichen Ruhezeit nachgeholte Ruhezeit muss mit einer anderen mindestens achtstündigen Ruhezeit verbunden sein. Sie ist dem Führer oder der Führerin auf dessen oder deren Antrag hin an seinem oder ihrem Wohnort oder am Standort des Fahrzeugs zu gewähren.

Art. 12   Abweichungen in Notfällen

1 Sofern es die Verkehrssicherheit erlaubt, kann der Führer oder die Führerin von den Vorschriften über die Arbeits-, Lenk- und Ruhezeit abweichen, um einen geeigneten Abstellplatz zu erreichen, soweit dies erforderlich ist, um die Sicherheit der Fahrgäste, des Fahrzeugs oder seiner Ladung zu gewährleisten.

2 Der Führer oder die Führerin hat Art und Grund der Abweichung von den Arbeits-, Lenk- und Ruhezeitvorschriften auf dem Einlageblatt des Fahrtschreibers zu vermerken.

4. Abschnitt: Kontrollbestimmungen

Art. 13   Kontrollmittel

Zur Kontrolle der Einhaltung der Lenkzeiten, Arbeitszeiten, Pausen und Ruhezeiten (Art. 5–11) dienen namentlich:

a.   die Aufzeichnungen des Fahrtschreibers und die Eintragungen auf den Fahrtschreiber-Einlageblättern;

b.   die Eintragungen im Arbeitsbuch;

c.   die Eintragungen in betriebsinternen Tagesrapporten und die Daten betriebsinterner Zeiterfassungsgeräte;

d.   die Eintragungen in der Aufstellung über die Arbeits-, Lenk- und Ruhezeit.

Art. 14   Fahrtschreiber

1 Während der beruflichen Tätigkeit muss der Führer oder die Führerin, solange er oder sie sich im Fahrzeug oder in dessen Nähe befindet, den Fahrtschreiber ständig in Betrieb halten und so bedienen, dass die Lenkzeit, die übrige Arbeitszeit und die Pausen zeitgerecht aufgezeichnet werden. Bei Mehrfachbesatzung haben sie den Fahrtschreiber so zu bedienen, dass diese Angaben unterscheidbar für jeden von ihnen vom Gerät aufgezeichnet werden.

[2] Befindet sich der Führer oder die Führerin nicht in der Nähe des Fahrzeugs und ist er oder sie nicht in der Lage, das Gerät zu bedienen, hat er oder sie laufend die betreffenden Angaben von Hand oder auf andere geeignete Weise leserlich auf dem Einlageblatt einzutragen. Die handschriftlichen Eintragungen dürfen die Aufzeichnungen des Gerätes nicht beeinträchtigen.

[3] Kein Einlageblatt darf über den Zeitraum hinaus verwendet werden, für den es bestimmt ist.

[4] Der Führer oder die Führerin hat auf dem Einlageblatt folgende Angaben einzutragen:

a.   Vor dem Einlegen des Einlageblattes:

1.   seinen oder ihren Namen und Vornamen sowie die Kontrollschildnummer des benutzten Fahrzeugs,

2.   den Kilometerstand vor Beginn der Fahrt;

b.   vor dem Einlegen und nach Herausnahme des Einlageblattes: das Datum und den Ort;

c.   nach Herausnahme des Blattes nach der letzten Fahrt des Tages: den neuen Kilometerstand und das Total der gefahrenen Kilometer;

d.   bei einem Fahrzeugwechsel während des Tages: den Kilometerstand des vorherigen und des neuen Fahrzeugs;

e.   gegebenenfalls die Zeit des Fahrzeugwechsels.

[5] Bei einer Betriebsstörung oder bei einem mangelhaften Funktionieren des Fahrtschreibers hat der Führer oder die Führerin, sofern die entsprechenden Angaben über die Arbeits-, Lenk- und Ruhezeiten nicht mehr einwandfrei aufgezeichnet werden, diese auf dem Einlageblatt oder auf einem besonderen, dem Einlageblatt beizufügenden Blatt zu vermerken.

[6] Der Führer oder die Führerin muss der Vollzugsbehörde jederzeit die in der laufenden Woche benützten Einlageblätter sowie das Einlageblatt des letzten Tages der vorangegangenen Woche, an dem er oder sie ein Fahrzeug geführt hat, vorweisen können; die nicht mehr gebrauchten Einlageblätter sind dem Arbeitgeber zur Aufbewahrung (Art. 18 Abs. 3) abzugeben.

7 Der Führer oder die Führerin muss auf dem Fahrzeug genügend leere Einlageblätter mitführen, die für das betreffende Gerät zugelassen sind. Er oder sie darf keine beschmutzten oder beschädigten Einlageblätter verwenden und muss sie sachgemäss schützen. Wird ein Einlageblatt, das bereits Aufzeichnungen aufweist, beschädigt, ist dieses dem ersatzweise verwendeten Einlageblatt beizufügen.

8 Der Arbeitgeber hat dem Arbeitnehmer oder der Arbeitnehmerin die Einlageblätter unentgeltlich zur Verfügung zu stellen und ihnen auf Verlangen eine Kopie der benützten Blätter auszuhändigen.

Art. 15   Arbeitsbuch

1 Der Arbeitnehmer oder die Arbeitnehmerin führt ein Arbeitsbuch über seine oder ihre Arbeitszeit, wenn er oder sie:

a.   diese nicht durch andere Kontrollmittel (Fahrtschreibereinlageblätter, Tagesrapporte und Zeiterfassungsgeräte) nachweisen kann; oder

b.   nicht nach einem festen Stundenplan eingesetzt wird.

2 Der Arbeitnehmer oder die Arbeitnehmerin darf gleichzeitig nur ein Arbeitsbuch benützen, auch wenn er oder sie bei mehr als einem Arbeitgeber beschäftigt ist. Das Arbeitsbuch ist persönlich und nicht übertragbar.

3 Der Arbeitgeber hat das Arbeitsbuch bei der Vollzugsbehörde zu beziehen und dem Arbeitnehmer oder der Arbeitnehmerin unentgeltlich abzugeben. Es ist dem Arbeitgeber zurückzugeben, wenn alle Blätter ausgefüllt sind oder wenn das Arbeitsverhältnis beendet ist.

4 Spätestens am ersten Arbeitstag der folgenden Woche, bei Fahrten im Ausland nach der Rückkehr in die Schweiz, muss der Arbeitnehmer oder die Arbeitnehmerin die Nachweise seiner oder ihrer Arbeitszeit (perforiertes Original des Wochenblattes aus dem Arbeitsbuch, betriebsinterne Tagesrapporte) dem Arbeitgeber abgeben.

Art. 16   Aufstellung über die Arbeits-, Lenk- und Ruhezeit

1 Der Arbeitgeber überwacht laufend anhand der verfügbaren Kontrollmittel, ob die Bestimmungen über die Arbeits-, Lenk- und Ruhezeit eingehalten worden sind. Er hält dazu für jeden Arbeitnehmer und jede Arbeitnehmerin folgende Angaben in einer Aufstellung fest:

a. die Tageslenkzeit;

b. die gesamte tägliche und wöchentliche Arbeitszeit;

c. die in einer Woche und insgesamt im Laufe eines Kalenderjahres geleisteten und ausgeglichenen oder bezahlten Überstunden;

d. die eingelegten wöchentlichen Ruhezeiten und bei deren allfälliger Unterteilung die Dauer der Teil-Ruhezeiten;

e. allfällige Beanspruchungen bei andern Arbeitgebern.

[2] Selbständigerwerbende Führer und selbständigerwerbende Führerinnen halten in einer Aufstellung die Dauer der Tageslenkzeit und die wöchentliche Ruhezeit und bei deren allfälliger Unterteilung die Dauer der Teil-Ruhezeiten fest.

[3] Für Führer und Führerinnen, deren Tageslenkzeit aufgrund einer summarischen Überprüfung der Fahrtschreiber-Aufzeichnungen offensichtlich weniger als 7 Stunden betragen hat, ist in der Aufstellung kein Eintrag der Lenkzeit erforderlich.

[4] Spätestens am Ende der Woche muss die Aufstellung nach den Absätzen 1 und 2 für die vorletzte Woche vollständig sein. Für im Ausland tätige Führer und Führerinnen ist die Aufstellung zu erstellen, sobald dies nach ihrer Rückkehr in die Schweiz möglich ist.

[5] Der Arbeitgeber, der die Aufstellung durch Dritte ausführen lässt, bleibt für die Richtigkeit der Angaben verantwortlich.

[6] Die Vollzugsbehörde kann auf die Aufstellung über die Arbeits-, Lenk- und Ruhezeit nach den Absätzen 1 und 2 für Führer und Führerinnen verzichten, deren berufliche Tätigkeit sich nach einem täglich gleichbleibenden Stundenplan richtet, der eine Verletzung der Arbeits-, Lenk- und Ruhezeitvorschriften ausschliesst. Die entsprechende Befreiungsverfügung enthält den Stundenplan, den Namen des Führers oder der Führerin und allenfalls des Arbeitgebers und ist auf ein Jahr befristet; sie darf nicht erneuert werden, wenn während der abgelaufenen Befreiungsperiode mehr als 20 Fahrten ausserhalb des Stundenplanes durchgeführt worden sind. Die Dauer einer allfälligen Überschreitung der wöchentlichen Höchstarbeitszeit (Art. 6 Abs. 1) muss schriftlich festgehalten werden.

Art. 17   Weitere Pflichten des Arbeitgebers und des Führers

[1] Der Arbeitgeber muss dem Arbeitnehmer und der Arbeitnehmerin die Arbeit so zuteilen, dass er oder sie die Bestimmungen über die Arbeits-, Lenk- und Ruhezeit einhalten kann. Der Arbeitnehmer oder die Arbeitnehmerin muss dem Arbeitgeber rechtzeitig melden, wenn die zugeteilte Arbeit zu einer Verletzung dieser Bestimmungen führen könnte.

[2] Der Arbeitgeber muss dafür sorgen, dass der Arbeitnehmer oder die Arbeitnehmerin die Bestimmungen über die Arbeits-, Lenk- und Ruhezeit einhält, die Kontrollmittel vorschriftsgemäss führt und sie ihm rechtzeitig abgibt.

[3] Der Arbeitgeber führt ein Verzeichnis, in dem die Namen der Führer und Führerinnen, deren Adresse, Geburtsdatum und allfällige Arbeitsbuch-Nummer eingetragen sind.

[4] Der Lohn von Arbeitnehmern und Arbeitnehmerinnen darf nicht nach der zurückgelegten Fahrstrecke, der beförderten Gütermenge oder andern die Verkehrssicherheit beeinträchtigenden Leistungen berechnet werden.

Art. 18   Auskunftspflicht

[1] Arbeitgeber sowie Führer und Führerinnen müssen der Vollzugsbehörde alle Auskünfte erteilen, die für die Anwendung der Verordnung und für die Kontrolle erforderlich sind.

[2] Arbeitgeber sowie selbständigerwerbende Führer und Führerinnen müssen der Vollzugsbehörde den Zutritt zum Betrieb und die nötigen Abklärungen gestatten.

[3] Arbeitgeber sowie selbständigerwerbende Führer und Führerinnen müssen am Geschäftssitz während eines Jahres geordnet aufbewahren:

a.   die Einlageblätter des Fahrtschreibers (Art. 14);

b.   die Wochenblätter des Arbeitsbuches, gleichgestellte Nachweise und die ausgefüllten Arbeitsbücher (Art. 15);

c.   die Aufstellung über die Arbeits-, Lenk- und Ruhezeit (Art. 16);

d.   allfällige Befreiungsverfügungen (Art. 16 Abs. 6).

4 Zweigniederlassungen, die Fahrzeuge selbständig einsetzen, bewahren diese Dokumente an ihrem Sitz auf.

5 Die Dokumente sind der Vollzugsbehörde auf Verlangen vorzuweisen oder einzusenden.

5. Abschnitt: Sonderbestimmungen

Art. 19 Lastwagenführer-Lehrlinge

1 Die Arbeitszeit des Lastwagenführer-Lehrlings (Art. 5 Abs. 2 VZV[11]) darf 9 Stunden je Tag nicht übersteigen; der obligatorische Schulunterricht gilt als Arbeitszeit. Die Arbeitszeit muss in die Zeit von 05.00 Uhr bis 22.00 Uhr fallen. Die tägliche Ruhezeit nach Artikel 9 Absatz 1 darf nicht verkürzt werden.

2 Lehrling, Ausbilder und Ausbilderin unterliegen den Kontrollvorschriften nach Artikel 15.

3 Bei Lernfahrten trägt der Ausbilder oder die Ausbilderin auf dem Einlageblatt des Fahrtschreibers neben dem Namen des Lehrlings seine oder ihre Initialen ein.

4 Die Lernfahrt des Lehrlings gilt auch für den Ausbilder oder die Ausbilderin als Lenkzeit.

Art. 20 Führer und Führerinnen im Nebenberuf

1 Führer und Führerinnen, deren berufliche Tätigkeit nur teilweise dieser Verordnung untersteht (Führer und Führerinnen im Nebenberuf), dürfen in ihrer gesamten beruflichen Tätigkeit die in dieser Verordnung festgelegten Grenzen nicht überschreiten.

2 Der Arbeitgeber, der Führer oder Führerinnen im Nebenberuf einsetzt, muss sich vergewissern, dass der Arbeitnehmer oder die Arbeitnehmerin diese Grenzen nicht überschreitet.

3 Die Vollzugsbehörde legt für Führer und Führerinnen im Nebenberuf, die neben ihrer Tätigkeit als Führer oder Führerin keine Erwerbstätigkeit als Arbeitnehmer oder Arbeitnehmerinnen ausüben, wie Landwirte, Studenten, Hausfrauen, eine Anzahl Stunden als Grundarbeitszeit fest, soweit sich dies wegen der Beanspruchung in ihrer Hauptbeschäftigung aufdrängt.

11 SR **741.51**

6. Abschnitt: Strafbestimmungen und Strafverfolgung

Art. 21   Strafbestimmungen

[1] Wer die Bestimmungen über die Arbeitszeit, Lenkzeit, Pausen und Ruhezeiten (Art. 5–11) verletzt, wird mit Haft oder mit Busse bestraft.

[2] Mit Haft oder Busse wird bestraft, wer die Kontrollbestimmungen (Art. 14–18) verletzt, insbesondere wer:

a.   die Kontrollmittel (Art. 13) nicht oder nicht vorschriftsgemäss führt;

b.   den Fahrtschreiber nicht in Betrieb hält, nicht richtig bedient oder die Aufzeichnungen verfälscht;

c.   in Kontrolldokumenten, z. B. auf den Einlageblättern des Fahrtschreibers oder in der Aufstellung über die Arbeits-, Lenk- und Ruhezeit, wahrheitswidrige oder unvollständige Angaben macht oder ihre Lesbarkeit erschwert;

d.   die Vollzugsbehörde in ihrer Kontrolltätigkeit behindert, den Zutritt zum Betrieb, die Herausgabe der Kontrolldokumente oder die notwendigen Auskünfte verweigert oder ihr wahrheitswidrige Angaben erteilt.

[3] Wer die nach den Sonderbestimmungen (Art. 19–20) bestehenden Pflichten oder anzuwendenden Vorschriften verletzt, wird mit Haft oder Busse bestraft.

[4] Der Arbeitgeber, der eine nach dieser Verordnung strafbare Handlung eines Führers oder einer Führerin veranlasst oder nicht nach seinen Möglichkeiten verhindert, untersteht der gleichen Strafandrohung wie der Führer oder die Führerin. Der Richter kann den Führer oder die Führerin milder bestrafen oder von einer Bestrafung absehen, wenn die Umstände es rechtfertigen.

Art. 22   Strafverfolgung

[1] Die Strafverfolgung ist Sache der Kantone. Neben dem Kanton, in dem die Widerhandlung begangen wurde, ist auch der Kanton zuständig, der sie feststellt.

[2] Die Vollzugsbehörde des Kantons, in dem das Fahrzeug immatrikuliert ist, wird über die Strafverfolgung unterrichtet.

7. Abschnitt: Vollzug

Art. 23 Aufgaben der Kantone

[1] Die Kantone vollziehen diese Verordnung. Sie bezeichnen die für den Vollzug zuständigen Behörden und erstatten dem Bundesamt für Strassen[12] alle zwei Jahre Bericht.

[2] Die Vollzugsbehörde führt auf der Strasse und in den Betrieben Kontrollen durch. Das Eidgenössische Departement für Umwelt, Verkehr, Energie und Kommunikation[13] bestimmt deren Mindestanzahl.

[3] Die Betriebskontrollen werden am Geschäftssitz des Betriebs oder in deren Zweigniederlassungen (Art. 18 Abs. 4) durchgeführt. Liegt der Geschäftssitz des Betriebs nicht in dem Kanton, wo das Fahrzeug immatrikuliert ist, orientiert der Immatrikulationskanton die zur Betriebskontrolle zuständige Behörde.

[4] Die Vollzugsbehörde erstellt ein Verzeichnis der Betriebe, die im Kanton ihren Geschäftssitz oder eine Zweigniederlassung haben. Sie führt eine Liste der jedem Betrieb abgegebenen Arbeitsbücher.

[5] Die Vollzugsbehörde ist verpflichtet, Anzeigen wegen Nichtbefolgung der Verordnung zu prüfen und, falls sie begründet sind, die notwendigen Massnahmen zu treffen.

Art. 24 Aufgaben des Bundes

[1] Das Eidgenössische Departement für Umwelt, Verkehr, Energie und Kommunikation kann generelle Weisungen für den Vollzug dieser Verordnung erlassen.

[2] Das Bundesamt für Strassen kann im Einzelfall aus zwingenden Gründen Abweichungen von einzelnen Bestimmungen gestatten.

8. Abschnitt: Übergangsbestimmungen

Art. 25 Wochen-Fahrtschreiber

[1] Die Benützung von Wochenbündeln in Wochen-Fahrtschreibern ist bis zum 30. September 1998 im Binnenverkehr gestattet.

---

12   Ausdruck gemäss Art. 1 Ziff. 21 der V vom 22. Juni 1998, in Kraft seit 1. Jan. 1998 (AS **1998** 1796). Diese Änd. ist im ganzen Erlass berücksichtigt..

13   Ausdruck gemäss Art. 1 Ziff. 21 der V vom 22. Juni 1998, in Kraft seit 1. Jan. 1998 (AS **1998** 1796). Diese Änd. ist im ganzen Erlass berücksichtigt..

2 Das vollständige Bündel ist am ersten Tag der Woche vor der Übernahme des Fahrzeugs einzulegen; auf dem ersten Blatt sind die Angaben nach Artikel 14 Absatz 4 mit Ausnahme des Ortes (Bst. b) einzutragen.

3 Am Ende der Woche nimmt der Führer oder die Führerin das vollständige Bündel heraus und trägt auf dem ersten Blatt den neuen Kilometerstand und das Total der gefahrenen Kilometer sowie auf den übrigen Blättern die Namen ein.

4 Die Wochenbündel sind nach Fahrzeugen geordnet aufzubewahren.

Art. 26   Fahrtschreiber für Mehrfachbesatzung

1 Fahrtschreiber, welche die Angaben für zwei Führer auf einem einzigen Einlageblatt registrieren, dürfen bis zum 30. September 1998 für Fahrten mit Mehrfachbesatzung verwendet werden.

2 Bei Mehrfachbesatzung sind die Angaben nach Artikel 14 Absatz 4 für jeden Führer und jede Führerin einzeln auf dem Einlageblatt einzutragen; die Einlageblätter sind nach Fahrzeugen geordnet aufzubewahren.

Art. 27   Führer und Führerinnen von leichten
Motorwagen zum Gütertransport

Für Führer und Führerinnen von leichten Motorwagen zum Sachentransport, für die diese Verordnung nur bei internationalen Transporten anwendbar ist (Art. 3 Abs. 1 Bst. a in Verbindung mit Art. 4 Abs. 2 Bst. b), gilt die Verordnung ab 1. Oktober 1998.

Art. 28   EU-Fahrtschreiber

Für Führer und Führerinnen von Fahrzeugen, die ab 1. Juli 1995 mit einem neuen Fahrtschreiber nach Artikel 100 Absatz 2 der Verordnung vom 19. Juni 1995[14] über die technischen Anforderungen an Strassenfahrzeuge ausgerüstet sind, gelten die Kontrollbestimmungen von Abschnitt 4 ab Einbaudatum.

9. Abschnitt: Inkrafttreten

Art. 29

Diese Verordnung tritt am 1. Oktober 1995 in Kraft.

14   SR **741.41**

Verordnung über die Arbeits- und Ruhezeit der berufsmässigen Führer von leichten Personentransportfahrzeugen und schweren Personenwagen (ARV 2)

vom 6. Mai 1981; SR 822.222

(gestützt auf die Artikel 56 und 103 des Strassenverkehrsgesetzes[1])

1. Abschnitt: Gegenstand und Begriffe

Gegenstand

Art. 1

Diese Verordnung regelt die Arbeits-, Lenk- und Ruhezeit der nicht der Chauffeurverordnung vom 19. Juni 1995[2] (ARV 1) unterstellten berufsmässigen Führer von Motorfahrzeugen zum Personentransport sowie ihre Kontrolle und die Pflichten ihrer Arbeitgeber.

Begriffe

Art. 2

[1] In dieser Verordnung werden folgende Abkürzungen verwendet:

a) SVG für das Strassenverkehrsgesetz[3];

b) VTS für die Verordnung vom 19. Juni 1995[4] über die technischen Anforderungen an Strassenfahrzeuge;

c) VVV für die Verkehrsversicherungsverordnung vom 20. November 1959[5];

d) VZV für die Verordnung vom 27. Oktober 1976[6] über die Zulassung von Personen und Fahrzeugen zum Strassenverkehr;

e) UVEK für das Eidgenössische Departement für Umwelt, Verkehr, Energie und Kommunikation;

---

1 SR **741.01**
2 SR **822.221**
3 SR **741.01**
4 SR **741.41**
5 SR **741.31**
6 SR **741.51**

f) Bundesamt für das Bundesamt für Strassen.

[2] In dieser Verordnung werden folgende Begriffe verwendet:

a) als Führer gilt, wer, sei es auch nur für kurze Zeit, ein Fahrzeug nach Artikel 3 Absatz 1 lenkt;

b) als selbständigerwerbender Führer gilt, wer in keinerlei Anstellungs- oder Unterstellungsverhältnis steht und allein über den Einsatz des Fahrzeuges entscheidet (Betriebsinhaber); in Zweifelsfällen (z. B. bei Vertragsfahrern) ist das tatsächliche Beschäftigungsverhältnis und nicht die Bezeichnung in einem allfälligen Vertrag massgebend; als selbständigerwerbende Führer gelten auch der Ehegatte des Betriebs-inhabers, seine Verwandten in auf- und absteigender Linie und deren Ehegatten sowie seine Stiefkinder;

c) als Arbeitnehmer gilt, wer nicht selbständigerwerbender Führer ist, insbesondere wer Fahrzeuge in einem Anstellungs- oder Unterstellungsverhältnis führt;

d) als Arbeitgeber gilt, wer als Betriebsinhaber oder Vorgesetzter gegenüber dem Führer weisungsberechtigt ist;

e) als Arbeitszeit gilt die Zeit, während der sich der Arbeitnehmer zur Verfügung des Arbeitgebers halten muss; sie umfasst auch die blosse Präsenzzeit und die Arbeitspausen von weniger als einer Viertelstunde; zur Arbeitszeit zählt ferner die Dauer jeder Erwerbstätigkeit bei einem andern Arbeitgeber;

f) als Lenkzeit gilt die Zeit, während der der Führer ein Fahrzeug nach Artikel 3 Absatz 1 lenkt;

g) als berufliche Tätigkeit gilt für den Arbeitnehmer die Arbeitszeit, für den selbständigerwerbenden Führer die Lenkzeit;

h) als Vollzugsbehörde gilt die Behörde, die nach kantonalem Recht für die Kontrolle auf der Strasse und in den Betrieben zuständig ist (Art. 31 Abs. 1). Für die Kontrollaufgaben der Zollorgane gilt Artikel 136 VZV.

2. Abschnitt: Geltungsbereich

Grundsatz

Art. 3

[1] Die Verordnung gilt für die Führer von leichten Motorwagen (Art. 10 Abs. 2 VTS), schweren Personenwagen (Art. 11 Abs. 2 Bst. b VTS) und von Leicht-, Klein- und dreirädrigen Motorfahrzeugen (Art. 15 VTS), die für berufsmässige Personentransporte verwendet werden.

[1bis] Als berufsmässig gelten Fahrten, die regelmässig von einem Führer oder mit einem Fahrzeug durchgeführt werden und mit denen ein wirtschaftlicher Erfolg erzielt werden soll. Regelmässig sind Fahrten, wenn sie in Zeitabständen von weniger als 16 Tagen mindestens zweimal durchgeführt werden. Der wirtschaftliche Erfolg gilt als gegeben, wenn für die Fahrt ein Fahrpreis zu entrichten ist, der die Fahrzeugkosten und den Auslagenersatz des Fahrzeugführers übersteigt.

[1ter] Den berufsmässigen Personentransporten gleichgestellt sind Personentransporte mit Mietfahrzeugen samt Chauffeur.

[2] Lenkt ein Führer im Ausland ein in der Schweiz immatrikuliertes Fahrzeug, das ausser dem Führersitz für eine Platzzahl von höchstens acht Personen zum Verkehr zugelassen ist, so gilt diese Verordnung, sofern die von der Schweiz ratifizierten Übereinkommen nicht strengere Vorschriften vorsehen. Für Führer von Fahrzeugen mit mehr als acht Plätzen ausser dem Führersitz gilt die ARV 1.

[3] Führer, die im Ausland immatrikulierte Fahrzeuge in der Schweiz lenken (Führer ausländischer Fahrzeuge), müssen die Artikel 7–11 und 24 einhalten; vorbehalten bleiben internationale Übereinkommen, welche die Schweiz ratifiziert hat.

[4] Für den Arbeitgeber gilt diese Verordnung nur, soweit sie ihm ausdrücklich Pflichten auferlegt.

Ausnahmen

Art. 4

[1] Die Verordnung gilt nicht für Führer, die berufsmässige Personentransporte durchführen:

a)   mit Fahrzeugen, die zum Kranken- und Verwundetentransport eingerichtet und mit den besonderen Warnvorrichtungen (Art. 82 Abs. 2 und 110 Abs. 3 Bst. a VTS) ausgerüstet sind;

b)   mit Fahrzeugen mit einer bauartbedingten Höchstgeschwindigkeit von nicht mehr als 30 km/h;

c)   von Behinderten, Schülern oder Arbeitern;

d)   bei denen der Fahrpreis in anderen Leistungen eingerechnet ist und die Fahrstrecke nicht mehr als 50 km beträgt.

[2] ...

[3] Wird mit einem Fahrzeug nach Artikel 3 Absatz 1 eine Privatfahrt ausgeführt, so gelten nur die Artikel 15, 16 und 23.

[4] Die Verordnung gilt nicht für Führer, die der Bundesgesetzgebung über die Arbeit in Unternehmen des öffentlichen Verkehrs[7] unterstehen und nur Transporte ausführen, die von dieser Gesetzgebung erfasst werden. Gilt diese nur für einen Teil ihrer Tätigkeit, so darf die gesamte berufliche Tätigkeit die in dieser Verordnung festgelegten Grenzen nicht überschreiten. Die Kontrollmittel (Art. 14) sind für die gesamte berufliche Tätigkeit zu verwenden.

3. Abschnitt: Arbeitszeit, Lenkzeit, Ruhezeit

Wöchentliche Höchstarbeitszeit

Art. 5

[1] Die wöchentliche Höchstarbeitszeit des Arbeitnehmers beträgt 48 Stunden und in Taxibetrieben 53 Stunden.

[2] ...

[3] Ist die Arbeitszeit geschichtet, so müssen die Schichten spätestens nach sechs Wochen wechseln, ausser wenn der Arbeitnehmer einer anderen Regelung ausdrücklich zustimmt.

Überzeitarbeit

Art. 6

[1] Die wöchentliche Höchstarbeitszeit (Art. 5 Abs. 1 und 2) darf durch Überzeitarbeit um 4 Stunden überschritten werden. Bei vorübergehen-

7   SR **822.21/.211**

den, ausserordentlichen Betriebsbedürfnissen (z.B. saisonale Schwankungen) sind je Woche 2 weitere Überstunden zulässig. In einem Kalenderjahr dürfen jedoch insgesamt höchstens 208 Überstunden geleistet werden.

[2] Wurden in einer Woche mehr als 4 Überstunden geleistet, so meldet der Arbeitgeber dies der Vollzugsbehörde

[3] Die Überzeitarbeit kann durch einen Lohnzuschlag nach Obligationenrecht[8] oder durch Freizeit von mindestens gleicher Dauer ausgeglichen werden. Ein solcher Ausgleich ist innert dreier Monate vorzunehmen, sofern Arbeitgeber und Arbeitnehmer nicht einen längeren Zeitraum vereinbaren; dieser Zeitraum darf in keinem Fall länger als zwölf Monate sein.

Tägliche und wöchentliche Höchstlenkzeit

Art. 7

[1] Die Lenkzeit zwischen zwei aufeinanderfolgenden täglichen Ruhezeiten (Art. 9) darf 9 Stunden nicht überschreiten.

[2] Die Lenkzeit innerhalb einer Woche darf höchstens 45 Stunden betragen.

[3] Die tägliche und die wöchentliche Höchstlenkzeit darf auch bei Überzeitarbeit (Art. 6) nicht überschritten werden.

Pausen

Art. 8

[1] Der Führer hat nach einer Lenkzeit von $4\frac{1}{2}$ Stunden eine Pause von mindestens 45 Minuten einzulegen, sofern er nicht direkt anschliessend eine tägliche Ruhezeit oder einen wöchentlichen Ruhetag beginnt. Legt der Führer die Pause vor Ablauf von $4\frac{1}{2}$ Stunden Lenkzeit ein, genügen eine Pause von 30 Minuten oder zwei Pausen von je 20 Minuten. Während der Pausen darf der Führer kein Fahrzeug lenken.

[2] Der Arbeitnehmer hat spätestens nach einer Arbeitszeit von $5\frac{1}{2}$ Stunden eine Arbeitspause einzulegen, sofern er nicht direkt anschliessend eine tägliche oder wöchentliche Ruhezeit beginnt. Während der Arbeitspausen darf der Arbeitnehmer keine berufliche Tätigkeit ausüben.

[3] Arbeitspausen sind wie folgt einzulegen:

a) bei einer täglichen Arbeitszeit bis zu 7 Stunden: eine Pause von mindestens 20 Minuten;

b) bei einer täglichen Arbeitszeit über 7 Stunden höchstens aber 9 Stunden: eine Pause von mindestens 30 Minuten oder zwei Pausen von je mindestens 20 Minuten;

c) bei einer täglichen Arbeitszeit über 9 Stunden: eine Pause von mindestens einer Stunde oder zwei Pausen von mindestens je 30 Minuten oder drei Pausen von mindestens je 20 Minuten.

[4] Der Arbeitnehmer muss die Pausen nach Absatz 3 so verteilen, dass zwischen zwei Arbeitspausen oder zwischen einer Arbeitspause und einer täglichen oder wöchentlichen Ruhezeit nicht mehr als 5½ Stunden Arbeitszeit fallen.

Tägliche Ruhezeit

Art. 9

[1] Der Führer muss zu jedem Zeitpunkt seiner beruflichen Tätigkeit 11 der vorangegangenen 24 Stunden als zusammenhängende Ruhezeit verbracht haben. Diese darf dreimal je Woche bis auf 9 Stunden verkürzt werden.

[2] Der Führer darf innerhalb von 24 Stunden die tägliche Ruhezeit in höchstens drei Teile unterteilen, sofern:

a) einer der Zeitabschnitte mindestens 8 Stunden beträgt;

b) kein Zeitabschnitt weniger als 1 Stunde beträgt; und

c) die Ruhezeit insgesamt mindestens 12 Stunden beträgt.

[3] Während der täglichen Ruhezeit darf keine berufliche Tätigkeit ausgeübt werden.

Art. 10

…

Wöchentlicher Ruhetag

Art. 11

[1] Jede Woche hat der Arbeitnehmer einen Ruhetag von mindestens 24 zusammenhängenden Stunden einzuhalten. Die tägliche Ruhezeit (Art. 9) muss unmittelbar vorausgehen oder folgen. Der Ruhetag muss, ab-

gesehen von den Ausnahmen nach Absatz 2, auf einen Sonntag oder Feiertag fallen; er soll am Wohnort zugebracht werden können.

2 Dem Arbeitnehmer, der zu Sonntagsarbeiten herangezogen werden muss, sind im Jahr wenigstens 20 Ruhetage an einem Sonntag oder einem Feiertag zu gewähren. Die 24stündige Ersatzruhe für Sonntagsarbeit ist an einem der sechs Werktage zu gewähren, die dem betreffenden Sonntag unmittelbar vorausgehen oder folgen; sie darf nicht nach 06.00 Uhr beginnen und nicht vor 20.00 Uhr enden. Zwischen zwei Ruhetagen dürfen höchstens zwölf Arbeitstage liegen.

3 Der Ruhetag gilt als an einem Sonntag oder Feiertag bezogen, wenn von den zusammenhängenden 24 Stunden mindestens 18 auf den Sonntag oder Feiertag fallen.

4 Der selbständigerwerbende Führer hat innert zweier Wochen zwei Ruhetage von mindestens je 24 zusammenhängenden Stunden einzuhalten. Zwischen zwei Ruhetagen dürfen höchstens zwölf Tage mit beruflicher Tätigkeit liegen.

5 Am Ruhetag (Abs. 1 und 4) darf keine berufliche Tätigkeit ausgeübt werden.

Wöchentlicher freier Halbtag

Art. 12

1 Der Arbeitnehmer, dessen Arbeitszeit auf mehr als fünf Vormittage und Nachmittage der Woche verteilt ist, hat neben dem wöchentlichen Ruhetag Anrecht auf einen freien Halbtag in der Woche.

2 Der Arbeitnehmer kann im Einverständnis mit dem Arbeitgeber die wöchentlichen freien Halbtage von höchstens vier aufeinanderfolgenden Wochen innert dieser Zeitspanne zusammenhängend beziehen, wenn die Verschiebung der freien Halbtage zu keiner Überschreitung der nach Artikel 5 und 6 zulässigen Beanspruchung führt.

3 Der wöchentliche freie Halbtag besteht aus 5 zusammenhängenden Stunden zwischen 07.00 und 18.00 Uhr. Werden zwei freie Halbtage zusammengelegt, so umfasst der freie Tag die ganze Zeit von 07.00 bis 18.00 Uhr; dabei muss die tägliche Ruhezeit (Art. 9) unmittelbar vorangehen oder folgen.

Verbot der Abgeltung

Art. 13

Die tägliche Ruhezeit (Art. 9), der wöchentliche Ruhetag (Art. 11) und der wöchentliche freie Halbtag (Art. 12) dürfen nicht durch Geld oder andere Vergünstigungen abgegolten werden, ausser wenn das Arbeitsverhältnis beendet wird.

4. Abschnitt: Kontrollbestimmungen

Kontrollmittel

Art. 14

Zur Kontrolle der Einhaltung der Arbeits-, Lenk- und Ruhezeit (Art. 5–12) dienen namentlich:

a) die Aufzeichnungen des Fahrtschreibers (Art. 15 und 16);

b) die Eintragungen im Arbeitsbuch (Art. 17 und 18), in betriebsinternen Tagesrapporten (Art. 19 Abs. 1) oder in Kontrollkarten (Art. 25 Abs. 4);

c) die Eintragungen in der Aufstellung über die Arbeits-, Lenk- und Ruhezeit (Art. 21).

Bedienung des Fahrtschreibers

Art. 15

[1] Solange sich ein Führer im Fahrzeug oder in dessen Nähe befindet, muss er den Fahrtschreiber während seiner beruflichen Tätigkeit ständig in Betrieb halten und so bedienen, dass die Lenkzeit, die übrige Arbeitszeit und die Pausen richtig aufgezeichnet werden und für jeden einzelnen Führer zweifelsfrei ersichtlich sind.

[2] Werden mit dem Fahrzeug Privatfahrten ausgeführt, so ist der Fahrtschreiber ständig in Betrieb zu halten; dabei ist die Pausenstellung (Stellung «0» oder «Stuhl») zu wählen.

[3] Der Führer muss den Fahrtschreiber auf Verlangen der Vollzugsbehörde öffnen und die notwendigen Auskünfte erteilen. Er darf ihn unterwegs für die Funktionskontrolle öffnen, jedoch höchstens einmal im Tag.

Einlageblätter des Fahrtschreibers

Art. 16

[1] Auf dem Fahrzeug sind genügend leere, zum Fahrtschreiber passende Einlageblätter bzw. Wochenbündel mitzuführen; war der Vortag ein Arbeitstag, so ist auch das beschriebene Einlageblatt dieses Tages oder eine Kopie davon mitzuführen. Es dürfen nur typengeprüfte Einlageblätter verwendet werden, die für das betreffende Gerät zugelassen sind. Der Führer hat die Blätter sorgfältig aufzubewahren.

[2] Für jedes Fahrzeug ist je Tag nur ein Einlageblatt zu verwenden; jedes Einlageblatt darf nur einmal benützt werden. Leisten mehr als zwei Führer ihre gesamte Tagesarbeit auf dem gleichen, mit einem Eintage-Fahrtschreiber ausgerüsteten Fahrzeug (Schichtbetrieb), so kann die Vollzugsbehörde jedem Führer die Verwendung eines separaten Einlageblattes gestatten, wenn auf diesem die gesamte Tagesarbeit des Führers aufgezeichnet wird und dadurch eine wirksamere Kontrolle ermöglicht wird. Die Bewilligung wird auf ein Jahr befristet; dem Bundesamt ist eine Kopie zuzustellen. Das Bundesamt kann in besonderen Fällen weitere Ausnahmen gestatten.

[3] Der Führer muss jeden Tag vor der Übernahme des Fahrzeugs auf dem Einlageblatt des Eintage-Fahrtschreibers seinen Namen und gegebenenfalls den des zweiten Führers in lesbarer Schrift vermerken, ferner Datum, Kontrollschildnummer des Fahrzeugs und Kilometerstand vor Beginn der Fahrt. Spätestens bei Arbeitsende ist der neue Kilometerstand und das Total der gefahrenen Kilometer zu vermerken; die Namen der Führer sind zu berichtigen, wenn Änderungen eingetreten sind.

[4] Beim Wochen-Fahrtschreiber ist das vollständige Wochenbündel vor der Übernahme des Fahrzeugs am ersten Arbeitstag der Woche einzulegen; das erste Blatt muss nach Absatz 3 beschriftet sein. Am Ende der laufenden Woche nimmt der Führer das vollständige Bündel aus dem Fahrtschreiber heraus und trägt auf dem ersten Blatt des Bündels den neuen Kilometerstand und das Total der gefahrenen Kilometer ein. Gleichzeitig trägt er die Namen auf den übrigen Blättern ein.

[5] Spezielle Einzel-Einlageblätter dürfen in dafür geeigneten Wochen-Fahrtschreibern verwendet werden; sie sind nach Absatz 3 zu beschriften. Die Vollzugsbehörde kann jedoch im Einzelfall vorschreiben, dass Wochenbündel verwendet werden, sofern der Gebrauch einzelner

Einlageblätter zu einer unzulänglichen Kontrolle führt. Eine solche Verfügung ist dem Betroffenen schriftlich mitzuteilen und zu begründen; dem Bundesamt ist eine Kopie zuzustellen.

6 Wird das Fahrzeug am gleichen Tag von mehr als zwei Führern gelenkt, müssen die weiteren Führer ihren Namen, entsprechend der von ihnen benützten Position «1» bzw. «2» am Fahrtschreiber, neben dem Namen des Führers 1 oder 2 eintragen; sie können ihren Namen mit der zutreffenden Angabe «1» bzw. «2» auch im nicht grafierten Feld des Einlageblattes eintragen.

6bis Ist das Fahrzeug mit einem Fahrtschreiber nach Artikel 100 Absatz 2 VTS oder einem vom Bundesamt als gleichwertig anerkannten Fahrtschreiber (Art. 222 Abs. 9 Bst. c VTS) ausgerüstet, so gelten die Bedienungsvorschriften von Artikel 14 ARV 1. In diesem Fall gelten ausserdem die Regeln für die Benutzung des Arbeitsbuches nach Artikel 15 ARV 1.

7 Freiwillige Vermerke auf den Einlageblättern dürfen die Auswertung nicht erschweren.

8 Die gebrauchten Einlageblätter und Wochenbündel sind dem Arbeitgeber spätestens am ersten Arbeitstag der folgenden Woche abzugeben, bei Fahrten im Ausland nach der Rückkehr in die Schweiz. Das einzelne Wochenbündel muss geheftet werden. Einlageblätter und Wochenbündel sind in zeitlicher Reihenfolge und nach Fahrzeugen geordnet aufzubewahren (Art. 23 Abs. 3).

Arbeitsbuch

Art. 17

1 Der Führer muss während der Fahrt stets ein Arbeitsbuch mit sich führen, es der Vollzugsbehörde auf Verlangen vorweisen und es in leserlicher und unverwischbarer Schrift ausfüllen.

2 Das Arbeitsbuch enthält Wochenblätter und Tagesblätter, in denen der Führer die für die Kontrolle erforderlichen Angaben über seine Arbeits-, Lenk- und Ruhezeit von Hand einträgt. Das Bundesamt bestimmt den Inhalt, die Anordnung und die Grösse des Arbeitsbuches näher. Die Eidgenössische Drucksachen- und Materialzentrale gibt es heraus und stellt es den Kantonen zum Selbstkostenpreis zur Verfügung.

[3] Der Führer darf gleichzeitig nur ein Arbeitsbuch benützen, auch wenn er bei mehr als einem Arbeitgeber beschäftigt ist. Das Arbeitsbuch ist persönlich und nicht übertragbar.

[4] Muss jemand, der nicht als Führer eines Fahrzeuges nach Artikel 3 vorgesehen ist, unerwartet ein solches Fahrzeug führen, ohne im Besitz eines Arbeitsbuches zu sein, hat er dies der Vollzugsbehörde unverzüglich zu melden und das Arbeitsbuch nachträglich auszufüllen.

[5] Arbeitgeber und selbständigerwerbende Führer haben die Arbeitsbücher bei der Vollzugsbehörde zu beziehen. Der Arbeitgeber hat dem Führer das Arbeitsbuch unentgeltlich abzugeben, mit der Weisung, es vorschriftsgemäss auszufüllen und während der Fahrt immer mitzuführen.

Führung des Arbeitsbuches

Art. 18

[1] Der Führer muss das Titelblatt des Arbeitsbuches sofort nach Erhalt beschriften.

[2] Der Arbeitnehmer trägt jeden Tag die folgenden Angaben in die Rubriken des Wochenblattes ein:

a)   bei Arbeitsbeginn: die zusammenhängende Ruhezeit vor Arbeitsbeginn und die Zeit des Arbeitsbeginns;

b)   vor Fahrtbeginn: die Kontrollschildnummer des Fahrzeugs;

c)   am Ende des Arbeitstages: die Zeit des Arbeitsendes.

[3] Der selbständigerwerbende Führer trägt jeden Tag die folgenden Angaben in die Rubriken des Wochenblattes ein:

a)   vor Fahrtbeginn: die zusammenhängende Ruhezeit vor Fahrtbeginn, die Zeit des Fahrtbeginns und die Kontrollschildnummer des Fahrzeugs;

b)   nach Beendigung der Fahrt: die Zeit des Fahrtendes.

[4] Zusätzlich zum Wochenblatt füllt der Führer laufend die Tagesblätter des Arbeitsbuches aus, wenn:

a)   der Fahrtschreiber nicht funktioniert oder

b)   das Fahrzeug am betreffenden Tag bereits von zwei Führern gelenkt worden ist.

[5] Der Arbeitnehmer, der das Tagesblatt führen muss, trägt jeden Tag bei Arbeitsbeginn das Datum, die Kontrollschildnummer und den Kilometerstand des Fahrzeugs sowie die zusammenhängende Ruhezeit vor Arbeitsbeginn ein. Die grafischen Eintragungen sind laufend vorzunehmen, und zwar bei Arbeitsbeginn, bei jedem Wechsel der Tätigkeit (Lenkzeit, übrige Arbeitszeit, Pausen und Ruhezeit) sowie bei Arbeitsende. Pausen von weniger als 15 Minuten müssen nicht eingetragen werden. Nach Arbeitsende trägt er die Gesamtdauer jeder Tätigkeitsgruppe und den neuen Kilometerstand ein und unterschreibt das Blatt.

[6] Der selbständigerwerbende Führer, der das Tagesblatt führen muss, trägt jeden Tag vor Beginn der Fahrt das Datum, die Kontrollschildnummer und den Kilometerstand des Fahrzeugs sowie die zusammenhängende Ruhezeit vor Aufnahme der Fahrt ein. In der Grafik hat er lediglich die Lenkzeiten laufend einzutragen. Nach Beendigung der beruflichen Tätigkeit trägt er die Gesamtdauer der Lenkzeit und den neuen Kilometerstand ein und unterschreibt das Blatt.

[7] Spätestens am ersten Arbeitstag der folgenden Woche, bei Fahrten im Ausland nach der Rückkehr in die Schweiz, muss der Führer die vollständig ausgefüllten Wochen- und Tagesblätter des Arbeitsbuches (perforierte Originale), allfällige betriebsinterne Tagesrapporte und Kontrollkarten (Art. 19 Abs. 1 und 25 Abs. 4) dem Arbeitgeber abgeben.

[8] Das Arbeitsbuch ist dem Arbeitgeber zurückzugeben, wenn alle Blätter ausgefüllt sind oder wenn das Arbeitsverhältnis beendigt wird.

[9] Im übrigen ist die «Anleitung zur Führung des Arbeitsbuches» des Bundesamtes zu beachten, die zusammen mit dem Arbeitsbuch abgegeben wird.

Befreiung von der Führung des Arbeitsbuches

Art. 19

[1] Die Vollzugsbehörde kann Führer, welche die geleistete Arbeitszeit sowie die nach Artikel 18 Absätze 2 und 3 erforderlichen Angaben täglich in betriebsinterne Tagesrapporte eintragen, vom Ausfüllen der Wochenblätter des Arbeitsbuches befreien; die Befreiungsverfügung enthält den Hinweis, dass in den Fällen von Artikel 18 Absatz 4 das Tagesblatt auszufüllen ist. Die Befreiungsverfügung wird auf den Na-

men des Führers ausgestellt und auf zwei Jahre befristet; sie kann verlängert werden, wenn die betriebsinternen Tagesrapporte eine einwandfreie Kontrolle gewährleisten.

[2] Der Führer muss die Befreiungsverfügung nach Absatz 1 zusammen mit dem Arbeitsbuch mitführen, ebenso die betriebsinternen Tagesrapporte der laufenden Woche oder Doppel davon.

[3] Die Vollzugsbehörde kann einen Führer, dessen berufliche Tätigkeit sich nach einem täglich gleichbleibenden Stundenplan richtet, der Verletzungen dieser Verordnung ausschliesst, vom Ausfüllen der Tages- und Wochenblätter des Arbeitsbuches befreien; die Befreiungsverfügung enthält den Hinweis, dass das Tagesblatt auszufüllen ist, wenn der Fahrtschreiber nicht funktioniert (Art. 18 Abs. 4 Bst. a). Vor der Befreiung prüft die Vollzugsbehörde anhand der Fahrtschreiber-Einlageblätter, ob der vom Gesuchsteller angegebene Stundenplan eingehalten worden ist. Die Befreiungsverfügung enthält den Stundenplan, wird auf den Namen des Führers ausgestellt und auf ein Jahr befristet; sie darf nicht erneuert werden, wenn während der abgelaufenen Befreiungsperiode mehr als 20 Fahrten ausserhalb des Stundenplanes durchgeführt worden sind.

[4] Der Führer muss die Befreiungsverfügung nach Absatz 3 zusammen mit dem Arbeitsbuch mitführen.

[5] Das Bundesamt kann Weisungen erlassen über die Bewilligung betriebs-interner Tagesrapporte und Stundenpläne nach den Absätzen 1 und 3.

[6] Die Befreiungsverfügung (Abs. 1 und 3) gilt nur für die Schweiz. Im Ausland ist das Arbeitsbuch immer zu führen.

Notfälle

Art. 20

[1] Der Führer darf in Notfällen, wie bei höherer Gewalt oder zur Hilfeleistung, von den Bestimmungen über die Arbeits-, Lenk- und Ruhezeit (Art. 5–12) soweit abweichen, als die Notsituation es tatsächlich erfordert und es mit der Verkehrssicherheit vereinbar ist. Grund und Umfang der Abweichung sind im Arbeitsbuch sowie in der Aufstellung über die Arbeits-, Lenk- und Ruhezeit (Art. 21) einzutragen.

[2] Abweichungen wegen Notfällen muss der Führer möglichst bald, spätestens aber bis zum Ende der folgenden Woche ausgleichen.

Aufstellung über die Arbeits-, Lenk- und Ruhezeit

Art. 21

[1] Der Arbeitgeber überwacht laufend anhand der verfügbaren Unterlagen, wie Einlageblätter und Wochenbündel des Fahrtschreibers, Wochen- und Tagesblätter der Arbeitsbücher, allfällige betriebsinterne Tagesrapporte und Kontrollkarten (Art. 19 Abs. 1, Art. 25 Abs. 4), ob die Bestimmungen über die Arbeits-, Lenk- und Ruhezeit (Art. 5–12) eingehalten worden sind. Er hält dazu für jeden Führer folgende Angaben in einer Aufstellung fest:

a)   die Dauer der täglichen Lenkzeit;

b)   die gesamte tägliche und wöchentliche Arbeitszeit;

c)   die in einer Woche und insgesamt im Laufe eines Kalenderjahres geleisteten und ausgeglichenen oder bezahlten Überstunden;

d)   die bezogenen wöchentlichen Ruhetage und freien Halbtage;

e)   allfällige Beanspruchungen bei andern Arbeitgebern.

[2] Für Arbeitnehmer, deren tägliche Lenkzeit aufgrund einer summarischen Überprüfung der Fahrtschreiber-Aufzeichnungen offensichtlich weniger als 7 Stunden betragen hat, ist in der Aufstellung kein Eintrag der Lenkzeit erforderlich; es genügt, diese bei der Ermittlung der täglichen Arbeitszeit (Abs. 1 Bst. b) einzubeziehen.

[3] Für selbständigerwerbende Führer genügt in der Aufstellung die Angabe der täglichen Lenkzeit und des wöchentlichen Ruhetages; Absatz 2 gilt sinngemäss.

[4] Für Führer, die nach Artikel 19 Absatz 3 von der Führung des Arbeitsbuches befreit sind, genügt ein Doppel der Befreiungsverfügung als Aufstellung. Die Dauer einer allfälligen Überschreitung der wöchentlichen Arbeitszeit, die in der Verfügung angegeben ist, muss jedoch schriftlich festgehalten werden.

[5] Am Ende der Woche muss die Aufstellung nach den Absätzen 1 und 3 für die vorangegangene Woche vollständig sein. Für im Ausland tätige Führer ist die Aufstellung zu erstellen, sobald sie in die Schweiz zurückgekehrt sind.

[6] Der Arbeitgeber, der die Aufstellung durch Dritte ausführen lässt, bleibt für die Richtigkeit der Angaben verantwortlich.

Weitere Pflichten des Arbeitgebers und des Führers

Art. 22

[1] Der Arbeitgeber muss dem Führer die berufliche Tätigkeit so zuteilen, dass er die Bestimmungen über die Arbeits-, Lenk- und Ruhezeit (Art. 5–12) einhalten kann. Der Führer muss dem Arbeitgeber rechtzeitig melden, wenn dies nicht möglich ist.

[2] Der Arbeitgeber muss dafür sorgen, dass der Führer die Bestimmungen über die Arbeits-, Lenk- und Ruhezeit (Art. 5–12) einhält, die Kontrollmittel (Art. 15–19) vorschriftsgemäss führt und ihm rechtzeitig abgibt.

[3] Der Arbeitgeber muss dem Führer das Arbeitsbuch sowie die für den Fahrtschreiber erforderlichen Schlüssel und Einlageblätter zur Verfügung stellen. Der Führer muss dem Arbeitgeber einen allfälligen Defekt des Fahrtschreibers so rasch als möglich melden.

[4] Der Arbeitgeber führt ein Verzeichnis, in dem die Namen der Führer, ihre Adresse und ihr Geburtsjahr sowie die Nummern ihrer Arbeitsbücher eingetragen sind.

Auskunftspflicht

Art. 23

[1] Arbeitgeber und Führer müssen der Vollzugsbehörde alle Auskünfte erteilen, die für die Anwendung der Verordnung und für die Kontrolle erforderlich sind.

[2] Arbeitgeber und selbständigerwerbende Führer müssen der Vollzugsbehörde den Zutritt zum Betrieb und die nötigen Abklärungen gestatten.

[3] Arbeitgeber und selbständigerwerbende Führer müssen am Geschäftssitz während zweier Jahre aufbewahren:

a)   die Aufstellung über die Arbeits-, Lenk- und Ruhezeit (Art. 21);

b)   die Einlageblätter und Wochenbündel des Fahrtschreibers (Art. 16);

c)   die Wochen- und Tagesblätter des Arbeitsbuches und die ausgefüllten Arbeitsbücher (Art. 18);

d)   allfällige betriebsinterne Tagesrapporte (Art. 19 Abs. 1), Kontroll-
     karten (Art. 25 Abs. 4), Bewilligungen (Art. 16 Abs. 2) und Be-
     freiungsverfügungen (Art. 19 Abs. 1 und 3).

[4] Zweigniederlassungen, die Fahrzeuge selbständig einsetzen, bewahren diese Dokumente an ihrem Sitz auf.

[5] Die Dokumente sind der Vollzugsbehörde auf Verlangen vorzuweisen
oder einzusenden.

Art. 24

...

5. Abschnitt: Sonderbestimmungen

Taxiführer
Art. 25

[1] Die Kantone können für Taxiführer in städtischen Verhältnissen anstelle der Artikel 5, 6, 8, 9, 11, 12, 17, 18 und 21 andere Bestimmungen erlassen und diese auch für selbständigerwerbende Taxiführer anwendbar erklären. Sie können diese Zuständigkeit an die Gemeinden
delegieren.

[2] Die kantonalen oder kommunalen Bestimmungen müssen dem Bund
zur Genehmigung unterbreitet werden. Die Genehmigung darf nur erteilt werden, wenn die Beanspruchung der Taxiführer aufgrund solcher
Bestimmungen gesamthaft nicht grösser ist als bei Einhaltung der in
dieser Verordnung festgelegten Höchstgrenzen und wenn die vorgesehene Kontrolle wirksam ist.

[3] Die Kantone überwachen den Vollzug der kommunalen Bestimmungen.

[4] Die Kantone können anordnen, dass die Taxiführer anstelle des Arbeitsbuches (Art. 17 und 18) Kontrollkarten führen, die von aussen
sichtbar an der Windschutzscheibe der Fahrzeuge anzubringen sind.
Die Kontrollkarten müssen die wesentlichen Angaben des Arbeitsbuches enthalten und bedürfen der Genehmigung des Bundesamtes.

Art. 26

...

Führer im Nebenberuf

Art. 27

[1] Die Bestimmungen für Arbeitnehmer gelten sinngemäss für Führer, deren berufliche Tätigkeit nur teilweise dieser Verordnung untersteht (Führer im Nebenberuf).

[2] Der Arbeitgeber, der Führer im Nebenberuf einsetzt, muss sich vergewissern, dass ihre gesamte berufliche Tätigkeit im Haupt- und Nebenberuf die in der Verordnung festgelegten Grenzen nicht überschreitet.

[3] Die Vollzugsbehörde legt für Führer im Nebenberuf, die neben ihrer Tätigkeit als Führer keine Erwerbstätigkeit als Arbeitnehmer ausüben, wie Landwirte, Studenten, Hausfrauen, Rentner, eine Anzahl Stunden als Grundarbeitszeit fest, soweit sich dies wegen der Beanspruchung im Hauptberuf bzw. als Privatperson aufdrängt.

6. Abschnitt: Strafbestimmungen, Strafverfolgung, Administrativmassnahmen

Strafbestimmungen

Art. 28

[1] Wer die Bestimmungen über die Arbeits-, Lenk- und Ruhezeit (Art. 5–13) verletzt, wird mit Haft oder mit Busse bestraft.

[2] Wer die Kontrollbestimmungen (Art. 15–23) verletzt, insbesondere wer:

a) die Kontrollmittel nicht oder nicht vorschriftsgemäss führt,

b) den Fahrtschreiber nicht in Betrieb hält, nicht richtig bedient oder die Aufzeichnungen verfälscht,

c) in Kontrolldokumenten, z. B. auf den Einlageblättern des Fahrtschreibers, in der Aufstellung über die Arbeit, Lenk- und Ruhezeit, im Arbeitsbuch oder im Verzeichnis der Führer, wahrheitswidrige oder unvollständige Angaben macht oder ihre Lesbarkeit erschwert,

d) die Vollzugsbehörde in ihrer Kontrolltätigkeit behindert, den Zutritt zum Betrieb, die Herausgabe der Kontrolldokumente oder die notwendigen Auskünfte verweigert oder ihr wahrheitswidrige Angaben erteilt, wird mit Haft oder mit Busse bestraft.

[3] Wer die nach den Sonderbestimmungen (Art. 25 und 27) bestehenden Pflichten oder anzuwendenden Vorschriften verletzt, wird mit Haft oder mit Busse bestraft.

[4] Der Arbeitgeber, der eine nach dieser Verordnung strafbare Handlung eines Führers veranlasst oder nicht nach seinen Möglichkeiten verhindert hat, untersteht der gleichen Strafandrohung wie der Führer. Der Richter kann den Führer milder bestrafen oder von einer Bestrafung absehen, wenn die Umstände es rechtfertigen.

Strafverfolgung

Art. 29

[1] Die Strafverfolgung ist Sache der Kantone. Neben dem Kanton, in dem die Widerhandlung begangen wurde, ist auch der Kanton zuständig, der sie feststellt.

[2] Die Vollzugsbehörde des Kantons, in dem das Fahrzeug immatrikuliert ist, wird über die Strafverfolgung unterrichtet.

Administrativmassnahmen

Art. 30

Die zuständige Behörde kann Administrativmassnahmen anordnen, wenn eine Verletzung dieser Verordnung einen Tatbestand von Artikel 14 oder 16 SVG erfüllt.

7. Abschnitt: Schlussbestimmungen

Aufgaben der Kantone

Art. 31

[1] Die Kantone vollziehen diese Verordnung. Sie bezeichnen die für den Vollzug zuständigen Behörden und erstatten dem Bundesamt alle zwei Jahre Bericht.

[2] Die Vollzugsbehörde führt auf der Strasse und in den Betrieben Kontrollen durch.

[3] Die Betriebskontrollen werden am Geschäftssitz des Betriebs oder in dessen Zweigniederlassungen (Art. 23 Abs. 4) durchgeführt. Liegt der Geschäftssitz des Betriebs nicht in dem Kanton, wo das Fahrzeug immatrikuliert ist, orientiert der Immatrikulationskanton die zur Betriebskontrolle zuständige Behörde.

[4] Die Vollzugsbehörde erstellt ein Verzeichnis der Betriebe, die im Kanton ihren Geschäftssitz oder eine Zweigniederlassung haben und Fahrzeuge nach Artikel 3 einsetzen. Sie führt eine Liste der jedem Betrieb abgegebenen Arbeitsbücher.

[5] Die Vollzugsbehörde ist verpflichtet, Anzeigen wegen Nichtbefolgung der Verordnung zu prüfen und, falls sie begründet sind, die notwendigen Massnahmen zu treffen. Trifft sie auf Anzeige hin keine oder ungenügende Vorkehren, so kann die übergeordnete Behörde und nötigenfalls das Bundesamt angerufen werden.

Aufgaben des Bundes

Art. 32

[1] Das Bundesamt übt die Oberaufsicht über den Vollzug der Verordnung durch die Kantone aus; es kann den Vollzugsbehörden im Einzelfall Weisungen erteilen und aus zwingenden Gründen Abweichungen von einzelnen Bestimmungen gestatten.

[2] Das UVEK kann generelle Weisungen für den Vollzug dieser Verordnung erlassen.

Aufhebung bisherigen Rechts

Art. 33

Die Verordnung vom 18. Januar 1966 über die Arbeits- und Ruhezeit der berufsmässigen Motorfahrzeugführer wird aufgehoben.

Inkrafttreten

Art. 34

Diese Verordnung tritt am 1. September 1981 in Kraft.

Bundesgesetz über die Arbeit in Unternehmen des öffentlichen Verkehrs (Arbeitszeitgesetz, AZG)

vom 8. Oktober 1971; SR 822.21

(gestützt auf die Artikel 24ter, 26, 34ter, 36 und 64bis der Bundesverfassung[1])

I. Geltungsbereich

Unternehmen
Art. 1

[1] Dem Gesetz sind unterstellt:

a) die Schweizerische Post[2],

b) die Schweizerischen Bundesbahnen sowie die konzessionierten Eisenbahn- und Trolleybusunternehmen,

c) die konzessionierten Automobilunternehmen mit öffentlichem Linienverkehr,

d) die konzessionierten Schiffahrtsunternehmen,

e) die konzessionierten Luftseilbahnunternehmen,

f) die Unternehmen, die im Auftrag der unter a–e genannten Unternehmen fahrplanmässige Fahrten ausführen.

[2] Wenn nur einzelne Teile eines Unternehmens dem öffentlichen Verkehr dienen, sind nur diese dem Gesetz unterstellt.

[3] Dem Gesetz sind auch Unternehmen mit Sitz im Ausland unterstellt, wenn deren Arbeitnehmer in der Schweiz eine unter das Gesetz fallende Tätigkeit ausüben. Die Konzessionen können die Vorschriften näher bestimmen, die jeweils zu beachten sind.

[4] Durch Verordnung können dem Gesetz Nebenbetriebe, die eine notwendige oder zweckmässige Ergänzung eines in Absatz 1 genannten Unternehmens bilden, unterstellt werden.

---

1 Den genannten Bestimmungen entsprechen die Art. 87, 92, 110 und 123 der BV vom 18. April 1999 (SR **101**).

2 Fassung gemäss Anhang Ziff. 20 des Postorganisationsgesetzes vom 30. April 1997, in Kraft seit 1. Jan. 2001 (SR **783.1**).

Arbeitnehmer

Art. 2

[1] Das Gesetz ist anwendbar auf Arbeitnehmer, die von einem nach Artikel 1 erfassten Unternehmen beschäftigt werden und zu ausschliesslich persönlicher Dienstleistung verpflichtet sind. Das Gesetz gilt auch für Beschäftigung im Ausland, wobei zwischenstaatliche Vereinbarungen sowie strengere ausländische Vorschriften vorbehalten sind.

[2] Das Gesetz ist auf Postautohalter und Inhaber von konzessionierten Automobilunternehmen mit öffentlichem Linienverkehr soweit anwendbar, als sie selber Fahrten im öffentlichen Linienverkehr ausführen.

[3] Die Anwendbarkeit des Gesetzes auf Arbeitnehmer, die nur in geringem Ausmass in einem nach Artikel 1 erfassten Unternehmen beschäftigt werden, und auf private Hilfskräfte, die von Posthaltern, Postagenturinhabern sowie von Eil- und Telegrammzustellern beschäftigt werden, wird in der Verordnung geregelt.

[4] Das Gesetz ist nicht anwendbar auf Arbeitnehmer im Verwaltungsdienst, die in einem öffentlich-rechtlichen Dienstverhältnis stehen.

II. Arbeits- und Ruhezeit

1. Arbeitnehmer im Betriebsdienst

Arbeitstag

Art. 3

Der Arbeitstag im Sinne des Gesetzes besteht aus der Dienstschicht und aus der Ruheschicht.

Arbeitszeit

Art. 4

[1] Die tägliche Arbeitszeit beträgt im Durchschnitt von 28 Tagen höchstens sieben Stunden.

[2] Für Dienste, deren Arbeitszeit mehr als zwei Stunden Präsenzzeit umfasst, kann die durchschnittliche tägliche Arbeitszeit um höchstens 40 Minuten verlängert werden. Diese Dienste sind in der Verordnung zu bezeichnen.

[3] Die Höchstarbeitszeit innerhalb einer einzelnen Dienstschicht beträgt zehn Stunden, sie darf jedoch im Durchschnitt von sieben aufeinanderfolgenden Arbeitstagen neun Stunden nicht überschreiten.

Gewährung eines Zeitzuschlages
Art. 4bis

Für den Dienst zwischen 22 und 6 Uhr ist grundsätzlich ein Zeitzuschlag zu gewähren. Der Bundesrat bestimmt die massgebenden Zeiten sowie den Umfang des Zeitzuschlages und regelt den Ausgleich.

Überzeitarbeit
Art. 5

[1] Wird die im Dienstplan vorgeschriebene Arbeitszeit aus dienstlichen Gründen überschritten, so gilt die über den Dienstplan hinausgehende Arbeitszeit grundsätzlich als Überzeitarbeit.

[2] Überzeitarbeit ist in der Regel durch Freizeit von gleicher Dauer auszugleichen. Ist der Ausgleich innerhalb eines angemessenen Zeitraumes nicht möglich, so ist für die Überzeitarbeit Barvergütung zu leisten. Die Barvergütung ist auf Grund des Lohnes mit einem Zuschlag von wenigstens 25 Prozent zu berechnen. Im Kalenderjahr dürfen höchstens 150 Stunden Überzeitarbeit durch Geldleistungen abgegolten werden.

[3] Erfordern zwingende Gründe, wie höhere Gewalt oder Betriebsstörungen, eine Überschreitung der in Art. 4 Abs. 3 festgesetzten Höchstarbeitszeit um mehr als zehn Minuten, so ist die gesamte über 10 bzw. 63 Stunden hinausgehende Arbeitszeit innerhalb der folgenden drei Arbeitstage durch Freizeit von gleicher Dauer auszugleichen; ferner ist eine Barvergütung gemäss Absatz 2 auszurichten.

Dienstschicht
Art. 6

[1] Die Dienstschicht besteht aus der Arbeitszeit und den Pausen; sie darf im Durchschnitt von 28 Tagen 12 Stunden nicht überschreiten. An einzelnen Tagen kann die Dienstschicht bis auf 13 Stunden verlängert werden.

[2] Wo besondere, durch Verordnung festzustellende Verhältnisse vorliegen, kann die Dienstschicht bis auf 15 Stunden verlängert werden,

doch darf sie im Durchschnitt von drei aufeinanderfolgenden Arbeitstagen 12 Stunden nicht überschreiten.

[3] Erfordern zwingende Gründe, wie höhere Gewalt oder Betriebsstörungen, eine Überschreitung der in Absatz 2 festgelegten Höchstdienstschicht um mehr als zehn Minuten, so hat innerhalb der nächsten drei Arbeitstage ein Ausgleich stattzufinden.

Pausen

Art. 7

[1] Nach ungefähr der Hälfte der Arbeitszeit ist eine Pause zu gewähren, welche die Einnahme einer Mahlzeit erlaubt. Sie soll in der Regel wenigstens eine Stunde betragen und, soweit es der Dienst gestattet, am Wohnort zugebracht werden können.

[2] In einer Dienstschicht sind drei Pausen zulässig; wo durch Verordnung zu umschreibende, aussergewöhnliche Verhältnisse vorliegen, kann diese Zahl auf vier erhöht werden. Eine Pause soll mindestens 30 Minuten dauern.

[3] Pausen ausserhalb des Dienstortes sind zu wenigstens 30 Prozent als Arbeitszeit anzurechnen. Pausen am Dienstort sind zu wenigstens 20 Prozent anzurechnen, sofern in einer Dienstschicht mehr als zwei Pausen zugeteilt werden.

[4] Auf die Gewährung einer Pause kann nach Anhören der Arbeitnehmer oder ihrer Vertreter verzichtet werden, wenn die Dienstschicht neun Stunden nicht überschreitet und der Arbeitnehmer die Möglichkeit hat, eine Zwischenverpflegung einzunehmen; dafür ist eine Arbeitsunterbrechung von 20 Minuten einzuräumen, die als Arbeitszeit gilt.

Ruheschicht

Art. 8

[1] Die Ruheschicht umfasst den Zeitraum zwischen zwei Dienstschichten und beträgt im Durchschnitt von 28 Tagen mindestens zwölf Stunden. Sie darf an einzelnen Tagen auf elf Stunden herabgesetzt werden.

[2] Wo besondere, durch Verordnung festzustellende Verhältnisse vorliegen, kann die Ruheschicht auf neun Stunden herabgesetzt werden,

doch muss sie im Durchschnitt von drei aufeinanderfolgenden Arbeitstagen mindestens zwölf Stunden betragen.

[3] Die Ruheschicht soll, soweit es der Dienst gestattet, am Wohnort zugebracht werden können.

Nachtarbeit

Art. 9

[1] Als Nachtarbeit gilt die Beschäftigung zwischen 24 und 4 Uhr.

[2] Aufgehoben.

[3] Nachtarbeit darf dem Arbeitnehmer nicht mehr als siebenmal hintereinander und innerhalb von 28 Tagen an höchstens 14 Tagen zugeteilt werden.

[4] Die Vorschriften von Absatz 3 sind nicht anwendbar auf Arbeitnehmer, die nur für Nachtarbeit angestellt sind.

[5] Für Bauarbeiten, die aus betrieblichen Gründen nur nachts ausgeführt werden können, darf ausnahmsweise von Absatz 3 abgewichen werden.

Ruhetage

Art. 10

[1] Der Arbeitnehmer hat je Kalenderjahr Anspruch auf 62 bezahlte Ruhetage. Diese sind angemessen auf das Jahr zu verteilen. Mindestens 20 Ruhetage müssen auf einen Sonntag fallen. Als Sonntage gelten auch Neujahr, Auffahrt und Weihnachten, ferner bis zu fünf kantonale Feiertage.

[2] Für einzelne Gruppen von Arbeitnehmern der Nebenbahnen, Luftseilbahnen sowie Schiffahrts- und Automobilunternehmen kann die Zahl der Ruhesonntage durch Verordnung auf zwölf herabgesetzt werden.

[3] Der Ruhetag umfasst 24 aufeinanderfolgende Stunden und muss am Wohnort zugebracht werden können.

[4] Dem Ruhetag hat eine Ruheschicht voranzugehen, die im Durchschnitt von 42 Tagen mindestens zwölf Stunden beträgt; sie darf aber nicht weniger als neun Stunden dauern. Werden zwei oder mehr aufeinanderfolgende Ruhetage gewährt, so bezieht sich diese Vorschrift nur auf den ersten Ruhetag.

5 Die Verordnung regelt die Anrechnung von Dienstaussetzungen als Folge von Krankheit, Unfall, Militär- und Zivilschutzdienst, Urlaub oder aus andern Gründen auf die Ruhetage.

Fahrzeugführer

Art. 11

1 Der Dienst am Lenkrad der Motorfahrzeug- und Trolleybusführer sowie der Dienst als Wagenführer von Strassenbahnen wird in der Verordnung geregelt.

2 Für Motorfahrzeugführer, die ausser den Fahrten im öffentlichen Linienverkehr noch andere Transporte besorgen, können durch Verordnung im Rahmen der Bundesgesetzgebung über die Arbeits- und Ruhezeit der berufsmässigen Motorfahrzeugführer besondere Bestimmungen erlassen werden.

Dienstpläne und Diensteinteilungen

Art. 12

1 Die Unternehmen haben die Einteilung der Arbeitstage sowie die Zuteilung der Ruhetage und Ferien in einer durch Verordnung bestimmten Art der Darstellung festzulegen.

2 Die Arbeitnehmer oder ihre Vertreter sind vor der endgültigen Festsetzung der Dienstpläne und der Diensteinteilungen anzuhören.

2. Arbeitnehmer im Verwaltungsdienst

Arbeitnehmer im Verwaltungsdienst

Art. 13

Für Arbeitnehmer im Verwaltungsdienst gilt, unter Vorbehalt von Artikel 2 Absatz 4, sinngemäss die Ordnung der Arbeits- und Ruhezeit der Bundesgesetzgebung über die Arbeit in Industrie, Gewerbe und Handel. Das Nähere bestimmt die Verordnung.

III. Ferien

Ferien
Art. 14

1 Der Arbeitnehmer hat je Kalenderjahr Anspruch auf mindestens vier Wochen bezahlte Ferien. Die Verordnung bestimmt, ab welchem Alter sich dieser Anspruch auf fünf, beziehungsweise sechs Wochen erhöht.

2 Für Arbeitnehmer im Betriebsdienst ist auf je sieben Ferientage ein bezahlter Ruhetag anzurechnen.

3 Den Arbeitnehmern im Verwaltungsdienst sind Feiertage, die in die Ferien fallen, als Ferientage nachzugewähren.

4 Die Verordnung regelt die Anrechnung von Dienstaussetzungen als Folge von Krankheit, Unfall, Militär-, Zivil- und Zivilschutzdienst, Urlaub oder aus andern Gründen auf die Ferien.

IV. Gesundheitsvorsorge und Unfallverhütung

Gesundheitsvorsorge, Verhütung von Unfällen und Berufskrankheiten
Art. 15

1 Durch Verordnung werden die Anwendbarkeit und der Vollzug der Vorschriften des Bundes über Gesundheitsvorsorge sowie über Verhütung von Unfällen und Berufskrankheiten geregelt.

2 Zur Berücksichtigung der besonderen Verhältnisse bei den Unternehmen können durch Verordnung abweichende oder ergänzende Vorschriften erlassen werden.

V. Sonderschutz

Jugendliche
Art. 16

1 Als Jugendliche gelten Arbeitnehmer bis zum vollendeten 20. Altersjahr.

2 Das Unternehmen hat auf die Gesundheit der Jugendlichen gebührend Rücksicht zu nehmen und namentlich darauf zu achten, dass sie während der Arbeit nicht überanstrengt werden.

3 Vor dem vollendeten 15. Altersjahr dürfen Jugendliche nicht beschäftigt werden. Durch Verordnung oder genehmigte Dienstreglemente kann für bestimmte Arbeiten ein höheres Mindestalter festgesetzt werden.

Weitere Gruppen von Arbeitnehmern

Art. 17

1 Schwangere dürfen nur mit ihrem Einverständnis und keinesfalls über die ordentliche Dauer der täglichen Arbeit hinaus beschäftigt werden. Sie dürfen auf blosse Anzeige hin von der Arbeit wegbleiben oder sie verlassen.

2 Wöchnerinnen dürfen während acht Wochen nach ihrer Niederkunft nicht beschäftigt werden. Auf eigenes Verlangen dürfen sie indessen bereits nach sechs Wochen wieder beschäftigt werden, wenn sie durch ärztliches Zeugnis nachweisen, dass sie arbeitsfähig sind.

3 Stillende Mütter dürfen auch nach Ablauf von acht Wochen seit ihrer Niederkunft nur mit ihrem Einverständnis beschäftigt werden. Zum Stillen ist ihnen die erforderliche Zeit freizugeben.

4 Der Bundesrat kann den Einsatz schwangerer Frauen oder anderer Gruppen von Arbeitnehmern für bestimmte Arbeiten aus gesundheitlichen Gründen untersagen oder von besonderen Voraussetzungen abhängig machen.

VI. Durchführung des Gesetzes

Aufsicht und Beschwerdeverfahren

Art. 18

1 Aufsicht und Vollzug des Gesetzes obliegen den in der Verordnung zu bezeichnenden Amtsstellen des Eidgenössischen Verkehrs- und Energiewirtschaftsdepartementes.

2 Die Aufsichtsbehörden entscheiden über die Unterstellung einzelner Unternehmen, Unternehmensteile oder Nebenbetriebe unter das Gesetz und die Anwendung des Gesetzes auf einzelne Arbeitnehmer sowie über Anstände zwischen Unternehmen und Arbeitnehmern über die Befolgung des Gesetzes, der dazu erlassenen Verordnung und der gestützt auf diese Bestimmungen getroffenen Verfügungen. Antrags-

berechtigt sind die Unternehmen und die Arbeitnehmer sowie deren Vertreter.

[3] Gegen Verfügungen der in Absatz 1 genannten Aufsichtsbehörden können die Betroffenen auf dem ordentlichen Instanzenweg an das Eidgenössische Verkehrs- und Energiewirtschaftsdepartement Beschwerde führen. Die Weiterziehung der Entscheide des Eidgenössischen Verkehrs- und Energiewirtschaftsdepartementes an das Bundesgericht oder an den Bundesrat richtet sich nach der Gesetzgebung über die Organisation der Bundesrechtspflege und über das Verwaltungsverfahren.

Massnahmen gegen rechtswidrige Beschlüsse und Anordnungen

Art. 19

Die Aufsichtsbehörden sind verpflichtet, Beschlüsse und Anordnungen von Organen oder Dienststellen der Unternehmen aufzuheben, zu ändern oder ihre Durchführung zu verhindern, wenn sie gegen das Gesetz, die Verordnung, die Weisungen, die Konzession oder internationale Vereinbarungen verstossen.

Auskunftspflicht

Art. 20

Die Unternehmen und die Arbeitnehmer sind verpflichtet, den Aufsichtsorganen die erforderlichen Auskünfte über den Vollzug des Gesetzes und dessen Verordnung zu erteilen sowie die Dienstpläne und Diensteinteilungen zur Verfügung zu halten.

Abweichungen von den gesetzlichen Vorschriften

Art. 21

[1] Wenn besondere Vorschriften vorliegen, können, nach Anhören der beteiligten Unternehmen und Arbeitnehmer oder deren Vertreter, durch Verordnung für einzelne Unternehmen oder Unternehmenskategorien Ausnahmen von den Vorschriften des Gesetzes angeordnet werden.

[2] Zur Berücksichtigung aussergewöhnlicher Verhältnisse und nach Anhören der beteiligten Unternehmen und Arbeitnehmer oder deren Vertreter können die Aufsichtsbehörden im Einzelfall zeitlich befristete Abweichungen von den Vorschriften des Gesetzes bewilligen.

3 Bei Anordnung von Ausnahmen und Abweichungen sind die Erfordernisse der Verkehrs- und Betriebssicherheit sowie des Arbeitnehmerschutzes angemessen zu berücksichtigen.

Arbeitszeitgesetzkommission

Art. 22

1 Der Bundesrat bestellt nach Entgegennahme von Vorschlägen der Unternehmen und Arbeitnehmer die Eidgenössische Arbeitszeitgesetzkommission, bestehend aus einem Präsidenten und aus Vertretern der Unternehmen und der Arbeitnehmer in gleicher Zahl.

2 Die Arbeitszeitgesetzkommission begutachtet zuhanden der Bundesbehörden Fragen des Arbeitszeitgesetzes und seines Vollzugs. Sie ist befugt, von sich aus Anregungen zu machen.

Verordnung

Art. 23

Der Bundesrat erlässt Verordnungsbestimmungen

a)   in den vom Gesetz ausdrücklich bezeichneten Fällen,

b)   zum Vollzug des Gesetzes.

VII. Strafbestimmungen

Strafrechtliche Verantwortlichkeit

Art. 24

1 Personen, die als Arbeitgeber oder für ihn gehandelt haben oder hätten handeln sollen, sind strafbar, wenn sie den Vorschriften des Gesetzes, der Verordnung oder einer gestützt darauf erlassenen Verfügung der zuständigen Behörde über

a)   Arbeits- und Ruhezeit,

b)   Ferien,

c)   Gesundheitsvorsorge und Unfallverhütung,

d)   den Sonderschutz

vorsätzlich oder fahrlässig zuwiderhandeln.

2 Der Arbeitnehmer ist strafbar, wenn er den Vorschriften des Gesetzes, der Verordnung oder einer gestützt darauf erlassenen Verfügung der zuständigen Behörden über Arbeits- und Ruhezeit sowie Gesund-

heitsvorsorge und Unfallverhütung vorsätzlich oder fahrlässig zuwiderhandelt.

3 Die Strafe ist Haft oder Busse.

4 Begeht ein Arbeitnehmer eine nach diesem Gesetz strafbare Handlung auf Veranlassung seines Arbeitgebers oder Vorgesetzten oder haben diese die Widerhandlung nicht nach ihren Möglichkeiten verhindert, so unterstehen Arbeitgeber und Vorgesetzte der gleichen Strafandrohung wie der Arbeitnehmer. Der Arbeitnehmer kann milder oder nicht bestraft werden, wenn die Umstände es rechtfertigen.

Strafverfolgung. Vorbehalt des Strafgesetzbuches
Art. 25

1 Ist das Unrecht oder die Schuld gering, so sieht die zuständige Behörde von der Strafverfolgung, der Überweisung an das Gericht oder der Bestrafung ab.

2 Die besonderen Bestimmungen des Strafgesetzbuches bleiben vorbehalten.

3 Die Strafverfolgung ist Sache der Kantone.

VIII. Schluss- und Übergangsbestimmungen
Art. 26–29
(Aufgehoben bzw. hier nicht von Interesse).

Verordnung über die Arbeit in Unternehmen des öffentlichen Verkehrs (Verordnung zum Arbeitszeitgesetz, AZGV)

vom 26. Januar 1972; SR 822.211

(gestützt auf die Artikel 21 und 23 des Bundesgesetzes über die Arbeit in Unternehmen des öffentlichen Verkehrs[1] sowie auf Artikel 131 des Bundesgesetzes über die Kranken- und Unfallversicherung[2])

Geltungsbereich

Art. 1   Unternehmen

[1] Als konzessionierte Eisenbahnunternehmen gelten Unternehmen, die auf Grund einer eidgenössischen Konzession Normal- und Schmalspurbahnen, Zahnradbahnen, Strassenbahnen oder Standseilbahnen betreiben.

[2] Als konzessionierte Automobilunternehmen mit öffentlichem Linienverkehr gelten Unternehmen, die auf Grund einer eidgenössischen Konzession auf einer festgelegten Strecke mit Strassenfahrzeugen fahrplanmässige Fahrten ausführen (Konzession I).

[3] Als konzessionierte Luftseilbahnunternehmen gelten Unternehmen, die auf Grund einer eidgenössischen Konzession eine Luftseilbahn betreiben. Als Luftseilbahnen gelten Pendel-, Umlauf- und Sesselbahnen, auch solche, die im Winter als Skilifte betrieben werden, sowie Schlittenseilbahnen, Aufzüge und ähnliche Transportanlagen.

Art. 2   Nebenbetriebe

[1] Dem Gesetz sind folgende Nebenbetriebe unterstellt:

a.   Schlafwagenbetriebe;

b.   Speisewagenbetriebe;

c.   Ambulante Verpflegungsdienste in Zügen;

---

[1]   SR **822.2**
[2]   Heute: Bundesgesetz über die Krankenversicherung (SR **832.10**). Dem aufgehobenen Art. 131 entspricht heute Art. 83 des Bundesgesetzes vom 20. März 1981 über die Unfallversicherung (SR **832.20**).

d.   Skilifte, die von einem dem Gesetz unterstellten Unternehmen betrieben werden.

[2] Wo in dieser Verordnung von Unternehmen die Rede ist, sind darunter auch die Nebenbetriebe nach Absatz 1 zu verstehen.

Art. 3   Arbeitnehmer

[1] Als Arbeitnehmer gilt jede Person, die zu persönlicher Dienstleistung in einem Unternehmen verpflichtet ist.

[2] Als Arbeitnehmer gelten auch Lehrlinge, Praktikanten, Volontäre und andere Personen, die zur Ausbildung im Unternehmen tätig sind.

[3] Zu persönlicher Dienstleistung verpflichtet sind Arbeitnehmer, die auf Grund ihres Dienstverhältnisses die Arbeit weder ganz noch teilweise durch Dritte verrichten lassen dürfen.

[4] Ein Arbeitnehmer ist nur in geringem Ausmass nach Artikel 2 Absatz 3 des Gesetzes beschäftigt, wenn seine tägliche Arbeitszeit im Durchschnitt von 28 Tagen höchstens drei Stunden beträgt. Für solche Arbeitnehmer gelten die Vorschriften des Gesetzes sinngemäss.

[5] Die Anwendbarkeit des Gesetzes auf Arbeitnehmer, die im Auftrag eines Dritten in einem Unternehmen arbeiten, ist durch die in Artikel 27 genannten Aufsichtsbehörden zu ordnen.

Art. 4   Private Hilfskräfte

[1] Das Gesetz ist unter Vorbehalt der in den Artikeln 5 ff. dieser Verordnung genannten Ausnahmen anwendbar auf private Hilfskräfte, die von Posthaltern, Postagenturinhabern sowie von Eil- und Telegrammzustellern beschäftigt werden.

[2] Die in den Artikeln 5 ff. genannten Ausnahmen sind mit den privaten Hilfskräften zu vereinbaren und von der Aufsichtsbehörde im voraus zu genehmigen.

[3] Die Vorschriften in Artikel 7 Absätze 2 und 3 des Gesetzes sind auf private Hilfskräfte, die von Eil- und Telegrammzustellern beschäftigt werden, nicht anwendbar.

[4] Das Gesetz ist nicht anwendbar auf Familienangehörige und Ablöser von Posthaltern, Postagenturinhabern sowie von Eil- und Telegrammzustellern. Ebenso ist es nicht anwendbar auf Verwandte, die mit Posthaltern, Postagenturinhabern sowie von Eil- und Telegrammzustellern im gleichen Haushalt leben.

Art. 5   Betriebs- und Verwaltungsdienst

[1] Das Unternehmen wird unterteilt in Betriebsdienst und Verwaltungsdienst.

[2] Zum Betriebsdienst gehören die Dienststellen eines Unternehmens,
denen insbesondere obliegen:

a. – Beförderung von Reisenden inkl. Billettverkauf;

    – Bahnbewachung;

    – Annahme, Lagerung, Beförderung und Auslieferung von
       Gütern und Postsachen;

    – Abwicklung des Geld– und Bankpostverkehrs;

    – Nachrichtenübermittlung in allen Formen;

b. Bau und Unterhalt der Anlagen, Einrichtungen und Fahrzeuge,
    die von den unter Buchstabe a fallenden Dienststellen verwendet
    werden;

c. Erzeugung, Umwandlung und Übertragung von Energie in den
    eigenen Elektrizitätswerken, Unterwerken und Umformerstatio-
    nen des Unternehmens;

d. Dienstleistungen in Nebenbetrieben gemäss Artikel 2.

[3] Der Verwaltungsdienst umfasst die Unternehmensführung und die
dazugehörenden administrativen und technischen Dienste des Unternehmens und der Nebenbetriebe.

II. Arbeits- und Ruhezeit

Art. 6   Arbeitszeit

[1] Als Arbeitszeit gilt die Zeit, während der ein Arbeitnehmer im Sinne
von Artikel 4 Absätze 1 und 2 des Gesetzes beim Unternehmen beschäftigt ist.

[2] Ausserdem werden als Arbeitszeit angerechnet:

a. Reisezeiten ohne Arbeitsleistung;

b. Pausenanteile nach Artikel 7 Absatz 3 des Gesetzes;

c.[3] der Zeitzuschlag nach Artikel 4bis des Gesetzes von mindestens:

---

3   Fassung gemäss Ziff. I der V vom 27. Okt. 1993, in Kraft seit 1. Jan. 1994
    (AS **1993** 2918).

- 10 Prozent für den Dienst zwischen 22 und 24 Uhr;
- 30 Prozent für den Dienst zwischen 24 und 4 Uhr sowie zwischen 4 und 5 Uhr, wenn der Arbeitnehmer den Dienst vor 4 Uhr angetreten hat;
- 40 Prozent statt 30 Prozent ab Beginn des Kalenderjahres, in dem der Arbeitnehmer das 55. Altersjahr vollendet.[4]

[2bis] Das Unternehmen vereinbart mit den Arbeitnehmern oder ihren Vertretern, wie die Arbeitszeit aus dem Zeitzuschlag nach Absatz 2 Buchstabe c ausgeglichen wird.[5]

[3] Dienstfreie Tage, die dem Arbeitnehmer zu gewähren sind, damit die Bestimmungen über die Arbeitszeit eingehalten werden, sind in dieser Verordnung als Ausgleichstage bezeichnet. Ausgleichstage sind in der Regel zusammen mit Ruhetagen zuzuteilen. Der Ausgleichstag umfasst mindestens 24 aufeinanderfolgende Stunden. Abweichungen können zwischen der Unternehmung und den Arbeitnehmern oder ihren Vertretern vereinbart werden.[6]

[4] Sofern es die betrieblichen Verhältnisse erlauben, ist die Fünftagewoche einzuhalten. In den übrigen Fällen sollen Ausgleichstage soweit möglich so zugeteilt werden, dass eine gegenüber der Fünftagewoche gleichwertige Lösung erreicht wird.[7]

[5] Die Höchstarbeitszeit nach Artikel 4 Absatz 3 des Gesetzes kann in Ausnahmefällen und sofern betrieblich notwendig um Reisezeit ohne Arbeitsleistung, jedoch höchstens um 40 Minuten überschritten werden.[8]

---

4   Fassung gemäss Ziff. I der V vom 29. April 1987, in Kraft seit 1. Juni 1987 (AS **1987** 738).
5   Eingefügt durch Ziff. I der V vom 27. Okt. 1993, in Kraft seit 1. Jan. 1994 (AS **1993** 2918).
6   Fassung gemäss Ziff. I der V vom 29. April 1987, in Kraft seit 1. Juni 1987 (AS **1987** 738).
7   Fassung gemäss Ziff. I der V vom 29. April 1987, in Kraft seit 1. Juni 1987 (AS **1987** 738).
8   Fassung gemäss Ziff. I der V vom 29. April 1987, in Kraft seit 1. Juni 1987 (AS **1987** 738).

6 Wird infolge Anrechnung von Reisezeiten ohne Arbeitsleistung die Höchstarbeitszeit überschritten, so richtet sich der Ausgleich nach Artikel 5 Absatz 2 des Gesetzes.[9]

Art. 7   Durchschnittliche tägliche Arbeitszeit

1 Die durchschnittliche tägliche Arbeitszeit gemäss Artikel 4 Absätze 1 und 2 des Gesetzes wird errechnet, indem die in einem Abschnitt von 28 Tagen oder in einem geschlossenen Tourenablauf geleistete Arbeitszeit zusammengezählt und durch die Zahl der Arbeitstage geteilt wird. Werden zur Erreichung des vorgeschriebenen Durchschnittes Ausgleichstage eingeteilt, so zählen diese nicht als Ruhe-, sondern als Arbeitstage.

2 In Unternehmen mit starkem Saisonverkehr kann die durchschnittliche tägliche Arbeitszeit gemäss Artikel 4 Absätze 1 und 2 des Gesetzes während höchstens sechs Monaten im Jahr um eine Stunde verlängert werden, doch ist sie im Jahresdurchschnitt einzuhalten.

3 Die durchschnittliche tägliche Arbeitszeit für Bauarbeiten und für Arbeiten in den drahtlosen Mehrzweckanlagen der Telekommunikationsunternehmung des Bundes kann im Jahresdurchschnitt 7 Stunden betragen.[10]

4 Die tägliche Arbeitszeit der privaten Hilfskräfte, die von Posthaltern, Postagenturinhabern sowie von Eil- und Telegrammzustellern beschäftigt werden, kann im Durchschnitt von 28 Tagen bis auf 8 Stunden verlängert werden, doch darf sie im Jahresdurchschnitt 7 Stunden nicht überschreiten.[11] Wo besondere Verhältnisse vorliegen, kann die in Absatz 2 vorgesehene Verlängerung der Arbeitszeit um eine Stunde zusätzlich beansprucht werden.

5 Die tägliche Arbeitszeit der Motorfahrzeugführer, die in einem konzessionierten Automobilunternehmen mit öffentlichem Linienverkehr (ohne Nah- und Vorortsverkehrsbetriebe) oder einem Unternehmen nach Artikel 1 Absatz 1 Buchstabe *f* des Gesetzes beschäftigt werden,

---

9   Eingefügt durch Ziff. I der V vom 29. April 1987, in Kraft seit 1. Juni 1987 (AS **1987** 738).

10   Fassung gemäss Ziff. II 55 der V vom 1. Dez. 1997, in Kraft seit 1. Jan. 1998 (AS **1997** 2779).

11   Fassung gemäss Ziff. I der V vom 29. April 1987, in Kraft seit 1. Juni 1987 (AS **1987** 738).

kann im Durchschnitt von 28 Tagen bis auf 8 Stunden verlängert werden, doch darf sie im Jahresdurchschnitt 7 Stunden nicht überschreiten.[12]

6 Die tägliche Arbeitszeit der Arbeitnehmer der Zahnradbahnen mit ausgesprochen touristischem Charakter, der Standseilbahnen, Luftseilbahnen, Skilifte und Schifffahrtsunternehmen kann im Durchschnitt von 28 Tagen bis auf 8 Stunden verlängert werden, doch darf sie im Jahresdurchschnitt 7 Stunden nicht überschreiten.[13] Wo besondere Verhältnisse vorliegen, kann die in Absatz 2 vorgesehene Verlängerung der Arbeitszeit um eine Stunde zusätzlich beansprucht werden.

Art. 8   Präsenzzeit

1 Als Präsenzzeit gilt die Zeit, die am zugewiesenen Arbeitsplatz ohne Arbeitsleistung zugebracht werden muss.

2 Es werden nur zusammenhängende Präsenzzeiten von wenigstens 30 Minuten und im Barrierenwärterdienst solche von wenigstens 20 Minuten berücksichtigt.

3 Fallen Präsenzzeiten und Reisezeiten gemäss Artikel 6 Absatz 2 Buchstabe *a* in die gleiche Dienstschicht, kann die durchschnittliche tägliche Arbeitszeit insgesamt um höchstens 40 Minuten verlängert werden.[14]

4 Die Zuteilung einer nach Artikel 4 Absatz 2 des Gesetzes verlängerten Arbeitszeit ist in folgenden Diensten zulässig:

a.   bei Eisenbahnen
      im Stationsdienst
      im Reservedienst beim Fahrpersonal
      im Barrierenwärterdienst
      im Fahrdienst der Zahnradbahnen
      im Fahrdienst der Standseilbahnen

b.   bei Schiffahrtsunternehmen
      in allen Diensten

---

12   Fassung gemäss Ziff. I der V vom 29. April 1987, in Kraft seit 1. Juni 1987
     (AS **1987** 738).
13   Fassung gemäss Ziff. I der V vom 29. April 1987, in Kraft seit 1. Juni 1987
     (AS **1987** 738).
14   Fassung gemäss Ziff. I der V vom 29. April 1987, in Kraft seit 1. Juni 1987
     (AS **1987** 738).

c. bei Luftseilbahnunternehmen
    in allen Diensten

d. bei Automobilunternehmen
    im Fahrdienst

e.[15] bei Nebenbetrieben
    im Dienst in Speisewagen
    im Verpflegungsdienst in Zügen
    in allen Diensten bei Skiliften.

Art. 9   Überzeitarbeit

[1] Überzeitarbeit ist in der Regel innert 56 Tagen durch Freizeit von gleicher Dauer auszugleichen. Das Unternehmen und der Arbeitnehmer vereinbaren den Zeitpunkt des Ausgleichs; sie können wenn nötig die Frist erstrecken. Kann der Ausgleich nicht innert der vereinbarten Frist erfolgen, so ist Barvergütung zu leisten.[16]

[2] Die während eines Zeitabschnittes von 28 Tagen geleistete Überzeitarbeit ist zusammenzuzählen und dann gemäss Absatz 1 auszugleichen. Bei geringfügiger Überschreitung der im Dienstplan vorgeschriebenen Arbeitszeit kann zwischen den Unternehmen und den Arbeitnehmern oder deren Vertretern eine andere Form des Ausgleichs vereinbart werden.

[3] Die Barvergütung wird auf Grund des Stundenlohnes mit einem Zuschlag von wenigstens 25 Prozent berechnet.

[4] Der Stundenlohn ist auf Grund von 300 Arbeitstagen zu 7 Stunden zu berechnen.[17]

[5] Den privaten Hilfskräften, die von Posthaltern, Postagenturinhabern sowie von Eil- und Telegrammzustellern beschäftigt werden, dürfen im Kalenderjahr höchstens 300 Stunden Überzeitarbeit durch Geldleistungen abgegolten werden.

---

15 Fassung gemäss Ziff. I der V vom 27. Okt. 1993, in Kraft seit 1. Jan. 1994 (AS **1993** 2918).

16 Fassung gemäss Ziff. I der V vom 29. April 1987, in Kraft seit 1. Juni 1987 (AS **1987** 738).

17 Fassung gemäss Ziff. I der V vom 29. April 1987, in Kraft seit 1. Juni 1987 (AS **1987** 738).

6 Motorfahrzeugführern, die in einem konzessionierten Automobilunternehmen mit öffentlichem Linienverkehr (ohne Nah- und Vorortsverkehrsbetriebe) oder einem Unternehmen nach Artikel 1 Absatz 1 Buchstabe *f* des Gesetzes beschäftigt werden, dürfen im Kalenderjahr höchstens 300 Stunden Überzeitarbeit durch Geldleistungen abgegolten werden.

Art. 10 Dienstschicht

1 Ausgleichstage, die zur Erreichung der vorgeschriebenen durchschnittlichen Arbeitszeit gewährt werden, sind bei der Berechnung der durchschnittlichen Dienstschicht nicht mitzuzählen.

2 Die Dienstschicht kann ausnahmsweise bis auf 15 Stunden ausgedehnt werden:

a. wegen Personalmangels als Folge von Militär- oder Zivilschutzdienst, Krankheit oder Unfall;

b. zur Bewältigung ausserordentlicher und vorübergehender Aufgaben;

c. mit Zustimmung der beteiligten Arbeitnehmer oder deren Vertreter.

3 In den nachstehenden Fällen darf die Dienstschicht im Durchschnitt von 28 Tagen 13 Stunden nicht überschreiten und an einzelnen Tagen höchstens 14 Stunden betragen:

a. auf einzelnen Linien von Unternehmen, deren ordentliche tägliche Betriebsdauer mehr als 12, aber höchstens 14 Stunden beträgt;

b. bei Nah- und Vorortsverkehrsbetrieben für die Bewältigung des Morgen- und Abendspitzenverkehrs mit dem gleichen Personal;

c. bei Kleinbetrieben für die Aufrechterhaltung unentbehrlicher Morgen und Abendverbindungen. Als Kleinbetriebe gelten Unternehmen, die im öffentlichen Linienverkehr nicht mehr als drei Jahresarbeitskräfte für den Fahrdienst benötigen;

d. für Arbeitnehmer in Postbüros und Postagenturen sowie von Eil- und Telegrammzustellern, zur Sicherstellung der Zufuhr der Postsachen am Morgen und der Abfuhr am Abend mit dem gleichen Personal, sofern die Fahrplangestaltung dazu zwingt;

e.   mit Zustimmung der beteiligten Arbeitnehmer oder ihrer Vertre-
      ter.

[4] Unternehmen mit Früh-, Mittel-, Spät- und Nachtdienstschichten ha-
ben unter den Arbeitnehmern für einen angemessenen Wechsel der
Schichten zu sorgen. Diese Bestimmung findet keine Anwendung auf
Arbeitnehmer, die nur für Nachtarbeit angestellt sind.

Art. 11   Pausen

[1] Eine Verkürzung der Pausen gemäss Artikel 7 Absatz 1 des Gesetzes
auf weniger als eine Stunde kann zwischen den Unternehmen und den
Arbeitnehmern oder deren Vertretern vereinbart werden.

[2] Der Arbeitnehmer soll seine Mahlzeiten wenn möglich zur ortsübli-
chen Zeit und zu Hause einnehmen können. Auf Wunsch der Arbeitnehmer oder ihrer Vertreter sind Pausen am Wohnort um die Mittags-
zeit wenn möglich auf mehr als eine Stunde zu verlängern.

[3] Zwischen 23 und 5 Uhr darf mit Ausnahme der Pause gemäss Artikel
7 Absatz 1 des Gesetzes oder zum Zwecke der Übernachtung ohne Zustimmung der Arbeitnehmer oder ihrer Vertreter keine Pause eingeteilt
werden.

[4] Ununterbrochene Arbeitszeit von mehr als fünf Stunden ist wenn
möglich zu vermeiden. Vorbehalten bleibt Artikel 7 Absatz 4 des
Gesetzes.

[5] Schiffahrtsunternehmen dürfen innerhalb einer Dienstschicht an
Bord im Einvernehmen mit den Arbeitnehmern oder ihren Vertretern
zur Einnahme der Hauptmahlzeiten Pausen von wenigstens 30 Minuten und gesamthaft höchstens einer Stunde zuteilen.

[6] Aussergewöhnliche Verhältnisse im Sinne von Artikel 7 Absatz 2 des
Gesetzes, die zur Einteilung von vier Pausen Anlass geben können, liegen vor:

a.   im Fahrdienst der Zahnradbahnen mit ausgesprochen touristi-
      schem Charakter, der Standseilbahnen, Luftseilbahnen, Skilifte,
      Schiffahrtsunternehmen und Automobilunternehmen mit öffentli-
      chem Linienverkehr (ohne Nah- und Vorortsverkehrsbetriebe),
      wenn die Fahrplangestaltung dazu zwingt;

b.   bei kleinen Dienststellen der Eisenbahnunternehmen mit gerin-
      gem Verkehrsaufkommen zur Aufrechterhaltung des Morgen-

und Abendverkehrs mit dem gleichen Personal, wenn fahrplanbedingte, ausgedehnte Besetzungszeiten dazu zwingen;

c.   im Barrierenwärterdienst, wenn fahrplanbedingte, ausgedehnte Besetzungszeiten dazu zwingen.

[7] Als Dienstort im Sinne von Artikel 7 Absatz 3 des Gesetzes gilt der Ort, der dem Arbeitnehmer vom Unternehmen angewiesen wird. In Gemeinden mit mehreren, auseinanderliegenden Dienststellen sowie im Baudienst ist der Dienstort vom Unternehmen im Einvernehmen mit den Arbeitnehmern oder ihren Vertretern näher zu umschreiben.

[8] Sofern die Voraussetzungen von Artikel 7 Absatz 4 des Gesetzes erfüllt sind, kann für die Einnahme einer Zwischenverpflegung auf Wunsch der Arbeitnehmer oder ihrer Vertreter eine Arbeitsunterbrechung von mehr als 20 Minuten eingeräumt werden. Dabei gelten wenigstens 20 Minuten dieser Arbeitsunterbrechung als Arbeitszeit. Diese Bestimmung ist auch anwendbar, wenn aus betrieblichen Gründen Arbeitsunterbrechungen von mehr als 20 Minuten zugeteilt werden müssen, sofern die Pause nicht wenigstens eine Stunde beträgt.

Art. 12   Ruheschicht

[1] Ausgleichstage, die zur Erreichung der vorgeschriebenen durchschnittlichen Arbeitszeit gewährt werden, sind bei der Berechnung der durchschnittlichen Ruheschicht nicht mitzuzählen.

[2] Die Ruheschicht darf in folgenden Fällen ausnahmsweise bis auf neun Stunden verkürzt werden:

a.   einmal in der Woche beim Übergang vom Spät- oder Nachtdienst zum Früh- oder Mitteldienst;

b.   bei auswärtigen Ruheschichten;

c.   bei Personalmangel als Folge von Militär- oder Zivilschutzdienst, Krankheit oder Unfall;

d.   zur Bewältigung ausserordentlicher und vorübergehender Aufgaben;

e.   mit Zustimmung der beteiligten Arbeitnehmer oder ihrer Vertreter.

[3] Wird die Dienstschicht gemäss Artikel 10 Absatz 3 verlängert, so darf die Ruheschicht im Durchschnitt von 28 Tagen elf Stunden betragen und an einzelnen Tagen auf zehn Stunden verkürzt werden.

[4] Im Fahrdienst von Nah- und Vorortsverkehrsbetrieben kann die Ruheschicht im Rahmen von Absatz 2 auf neun Stunden herabgesetzt werden, doch muss sie im Durchschnitt von 5 aufeinanderfolgenden Arbeitstagen mindestens zwölf Stunden betragen.

[5] Erfordern zwingende Gründe, wie höhere Gewalt oder Betriebsstörungen, eine Unterschreitung der in Artikel 8 Absatz 2 des Gesetzes festgelegten Mindestruheschicht um mehr als zehn Minuten, so ist ein Ausgleich innerhalb der nächsten drei Ruheschichten vorzunehmen.

Art. 13 Nachtarbeit

Für Bauarbeiten, die aus betrieblichen Gründen nur während der Nacht ausgeführt werden können, darf ausnahmsweise höchstens vier Wochen nacheinander Nachtarbeit zugeteilt werden, wobei dem Arbeitnehmer wöchentlich ein Ruhetag und ein Ausgleichstag zusammenhängend zu gewähren sind. Die Arbeitnehmer sind mindestens drei Wochen vor der ersten Nachtschicht über Beginn und voraussehbares Ende der länger dauernden Nachtarbeit zu verständigen. Werden zwei oder mehr Wochen Nachtarbeit nacheinander zugeteilt, so darf der Arbeitnehmer während der folgenden 14 Tage keine Nachtarbeit leisten.

Art. 14 Anspruch auf Ruhetage

[1] Für Arbeitnehmer, die nicht dauernd oder nicht während der ganzen Arbeitszeit von einem Unternehmen beschäftigt werden, richtet sich die Dauer der in Artikel 10 Absatz 1 des Gesetzes vorgeschriebenen Ruhetage nach der durchschnittlichen täglichen Arbeitszeit.

[2] Die kantonalen Feiertage, die gemäss Artikel 10 Absatz 1 des Gesetzes als Sonntage gelten, sind von jedem Unternehmen im Einvernehmen mit den Arbeitnehmern oder ihren Vertretern generell festzulegen.

[3] In die Ferien fallende Sonntage und Feiertage gelten nicht als Ruhesonntage im Sinne von Artikel 10 Absätze 1 und 2 des Gesetzes.

[4] Erstreckt sich die Nachtarbeit in den Sonn- oder Feiertag hinein, so darf dieser Tag nicht als Ruhesonntag angerechnet werden.

[5] Zuviel bezogene Ruhetage dürfen nur mit noch nicht bezogenen Ferien verrechnet werden, wenn der Arbeitnehmer freiwillig oder aus eigenem Verschulden aus dem Unternehmen ausscheidet.

[6] Bei Abwesenheit des Arbeitnehmers infolge von Krankheit, Unfall, Militärdienst, Zivildienst, Zivilschutzdienst, Urlaub auf eigene Kosten und Diensteinstellung wird der Anspruch auf Ruhetage wie folgt herabgesetzt:[18]

a.[19] für je 7 Abwesenheitstage wird ein Ruhetag und für je 72 Abwesenheitstage im Kalenderjahr werden zwei weitere Ruhetage angerechnet, oder

b. die in die Dienstaussetzung fallenden Sonntage und die gemäss Artikel 10 Absatz 1 des Gesetzes als Sonntage geltenden Feiertage zählen als bezogene Ruhetage.

Die Herabsetzung des Ruhetagsanspruchs nach Buchstabe *a* oder *b* ist zwischen dem Unternehmen und den Arbeitnehmern oder deren Vertretern zu vereinbaren.

Art. 15 Zuteilung der Ruhetage

[1] Im Kalendermonat sind mindestens vier Ruhetage, wovon ein Ruhesonntag, zuzuteilen.

[2] Abstände von mehr als 14 Tagen zwischen Ruhetagen und von mehr als 21 Tagen zwischen Ruhesonntagen sind nicht gestattet. Anstatt des Abstandes von 21 Tagen zwischen Ruhesonntagen können bei städtischen Verkehrsbetrieben mit Zustimmung der Arbeitnehmer oder ihrer Vertreter im Zeitraum von 42 Tagen mindestens zwei Ruhesonntage zugeteilt werden.

[3] Die Ruhetage sind im voraus in der Diensteinteilung zuzuteilen.

[4] Eheleuten, die im gleichen Unternehmen arbeiten, sind auf ihren Wunsch die Ruhesonntage und wenn möglich auch die übrigen Ruhetage gleichzeitig zu gewähren.

[5] In den Zeiten saisonbedingten starken Verkehrs dürfen Zahnradbahnen mit ausgesprochen touristischem Charakter, Standseilbahnen, Luftseilbahnen, Skilifte, Schifffahrtsunternehmen und Automobilunternehmen mit öffentlichem Linienverkehr (ohne Nah- und Vorortsverkehrsbetriebe) ausnahmsweise die in Absatz 1 festgelegten Mindest-

---

18 Fassung gemäss Anhang 3 Ziff. 6 der Zivildienstverordnung vom 11. Sept. 1996 (SR **824.01**).

19 Fassung gemäss Ziff. I der V vom 12. Aug. 1981, in Kraft seit 1. Jan. 1981 (AS **1981** 1122).

zahlen unterschreiten und die in Absatz 2 vorgeschriebenen Abstände um sieben Tage verlängern. Im Kalendermonat sind jedoch mindestens drei Ruhetage zuzuteilen.

[6] Bei Eisenbahnunternehmen ist die Verlängerung des Abstandes zwischen Ruhesonntagen um sieben Tage mit Zustimmung der Arbeitnehmer oder ihrer Vertreter auch dann zulässig, wenn die Voraussetzungen von Absatz 5 nicht erfüllt sind.

[7] Zur Bewältigung von starkem Reiseverkehr darf für die in diesem Dienstzweig tätigen Arbeitnehmer der in Artikel 10 Absatz 2 des Gesetzes genannten Unternehmen sowie für Arbeitnehmer der Nebenbetriebe die Zahl der Ruhesonntage bis auf 16, in ganz besonderen Fällen bis auf 12 herabgesetzt werden.

Art. 16 Verschiebung von Ruhetagen

[1] Begehren um Verschiebung von zugeteilten Ruhetagen ist wenn möglich zu entsprechen, sofern die Bestimmungen von Artikel 15 Absätze 1, 2, 5 und 6 eingehalten werden.

[2] Können zugeteilte Ruhetage aus zwingenden dienstlichen Gründen nicht gewährt werden, so sind sie nach den Bestimmungen von Artikel 15 Absätze 1, 2, 5 und 6 und wenn möglich nach dem Wunsch des Arbeitnehmers zu ersetzen.

Art. 17 Ruhetage beim Wechsel des Dienstverhältnisses

[1] Für die im Laufe des Kalenderjahres ein- oder austretenden Arbeitnehmer wird der Anspruch auf Ruhetage wie folgt festgesetzt:

a. die Zahl der Ruhetage ist im Verhältnis zur Dienstzeit herabzusetzen, oder

b. es besteht Anspruch auf die Anzahl Ruhetage, die der Zahl der in die Dienstzeit fallenden Sonntage und der gemäss Artikel 10 Absatz 1 des Gesetzes als Sonntage geltenden Feiertage entspricht.

    Der Ruhetagsanspruch nach Buchstabe *a* oder *b* ist zwischen dem Unternehmen und den Arbeitnehmern oder deren Vertretern zu vereinbaren.

[2] Sind bei Dienstaustritt nach Absatz 1 zu viele Ruhetage bezogen, so darf kein Lohnabzug gemacht werden.

Art. 18   Fahrzeugführer

1 Der Dienst am Lenkrad der Motorfahrzeug- und Trolleybusführer sowie der Dienst als Wagenführer von Strassenbahnen darf 9 Stunden im Tag und 45 Stunden in der Woche nicht überschreiten. Werden in einer Woche sieben Arbeitstage eingeteilt, so kann der Dienst am Lenkrad bis auf 54 Stunden verlängert werden.

2 Für Motorfahrzeugführer, die nach Artikel 11 Absatz 2 des Gesetzes beschäftigt werden, ist die nach der Bundesgesetzgebung über die Arbeits- und Ruhezeit der berufsmässigen Motorfahrzeugführer massgebende durchschnittliche tägliche Arbeitszeit von 8 Stunden für jede ganze oder angebrochene Stunde Tätigkeit im öffentlichen Linienverkehr um 10 Minuten herabzusetzen, höchstens aber auf die Arbeitszeit nach Artikel 4 Absatz 1 des Gesetzes.[20] Artikel 4 Absatz 2 des Gesetzes ist nur im öffentlichen Linienverkehr und nur im Rahmen der Höchstarbeitszeit für berufsmässige Motorfahrzeugführer anwendbar.

Art. 19   Dienstpläne und Diensteinteilungen

1 Für alle dem Gesetz unterstellten Dienste hat das Unternehmen einen Dienstplan mit der graphischen Darstellung der täglichen Arbeitszeit nach Beilage A (Dienstplan) zu erstellen. Bei regelmässiger Arbeitszeit kann auf die graphische Darstellung verzichtet werden. Der Dienstplan soll Angaben über die täglichen und die durchschnittlichen Arbeitszeiten, Dienst- und Ruheschichten sowie wenn möglich über die Orte, wo auswärtige Ruhezeiten zu verbringen sind, enthalten.

2 Vor Beginn eines Kalenderjahres oder Fahrplanjahres ist bei jeder Dienststelle eine Diensteinteilung für alle Arbeitnehmer nach Beilage B (Jahreseinteilung) aufzulegen. Daraus sollen ersichtlich sein:

a.   Name und dienstliche Stellung des Arbeitnehmers;

b.   Datum der zugeteilten Ruhe- und Ausgleichstage sowie der Ferien;

c.   Zahl der Ruhetage, getrennt nach Werktagen und Sonntagen;

d.   wenn möglich der zu leistende Dienst.

3 Wo aus dienstlichen Gründen eine Jahreseinteilung nach Absatz 2 nicht möglich ist, kann eine Einteilung nach Beilage C (Monatseintei-

---

20   Fassung gemäss Ziff. I der V vom 29. April 1987, in Kraft seit 1. Juni 1987 (AS **1987** 738).

lung) erstellt werden. In diesem Fall sind jedem Arbeitnehmer vor Beginn des Kalenderjahres das Datum der Ferien und die Zahl der Ruhetage und Ruhesonntage für das ganze Jahr bekanntzugeben.

4 Das Datum der Ferien ist dem Arbeitnehmer wenn möglich früher bekanntzugeben, als dies in den Absätzen 2 und 3 vorgesehen ist, spätestens jedoch drei Monate vor Ferienbeginn.

5 Dienstpläne und Diensteinteilungen sind den Arbeitnehmern oder ihren Vertretern in der Regel mindestens zehn Tage vor Inkrafttreten im Entwurf zur Kenntnis zu bringen.

Art. 20   Arbeits- und Ruhezeit im Verwaltungsdienst

1 Für die Ordnung der Arbeits- und Ruhezeit der Arbeitnehmer im Verwaltungsdienst sind die Vorschriften der Artikel 9–22 des Arbeitsgesetzes vom 13. März 1964[21] sowie die entsprechenden Verordnungsbestimmungen sinngemäss anwendbar. Sind gemäss diesen Vorschriften Bewilligungen erforderlich, so werden sie von den in Artikel 27 genannten Aufsichtsbehörden erteilt.

2 Die Arbeitszeit und die Überzeitarbeit werden nach den Vorschriften der Artikel 4 und 5 des Gesetzes sowie den entsprechenden Bestimmungen dieser Verordnung geregelt.

III. Ferien
Art. 21   Ferienanspruch

1 Für Arbeitnehmer, die nicht dauernd oder nicht während der ganzen Arbeitszeit von einem Unternehmen beschäftigt werden, richten sich die in Artikel 14 des Gesetzes und Absatz 2 hienach vorgeschriebenen Ferien nach der durchschnittlichen täglichen Arbeitszeit.

2 Der Arbeitnehmer hat je Kalenderjahr Anspruch auf bezahlte Ferien von:

a.   5 Wochen bis und mit dem Kalenderjahr, in dem er das 20. Altersjahr vollendet;

b.   5 Wochen vom Beginn des Kalenderjahres, in dem er das 50. Altersjahr vollendet;

c.　6 Wochen vom Beginn des Kalenderjahres, in dem er das 60. Altersjahr vollendet.[22]

Art. 22　　　Bezug der Ferien

[1] Jeder Arbeitnehmer soll seine Ferien abwechslungsweise in den verschiedenen Jahreszeiten beziehen können. Er ist vor der Zuteilung der Ferien anzuhören, und seinen Wünschen ist, wenn möglich, zu entsprechen. In Zeiten besonders starken Verkehrs können jedoch nur Ferien beansprucht werden, sofern es der Dienst gestattet.

[2] Ferien sind möglichst zusammenhängend zu beziehen. Der Bezug in mehr als zwei Abschnitten ist in der Regel unzulässig. Auf Wunsch des Arbeitnehmers kann ausserdem, wenn möglich, eine Ferienwoche in ganze und halbe Tage aufgeteilt werden.

[3] Bei Diensteintritt oder -austritt im Laufe des Kalenderjahres sind die Ferien im Verhältnis zur Dienstzeit zu bemessen. Bei Dienstaustritt zu viel bezogene Ferientage dürfen nur mit noch nicht bezogenen Ruhetagen oder mit dem Lohn verrechnet werden, wenn der Arbeitnehmer aus eigenem Verschulden aus dem Unternehmen ausscheidet.

[4] Eheleuten, die im gleichen Unternehmen arbeiten, sind auf ihren Wunsch die Ferien wenn möglich gleichzeitig zu gewähren.

Art. 23　　　Kürzung der Ferien

Die Ferien sind im Verhältnis zur Dauer der Dienstabwesenheit zu kürzen, wenn der Arbeitnehmer während eines Kalenderjahres zusammen länger aussetzt als:

a.[23]　90 Tage infolge von Krankheit, Unfall, Militärdienst, Zivildienst oder Zivilschutzdienst; bei der Berechnung der Kürzung der Ferien fallen die ersten 90 Abwesenheitstage ausser Betracht;

b.　　30 Tage infolge von unbezahltem Urlaub.

22　Fassung gemäss Ziff. I der V vom 24. Sept. 1984, in Kraft seit 1. Juli 1984 (AS **1984** 1045).

23　Fassung gemäss Anhang 3 Ziff. 6 der Zivildienstverordnung vom 11. Sept. 1996 (AS **1989** 1045).

IV. Gesundheitsvorsorge und Unfallverhütung

Art. 24   Gesundheitsvorsorge, Verhütung von Unfällen und Berufskrankheiten

[1] Auf die dem Gesetz unterstellten Unternehmen und ihre Arbeitnehmer sind unter Vorbehalt von Absatz 2 anwendbar:

a.[24] das Unfallversicherungsgesetz[25], insbesondere die Artikel 81–87, sowie die aufgrund dieses Gesetzes erlassenen Verordnungen betreffend die Verhütung von Berufsunfällen und Berufskrankheiten;

b.[26] sinngemäss Artikel 6 des Arbeitsgesetzes vom 13. März 1964[27] sowie die Verordnung 3 vom 18. August 1993[28] zum Arbeitsgesetz.

[2] Vorbehalten bleiben:

a.[29] die Gesetzgebung des Bundes über den öffentlichen Verkehr, insbesondere die Vorschriften zur Gewährleistung der Sicherheit sowie die Vorschriften über die Gesundheitsvorsorge;

b.   die übrigen auf die Unternehmen des öffentlichen Verkehrs anwendbaren Vorschriften des Bundes, wie insbesondere solche betreffend die elektrischen Schwach- und Starkstromanlagen, die friedliche Verwendung der Atomenergie und den Strahlenschutz.

[3] Die Unternehmen haben den Arbeitnehmern, die Pausen oder Ruheschichten nicht am Wohnort zubringen können oder die Mahlzeiten bei der Arbeitsstelle einnehmen müssen, soweit ein Bedürfnis dafür besteht, heizbare und mit Kocheinrichtungen versehene Unterkunftsräume zur Verfügung zu stellen. Unterkunftsräume und Dienstwohnungen haben den Anforderungen der Gesundheitspflege und zeitgemässen Anforderungen an Behaglichkeit Rechnung zu tragen.

---

24   Fassung gemäss Art. 106 Abs. 2 der V vom 19. Dez. 1983 über die Unfallverhütung (SR **832.30**).

25   SR **832.20**

26   Fassung gemäss Ziff. I der V vom 6. Nov. 2002, in Kraft seit 1. Jan. 2003 (AS **2002** 4228).

27   SR **822.11**

28   SR **822.113**

29   Fassung gemäss Ziff. I der V vom 6. Nov. 2002, in Kraft seit 1. Jan. 2003 (AS **2002** 4228).

⁴ Die Vorschriften des Bundes über Gesundheitsvorsorge sowie über Verhütung von Unfällen und Berufskrankheiten sind den Arbeitnehmern von den Unternehmen soweit nötig in geeigneter Weise zur Kenntnis zu bringen.

⁵ Der Vollzug der Vorschriften nach Absatz 1 Buchstabe a wird von der Schweizerischen Unfallversicherungsanstalt ausgeübt.[30]

⁶ Das Eidgenössische Departement für Umwelt, Verkehr, Energie und Kommunikation[31] ist ermächtigt, unter Mitwirkung der Schweizerischen Unfallversicherungsanstalt, im Einvernehmen mit dem Eidgenössischen Departement des Innern und dem Eidgenössischen Volkswirtschaftsdepartement und nach Anhören der beteiligten Unternehmen und Arbeitnehmer oder deren Vertreter Ausführungsbestimmungen zu diesem Artikel zu erlassen.

V. Sonderschutz[32]

Art. 25 Sonderschutz der Jugendlichen

¹ Jugendliche bis zum vollendeten 17. Altersjahr dürfen in der Zeit zwischen 23 und 5 Uhr, ausser für Ausbildungszwecke, nicht beschäftigt werden.

² Jugendliche dürfen erst nach dem vollendeten 17. Altersjahr zu selbständigem Zugsabfertigungsdienst herangezogen werden.

³ Im Rangierdienst und im Zugsbegleitungsdienst dürfen Jugendliche erst nach dem vollendeten 18. Altersjahr selbständig eingesetzt werden.

Art. 26[33] Sonderschutz der Arbeitnehmer mit eigenem Haushalt

Arbeitnehmer, die einen eigenen Haushalt mit Familienangehörigen besorgen, ist wenn möglich nach ungefähr der Hälfte der Arbeitszeit

---

30 Fassung gemäss Ziff. I der V vom 6. Nov. 2002, in Kraft seit 1. Jan. 2003 (AS **2002** 4228).
31 Bezeichnung gemäss nicht veröffentlichtem BRB vom 19. Dez. 1997.
32 Fassung gemäss Ziff. I der V vom 29. April 1987, in Kraft seit 1. Juni 1987 (AS **1987** 738).
33 Fassung gemäss Ziff. I der V vom 29. April 1987, in Kraft seit 1. Juni 1987 (AS **1987** 738).

eine Pause von wenigstens anderthalb Stunden zu gewähren. Artikel 7 Absatz 4 des Gesetzes bleibt vorbehalten.

VI. Durchführung des Gesetzes

Art. 27[34]   Aufsicht

[1] Aufsicht und Vollzug des Gesetzes obliegen, unter Vorbehalt von Artikel 24 Absatz 5, dem Bundesamt für Verkehr.

[2] Das Bundesamt für Verkehr ist jederzeit berechtigt, bei den Unternehmen und den Nebenbetrieben die richtige Einhaltung der Vorschriften des Gesetzes und der Verordnung an Ort und Stelle nachzuprüfen.

[3] Es kann die für den Vollzug der Bundesgesetzgebung über Arbeit in Industrie, Gewerbe und Handel sowie über die Arbeits- und Ruhezeit der berufsmässigen Motorfahrzeugführer zuständigen eidgenössischen und kantonalen Amtsstellen zu den Kontrollen beiziehen.

Art. 28   Abweichungen von den gesetzlichen Vorschriften

Die Unternehmen haben die von den Aufsichtsbehörden bewilligten Ausnahmen von den gesetzlichen Vorschriften den Arbeitnehmern zur Kenntnis zu bringen.

VII. Ausnahmebestimmungen

Art. 29[35]   ...

Art. 30   Seilbahnen

Für Arbeitnehmer der Standseilbahnen und Luftseilbahnen sind zur Berücksichtigung aussergewöhnlicher Verhältnisse Ausnahmen von den Vorschriften des Gesetzes über die Höchstarbeitszeit im Durchschnitt von sieben aufeinanderfolgenden Arbeitstagen (Art. 4 Abs. 3) sowie von den Bestimmungen dieser Verordnung über die Zuteilung von Ruhesonntagen (Art. 15 Abs. 1 und 5) zulässig. Diese Ausnahmen bedürfen der Zustimmung der beteiligten Arbeitnehmer oder ihrer

---

34   Fassung gemäss Ziff. I der V vom 6. Nov. 2002, in Kraft seit 1. Jan. 2003 (AS **2002** 4228).

35   Aufgehoben durch Ziff. I der V vom 6. Nov. 2002 (AS **2002** 4228).

Vertreter; sie sind von der Aufsichtsbehörde im voraus zu genehmigen.

Art. 31   Schiffahrtsunternehmen

Für Arbeitnehmer der Schiffahrtsunternehmen sind zur Berücksichtigung aussergewöhnlicher Verhältnisse Ausnahmen von den Vorschriften des Gesetzes über die Arbeitszeit (Art. 4 Abs. 1 und 3), die Dienstschicht (Art. 6) und die Ruheschicht (Art. 8) sowie von den Bestimmungen dieser Verordnung über die Zuteilung von Ruhesonntagen (Art. 15 Abs. 1 und 5) zulässig. Diese Ausnahmen bedürfen der Zustimmung der beteiligten Arbeitnehmer oder ihrer Vertreter; sie sind von der Aufsichtsbehörde im voraus zu genehmigen.

Art. 32   Schlafwagenbetriebe

[1] Schlafwagen- und Liegewagenbegleiter sind von den Vorschriften des Gesetzes über die Höchstarbeitszeit (Art. 4 Abs. 3) und die Dienstschicht (Art. 6) ausgenommen.

[2] Die Dienstpläne der Wagenbegleiter haben sich nach dem Lauf der Wagenkurse zu richten und werden vom Unternehmen mit der Zustimmung der Mehrheit der beteiligten Arbeitnehmer erstellt. Die durchschnittliche tägliche Arbeitszeit (Art. 4 Abs. 1 und 2 des Gesetzes) ist im Jahresdurchschnitt einzuhalten.

[3] Dienstunterbrechungen auf der Endstation des Wagenkurses von neun Stunden und mehr gelten als Ruheschicht, während diejenigen unter neun Stunden wie Pausen zu behandeln sind.

[4] Nach Diensten, die länger als zwei Tage dauern, ist ein Ruhetag oder Ausgleichstag zu gewähren.

[5] Mit Zustimmung der beteiligten Arbeitnehmer kann in Ausnahmefällen (Krankheit, Unfall, grosser Reiseverkehr usw.) von der Bestimmung in Absatz 4 abgewichen werden.

Art. 33   Speisewagenbetriebe und ambulanter Verpflegungsdienst in Zügen

[1] Für das fahrende Personal (Koch-, Servier- und Hilfspersonal) kann die tägliche Höchstarbeitszeit bis auf 13 Stunden verlängert werden,

doch ist die durchschnittliche Arbeitszeit gemäss Artikel 4 des Gesetzes im Jahresdurchschnitt einzuhalten.[36]

[2] Für das fahrende Personal kann die Dienstschicht bis auf 17 Stunden ausgedehnt werden, doch darf sie 12 Stunden im Jahresdurchschnitt nicht überschreiten. Artikel 10 Absatz 1 ist anwendbar.

VIII. Arbeitszeitgesetzkommission

Art. 34[37]   Arbeitszeitgesetzkommission

[1] Die Eidgenössische Arbeitszeitgesetzkommission besteht aus dem Präsidenten, einem Vertreter der Schweizerischen Post, einem Vertreter der Schweizerischen Bundesbahnen und vier Vertretern der übrigen dem Gesetz unterstellten Unternehmen sowie sechs Vertretern der Arbeitnehmer.

[2] Der Präsident und die 12 Mitglieder werden vom Bundesrat gewählt. Gleichzeitig bestimmt der Bundesrat für jedes Mitglied ein Ersatzmitglied. Die Amtsdauer richtet sich nach Artikel 14 der Kommissionenverordnung vom 3. Juni 1996[38].

IX. Schluss- und Übergangsbestimmungen

Art. 35[39]   ...

Art. 36   Aufhebung früherer Bestimmungen
(hier nicht von Interesse)

Art. 37   Inkrafttreten
[1] Diese Verordnung tritt am 28. Mai 1972 in Kraft.

2–3 ...[40]

---

36   Fassung gemäss Ziff. I der V vom 29. April 1987, in Kraft seit 1. Juni 1987 (AS **1987** 738).
37   Fassung gemäss Ziff. I der V vom 6. Nov. 2002, in Kraft seit 1. Jan. 2003 (AS **2002** 4228).
38   SR **172.31**
39   Aufgehoben durch Ziff. I der V vom 27. Okt. 1993, in Kraft seit 1. Jan. 1994 (AS **1993** 2918).
40   Aufgehoben durch Ziff. I der V vom 12. Aug. 1981 (AS **1981** 1122).

Bundesgesetz über die Unfallversicherung (UVG)

vom 20. März 1981; SR 832.20

(gestützt auf Artikel 34bis der Bundesverfassung[1])

Sechster Titel: Unfallverhütung
1. Kapitel: Verhütung von Berufsunfällen und Berufskrankheiten
1. Abschnitt: Geltungsbereich

Art. 81

[1] Die Vorschriften über die Verhütung von Berufsunfällen und Berufskrankheiten gelten für alle Betriebe, die in der Schweiz Arbeitnehmer beschäftigen.[2]

[2] Der Bundesrat kann die Anwendung dieser Vorschriften für bestimmte Betriebs- oder Arbeitnehmerkategorien einschränken oder ausschliessen.

2. Abschnitt: Pflichten der Arbeitgeber und Arbeitnehmer
Art. 82   **Allgemeines**

[1] Der Arbeitgeber ist verpflichtet, zur Verhütung von Berufsunfällen und Berufskrankheiten alle Massnahmen zu treffen, die nach der Erfahrung notwendig, nach dem Stand der Technik anwendbar und den gegebenen Verhältnissen angemessen sind.

[2] Der Arbeitgeber hat die Arbeitnehmer bei der Verhütung von Berufsunfällen und Berufskrankheiten zur Mitwirkung heranzuziehen.

[3] Die Arbeitnehmer sind verpflichtet, den Arbeitgeber in der Durchführung der Vorschriften über die Verhütung von Berufsunfällen und Berufskrankheiten zu unterstützen. Sie müssen insbesondere persönliche

---

[1]   Der genannten Bestimmung entspricht heute Art. 117 der BV vom 18. April 1999 (SR **101**).

[2]   Fassung gemäss Ziff. I des BG vom 18. Juni 1993, in Kraft seit 1. Jan. 1994 (AS **1993** 3136 3137; BBl **1993** I 805).

Schutzausrüstungen benützen, die Sicherheitseinrichtungen richtig gebrauchen und dürfen diese ohne Erlaubnis des Arbeitgebers weder entfernen noch ändern.

Art. 83 Ausführungsvorschriften

[1] Der Bundesrat erlässt nach Anhören der unmittelbar beteiligten Arbeitgeber- und Arbeitnehmerorganisationen Vorschriften über technische, medizinische und andere Massnahmen zur Verhütung von Berufsunfällen und Berufskrankheiten in den Betrieben. Er bestimmt, wer die Kosten trägt.

[2] Der Bundesrat erlässt Vorschriften über die Mitwirkung von Arbeitsärzten und andern Spezialisten der Arbeitssicherheit in den Betrieben.

Art. 84 Befugnisse der Durchführungsorgane

[1] Die Durchführungsorgane können nach Anhören des Arbeitgebers und der unmittelbar betroffenen Versicherten bestimmte Massnahmen zur Verhütung von Berufsunfällen und Berufskrankheiten anordnen. Der Arbeitgeber hat den Durchführungsorganen den Zutritt zu allen Arbeitsräumen und Arbeitsplätzen des Betriebs zu gewähren und ihnen zu gestatten, Feststellungen zu machen und Proben zu entnehmen.

[2] Die Durchführungsorgane können Versicherte, die hinsichtlich Berufsunfällen oder Berufskrankheiten durch bestimmte Arbeiten besonders gefährdet sind, von diesen Arbeiten ausschliessen. Der Bundesrat ordnet die Entschädigung für Versicherte, die durch den Ausschluss von ihrer bisherigen Arbeit im Fortkommen erheblich beeinträchtigt sind und keinen Anspruch auf andere Versicherungsleistungen haben.

3. Abschnitt: Durchführung

Art. 85 Zuständigkeit und Koordination

[1] Die Durchführungsorgane des Arbeitsgesetzes vom 13. März 1964[3] und die SUVA vollziehen die Bestimmungen über die Verhütung von Berufsunfällen und Berufskrankheiten. Der Bundesrat regelt die Zuständigkeit und die Zusammenarbeit der Durchführungsorgane. Er berücksichtigt ihre sachlichen, fachlichen und personellen Möglichkeiten.

3   SR **822.11**

[2] Der Bundesrat bestellt eine Koordinationskommission von neun bis elf Mitgliedern und wählt einen Vertreter der SUVA zum Vorsitzenden. Die Kommission setzt sich je zur Hälfte aus Vertretern der Versicherer und der Durchführungsorgane des Arbeitsgesetzes zusammen.[4]

[3] Die Koordinationskommission stimmt die einzelnen Durchführungsbereiche aufeinander ab, soweit der Bundesrat hierüber keine Bestimmungen erlassen hat; sie sorgt für eine einheitliche Anwendung der Vorschriften über die Verhütung von Berufsunfällen und Berufskrankheiten in den Betrieben. Sie kann dem Bundesrat Anregungen zum Erlass solcher Vorschriften unterbreiten und die SUVA ermächtigen, mit geeigneten Organisationen Verträge über besondere Durchführungsaufgaben auf dem Gebiete der Verhütung von Berufsunfällen und Berufskrankheiten abzuschliessen.

[4] Die Beschlüsse der Koordinationskommission sind für die Versicherer und die Durchführungsorgane des Arbeitsgesetzes verbindlich.

[5] Der Bundesrat übt die Aufsicht (Art. 76 ATSG[5]) über die Tätigkeit der Koordinationskommission aus.[6]

Art. 86   Verwaltungszwang

[1] Die Kantone leisten Rechtshilfe bei der Vollstreckung rechtskräftiger Verfügungen und unaufschiebbarer Anordnungen der Durchführungsorgane.

[2] Werden Leben oder Gesundheit von Arbeitnehmern durch Missachtung von Sicherheitsvorschriften schwer gefährdet, so verhindert die zuständige kantonale Behörde die Benützung von Räumen oder Einrichtungen und schliesst in besonders schweren Fällen den Betrieb bis zur Behebung des sicherheitswidrigen Zustandes; sie kann die Beschlagnahme von Stoffen und Gegenständen verfügen.

---

4   Siehe auch Art. 5 der V vom 20. Sept. 1982 über die Inkraftsetzung und Einführung des BG über die Unfallversicherung (SR **832.201**).

5   SR **830.1**

6   Fassung gemäss Anhang Ziff. 12 des BG vom 6. Okt. 2000 über den Allgemeinen Teil des Sozialversicherungsrechts, in Kraft seit 1. Jan. 2003 (SR **830.1**).

Verordnung über die Verhütung von Unfällen und Berufskrankheiten (Verordnung über die Unfallverhütung, VUV)

vom 19. Dezember 1983; SR 832.30

(gestützt auf die Artikel 81–88 des Unfallversicherungsgesetzes[1] sowie auf Artikel 40 des Arbeitsgesetzes[2])

Erster Titel: Vorschriften über die Verhütung von Berufsunfällen und Berufskrankheiten (Arbeitssicherheit)

1. Kapitel: Geltungsbereich

Art. 1   Grundsatz

[1] Die Vorschriften über die Arbeitssicherheit gelten für alle Betriebe, die in der Schweiz Arbeitnehmer beschäftigen.[3]

[2] Ein Betrieb im Sinne dieser Verordnung liegt vor, wenn ein Arbeitgeber dauernd oder vorübergehend einen oder mehrere Arbeitnehmer beschäftigt, unabhängig davon, ob feste Einrichtungen oder Anlagen vorhanden sind.

Art. 2   Ausnahmen

[1] Die Vorschriften über die Arbeitssicherheit gelten nicht für:

a.   die Privathaushalte;

b.   die Anlagen und Ausrüstungen der Armee.

[2] Die Vorschriften über die Verhütung von Berufsunfällen gelten nicht für:

a.   …[4]

---

1   SR **832.20**

2   SR **822.11**

3   Fassung gemäss Ziff. I der V vom 29. Nov. 1993, in Kraft seit 1. Jan. 1994 (AS **1993** 3138).

4   Aufgehoben durch Ziff. II der V vom 6. Nov. 2002 (AS **2002** 4228).

b. die Luftfahrtbetriebe hinsichtlich der Sicherheit der Luftfahrzeuge und jener Tätigkeiten dieser Betriebe und Betriebsteile, die sich auf den Betrieb der Luftfahrzeuge auf der Bewegungsfläche der Flugplätze beziehen, einschliesslich Landung und Abflug;

c. Kernanlagen hinsichtlich der nuklearen Sicherheit, der Sicherung und des technischen Strahlenschutzes sowie – hinsichtlich des technischen Strahlenschutzes – Betriebe, für die nach der Verordnung vom 30. Juni 1976[5] über den Strahlenschutz das Bundesamt für Gesundheit[6] als Kontrollinstanz vorgesehen ist;

d. Betriebe, die Anlagen im Sinne des Rohrleitungsgesetzes vom 4. Oktober 1963[7] erstellen oder benützen, hinsichtlich der Sicherheit der Rohrleitungsanlagen.

[3] Hingegen gelten die Vorschriften über die Arbeitssicherheit für:

a. die militärischen Regiebetriebe und diejenigen technischen Einrichtungen und Geräte der Armee, die in Friedenszeiten von Arbeitnehmern der Regiebetriebe unterhalten werden;

b. ... [8]

c. die zu Luftfahrtbetrieben gehörenden Hallen, Werkstätten, technischen Anlagen, Einrichtungen und Geräte für Instandhaltung und Prüfung von Luft- und Motorfahrzeugen sowie Lager von Treibstoffen und Schmiermitteln, einschliesslich der Abfülleinrichtungen für Zisternenwagen und der anderen Einrichtungen für die Betankung von Luftfahrzeugen;

d. die Flugsicherungsanlagen innerhalb und ausserhalb der Flugplätze und die Bereitstellung, den Einsatz und die Instandhaltung der notwendigen Hilfsmittel, Einrichtungen und Geräte von Luftfahrtbetrieben.

---

5 [AS **1976** 1573, **1979** 256, **1981** 537, **1983** 1964, **1984** 876, **1987** 652 Art. 21 Ziff. 4, **1988** 1561, **1991** 1459 Art. 22 Ziff. 2. AS **1994** 1947 Art. 140 Abs. 1 Ziff. 1]. Siehe heute die Strahlenschutzverordnung vom 22. Juni 1994 (SR **814.501**).

6 Bezeichnung gemäss nicht veröffentlichtem BRB vom 19. Dez. 1997.

7 SR **746.1**

8 Aufgehoben durch Ziff. II der V vom 6. Nov. 2002 (AS **2002** 4228).

2. Kapitel: Pflichten der Arbeitgeber und der Arbeitnehmer im allgemeinen

1. Abschnitt: Pflichten des Arbeitgebers

Art. 3 Schutzmassnahmen und Schutzeinrichtungen

1 Der Arbeitgeber muss zur Wahrung der Arbeitssicherheit alle Anordnungen und Schutzmassnahmen treffen, die den Vorschriften dieser Verordnung und den für seinen Betrieb sonst geltenden Vorschriften über die Arbeitssicherheit sowie im übrigen den anerkannten sicherheitstechnischen und arbeitsmedizinischen Regeln entsprechen.

2 Der Arbeitgeber muss dafür sorgen, dass die Schutzmassnahmen und Schutzeinrichtungen in ihrer Wirksamkeit nicht beeinträchtigt werden.

3 Werden Bauten, Gebäudeteile, Arbeitsmittel (Maschinen, Apparate, Werkzeuge oder Anlagen, die bei der Arbeit benutzt werden) oder Arbeitsverfahren geändert oder im Betrieb neue Stoffe verwendet, so muss der Arbeitgeber die Schutzmassnahmen und Schutzeinrichtungen den neuen Verhältnissen anpassen. Vorbehalten bleibt das Plangenehmigungs- und Betriebsbewilligungsverfahren nach den Artikeln 7 und 8 des ArG.[9]

Art. 4 Vorübergehende Einstellung der Arbeit

Ist die Sicherheit der Arbeitnehmer auf andere Weise nicht mehr gewährleistet, so muss der Arbeitgeber die Arbeit in den betreffenden Gebäuden oder Räumen oder an den betreffenden Arbeitsstätten oder Betriebseinrichtungen bis zur Behebung des Schadens oder des Mangels einstellen lassen, es sei denn, dass dadurch die Gefahr erhöht würde.

Art. 5[10] Persönliche Schutzausrüstungen

Können Unfall- und Gesundheitsgefahren durch technische oder organisatorische Massnahmen nicht oder nicht vollständig ausgeschlossen werden, so muss der Arbeitgeber den Arbeitnehmern zumutbare persönliche Schutzausrüstungen (PSA), wie Schutzhelme,

---

9 Fassung gemäss Ziff. I der V vom 25. April 2001, in Kraft seit 1. Juni 2001 (AS **2001** 1393).

10 Fassung gemäss Ziff. I der V vom 25. April 2001, in Kraft seit 1. Juni 2001 (AS **2001** 1393).

Haarnetze, Schutzbrillen, Schutzschilde, Gehörschutzmittel, Atemschutzgeräte, Schutzschuhe, Schutzhandschuhe, Schutzkleidung, Schutzgeräte gegen Absturz und Ertrinken, Hautschutzmittel sowie nötigenfalls auch besondere Wäschestücke zur Verfügung stellen. Er muss dafür sorgen, dass diese jederzeit bestimmungsgemäss verwendet werden können.

Art. 6[11]   Information und Anleitung der Arbeitnehmer

[1] Der Arbeitgeber sorgt dafür, dass alle in seinem Betrieb beschäftigten Arbeitnehmer, einschliesslich der dort tätigen Arbeitnehmer eines anderen Betriebes, über die bei ihren Tätigkeiten auftretenden Gefahren informiert und über die Massnahmen zu deren Verhütung angeleitet werden. Diese Information und Anleitung haben im Zeitpunkt des Stellenantritts und bei jeder wesentlichen Änderung der Arbeitsbedingungen zu erfolgen und sind nötigenfalls zu wiederholen.

[2] Die Arbeitnehmer sind über die Aufgaben und die Funktion der in ihrem Betrieb tätigen Spezialisten der Arbeitssicherheit zu informieren.

[3] Der Arbeitgeber sorgt dafür, dass die Arbeitnehmer die Massnahmen der Arbeitssicherheit einhalten.

[4] Die Information und die Anleitung müssen während der Arbeitszeit erfolgen und dürfen nicht zu Lasten der Arbeitnehmer gehen.

Art. 6a[12]   Mitspracherechte

[1] Den Arbeitnehmern oder deren Vertretung im Betrieb steht in allen Fragen der Arbeitssicherheit ein Mitspracherecht zu.

[2] Das Mitspracherecht umfasst den Anspruch auf frühzeitige und umfassende Anhörung sowie das Recht, Vorschläge zu unterbreiten, bevor der Arbeitgeber einen Entscheid trifft. Der Arbeitgeber begründet seinen Entscheid, wenn er den Einwänden und Vorschlägen der Arbeitnehmer oder deren Vertretung im Betrieb nicht oder nur teilweise Rechnung trägt.

---

11   Fassung gemäss Ziff. I der V vom 6. Okt. 1997, in Kraft seit 1. Jan. 1998 (AS **1997** 2374).

12   Eingefügt durch Ziff. I der V vom 6. Okt. 1997, in Kraft seit 1. Jan. 1998 (AS **1997** 2374).

Art. 7 Übertragung von Aufgaben an Arbeitnehmer

[1] Hat der Arbeitgeber einen Arbeitnehmer mit bestimmten Aufgaben der Arbeitssicherheit betraut, so muss er ihn in zweckmässiger Weise aus- und weiterbilden und ihm klare Weisungen und Kompetenzen erteilen. Die für die Aus- oder Weiterbildung benötigte Zeit gilt in der Regel als Arbeitszeit.

[2] Die Übertragung solcher Aufgaben an einen Arbeitnehmer entbindet den Arbeitgeber nicht von seinen Verpflichtungen für die Arbeitssicherheit.

Art. 8 Vorkehren bei Arbeiten mit besonderen Gefahren

[1] Der Arbeitgeber darf Arbeiten mit besonderen Gefahren nur Arbeitnehmern übertragen, die dafür entsprechend ausgebildet sind. Wird eine gefährliche Arbeit von einem Arbeitnehmer allein ausgeführt, so muss ihn der Arbeitgeber überwachen lassen.

[2] Bei Arbeiten mit besonderen Gefahren müssen die Zahl der Arbeitnehmer sowie die Anzahl oder die Menge der gefahrbringenden Einrichtungen, Arbeitsmittel und Stoffe auf das Nötige beschränkt sein.[13]

Art. 9[14] Zusammenwirken mehrerer Betriebe

[1] Sind an einem Arbeitsplatz Arbeitnehmer mehrerer Betriebe tätig, so haben deren Arbeitgeber die zur Wahrung der Arbeitssicherheit erforderlichen Absprachen zu treffen und die notwendigen Massnahmen anzuordnen. Sie haben sich gegenseitig und ihre jeweiligen Arbeitnehmer über die Gefahren und die Massnahmen zu deren Behebung zu informieren.

[2] Der Arbeitgeber muss einen Dritten auf die Anforderungen der Arbeitssicherheit in seinem Betrieb ausdrücklich aufmerksam machen, wenn er ihm den Auftrag erteilt, für seinen Betrieb:

a.[15] Arbeitsmittel sowie Gebäude und andere Konstruktionen zu planen, herzustellen, zu ändern oder in Stand zu halten;

---

[13] Fassung gemäss Ziff. I der V vom 25. April 2001, in Kraft seit 1. Juni 2001 (AS **2001** 1393).

[14] Fassung gemäss Ziff. I der V vom 6. Okt. 1997, in Kraft seit 1. Jan. 1998 (AS **1997** 2374).

b.   Arbeitsmittel[16] oder gesundheitsgefährdende Stoffe zu liefern;

c.   Arbeitsverfahren zu planen oder zu gestalten.

Art. 10   Temporärarbeit

Der Arbeitgeber, der in seinem Betrieb Arbeitskräfte beschäftigt, die er von einem anderen Arbeitgeber ausleiht, hat hinsichtlich der Arbeitssicherheit gegenüber diesen die gleichen Pflichten wie gegenüber den eigenen Arbeitnehmern.

2. Abschnitt: Pflichten des Arbeitnehmers

Art. 11

[1] Der Arbeitnehmer muss die Weisungen des Arbeitgebers in bezug auf die Arbeitssicherheit befolgen und die allgemein anerkannten Sicherheitsregeln berücksichtigen. Er muss insbesondere die PSA benützen und darf die Wirksamkeit der Schutzeinrichtungen nicht beeinträchtigen.[17]

[2] Stellt ein Arbeitnehmer Mängel fest, welche die Arbeitssicherheit beeinträchtigen, so muss er sie sogleich beseitigen. Ist er dazu nicht befugt oder nicht in der Lage, so muss er den Mangel unverzüglich dem Arbeitgeber melden.

[3] Der Arbeitnehmer darf sich nicht in einen Zustand versetzen, in dem er sich selbst oder andere Arbeitnehmer gefährdet. Dies gilt insbesondere für den Genuss von Alkohol oder anderen berauschenden Mitteln.

---

15   Fassung gemäss Ziff. I der V vom 25. April 2001, in Kraft seit 1. Juni 2001 (AS **2001** 1393).

16   Ausdruck gemäss Ziff. I der V vom 11. April 2001, in Kraft seit 1. Juni 2001 (AS **2001** 1393). Diese Änd. ist im gesamten Erlass berücksichtigt..

17   Fassung gemäss Ziff. I der V vom 25. April 2001, in Kraft seit 1. Juni 2001 (AS **2001** 1393).

2*a*. Kapitel:[18] Beizug von Arbeitsärzten und anderen Spezialisten der Arbeitssicherheit

Art. 11a   Beizugspflicht des Arbeitgebers

[1] Der Arbeitgeber muss nach Absatz 2 Arbeitsärzte und andere Spezialisten der Arbeitssicherheit (Spezialisten der Arbeitssicherheit) beiziehen, wenn es zum Schutz der Gesundheit der Arbeitnehmer und für ihre Sicherheit erforderlich ist.

[2] Die Beizugspflicht richtet sich namentlich nach:

a.   dem Berufsunfall- und Berufskrankheitsrisiko, das sich aus vorhandenen statistischen Grundlagen sowie aus den Risikoanalysen ergibt;

b.   der Anzahl der beschäftigen Personen; und

c.   dem für die Gewährleistung der Arbeitssicherheit im Betrieb erforderlichen Fachwissen.

[3] Der Beizug von Spezialisten der Arbeitssicherheit entbindet den Arbeitgeber nicht von seiner Verantwortung für die Arbeitssicherheit.

Art. 11b[19]   Richtlinien über die Beizugspflicht

[1] Die Koordinationskommission nach Artikel 85 Absatz 2 des Gesetzes (Koordinationskommission) erlässt Richtlinien zu Artikel 11*a* Absätze 1 und 2.[20]

[2] Werden vom Arbeitgeber die Richtlinien befolgt, so wird vermutet, dass er seiner Verpflichtung zum Beizug von Spezialisten der Arbeitssicherheit nachgekommen ist.

[3] Der Arbeitgeber kann auf andere Weise der Verpflichtung zum Beizug von Spezialisten der Arbeitssicherheit nachkommen, als dies die Richtlinien vorsehen, wenn er nachweist, dass der Schutz der Gesundheit der Arbeitnehmer und ihre Sicherheit gewährleistet ist.

---

18   Eingefügt durch Ziff. I der V vom 1. Juni 1993 (AS **1993** 1895).
19   Siehe die SchlB Änd. vom 1. Juni 1993 am Ende der vorliegenden V.
20   Fassung gemäss Anhang 5 der V vom 25. Nov. 1996 über die Eignung der Spezialistinnen und Spezialisten der Arbeitssicherheit in Kraft seit 1. Jan. 1997 (SR **822.116**).

Art. 11c   Verfügung über die Beizugspflicht

1 Kommt ein Arbeitgeber seiner Beizugspflicht nicht nach, kann das zuständige Durchführungsorgan nach den Artikeln 47–51 über die Beizugspflicht eine Verfügung nach Artikel 64 erlassen.

2 Ist für die Verhütung von Berufsunfällen nicht dasselbe Durchführungsorgan zuständig wie für die Verhütung von Berufskrankheiten, so setzen sich die beiden Durchführungsorgane über den Erlass der Verfügung ins Einvernehmen.

Art. 11d[21]   Eignung der Spezialisten der Arbeitssicherheit

1 Als Spezialisten der Arbeitssicherheit gelten Arbeitsärzte, Arbeitshygieniker, Sicherheitsingenieure und Sicherheitsfachleute, welche die Anforderungen der Verordnung vom 25. November 1996[22] über die Eignung der Spezialistinnen und Spezialisten der Arbeitssicherheit erfüllen.

2 Der Nachweis einer ausreichenden Ausbildung gilt als erbracht, wenn der Arbeitgeber oder die betroffene Person Ausweise vorlegen kann über eine Grundausbildung und eine Weiterbildung, welche der in Absatz 1 erwähnten Verordnung entsprechen.

3 Können keine solchen Ausweise vorgelegt werden, muss der Arbeitgeber oder die betroffene Person nachweisen, dass die erworbene Ausbildung gleichwertig ist. In- und ausländische Grundausbildungen und Weiterbildungen gelten als gleichwertig, wenn ihr Niveau mindestens die Anforderungen der in Absatz 1 erwähnten Verordnung erfüllt.

4 Die Durchführungsorgane überprüfen die Eignung der Spezialisten der Arbeitssicherheit.

---

21   Fassung gemäss Anhang 5 der V vom 25. Nov. 1996 über die Eignung der Spezialistinnen und Spezialisten der Arbeitssicherheit in Kraft seit 1. Jan. 1997 (SR **822.116**).
22   SR **822.116**

Art. 11d[bis] [23] Verfügung über die Eignung der Spezialisten der Arbeitssicherheit

[1] Vor Erlass einer Verfügung müssen die Durchführungsorgane das Bundesamt für Sozialversicherung (Bundesamt) und das Staatssekretariat für Wirtschaft (seco)[24] anhören.

[2] Die Verfügungen sind neben dem Arbeitgeber auch der betroffenen Person zu eröffnen und dem Bundesamt mitzuteilen. Die betroffene Person kann die gleichen Rechtsmittel ergreifen wie der Arbeitgeber.

Art. 11e Aufgaben der Spezialisten der Arbeitssicherheit

[1] Die Spezialisten der Arbeitssicherheit haben namentlich folgende Funktion:

a.[25] Sie beurteilen in Zusammenarbeit mit dem Arbeitgeber nach Anhörung der Arbeitnehmer oder ihrer Vertretung im Betrieb sowie der zuständigen Vorgesetzten die Gefahren für die Sicherheit und Gesundheit der Arbeitnehmer;

b. sie beraten und orientieren den Arbeitgeber in Fragen der Arbeitssicherheit, insbesondere in bezug auf:

    1. die Massnahmen zur Behebung von Mängeln und zur Verminderung von Risiken,

    2.[26] die Beschaffung von neuen Einrichtungen und Arbeitsmitteln sowie die Einführung von neuen Arbeitsverfahren, Betriebsmitteln, Werkstoffen und chemischen Substanzen,

    3.[27] die Auswahl von Schutzeinrichtungen und von PSA,

---

23   Eingefügt durch Anhang 5 der V vom 25. Nov. 1996 über die Eignung der Spezialistinnen und Spezialisten der Arbeitssicherheit, in Kraft seit 1. Jan. 1997 (SR **822.116**).

24   Ausdruck gemäss Art. 22 Abs. 1 Ziff. 15 der V vom 17. Nov. 1999, in Kraft seit 1. Juli 1999 (AS **2000** 187). Diese Änd. ist im ganzen Erlass berücksichtigt..

25   Fassung gemäss Ziff. I der V vom 6. Okt. 1997, in Kraft seit 1. Jan. 1998 (AS **1997** 2374).

26   Fassung gemäss Ziff. I der V vom 25. April 2001, in Kraft seit 1. Juni 2001 (AS **2001** 1393).

27   Fassung gemäss Ziff. I der V vom 25. April 2001, in Kraft seit 1. Juni 2001 (AS **2001** 1393).

    4.[28] die Instruktion der Arbeitnehmer über die Betriebsgefahren, denen sie ausgesetzt sind, und über die Benützung von Schutzeinrichtungen und PSA sowie andere zu treffende Massnahmen,

    5.   die Organisation der Ersten Hilfe, der medizinischen Notversorgung, der Bergung und der Brandbekämpfung;

c.[29] sie stehen den Arbeitnehmern oder ihrer Vertretung im Betrieb für Fragen der Sicherheit und Gesundheit am Arbeitsplatz zur Verfügung und beraten sie.

2 Die Arbeitsärzte nehmen die ärztlichen Untersuchungen vor, die zur Erfüllung ihrer Aufgaben erforderlich sind. Zudem können sie im Auftrag der Schweizerischen Unfallversicherungsanstalt (SUVA) die arbeitsmedizinischen Vorsorgeuntersuchungen nach den Artikeln 71–77 übernehmen.

3 Der Arbeitgeber stimmt die Aufgabenbereiche der verschiedenen Spezialisten der Arbeitssicherheit in seinem Betrieb aufeinander ab und hält ihre Aufgaben und Kompetenzen nach Gewährung der Mitspracherechte im Sinne von Artikel 6a schriftlich fest.[30]

Art. 11f　　Stellung der Spezialisten der Arbeitssicherheit im Betrieb

1 Der Arbeitgeber muss die Voraussetzungen dafür schaffen, dass die Spezialisten der Arbeitssicherheit ihre Aufgaben erfüllen können. Die Spezialisten der Arbeitssicherheit müssen den Arbeitgeber über ihre Tätigkeiten orientieren und ihn über Kontakte zu den Durchführungsorganen auf dem laufenden halten.

2 Den Spezialisten der Arbeitssicherheit muss die zur Erfüllung ihrer Aufgaben nötige Unabhängigkeit eingeräumt werden. Aus der Erfüllung ihrer Aufgaben dürfen ihnen keine Nachteile erwachsen.

3 Die Spezialisten der Arbeitssicherheit müssen direkten Zugang zu den Arbeitnehmern und den Arbeitsplätzen haben und in die für die

---

28   Fassung gemäss Ziff. I der V vom 25. April 2001, in Kraft seit 1. Juni 2001 (AS **2001** 1393).

29   Fassung gemäss Ziff. I der V vom 6. Okt. 1997, in Kraft seit 1. Jan. 1998 (AS **1997** 2374).

30   Fassung gemäss Ziff. I der V vom 6. Okt. 1997, in Kraft seit 1. Jan. 1998 (AS **1997** 2374).

Ausübung ihrer Tätigkeit erforderlichen Unterlagen des Arbeitgebers Einsicht nehmen können. Vor Entscheiden, welche die Arbeitssicherheit betreffen, namentlich vor Planungsentscheiden, muss der Arbeitgeber die Spezialisten beiziehen.

Art. 11g   Stellung der Spezialisten der Arbeitssicherheit gegenüber den Durchführungsorganen

[1] Die Spezialisten der Arbeitssicherheit müssen dem zuständigen Durchführungsorgan auf Verlangen über ihre Tätigkeit Auskunft erteilen und ihre Unterlagen zur Einsicht vorlegen. Der Arbeitgeber ist darüber zu informieren.

[2] Die Spezialisten der Arbeitssicherheit können sich vom zuständigen Durchführungsorgan beraten und unterstützen lassen.

[3] Wenn eine unmittelbare und schwere Gefahr für das Leben und die Gesundheit der Arbeitnehmer besteht und der Arbeitgeber sich weigert, die notwendigen Massnahmen zu ergreifen, müssen die Spezialisten der Arbeitssicherheit das zuständige Durchführungsorgan unverzüglich benachrichtigen.

Verordnung über den Schutz der Arbeitnehmerinnen und Arbeitnehmer vor Gefährdung durch Mikroorganismen (SAMV)

vom 25. August 1999; SR 832.321

(gestützt auf Artikel 83 des Unfallversicherungsgesetzes[1] sowie auf die Artikel 6 Absatz 4 und 40 des Arbeitsgesetzes[2])

1. Kapitel: Allgemeine Bestimmungen

Gegenstand und Geltungsbereich

Art. 1

[1] Diese Verordnung legt fest, welche Massnahmen zum Schutz der Arbeitnehmerinnen und Arbeitnehmer beim Umgang mit Mikroorganismen und bei der Exposition gegenüber Mikroorganismen zu treffen sind.

[2] Wo diese Verordnung nichts Besonderes bestimmt, gelten die Verordnung vom 19. Dezember 1983[3] über die Unfallverhütung (VUV) sowie die Verordnungen 3 und 4 vom 18. August 1993[4] zum Arbeitsgesetz.

Begriffe

Art. 2

Im Sinne dieser Verordnung gelten als:

a) *Mikroorganismen:* zelluläre oder nichtzelluläre mikrobiologische Einheiten, die fähig sind, sich zu vermehren oder genetisches Material zu übertragen, insbesondere Bakterien, Algen, Pilze, Protozoen, Viren und Viroide; ihnen gleichgestellt sind Gemische und Gegenstände, die solche Einheiten enthalten, sowie Zellkulturen, Humanparasiten, Prionen und biologisch aktives genetisches Material;

1   SR **832.20**
2   SR **822.11**
3   SR **832.30**
4   SR **822.113, 822.114**

b) *gentechnisch veränderte Mikroorganismen:* Mikroorganismen, deren genetisches Material durch gentechnische Verfahren nach Anhang 1 so verändert worden ist, wie dies unter natürlichen Bedingungen durch Kreuzen oder natürliche Rekombination nicht vorkommt;

c) *geschlossenes System:* Einrichtung, die durch physikalische Schranken oder durch eine Kombination physikalischer mit chemischen oder biologischen Schranken den Kontakt der Mikroorganismen mit den Arbeitnehmerinnen und Arbeitnehmern begrenzt oder verhindert;

d) *Umgang:* jede beabsichtigte Tätigkeit mit Mikroorganismen, insbesondere das Verwenden, Verarbeiten, Vermehren, Verändern, Nachweisen, Transportieren, Lagern oder Entsorgen;

e) *Exposition:* jede Situation, in welcher ein Kontakt mit Mikroorganismen möglich ist, der die Sicherheit und Gesundheit der Arbeitnehmerinnen und Arbeitnehmer gefährden kann.

Gruppen von Mikroorganismen

Art. 3

[1] Die Mikroorganismen werden in vier Gruppen eingeteilt. Massgeblich für die Einteilung ist das Risiko, das sie nach dem Stand der Wissenschaft aufweisen, d.h. die schädigenden Eigenschaften, insbesondere die Pathogenität für Menschen, und die Wahrscheinlichkeit, dass diese Eigenschaften zur Wirkung kommen.

[2] Die Gruppen werden wie folgt umschrieben:

a) Gruppe 1: Mikroorganismen, die kein oder ein vernachlässigbar kleines Risiko aufweisen;

b) Gruppe 2: Mikroorganismen, die ein geringes Risiko aufweisen;

c) Gruppe 3: Mikroorganismen, die ein mässiges Risiko aufweisen;

d) Gruppe 4: Mikroorganismen, die ein hohes Risiko aufweisen.

Liste der eingeteilten Mikroorganismen und der biologischen Sicherheitssysteme

Art. 4

[1] Das Bundesamt für Umwelt, Wald und Landschaft (BUWAL) führt im Einvernehmen mit den Bundesämtern für Gesundheit, für Veterinär-

wesen und für Landwirtschaft, mit dem Staatssekretariat für Wirtschaft sowie mit der Schweizerischen Unfallversicherungsanstalt (SUVA) und nach Anhörung der Eidgenössischen Fachkommission für biologische Sicherheit eine öffentlich zugängliche Liste, in der:

a) Mikroorganismen nach den Kriterien von Anhang 2.1 in eine der vier Gruppen eingeteilt sind; und

b) die biologischen Sicherheitssysteme aufgeführt sind, welche die Voraussetzungen nach Anhang 2.2 erfüllen.

2 Das BUWAL berücksichtigt dabei die bestehenden Listen, insbesondere diejenigen der Europäischen Union.

2. Kapitel: Pflichten des Arbeitgebers
1. Abschnitt: Gefahrenermittlung und Risikobewertung

Allgemeines Vorgehen

Art. 5

1 Der Arbeitgeber muss zum Schutz der Arbeitnehmerinnen und Arbeitnehmer bei jedem Umgang mit Mikroorganismen und bei jeder Exposition gegenüber Mikroorganismen die Gefahr ermitteln und das damit verbundene Risiko bewerten.

2 Die Gefahrenermittlung und die Risikobewertung sind regelmässig zu wiederholen, insbesondere bei jeder Änderung der Bedingungen oder beim Vorliegen wesentlicher neuer Erkenntnisse.

3 Der Arbeitgeber muss der zuständigen Behörde auf Verlangen die Kriterien mitteilen, die er zur Gefahrenermittlung und zur Risikobewertung anwendet.

Vorgehen beim Umgang mit Mikroorganismen

Art. 6

1 Der Arbeitgeber muss feststellen, zu welcher Gruppe die verwendeten Mikroorganismen gehören. Massgebend ist die Liste nach Artikel 4.

2 Figuriert ein Mikroorganismus nicht auf dieser Liste, so muss der Arbeitgeber die Zuordnung zu einer der vier Gruppen nach den Kriteri-

en von Anhang 2.1 selbst vornehmen. Die zuständige Behörde kann die Zuordnung überprüfen und ändern.

3 Bei der Zuordnung gentechnisch veränderter Mikroorganismen ist zu berücksichtigen, wie deren Eigenschaften mit den Eigenschaften des Empfängerorganismus, des Spenderorganismus, des Vektors (falls ein solcher verwendet wird), des klonierten Gens einschliesslich seiner Regulationsregion oder des Genproduktes zusammenwirken. Sind die Eigenschaften des übertragenen genetischen Materials genau bekannt, so müssen nur diese Eigenschaften bei der Zuordnung der isolierten gentechnisch veränderten Mikroorganismen berücksichtigt werden und nicht alle Eigenschaften des Spenderorganismus.

4 Die Risikobewertung kann mit derjenigen nach Artikel 8 der Einschliessungsverordnung vom 25. August 1999[5] kombiniert werden.

5 Die Sicherheitsmassnahmen sind nach den Artikeln 8 und 9 festzulegen.

6 Für bestimmte Tätigkeiten, welche zwar einen Umgang mit Mikroorganismen erfordern, aber auf Grund langjähriger Erfahrung oder nach der Freisetzungsverordnung vom 25. August 1999[6] nicht in geschlossenen Systemen durchgeführt werden müssen, genügen die Gefahrenermittlung und die Risikobewertung nach Artikel 7 sowie die Festlegung der Sicherheitsmassnahmen nach Artikel 8. Es handelt sich dabei insbesondere um bestimmte Tätigkeiten:

a)   in der Landwirtschaft;

b)   in der Lebensmittelproduktion;

c)   in Kläranlagen;

d)   in Kompostierwerken.

Vorgehen bei den übrigen Tätigkeiten
Art. 7
1 Die Gefahrenermittlung und die Risikobewertung müssen sich auf alle verfügbaren Informationen abstützen. Insbesondere sind abzuklären:

a)   Art und Dauer der Exposition gegenüber Mikroorganismen;

5   SR **816.12**
6   SR **816.11**

b) Eigenschaften, Mengen sowie Zustände der Mikroorganismen;

c) Art der Übertragung der Mikroorganismen;

d) Informationen zu Krankheiten, die sich eine Arbeitnehmerin oder ein Arbeitnehmer auf Grund der Exposition zuziehen könnte;

e) allergieauslösende oder toxische Wirkungen der Mikroorganismen;

f) eine bei einer Arbeitnehmerin oder einem Arbeitnehmer in unmittelbarem Zusammenhang mit der Arbeit festgestellte Krankheit;

g) Gruppe, zu der die betreffenden Mikroorganismen gehören.

[2] Die Sicherheitsmassnahmen sind nach Artikel 8 festzulegen.

2. Abschnitt: Sicherheitsmassnahmen

Allgemeine Sicherheitsmassnahmen
Art. 8

[1] Der Arbeitgeber muss zum Schutz der Arbeitnehmerinnen und Arbeitnehmer vor Gefährdung ihrer Sicherheit und Gesundheit durch Mikroorganismen alle Massnahmen treffen, die nach der Erfahrung notwendig, nach dem Stand der Technik anwendbar und den gegebenen Verhältnissen angemessen sind.

[2] Der Arbeitgeber ist insbesondere verpflichtet:

a) die Mikroorganismen auszuwählen, die das kleinste Gefährdungspotenzial aufweisen;

b) dafür zu sorgen, dass möglichst wenige Arbeitnehmerinnen und Arbeitnehmer Umgang mit Mikroorganismen haben oder Mikroorganismen ausgesetzt sind;

c) Arbeitsverfahren und technische Massnahmen so zu gestalten, dass die Ausbreitung von Mikroorganismen am Arbeitsplatz möglichst vermieden wird;

d) die Verfahren für die Entnahme, die Handhabung und die Verarbeitung von Proben menschlichen oder tierischen Ursprungs festzulegen;

e) Vorkehren für die Schadensbewältigung und -begrenzung bei Unfällen oder Zwischenfällen mit Mikroorganismen zu treffen;

f)   Abfälle so zu sammeln, zu lagern und zu beseitigen, dass die Arbeitnehmerinnen und Arbeitnehmer nicht gefährdet werden.

[3] Der Arbeitgeber muss kollektive oder, wo dies nicht oder nur teilweise möglich ist, individuelle Schutzmassnahmen treffen. Insbesondere muss er dafür sorgen, dass:

a)   den Arbeitnehmerinnen und Arbeitnehmern geeignete Schutzausrüstung und Schutzkleidung zur Verfügung steht;

b)   die notwendigen Schutzausrüstungen sachgerecht aufbewahrt, nach Möglichkeit vor Gebrauch, auf jeden Fall aber nach Gebrauch überprüft und gereinigt werden und vor erneutem Gebrauch nötigenfalls in Stand gestellt oder ersetzt werden;

c)   Arbeitskleider und persönliche Schutzausrüstungen, die möglicherweise durch Mikroorganismen kontaminiert wurden, beim Verlassen des Arbeitsbereichs abgelegt und vor Durchführung der Massnahmen nach Buchstabe d getrennt von anderen Kleidungsstücken aufbewahrt werden;

d)   die möglicherweise durch Mikroorganismen kontaminierten Kleider und persönlichen Schutzausrüstungen gereinigt und nötigenfalls desinfiziert werden.

[4] Der Arbeitgeber muss durch Hygienemassnahmen dafür sorgen, dass Mikroorganismen weder die betroffenen Arbeitnehmerinnen und Arbeitnehmer gefährden noch auf Personen ausserhalb des Arbeitsplatzes übertragen werden. Er muss zudem dafür sorgen, dass den Arbeitnehmerinnen und Arbeitnehmern geeignete Waschanlagen zur Verfügung stehen, in denen die erforderlichen Wasch- und Dekontaminationsmittel vorhanden sind.

[5] Überdies muss er für Räume, in denen für die Arbeitnehmerinnen und Arbeitnehmer die Gefahr einer Kontamination durch pathogene Mikroorganismen besteht, ein Ess-, Trink-, Rauch-, Schnupf- und Schminkverbot aussprechen sowie durchsetzen. In solchen Räumen dürfen auch keine Nahrungsmittel aufbewahrt werden.

Zusätzliche Sicherheitsmassnahmen beim Umgang mit Mikroorganismen

Art. 9

[1] Beim Umgang mit Mikroorganismen der Gruppen 1–4 sind die Sicherheitsmassnahmen der entsprechenden Sicherheitsstufen 1–4 nach

Anhang 3 zu treffen; beim Umgang mit Mikroorganismen der Gruppen 2–4 handelt es sich dabei um geschlossene Systeme. Vorbehalten bleibt Artikel 6 Absatz 6.

[2] Für mikrobiologische Laboranalysen von Boden-, Wasser-, Luft- oder Lebensmittelproben genügen in der Regel die Sicherheitsmassnahmen der Sicherheitsstufe 1 für Forschungs- und Entwicklungslaboratorien. Ist mit einer deutlich erhöhten Gefährdung zu rechnen, so sind weiter gehende zusätzliche Massnahmen zu treffen.

[3] Für Laboranalysen von klinischem Material (medizinischmikrobiologische Diagnostik) genügen in der Regel die Sicherheitsmassnahmen der Sicherheitsstufe 2 für Forschungs- und Entwicklungslaboratorien.

[4] Werden pathogene Mikroorganismen der Gruppe 3 zu diagnostischen Zwecken angereichert und ist dadurch mit einer erhöhten Gefährdung zu rechnen, so sind die Sicherheitsmassnahmen der Sicherheitsstufe 3 für Forschungs- und Entwicklungslaboratorien zu treffen. Beim Umgang mit Mikroorganismen der Gruppe 4 zu diagnostischen Zwecken sind die Sicherheitsmassnahmen der Sicherheitsstufe 4 zu treffen.

3. Abschnitt: Information und Anleitung

Information der zuständigen Behörde

Art. 10

[1] Der Arbeitgeber muss die zuständige Behörde auf Verlangen informieren über:

a)   die Ergebnisse der Gefahrenermittlung und der Risikobewertung;

b)   die Tätigkeiten, bei denen Arbeitnehmerinnen und Arbeitnehmer mit Mikroorganismen umgegangen sind oder Mikroorganismen ausgesetzt waren;

c)   die Zahl der betroffenen Arbeitnehmerinnen und Arbeitnehmer;

d)   die Namen der Projektleiterin oder des Projektleiters und der Spezialistin oder des Spezialisten der Arbeitssicherheit;

e)   die Arbeitsverfahren und -methoden, soweit sie die Sicherheit und Gesundheit der Arbeitnehmerinnen und Arbeitnehmer betreffen, und die getroffenen Schutz- und Vorbeugungsmassnahmen;

f)   den Notfallplan zum Schutz der Arbeitnehmerinnen und Arbeitnehmer vor einer Exposition gegenüber Mikroorganismen der Gruppen 2–4, die sich aus einem Versagen der physikalischen Schranken ergeben könnte;

g)   die Verfahren zur Unschädlichmachung oder zur Vernichtung von Mikroorganismen an kontaminierten Schutzausrüstungen, Arbeitsgeräten und in den Abfällen.

2 Der Arbeitgeber muss die SUVA unverzüglich über jeden Unfall oder Zwischenfall informieren, der möglicherweise zur Ausbreitung eines Mikroorganismus der Gruppe 3 oder 4 im Betrieb geführt hat.

Anleitung der Arbeitnehmerinnen und Arbeitnehmer

Art. 11

1 Die Arbeitnehmerinnen und Arbeitnehmer müssen vor der Aufnahme einer Tätigkeit, bei der sie Umgang mit Mikroorganismen haben oder Mikroorganismen ausgesetzt sein könnten, über die damit verbundenen Gefahren informiert und über die Massnahmen zu deren Verhütung angeleitet werden. Insbesondere ist auf besondere Gefahren für bestimmte Personengruppen, zum Beispiel schwangere Frauen oder Personen mit Immunschwäche, aufmerksam zu machen. Information und Anleitung müssen regelmässig wiederholt und nötigenfalls den veränderten Risiken angepasst werden.

2 Der Arbeitgeber muss am Arbeitsplatz schriftliche Anweisungen bereitstellen und nötigenfalls durch Aushang bekannt geben, die das Vorgehen festlegen:

a)   bei einem Unfall oder Zwischenfall beim Umgang mit einem Mikroorganismus der Gruppen 2–4;

b)   beim Umgang mit einem Mikroorganismus der Gruppe 3 oder 4.

Information der Arbeitnehmerinnen und Arbeitnehmer in besonderen Fällen

Art. 12

1 Der Arbeitgeber muss die Arbeitnehmerinnen und Arbeitnehmer oder ihre Vertretung im Betrieb:

a)   über Unfälle oder Zwischenfälle informieren, bei denen Arbeitnehmerinnen oder Arbeitnehmer Mikroorganismen der Gruppe 2 ausgesetzt waren, wenn die Möglichkeit besteht, dass ein solches Ereignis zu einer Berufskrankheit führen kann;

b)   unverzüglich über jeden Unfall oder Zwischenfall informieren, der möglicherweise zur Ausbreitung eines Mikroorganismus der Gruppe 3 oder 4 im Betrieb geführt hat;

c)   so schnell wie möglich über die Ursachen sowie über bereits getroffene oder noch zu treffende Abhilfemassnahmen informieren.

2 Die Arbeitnehmerinnen und Arbeitnehmer oder ihre Vertretung im Betrieb haben Zugang zu allen nicht personenbezogenen Informationen über den sicheren Umgang mit Mikroorganismen.

3 Der Arbeitgeber muss den Arbeitnehmerinnen und Arbeitnehmern oder ihrer Vertretung im Betrieb auf Antrag die Informationen nach Artikel 10 Absatz 1 zur Verfügung stellen.

Verzeichnis betroffener Arbeitnehmerinnen und Arbeitnehmer

Art. 13

1 Der Arbeitgeber muss ein Verzeichnis führen, in dem aufzuführen sind:

a)   die Arbeitnehmerinnen und Arbeitnehmer, die Umgang mit Mikroorganismen der Gruppen 2–4 haben;

b)   die Arbeitnehmerinnen und Arbeitnehmer, die Mikroorganismen der Gruppe 3 oder 4 ausgesetzt sind oder waren;

c)   die Art der Arbeit und nach Möglichkeit der betreffende Mikroorganismus;

d)   Unfälle und Zwischenfälle mit Mikroorganismen.

2 Er muss das Verzeichnis während mindestens zehn Jahren nach dem letzten Umgang mit Mikroorganismen bzw. nach der letzten bekannten Exposition gegenüber Mikroorganismen aufbewahren.

3 Während eines entsprechend längeren Zeitraums, höchstens jedoch während 40 Jahren nach dem letzten Umgang bzw. nach der letzten bekannten Exposition ist das Verzeichnis aufzubewahren, wenn:

a)   Mikroorganismen im Spiel sind, die bekanntermassen dauerhafte oder latente Infektionen hervorrufen können;

b)   eine durch Mikroorganismen hervorgerufene Infektion nach dem gegenwärtigen Erkenntnisstand erst diagnostiziert werden kann, wenn viele Jahre später eine Krankheit ausbricht;

c) eine allfällige Infektion schwer wiegende Langzeitfolgen haben kann;

d) mit einer besonders langen Inkubationszeit vor dem Ausbruch einer allfälligen Krankheit zu rechnen ist;

e) eine allfällige Krankheit Folgen haben kann, die trotz Behandlung über längere Zeit hinweg gelegentlich wieder auftreten.

4 Stellt der Betrieb seine Tätigkeit ein, so ist das Verzeichnis der SUVA zu übergeben.

5 Zugang zu diesem Verzeichnis haben:

a) die Arbeitnehmerinnen und Arbeitnehmer hinsichtlich aller Angaben, die sie persönlich betreffen;

b) die in Artikel 14 Absatz 2 aufgeführten Ärztinnen und Ärzte, die Durchführungsorgane der Unfallverhütung und die Unfallversicherer, um Unfällen vorbeugen oder Versicherungsfälle abklären zu können.

4. Abschnitt: Gesundheitsüberwachung

Art. 14

1 Bei der Gefahrenermittlung und der Risikobewertung muss der Arbeitgeber prüfen oder prüfen lassen, für welche Arbeitnehmerinnen und Arbeitnehmer besondere arbeitsmedizinische Schutzmassnahmen erforderlich sind. Sind Arbeitnehmerinnen und Arbeitnehmer gegen einen Mikroorganismus, mit dem sie umgehen oder dem sie ausgesetzt sein könnten, noch nicht immun, so müssen sie auf Veranlassung und Kosten des Arbeitgebers eine wirksame Impfung erhalten, wo dies möglich und sinnvoll ist.

2 Für jede Arbeitnehmerin und jeden Arbeitnehmer, für die oder den besondere arbeitsmedizinische Schutzmassnahmen erforderlich sind, muss der Arbeitgeber veranlassen, dass der beigezogene Arbeitsarzt, der Betriebs- oder ein Vertrauensarzt eine besondere Gesundheitsakte führt.

3 In der Gesundheitsakte werden folgende Daten festgehalten:

a) Gründe für die besonderen arbeitsmedizinischen Schutzmassnahmen;

b) Untersuchungen zum Immunitätsstatus der Arbeitnehmerin oder des Arbeitnehmers;

c) durchgeführte Impfungen;

d) medizinische Untersuchungsergebnisse bei Unfällen und Zwischenfällen oder anderen Expositionen gegenüber Mikroorganismen sowie bei begründetem Verdacht auf eine bei der beruflichen Tätigkeit erworbene Infektionskrankheit.

4 Für die Aufbewahrung der Gesundheitsakte gilt Artikel 13 Absätze 2 und 3 sinngemäss.

5 Die Arbeitnehmerinnen und Arbeitnehmer sind über alle medizinischen Kontrollen im Zusammenhang mit ihrer Tätigkeit zu informieren; sie sind anzuleiten, wie sie sich beim Auftreten bestimmter Krankheitssymptome zu verhalten haben.

6 Die Arbeitnehmerinnen und Arbeitnehmer haben Zugang zu ihrer Gesundheitsakte und allen Unterlagen über die sie betreffenden arbeitsmedizinischen Massnahmen.

5. Abschnitt: Anmeldung des Umgangs mit Mikroorganismen

Art. 15

1 Der Arbeitgeber muss den Umgang mit Mikroorganismen der Gruppen 2–4 der Kontaktstelle Biotechnologie des Bundes (Art. 15 der Einschliessungsverordnung vom 25. August 1999[7]) anmelden. Tätigkeiten mit Mikroorganismen der Gruppe 3 oder 4 sowie erstmalige Tätigkeiten mit Mikroorganismen der Gruppe 2 müssen mindestens 45 Tage vor Aufnahme der Arbeiten angemeldet werden.

2 Eine Neuanmeldung ist erforderlich, wenn an den Arbeitsprozessen oder -verfahren wesentliche Änderungen, die für die Sicherheit und Gesundheit der Arbeitnehmerinnen und Arbeitnehmer von Bedeutung sind, vorgenommen werden.

3 Die Anmeldung kann mit derjenigen nach Artikel 9 Absatz 6 der Einschliessungsverordnung kombiniert werden und muss folgende Angaben enthalten:

7   SR **816.12**

a)   Name und Adresse des Betriebs;

b)   Name und Befähigung der für die Sicherheit und Gesundheit am Arbeitsplatz beauftragten Person;

c)   die Art des Mikroorganismus;

d)   die Ergebnisse der Gefahrenermittlung und der Risikobewertung;

e)   die geplanten Schutzmassnahmen.

3. Kapitel: Pflichten der Arbeitnehmerinnen und Arbeitnehmer

Art. 16

[1] Die Arbeitnehmerinnen und Arbeitnehmer müssen die Weisungen des Arbeitgebers in Bezug auf Arbeitssicherheit und Gesundheitsvorsorge befolgen und die allgemein anerkannten Sicherheitsregeln beachten. Sie müssen insbesondere die persönlichen Schutzausrüstungen benützen und dürfen die Wirksamkeit der Sicherheitseinrichtungen nicht beeinträchtigen.

[2] Die Arbeitnehmerinnen und Arbeitnehmer müssen jeden Unfall oder Zwischenfall, bei dem sie Mikroorganismen ausgesetzt sind, unverzüglich der für die Sicherheit und Gesundheit am Arbeitsplatz beauftragten Person melden.

4. Kapitel: Verfahren und Rechtspflege

Art. 17

Für das Verfahren und die Rechtspflege gelten die Bestimmungen der VUV[8].

Art. 18–19

(hier nicht von Interesse)

Inkrafttreten

Art. 20

Diese Verordnung tritt am 1. November 1999 in Kraft.

Bundesgesetz über die Heimarbeit (Heimarbeitsgesetz, HArG)

vom 20. März 1981; SR 822.31

(gestützt auf die Artikel 34ter und 64bis der Bundesverfassung[1])

1. Abschnitt: Geltungsbereich

Art. 1   Gegenstand

[1] Das Gesetz gilt für öffentliche und private Arbeitgeber, die Heimarbeit ausführen lassen, sowie für die von ihnen beschäftigten Heimarbeitnehmer.

[2] Auf Personen und Organisationen, die stellvertretend für den Arbeitgeber Heimarbeit ausgeben, sind die für Heimarbeitnehmer geltenden Schutzbestimmungen sinngemäss anwendbar.

[3] Für den Arbeitgeber im Ausland gilt das Gesetz, soweit er Heimarbeitnehmer in der Schweiz beschäftigt.

[4] Als Heimarbeit nach diesem Gesetz gilt jede gewerbliche und industrielle Hand- und Maschinenarbeit, die ein Heimarbeitnehmer allein oder mit Familienangehörigen in seiner Wohnung oder in einem andern, von ihm bestimmten Arbeitsraum gegen Lohn ausführt.

[5] Für die Anwendbarkeit des Gesetzes ist das tatsächliche Beschäftigungsverhältnis und nicht die Bezeichnung des Vertrages massgebend.

Art. 2   Zweifelsfälle

Über die Anwendbarkeit des Gesetzes entscheidet in Zweifelsfällen die kantonale Behörde von Amtes wegen oder auf Ersuchen eines Beteiligten. Ist ein Bundesbetrieb betroffen, so entscheiden die Bundesbehörden.

---

1   Den genannten Bestimmungen entsprechen heute die Art. 41, 45, 59, 63, 110, 123, 147 und 178 der BV vom 18. April 1999 (SR **101**). Siehe zur Heimarbeit auch den Bundesbeschluss über die Förderung der Heimarbeit vom 12. Februar 1949 (SR **822.32**) sowie die V über die Förderung der Heimarbeit vom 28. Juni 1949 (SR **822.321**).

2. Abschnitt: Pflichten der Arbeitgeber und der Heimarbeitnehmer

Art. 3 **Bekanntgabe der Arbeitsbedingungen**

Der Arbeitgeber hat dem Heimarbeitnehmer sowie Personen und Organisationen, die stellvertretend für ihn Heimarbeit ausgeben, bei der ersten Ausgabe von Heimarbeit die Arbeitsbedingungen vollständig und schriftlich bekanntzugeben.

Art. 4 **Lohn, Vorgabezeit, Abrechnung**

[1] Der Lohn für Heimarbeit richtet sich nach den im eigenen Betrieb für gleichwertige Arbeit geltenden Ansätzen. Fehlt ein vergleichbarer Betriebslohn, so ist der im betreffenden Wirtschaftszweig übliche regionale Lohnansatz für ähnliche Arbeiten anzuwenden. Den unterschiedlichen Arbeitsbedingungen zwischen Betrieb und Wohnort des Heimarbeitnehmers sowie den mit der Heimarbeit verbundenen Mehr- und Minderaufwendungen für Arbeitgeber und Arbeitnehmer ist angemessen Rechnung zu tragen.

[2] Wird der Lohn nach der geleisteten Arbeit bemessen (Akkordlohn), so hat der Arbeitgeber dem Heimarbeitnehmer gleichzeitig mit dem Lohnansatz den für die Arbeit geschätzten Zeitaufwand bekanntzugeben (Vorgabezeit), ausser wenn dieser wegen der Art der Heimarbeit nicht zum voraus ermittelt werden kann.

[3] Der Arbeitgeber gibt dem Heimarbeitnehmer eine schriftliche Abrechnung, von der beide Parteien eine Ausfertigung[2] während mindestens fünf Jahren aufbewahren müssen.

Art. 5 **Auslagenersatz, Arbeitsgeräte, Material, Anleitung**

[1] Der Arbeitgeber hat dem Heimarbeitnehmer die erforderlichen Auslagen, insbesondere für Arbeitsgeräte, Material und deren Transport zu ersetzen.

[2] Stellt der Arbeitgeber Arbeitsgeräte oder Material zur Verfügung, so darf er dafür vom Heimarbeitnehmer keine Entschädigung verlangen. Vorbehalten bleiben die Rückgabepflicht bei Beendigung des Heimar-

---

2   Berichtigung durch die Redaktionskommission der BVers (Art. 33 GVG – SR **171.11**).

beitsverhältnisses und allfällige Schadenersatzansprüche des Arbeitgebers.

3 Der Arbeitgeber hat den Heimarbeitnehmer zu den Arbeiten anzuleiten, soweit dies für dessen Sicherheit und für die Erzielung eines angemessenen Lohnes erforderlich ist.

Art. 6   Jugendliche

An Jugendliche, die das 15. Altersjahr noch nicht vollendet haben, darf Heimarbeit nicht zur selbständigen Ausführung ausgegeben werden.

Art. 7   Zeitliche Begrenzung der Ausgabe von Heimarbeit

1 Der Arbeitgeber darf an Sonn- und Feiertagen Heimarbeit weder ausgeben noch abnehmen. An den übrigen Tagen darf er dies nur innerhalb der vom Bundesrat festgelegten Zeit tun. Die Kantone können für besondere Verhältnisse Ausnahmen bewilligen.

2 Der Arbeitgeber hat auf die persönliche Leistungsfähigkeit des Heimarbeitnehmers Rücksicht zu nehmen. Er hat insbesondere die Frist für die Ablieferung der Heimarbeit so zu bemessen, dass der Heimarbeitnehmer täglich nicht mehr als acht Stunden und nicht an Sonntagen arbeiten muss.

Art. 8   Schutz von Leben und Gesundheit

1 Arbeitsgeräte und Material, die der Arbeitgeber dem Heimarbeitnehmer abgibt, müssen so beschaffen sein, dass bei sachgemässer Handhabung Unfälle und Gesundheitsschädigungen ausgeschlossen sind.

2 Die Heimarbeitnehmer haben die Anordnungen des Arbeitgebers zur Verhütung von Unfällen und Gesundheitsschädigungen zu befolgen. Insbesondere haben sie die Schutzeinrichtungen an den Arbeitsgeräten richtig zu handhaben und dürfen sie ohne Erlaubnis des Arbeitgebers weder entfernen noch ändern.

Art. 9   Gefährliche Arbeiten

Der Bundesrat bestimmt, welche Arbeiten nicht oder nur unter besonderen Sicherheitsvorkehrungen in Heimarbeit ausgeführt werden dürfen.

Art. 10   Verzeichnis der Heimarbeitnehmer und Registrierung

Der Arbeitgeber hat ein Verzeichnis der von ihm beschäftigten Heimarbeitnehmer zu führen und sich in das Arbeitgeberregister der Vollzugsbehörden eintragen zu lassen.

Art. 11   Auskunftspflicht

Arbeitgeber und Heimarbeitnehmer sind verpflichtet, den Vollzugs- und Aufsichtsbehörden die für den Vollzug des Gesetzes erforderlichen Auskünfte zu erteilen und ihnen Zutritt zu ihren Räumlichkeiten zu gewähren. Die Vollzugs- und Aufsichtsbehörden können Kontrollen vornehmen und Proben entnehmen sowie Verzeichnisse und andere Unterlagen einsehen, namentlich die Arbeitsbedingungen, Begleitzettel, Lieferungsbücher und Abrechnungen.

3. Abschnitt: Strafbestimmungen

Art. 12   Strafen

[1] Wer einer Vorschrift dieses Gesetzes oder seiner Ausführungsbestimmungen oder einer unter Hinweis auf die Strafdrohung dieses Artikels an ihn gerichteten Einzelverfügung zuwiderhandelt, wird mit Busse bestraft.

[2] Bei vorsätzlicher Widerhandlung kann in schweren Fällen auf Haft erkannt werden.

Art. 13   Anwendbares Recht

Es gelten die allgemeinen Bestimmungen des Strafgesetzbuches[3] und Artikel 6 des Verwaltungsstrafrechtsgesetzes[4].

Art. 14   Strafverfolgung

Die Strafverfolgung ist Sache der Kantone.

4. Abschnitt: Vollzugsbestimmungen

Art. 15   Vollzug

[1] Der Vollzug des Gesetzes ist Sache der Kantone. Sie bezeichnen die Vollzugsbehörden.

3   SR **311.0**
4   SR **313.0**

2 Die Betriebe des Bundes vollziehen das Gesetz unter Aufsicht der Eidgenössischen Arbeitsinspektorate.

3 Die Vollzugsbehörden führen das Arbeitgeberregister und überprüfen es mindestens einmal im Jahr.

4 Die Vollzugsbehörden erstatten dem Bundesamt für Industrie, Gewerbe und Arbeit[5] (Bundesamt) über den Vollzug des Gesetzes jährlich Bericht.

Art. 16[6]   Rechtsschutz

Entscheide der letzten kantonalen Instanzen sowie der Bundesbehörden über die Anwendbarkeit des Gesetzes unterliegen der Beschwerde an die Rekurskommission EDV; diese entscheidet endgültig, soweit die Verwaltungsgerichtsbeschwerde an das Bundesgericht unzulässig ist.

Art. 17   Oberaufsicht

Das Bundesamt übt die Oberaufsicht über den Vollzug des Gesetzes aus.

Art. 18   Eidgenössische Heimarbeitskommission

1 Der Bundesrat bestellt eine Eidgenössische Heimarbeitskommission, in welcher der Bund, die Kantone, die Organisationen der Arbeitgeber und der Arbeitnehmer sowie Sachverständige angemessen vertreten sind.

2 Die Eidgenössische Heimarbeitskommission begutachtet zuhanden des Eidgenössischen Volkswirtschaftsdepartementes Fragen der Gesetzgebung und des Vollzugs. Sie ist befugt, von sich aus Anregungen zu machen.

Art. 19   Schweigepflicht

Personen, die mit dem Vollzug oder mit der Vollzugsaufsicht betraut sind, sowie die Mitglieder der Eidgenössischen Heimarbeitskommission wahren das Amtsgeheimnis.

---

5   Heute:«Staatssekretariat für Wirtschaft (seco)» (Art. 5 der Organisationsverordnung für das Eidgenössische Volkswirtschaftsdepartement vom 14. Juni 1999 – SR **172.216.1**; AS **2000** 187 Art. 3).

6   Fassung gemäss Anhang Ziff. 34 des BG vom 4. Okt. 1991, in Kraft seit 1. Jan. 1994 (AS **1992** 288; SR **173.110.01** Art. 2 Abs. 1; BBl **1991** II 465).

5. Abschnitt: Schlussbestimmungen

Art. 20   Ausführungsbestimmungen

Der Bundesrat erlässt die Ausführungsbestimmungen nach Anhören der Kantone, der interessierten Organisationen und der Eidgenössischen Heimarbeitskommission.

Art. 21   Änderung und Aufhebung bisherigen Rechts

(hier nicht von Interesse)

Art. 22   Vorbehalt von Vorschriften

Vorbehalten bleiben insbesondere:

a. die Bundesgesetzgebung über die Verhütung von Unfällen und Berufskrankheiten, den Schutz der Umwelt, den Strahlenschutz, den Verkehr mit Giften, explosionsgefährliche Stoffe, Lebensmittel und Gebrauchsgegenstände sowie über die Sozialversicherungen;

b. die Polizeivorschriften der Kantone und Gemeinden.

Art. 23   Referendum und Inkrafttreten

[1] Dieses Gesetz untersteht dem fakultativen Referendum.

[2] Der Bundesrat bestimmt das Inkrafttreten.

Datum des Inkrafttretens: 1. April 1983[7]

---

7   BRB vom 20. Dez. 1982 (AS **1983** 113).

Verordnung über die Heimarbeit (Heimarbeitsverordnung, HArGV)

vom 20. Dezember 1982; SR 822.311

(gestützt auf die Artikel 7, 9 und 20 des Heimarbeitsgesetzes[1])

1. Abschnitt: Geltungsbereich

Art. 1

[1] Als öffentliche Arbeitgeber im Sinne von Artikel 1 Absatz 1 des Gesetzes gelten insbesondere die öffentlichen Verwaltungen des Bundes, der Kantone und Gemeinden sowie die Körperschaften des öffentlichen Rechts.

[2] Als gewerbliche oder industrielle Hand- und Maschinenarbeit im Sinne von Artikel 1 Absatz 4 des Gesetzes gelten Verrichtungen, durch welche Güter hergestellt, verarbeitet, behandelt, verpackt, abgefüllt oder sortiert werden.

2. Abschnitt: Rechte und Pflichten der Arbeitgeber und Heimarbeitnehmer

Art. 2   Bekanntgabe der Arbeitsbedingungen

[1] Der Arbeitgeber hat dem Heimarbeitnehmer die allgemein geltenden Arbeitsbedingungen wie Tarife, Arbeitsordnungen oder Gesamtarbeitsverträge schriftlich bekanntzugeben. Die den einzelnen Heimarbeitnehmer betreffenden Vereinbarungen, namentlich über den Lohn und den Auslagenersatz, sind diesem schriftlich zu bestätigen.

[2] Die Einzelheiten des Arbeitsauftrages sind durch Begleitpapiere bekanntzugeben und, soweit nötig, mit Mustern, Entwürfen, Zeichnungen oder Beschreibungen der auszuführenden Arbeit zu ergänzen. An Stelle der Begleitpapiere kann ein Arbeitsbuch verwendet werden.

Art. 3   Mehr- und Minderaufwendungen

[1] Als Mehraufwendungen (Art. 4 Abs. 1 des Gesetzes) gelten insbesondere:

1   SR **822.31**

a. für den Arbeitgeber die Kosten des Transportes der Arbeitsgeräte, Materialien und Arbeitserzeugnisse sowie die Kosten für Anleitung und Betreuung des Heimarbeitnehmers, soweit sie diejenigen für gleiche oder vergleichbare Arbeiten im Betrieb übersteigen;

b. für den Heimarbeitnehmer die Kosten des Arbeitsplatzes, soweit es sich nicht um Auslagen handelt, die nach Artikel 5 Absatz 1 des Gesetzes vom Arbeitgeber zu ersetzen sind.

[2] Als Minderaufwendungen (Art. 4 Abs. 1 des Gesetzes) gelten insbesondere die Einsparungen des Arbeitgebers von Kosten des Arbeitsraumes und des Arbeitsplatzes.

[3] Nicht als Mehr- oder Minderaufwendungen gelten Kosten, die sich aus unabdingbaren gesetzlichen oder gesamtarbeitsvertraglichen Verpflichtungen ergeben.

[4] Allfälligen Mehr- und Minderaufwendungen im Sinne von Artikel 4 Absatz 1 des Gesetzes kann nur soweit Rechnung getragen werden, als sie glaubhaft begründet werden.

Art. 4 Vorgabezeit

[1] Für die Berechnung der Vorgabezeit (Art. 4 Abs. 2 des Gesetzes) ist der im Betrieb für gleiche oder vergleichbare Arbeiten errechnete oder geschätzte durchschnittliche Zeitaufwand massgebend. Fehlen die entsprechenden Unterlagen, so hat der Arbeitgeber den erforderlichen Zeitaufwand zu ermitteln, ausser wenn dies wegen der Art der Heimarbeit nicht zum voraus möglich ist. Zeitmessungen und Arbeitsstudien können, mit dem Einverständnis des Heimarbeitnehmers, auch an dessen Arbeitsplatz vorgenommen werden.

[2] Der Arbeitgeber hat dem Heimarbeitnehmer schriftlich mitzuteilen, wie er die Vorgabezeit ermittelt hat.

Art. 5 Abrechnung

Aus der Abrechnung (Art. 4 Abs. 3 des Gesetzes) müssen ersichtlich sein:

a. Name, Vorname und Adresse des Arbeitgebers und des Heimarbeitnehmers;

b. AHV-Nummer des Heimarbeitnehmers;

c. Zahltagsperiode und Datum der Lohnzahlung;

d.   Menge und Art der abgelieferten Arbeitserzeugnisse und des allenfalls zurückgegebenen Materials;

e.   bei Stück- und Akkordlohn oder ähnlichen Entlöhnungsformen die der Lohnberechnung zugrunde liegenden Bestimmungsgrössen, bei Zeitlohn die Zahl der berechneten Stunden und der Stundenlohnansatz;

f.   allfällige Prämien;

g.   Ferienlohn und die Zahl der vergüteten Ferien- und Feiertage;

h.   Familien-, Kinder- und andere Zulagen;

i.   Auslagenersatz im Sinne von Artikel 5 Absatz 1 des Gesetzes;

k.   Vorschüsse, Lohnrückbehalt, Beiträge an Sozialversicherungen (AHV, Invalidenversicherung, Erwerbsersatzordnung, Arbeitslosenversicherung, Kranken-, Unfall-, berufliche Alters-, Hinterlassenen- und Invalidenversicherung).

Art. 6   Auslagen

[1] Als Auslagen (Art. 5 Abs. 1 des Gesetzes) gelten insbesondere die Kosten der vom Heimarbeitnehmer im Interesse des Arbeitgebers angeschafften Arbeitsgeräte und Materialien mit Ausnahme jener Arbeitsgeräte, die bereits im Besitz des Heimarbeitnehmers sind.

[2] Als Auslagen gelten auch die Kosten für den Unterhalt der für die Ausführung der Heimarbeit verwendeten Arbeitsgeräte und Materialien.

Art. 7   Zeitliche Begrenzung der Ausgabe von Heimarbeit

Heimarbeit darf nicht vor 6 Uhr und nicht nach 20 Uhr ausgegeben und abgenommen werden.

Art. 8   Schutz von Leben und Gesundheit

Der Arbeitgeber ist verpflichtet, den Heimarbeitnehmer auf die bei der Verwendung der Arbeitsgeräte und des Materials geltenden Schutzvorschriften aufmerksam zu machen. Spätestens bei deren Lieferung sind die entsprechenden Schutzvorschriften dem Heimarbeitnehmer auszuhändigen.

Art. 9   Gefährliche Arbeiten

[1] Zum Schutz der Heimarbeitnehmer und der Umgebung ihrer Arbeitsplätze dürfen folgende Arbeiten nicht in Heimarbeit ausgeführt werden:

a.   Bedienung von Maschinen, Einrichtungen, Geräten, Werkzeugen und Umgang mit Materialien, sofern damit erfahrungsgemäss eine erhebliche Unfallgefahr oder Gefahr von Gesundheitsschädigungen verbunden ist;

b.   Herstellen, Bearbeiten und Verpacken von Gegenständen, die Spreng- oder Zündstoffe enthalten;

c.   Herstellen, Bearbeiten und Verwenden von leichtentzündbaren Stoffen, ausgenommen das Bemalen, Beschriften und Verpacken, sofern keine erhebliche Brand- oder Explosionsgefahr besteht;

d.   Arbeiten, bei denen eine erhebliche Vergiftungsgefahr oder eine Gefährdung durch ionisierende Strahlen besteht;

e.   Sortieren, Verarbeiten und Ausbessern ungereinigter Wäsche, Kleider und Säcke;

f.   Sortieren und Verarbeiten ungereinigter Textilabfälle;

g.   Arbeiten mit Schweiss- und Schneidbrennern;

h.   Arbeiten, die mit heftiger Erschütterung oder starkem Lärm verbunden sind;

i.   Arbeiten bei grosser Hitze und Kälte;

k.   Heben, Tragen und Fortbewegen schwerer Lasten.

[2] Das Staatssekretariat für Wirtschaft (seco)[2] kann nach Anhörung der Vollzugsbehörde in Einzelfällen Ausnahmen bewilligen. Solche Bewilligungen sind mit besonderen Auflagen zum Schutz des Heimarbeitnehmers und allenfalls der Umgebung des Arbeitsplatzes zu verbinden.

Art. 10   Verzeichnis der Heimarbeitnehmer und Registrierung

[1] Der Arbeitgeber hat sich spätestens vor der ersten Ausgabe von Heimarbeit in das Arbeitgeberregister seines Wohnsitz- beziehungs-

---

2   Ausdruck gemäss Art. 22 Abs. 1 Ziff. 12 der V vom 17. Nov. 1999, in Kraft seit 1. Juli 1999 (AS **2000** 187). Diese Änd. ist im ganzen Erlass berücksichtigt.

weise Sitzkantons seines Betriebes eintragen zu lassen. Die Vollzugsbehörde stellt ihm über die erfolgte Eintragung eine Bescheinigung
aus, die aufzubewahren und auf Verlangen den Vollzugs- und Aufsichtsbehörden vorzuweisen ist.

[2] Der Arbeitgeber hat den Vollzugsbehörden auf deren Verlangen jährlich eine Kopie des nachgeführten Heimarbeitnehmerverzeichnisses zu
übermitteln, in welchem folgende Angaben enthalten sein müssen:

a. Name, Vorname, Adresse und Geburtsdatum des Heimarbeit-
    nehmers;

b. Beruf und Tätigkeit des Heimarbeitnehmers;

c. Datum der erstmaligen Ausgabe von Heimarbeit.

3. Abschnitt: Vollzugsbestimmungen

Art. 11   Kantone

[1] Die Kantone teilen dem seco die nach Artikel 15 Absatz 1 des Gesetzes bezeichneten Vollzugsbehörden sowie die kantonale Beschwerdeinstanz mit.

[2] Die kantonalen Vollzugsbehörden treffen die für den Vollzug erforderlichen Massnahmen. Insbesondere führen sie stichprobeweise Kontrollen bei den Arbeitgebern und, bei begründetem Anlass, in den Arbeitsräumen der Heimarbeitnehmer über die Einhaltung der Vorschriften des Gesetzes und der Verordnung durch, beraten Arbeitgeber und
Heimarbeitnehmer bei der Anwendung des Gesetzes und sorgen für
die fortlaufende Führung des Arbeitgeberregisters. Sie können für Ausnahmebewilligungen nach Artikel 7 Absatz 1 des Gesetzes Gebühren
erheben.[3]

[3] Der jährliche Bericht nach Artikel 15 Absatz 4 des Gesetzes ist dem
seco spätestens drei Monate nach Ablauf eines Kalenderjahres zu erstatten. Dieser hat auch Angaben betreffend Verfügungen über die
Anwendbarkeit des Gesetzes in Zweifelsfällen nach Artikel 2 des Gesetzes sowie über die Bewilligung von Ausnahmen von der zeitlichen
Begrenzung der Ausgabe und Abnahme von Heimarbeit nach Artikel 7
dieser Verordnung zu enthalten.

---

3 Fassung des letzten Satzes gemäss Anhang Ziff. 14 der V vom 30. Jan. 1991 über die
   Genehmigung kantonaler Erlasse durch den Bund (SR **172.068**).

Art. 12   Bund

[1] Das seco sorgt im Rahmen seiner Oberaufsicht für einen einheitlichen Vollzug des Gesetzes. Es kann den kantonalen Vollzugsbehörden Weisungen erteilen.

[2] Es führt namentlich stichprobeweise Kontrollen durch.[4]

[3] Es berät die Kantone und die Betriebe des Bundes bei der Anwendung des Gesetzes und dieser Verordnung und überprüft die von den kantonalen Vollzugsbehörden sowie Heimarbeit ausgebenden Bundesbetrieben getroffenen Massnahmen auf ihre Übereinstimmung mit den gesetzlichen Vorschriften.

Art. 13   Heimarbeitskommission

Die Eidgenössische Heimarbeitskommission besteht aus je drei bis vier Vertretern der Arbeitgeber- und Arbeitnehmerorganisationen, einem Vertreter der Betriebe des Bundes, zwei bis drei Vertretern von Kantonen, in denen in erheblichem Umfang Heimarbeit ausgegeben wird oder Heimarbeitnehmer beschäftigt werden, sowie aus einem bis zwei Sachverständigen. Den Vorsitz führt der Direktor des seco oder sein Stellvertreter.

4. Abschnitt: Schlussbestimmungen

Art. 14   Aufhebung und Änderung bisherigen Rechts

(hier nicht von Interesse)

Art. 15   Übergangsbestimmung

Die Mitglieder der bestehenden Eidgenössischen Heimarbeitskommission bleiben bis zum Ende der Amtsdauer im Amt.

Art. 16   Inkrafttreten

Diese Verordnung tritt am 1. April 1983 in Kraft

---

4   Fassung gemäss Ziff. II 3 der V vom 24. April 2002, in Kraft seit 1. Juni 2002 (AS **2002** 1347).

Bundesgesetz über das Gewerbe der Reisenden

vom 23. März 2001; SR 943.1

(gestützt auf Artikel 95 und 97 der Bundesverfassung[1], sowie auf Ziffer II Absatz 2 Buchstabe a des Bundesbeschlusses vom 18. Dezember 1998[2] über eine neue Bundesverfassung)

1. Abschnitt: Gegenstand

Art. 1

[1] Dieses Gesetz regelt das Gewerbe von Reisenden, die Konsumentinnen oder Konsumenten Waren oder Dienstleistungen anbieten.

[2] Dieses Gesetz:

a. gewährleistet, dass die Reisenden ihr Gewerbe im ganzen Gebiet der Schweiz ausüben können;

b. legt zum Schutze des Publikums die Mindestanforderungen für die Ausübung des Reisendengewerbes fest.

[3] Sammlungen mit gemeinnützigem oder wohltätigem Zweck und freiwillige öffentliche Versteigerungen unterstehen kantonalem Recht.

2. Abschnitt: Bewilligung

Art. 2   Bewilligungspflicht

[1] Eine Bewilligung der zuständigen kantonalen Behörde braucht, wer gewerbsmässig:

a. Konsumentinnen oder Konsumenten Waren zur Bestellung oder zum Kauf anbietet, sei es im Umherziehen, durch das ungerufene Aufsuchen privater Haushalte oder durch den Betrieb eines befristeten Wanderlagers im Freien, in einem Lokal oder von einem Fahrzeug aus;

---

1   Der genannten Bestimmung entspricht heute Art. 110 BV vom 18. April 1999 (SR **101**).

2   SR **101** SchlB.

b.   Konsumentinnen oder Konsumenten Dienstleistungen jeglicher Art anbietet, sei es im Umherziehen oder durch das ungerufene Aufsuchen privater Haushalte;

c.   ein Schaustellergewerbe oder einen Zirkus betreibt.

[2] Der Kanton bestimmt die zuständige Behörde.

Art. 3   Ausnahmen von der Bewilligungspflicht

[1] Keine Bewilligung braucht, wer:

a.   seine Waren oder Dienstleistungen ausserhalb ständiger Verkaufsräumlichkeiten an einer von der zuständigen Behörde angesetzten, zeitlich und örtlich begrenzten öffentlichen Veranstaltung anbietet (Markt);

b.   an Ausstellungen oder Messen Waren oder Dienstleistungen zur Bestellung oder zum Kauf anbietet;

c.   eine Tätigkeit ausübt, für die er oder die Person, für welche er handelt, bereits eine behördliche Bewilligung erhalten hat.

[2] Der Bundesrat kann den Betrieb eines befristeten Wanderlagers im Freien mit Waren wie selbst erzeugten Landwirtschaftsprodukten oder Zeitungen von der Bewilligungspflicht ausnehmen.

Art. 4   Bewilligungsvoraussetzungen für Reisende

[1] Anrecht auf eine Bewilligung hat jedermann, es sei denn, er ist innerhalb der letzten zwei Jahre vor Einreichung des Bewilligungsgesuches wegen eines Vergehens oder Verbrechens verurteilt worden und die Ausübung des Reisendengewerbes birgt eine Wiederholungsgefahr in sich. Bei einer vollzogenen Freiheitsstrafe wird die Frist vom Zeitpunkt der Entlassung an gerechnet.

[2] Zusammen mit dem Bewilligungsgesuch sind folgende Dokumente einzureichen:

a.   der Handelsregisterauszug des Unternehmens, für das die gesuchstellende Person tätig ist, oder ein Identitätsausweis, sofern die gesuchstellende Person selbst oder das Unternehmen, für das sie tätig ist, nicht der Eintragungspflicht ins Handelsregister untersteht;

b.   der Strafregisterauszug der zuständigen Bundesstelle für in der Schweiz ansässige beziehungsweise eine gleichwertige Urkunde,

Bescheinigung oder amtliche Beglaubigung für im Ausland ansässige gesuchstellende Personen;

c. der Wohnsitznachweis;

d. die Zustimmung des gesetzlichen Vertreters oder der gesetzlichen Vertreterin, sofern die gesuchstellende Person unmündig oder entmündigt ist.

[3] Die Altersgrenze für jugendliche Reisende richtet sich nach Artikel 29 ff. des Arbeitsgesetzes vom 20. März 1998[3].

[4] Der Bundesrat regelt die Einzelheiten.

Art. 5   Bewilligungsvoraussetzungen für Schausteller und Zirkusse

[1] Unternehmen des Schausteller- und Zirkusgewerbes wird die Bewilligung erteilt, wenn:

a. sie nachweisen, dass sie eine ausreichende Haftpflichtversicherung abgeschlossen haben; und

b. die Sicherheit der von ihnen betriebenen Anlagen gewährleistet ist.

[2] Zusammen mit dem Bewilligungsgesuch sind folgende Dokumente einzureichen:

a. der Handelsregisterauszug des Unternehmens, für das die gesuchstellende Person tätig ist, oder ein Identitätsausweis, sofern die gesuchstellende Person selbst oder das Unternehmen, für das sie tätig ist, nicht der Eintragungspflicht ins Handelsregister untersteht;

b. der Nachweis einer abgeschlossenen und ausreichenden Haftpflichtversicherung; und

c. der Nachweis der Sicherheit.

[3] Der Bundesrat regelt die Einzelheiten, namentlich die sachlichen und zeitlichen Anforderungen an die Sicherheit.

Art. 6   **Bewilligungsvoraussetzungen für ausländische Personen mit Aufenthalt, Wohnsitz oder Sitz im Ausland**

[1] Unter Vorbehalt internationaler Vereinbarungen haben ausländische Personen mit Aufenthalt, Wohnsitz oder Sitz im Ausland Anrecht auf eine Bewilligung, soweit sie die Voraussetzungen dieses Gesetzes erfüllen.

[2] Die Bestimmungen des Ausländerrechts bleiben vorbehalten.

Art. 7   **Erteilung der Bewilligung**

[1] Die zuständige kantonale Behörde erteilt die Bewilligung, wenn die Voraussetzungen nach Artikel 4 oder 5 erfüllt sind. Die Bewilligung wird in der Form einer Ausweiskarte erteilt; ausgenommen davon ist die Bewilligung für das Schausteller- und Zirkusgewerbe.

[2] Kommt eine Verweigerung nach Artikel 4 Absatz 1 in Frage, so holt die zuständige kantonale Behörde vorgängig bei der vom Bundesrat bezeichneten Bundesbehörde einen Vorbescheid ein. Die Bundesbehörde kann zur Entscheidfindung Einblick in die Strafakten der gesuchstellenden Person nehmen.

Art. 8   **Abgabe von Ausweiskarten durch Unternehmen und Branchenverbände**

[1] Die zuständige kantonale Behörde ermächtigt ein Unternehmen, seinen Mitarbeitenden die Ausweiskarte abzugeben, wenn das Unternehmen Gewähr dafür bietet, dass seine Mitarbeitenden die Voraussetzungen nach diesem Gesetz erfüllen. Unter den gleichen Voraussetzungen ermächtigt die zuständige kantonale Behörde einen Branchenverband, seinen Mitgliedern die Ausweiskarte abzugeben. Ist das Mitglied des Branchenverbandes kein Einzelkaufmann, so werden die Ausweise direkt den Personen abgegeben, die für das Mitglied tätig sind.

[2] Das Unternehmen oder der Branchenverband meldet der zuständigen kantonalen Behörde die Mitarbeitenden beziehungsweise die Mitglieder oder die für diese tätigen Personen, die eine Ausweiskarte erhalten. Eine Kopie des Strafregisterauszuges der Reisenden ist beizulegen. Die zuständige kantonale Behörde prüft stichprobenweise, ob die ermächtigten Unternehmen und Branchenverbände die gesetzlichen Voraussetzungen erfüllen.

3 Kommt eine Verweigerung nach Artikel 4 Absatz 1 in Frage, so leitet das Unternehmen oder der Branchenverband das Gesuch an die zuständige kantonale Behörde weiter. Diese holt den Vorbescheid nach Artikel 7 Absatz 2 ein und entscheidet.

Art. 9 Wirksamkeit und Geltungsdauer der Bewilligung

1 Wer die Bewilligung einer zuständigen kantonalen Behörde hat, kann das Reisendengewerbe auf dem ganzen Gebiet der Schweiz ausüben. Das Gleiche gilt für Personen mit einer Ausweiskarte eines Unternehmens oder eines Branchenverbandes, das beziehungsweise der zur Abgabe der Ausweiskarte berechtigt ist.

2 Die Kompetenz der Kantone zur Überprüfung der Sicherheit beim Aufstellen und beim Betrieb der Anlagen von Unternehmen des Schaustell- und Zirkusgewerbes wird durch die Bewilligung nicht eingeschränkt.

3 Die Bewilligung ist persönlich und unübertragbar. Sie gilt fünf Jahre lang. Die Bewilligung für das Schausteller- oder Zirkusgewerbe ist ein Jahr lang gültig. Erneuerungen erfolgen nach einem vereinfachten Verfahren.

4 Ausländischen Personen mit Aufenthalt, Wohnsitz oder Sitz im Ausland kann eine Bewilligung mit kürzerer Gültigkeitsdauer abgegeben werden.

5 Der Bundesrat erlässt die näheren Vorschriften über die Erteilung und Erneuerung der Bewilligung sowie über die Abgabe der Ausweiskarte.

Art. 10 Entzug der Bewilligung

1 Die zuständige kantonale Behörde entzieht die Bewilligung, wenn:

a. die Voraussetzungen für die Bewilligungserteilung nicht mehr erfüllt sind;

b. keine Gewähr für eine ordnungsgemässe Ausübung des Reisendengewerbes mehr geboten ist.

2 Die zuständige kantonale Behörde kann bei der in Artikel 7 Absatz 2 vorgesehenen Bundesbehörde einen Vorbescheid einholen; diese Bestimmung ist sinngemäss anwendbar.

[3] Ausweiskarten, die von einem Unternehmen oder einem Branchenverband abgegeben wurden, werden auch von diesen entzogen.

[4] Einem Unternehmen oder einem Branchenverband wird die Ermächtigung zur Abgabe der Ausweiskarten entzogen, wenn sie die Einhaltung der gesetzlichen Voraussetzungen nicht mehr gewährleisten.

Art. 11 Ausgeschlossene Waren und Dienstleistungen

[1] Der Vertrieb von alkoholhaltigen Getränken durch Reisende ist verboten. Erlaubt sind jedoch die Bestellungsaufnahme für vergorene Getränke sowie die Bestellungsaufnahme und der Verkauf vergorener Getränke auf dem Markt (Art. 3 Abs. 1 Bst. a). Die Bestimmungen des Alkoholgesetzes vom 21. Juni 1932[4] bleiben vorbehalten.

[2] Der Bundesrat kann aus polizeilichen Gründen den Vertrieb weiterer Waren und Dienstleistungen durch das Reisendengewerbe einschränken oder ausschliessen.

[3] Vorbehalten bleiben die bundesrechtlichen Bestimmungen, die das Anbieten von bestimmten Waren und Dienstleistungen durch Reisende untersagen, beschränken oder von einer besonderen Bewilligung abhängig machen.

3. Abschnitt: Gebühren
Art. 12

[1] Die Kantone erheben für die Erteilung, die Erneuerung und den Entzug der Bewilligung eine Gebühr.

[2] Der Bundesrat regelt die Höhe der Gebühr.

4. Abschnitt: Datenschutz
Art. 13

[1] Die zuständige kantonale Behörde bearbeitet die zur Erteilung, zur Erneuerung und zum Entzug der Bewilligung notwendigen Personendaten. Nur sie ist zum Zugriff auf diese Daten berechtigt; vorbehalten bleibt die Zugriffsberechtigung der zuständigen Bundesbehörde im Rahmen ihrer Aufsichtsfunktion.

2 Absatz 1 erster Satz gilt sinngemäss auch für Branchenverbände und Unternehmen.

3 Die zuständige kantonale Behörde kann Dritten, die ein berechtigtes Interesse nachweisen, bekannt geben, ob eine das Reisendengewerbe ausübende Person eine Bewilligung hat.

4 Die zuständige Bundesbehörde bearbeitet die zur Erfüllung ihrer Aufgaben notwendigen Personendaten, namentlich das Gesuch, den Strafregisterauszug sowie allfällige Strafakten der gesuchstellenden Person.

5 Der Bundesrat regelt den Betrieb des Informationssystems, die Kategorien der zu erfassenden Daten, die Aufbewahrungsdauer und die Datensicherheit.

5. Abschnitt: Strafbestimmungen
Art. 14   Übertretungen

1 Mit Haft oder mit Busse bis zu 20 000 Franken wird bestraft, wer vorsätzlich:

a. unvollständige, unrichtige oder irreführende Angaben macht, um in den Besitz einer Bewilligung zu gelangen;

b. das Reisendengewerbe ohne Bewilligung ausübt;

c. Ausweiskarten abgibt, ohne dazu ermächtigt zu sein;

d. seinen Mitarbeitenden, Mitgliedern oder den für diese tätigen Personen die Ausweiskarte abgibt, ohne dass diese die gesetzlichen Voraussetzungen erfüllen;

e. Waren oder Dienstleistungen anbietet, deren Vertrieb im Reisendengewerbe gegen Einschränkungen oder Verbote nach Artikel 11 Absatz 1 oder 2 verstösst;

f. die Bewilligung bei der Ausübung des Reisendengewerbes nicht auf sich trägt.

2 Handelt die Täterin oder der Täter fahrlässig, so ist die Strafe Busse bis zu 5000 Franken.

Art. 15   Widerhandlungen in Geschäftsbetrieben

Für Widerhandlungen in Geschäftsbetrieben, durch Beauftragte oder andere Personen in ähnlichen Funktionen sind die Artikel 6 und 7 des

Bundesgesetzes vom 22. März 1974[5] über das Verwaltungsstrafrecht anwendbar.

Art. 16   Strafverfolgung

Die Strafverfolgung ist Sache der Kantone.

6. Abschnitt: Schlussbestimmungen

Art. 17   Vollzug

[1] Die Kantone vollziehen dieses Gesetz, soweit es nicht den Bund als zuständig erklärt.

[2] Der Bundesrat beaufsichtigt den Vollzug des Gesetzes durch die Kantone.

Art. 18   Internationale Gewerbelegitimationskarte für Grossreisende

Der Bundesrat regelt die Abgabe der internationalen Gewerbelegitimationskarte für Grossreisende im Sinne des Internationalen Abkommens vom 3. November 1923[6] zur Vereinfachung der Zollförmlichkeiten.

Art. 19   Ausführungsbestimmungen des Bundesrates

Der Bundesrat erlässt die Ausführungsbestimmungen.

Art. 20   Aufhebung bisherigen Rechts

Das Bundesgesetz vom 4. Oktober 1930[7] über die Handelsreisenden wird aufgehoben.

Art. 21   Übergangsbestimmungen

[1] Ausweiskarten und Wandergewerbebewilligungen, die auf Grund des Bundesgesetzes vom 4. Oktober 1930[8] über die Handelsreisenden oder auf Grund bisherigen kantonalen Rechts ausgestellt worden sind, bleiben bis zu ihrem Verfall gültig.

[2] Der Bundesrat regelt die sachlichen und zeitlichen Anforderungen an den Nachweis der Sicherheit von Anlagen im Sinne von Artikel 5 Ab-

5   SR **313.0**
6   SR **0.631.121.1**
7   [BS **10** 219; AS **2000** 2355 Anhang Ziff. 26]
8   [BS **10** 219; AS **2000** 2355 Anhang Ziff. 26]

satz 1 Buchstabe b, die beim Inkrafttreten dieses Gesetzes bereits in Betrieb sind.

Art. 22   Referendum und Inkrafttreten

[1] Dieses Gesetz untersteht dem fakultativen Referendum.

[2] Der Bundesrat bestimmt das Inkrafttreten.

Datum des Inkrafttretens: 1. Januar 2003[9]

---

9   BRB vom 4. Sept. 2002 (AS **2002** 3087).

Verordnung über das Gewerbe der Reisenden

vom 4. September 2002; SR 943.11

(gestützt auf das Bundesgesetz über das Gewerbe der Reisenden (Gesetz)[1] sowie in Ausführung des Bundesgesetzes über die Sicherheit von technischen Einrichtungen und Geräten[2] und des Bundesgesetzes über die technischen Handelshemmnisse[3])

1. Abschnitt: Allgemeine Bestimmungen

Art. 1 Gegenstand

Diese Verordnung regelt die Erteilung, die Erneuerung, die Verweigerung und den Entzug der Bewilligung, die Reisende sowie Schausteller und Zirkusbetreiber für die Ausübung ihrer Gewerbe in der ganzen Schweiz benötigen.

Art. 2 Begriffe

In dieser Verordnung bedeuten:

a. *Reisende:* natürliche Personen, die im Sinne von Artikel 2 Absatz 1 Buchstabe a oder b des Gesetzes Waren oder Dienstleistungen anbieten;

b. *befristetes Wanderlager:* zeitlich begrenztes Anbieten von Waren ausserhalb ständiger Verkaufsräume;

c. *Schausteller:* natürliche oder juristische Personen, die gewerbsmässig und an häufig wechselnden Standorten das Publikum unterhalten, indem sie ihm Anlagen zur Verfügung stellen;

d. *Zirkusbetreiber:* natürliche oder juristische Personen, die gewerbsmässig und an häufig wechselnden Standorten das Publikum in oder auf Anlagen mit Darbietungen unterhalten;

e. *Anlagen:* Maschinen oder mobile Strukturen, die bestimmt oder geeignet sind, für die in den Buchstaben c und d umschriebenen Zwecke wiederholt aufgestellt und abgebaut zu werden;

1   SR **943.1**
2   SR **819.1**
3   SR **946.51**

f. *Prüfbuch:* von einer unabhängigen, in- oder ausländischen Konformitätsbewertungsstelle bewertetes oder erstelltes Buch, das alle notwendigen Angaben und Dokumente über die Benutzung und Geschichte einer Anlage enthält wie Konstruktionspläne, Bescheinigungen des Herstellers, Berechnungen, technische Dokumente, Abnahmeverfahren durch eine Inspektionsstelle sowie die gültige Bewilligung;

g. *Revisionsbuch:* technische Dokumentation, die eine Inspektionsstelle (Art. 22) im Auftrage des Schaustellers oder Zirkusbetreibers auf Grund einer Sichtkontrolle für Anlagen erstellt, die über kein Prüfbuch verfügen.

2. Abschnitt: Bewilligung für Reisende

Art. 3 Ausgeschlossene Waren

Die Waren, deren Vertrieb durch Reisende eingeschränkt oder ausgeschlossen ist, sind in Anhang 1 aufgeführt.

Art. 4 Ausnahmen von der Bewilligungspflicht

[1] Keine Bewilligung braucht, wer:

a. mit einem befristeten Wanderlager im Freien Zeitungen, Zeitschriften, zum sofortigen Verzehr bestimmte Lebensmittel oder direkt vom Feld selbst geerntete Landwirtschaftsprodukte mit Ausnahme von Schnittblumen zum Kauf anbietet;

b. als Strassenkünstler oder -künstlerin oder als Strassenmusikant oder -musikantin tätig ist;

c. ausserhalb ständiger Verkaufsräumlichkeiten an einer von der zuständigen Behörde angesetzten, zeitlich und örtlich begrenzten öffentlichen Veranstaltung wie Markt, Jahrmarkt, Chilbi, Stadt-, Dorf- oder Quartierfest Waren oder Dienstleistungen zur Bestellung oder zum Kauf anbietet;

d. in einem vom Veranstalter räumlich abgegrenzten und von der zuständigen Behörde autorisierten Rahmen (Ausstellung oder Messe) Waren oder Dienstleistungen zur Bestellung oder zum Kauf anbietet.

2 Vorbehalten bleiben die kantonalen Bestimmungen, insbesondere diejenigen über den gesteigerten Gemeingebrauch und die Gastwirtschaftsgesetzgebung.

Art. 5 Für die Gesuchseinreichung zuständiger Kanton

Gesuche für eine Bewilligung sind einzureichen:

a. im Kanton, in dem der oder die Reisende oder das Unternehmen, für das er oder sie tätig ist, im Handelsregister eingetragen ist;

b. im Wohnsitzkanton, sofern der oder die Reisende selbst oder das Unternehmen, für das er oder sie tätig ist, nicht im Handelsregister eingetragen ist;

c. im Kanton der erstmaligen Aufnahme der Reisendengewerbetätigkeit für Personen mit Aufenthalt oder Wohnsitz im Ausland.

Art. 6 Gesuch um Erteilung oder Erneuerung der Bewilligung

1 Das Gesuch ist auf amtlichem Formular bei der zuständigen kantonalen Stelle oder bei dem nach dem 3. Abschnitt ermächtigten Unternehmen oder Branchenverband einzureichen.

2 Gesuche an die kantonale Stelle sind mindestens zwanzig Tage vor der geplanten Aufnahme der Tätigkeit beziehungsweise vor Ablauf der Bewilligung einzureichen. In Härtefällen kann die kantonale Stelle eine kürzere Einreichungsfrist gewähren.

Art. 7 Mit dem Gesuch einzureichende Dokumente

1 Die in Artikel 4 Absatz 2 des Gesetzes verlangten Dokumente müssen folgende Anforderungen erfüllen:

a. Der Handelsregisterauszug muss innerhalb der letzten drei Monate ausgestellt worden sein.

b. Der Identitätsausweis kann in Form eines gültigen Passes oder Führerausweises oder einer gültigen Identitätskarte vorgelegt werden; im schriftlichen Gesuchsverfahren genügt eine Fotokopie der genannten Dokumente.

c. Der Strafregisterauszug muss innerhalb des letzten Monats ausgestellt worden sein.

d.   Der Wohnsitznachweis muss innerhalb der letzten zwölf Monate
     ausgestellt worden sein.

2 Jedem Gesuch sind zwei aktuelle Passfotos des oder der Reisenden
beizulegen.

3 Im Ausland ausgestellte Handelsregisterauszüge, Strafregisterauszüge, Identitätsausweise oder Wohnsitznachweise müssen den entsprechenden schweizerischen Dokumenten gleichwertig sein.

Art. 8   Gesuchsprüfung

1 Ist das Gesuchsformular nicht richtig ausgefüllt oder das Gesuch unvollständig, so kann die zuständige kantonale Stelle beziehungsweise das Unternehmen oder der Branchenverband nach dem 3. Abschnitt es zur Korrektur oder Ergänzung zurückweisen.

2 Kommt nach der Prüfung des Strafregisterauszugs eine Verweigerung der Bewilligung nach Artikel 4 Absatz 1 des Gesetzes in Betracht, so holt die zuständige kantonale Stelle beim Staatssekretariat für Wirtschaft (seco) einen Vorbescheid ein. Sie übermittelt ihm dazu ohne Verzug das Bewilligungsgesuch sowie den Strafregisterauszug und teilt das Datum mit, an dem die gesuchstellende Person ihre Tätigkeit aufnehmen will.

3 Das seco kann zur Entscheidfindung bei den zuständigen Gerichtsbehörden Einblick in die Strafakten der gesuchstellenden Person nehmen. Es teilt danach seinen begründeten Vorbescheid umgehend der kantonalen Stelle mit.

Art. 9   Erteilung und Erneuerung der Bewilligung

1 Die zuständige kantonale Stelle erteilt oder erneuert die Bewilligung, wenn die Voraussetzungen nach Artikel 4 des Gesetzes erfüllt sind.

2 Sie eröffnet dem oder der Reisenden die Bewilligung und stellt ihm oder ihr die Ausweiskarte zu.

3 Für ausländische Reisende mit Aufenthalt oder Wohnsitz im Ausland kann sie die Gültigkeitsdauer der Bewilligung dem anwendbaren Ausländerrecht anpassen.

Art. 10   Verweigerung und Entzug der Bewilligung

Sind die Voraussetzungen für eine Bewilligungserteilung nicht (Art. 4 des Gesetzes) oder nicht mehr (Art. 10 des Gesetzes) gegeben, so verweigert beziehungsweise entzieht die zuständige kantonale Stelle die Bewilligung und fordert die Ausweiskarte zurück.

Art. 11 Inhalt und Form der Ausweiskarte

[1] Die Ausweiskarte gibt Auskunft über die Identität der Reisenden, das vertretene oder die vertretenen Unternehmen, die Stelle, welche die Karte abgegeben hat, sowie über die Gültigkeitsdauer der Karte.

[2] Die Ausweiskarte weist auf den Vorbehalt des Ausländerrechts hin.

[3] Das seco ist zuständig für die einheitliche Gestaltung der Ausweiskarte.

Art. 12 Pflichten der Reisenden

[1] Die Reisenden müssen die auf ihren Namen ausgestellte Ausweiskarte während der Ausübung der Geschäftstätigkeit auf sich tragen. Auf Verlangen müssen sie sie der Kundschaft und den mit der Kontrolle beauftragten Organen vorweisen.

[2] Sie müssen der zuständigen kantonalen Stelle wesentliche Änderungen in den Bewilligungsunterlagen nach Artikel 4 des Gesetzes sofort melden.

3. Abschnitt: Ermächtigung von Unternehmen und Branchenverbänden zur Abgabe von Ausweiskarten

Art. 13 Gesuch

[1] Schweizerische Unternehmen oder Branchenverbände, welche die Ausweiskarte für Reisende an ihre Mitarbeitenden beziehungsweise an die Mitglieder oder an die für diese tätigen Personen abgeben wollen, können im Kanton ihres statutarischen Sitzes eine Ermächtigung beantragen.

[2] Sie legen dem Gesuch bei:

a. einen innerhalb der letzten drei Monate ausgestellten Handelsregisterauszug;

b. im Fall von nicht im Handelsregister eingetragenen Branchenverbänden eine Kopie der Statuten;

c. eine Beschreibung der Tätigkeit der Reisenden, an welche die Ausweiskarte abgegeben werden soll;

d.　eine von einem zeichnungsberechtigten Organ unterschriebene Bestätigung, dass die Ausweiskarte nur an Mitarbeitende beziehungsweise Mitglieder oder für diese tätige Personen abgegeben wird, welche die rechtlichen Voraussetzungen erfüllen.

Art. 14　　Erteilung der Ermächtigung

Die zuständige kantonale Stelle erteilt die Ermächtigung zur Abgabe von Ausweiskarten, wenn die Voraussetzungen nach Artikel 8 des Gesetzes erfüllt sind.

Art. 15　　Rechte und Pflichten der ermächtigten Unternehmen und Branchenverbände

1 Ermächtigte Unternehmen und Branchenverbände:

a.　geben die Ausweiskarte direkt an ihre Mitarbeitenden beziehungsweise an ihre Mitglieder oder an die für diese tätigen Personen ab;

b.　erneuern die Ausweiskarte.

2 Kommt eine Verweigerung nach Artikel 4 Absatz 1 des Gesetzes in Frage, so leiten die ermächtigten Unternehmen und Branchenverbände das Gesuchsformular und den Strafregisterauszug der entsprechenden Person an die zuständige kantonale Stelle weiter. Diese leitet sie an das seco weiter.

3 Sie stellen die Ausweiskarten nach den in Artikel 11 umschriebenen Anforderungen aus.

4 Innerhalb von sieben Tagen seit der Abgabe oder der Erneuerung der Ausweiskarte übermitteln sie der zuständigen kantonalen Stelle:

a.　eine Kopie des Gesuchsformulars des oder der Reisenden;

b.　eine Kopie des Strafregisterauszugs des oder der Reisenden;

c.　eine Kopie der abgegebenen oder erneuerten Ausweiskarte.

Art. 16　　Entzug der Ausweiskarte durch ermächtigte Unternehmen und Branchenverbände

1 Ermächtigte Unternehmen und Branchenverbände entziehen Reisenden die von ihnen ausgestellten Ausweiskarten, wenn die Voraussetzungen nach Artikel 10 Absatz 1 des Gesetzes erfüllt sind. Sie teilen den Entzug der zuständigen kantonalen Stelle mit und begründen den Entzug. Sie legen die entzogene Karte bei.

[2] Bestehen Zweifel darüber, ob die Voraussetzungen nach Artikel 10 Absatz 1 des Gesetzes erfüllt sind, so informieren sie umgehend die zuständige kantonale Stelle. Diese trifft, nötigenfalls unter Beizug des seco, die entsprechenden Abklärungen und weist, falls die Voraussetzungen nach Artikel 10 Absatz 1 des Gesetzes erfüllt sind, die ermächtigten Unternehmen und Branchenverbände an, die Ausweiskarte zu entziehen.

Art. 17 Aufgaben der zuständigen kantonalen Stelle

[1] Die zuständige kantonale Stelle prüft stichprobenweise, ob die ermächtigten Unternehmen und Branchenverbände die gesetzlichen Voraussetzungen erfüllen. Sie überprüft zu diesem Zwecke periodisch die Kopien der Strafregisterauszüge und der Ausweiskarten.

[2] Sie kann einzelnen Reisenden die Ausweiskarte direkt entziehen, wenn die Bedingungen nach Artikel 10 Absatz 1 des Gesetzes erfüllt sind.

Art. 18 Entzug der Ermächtigung zur Abgabe von Ausweiskarten

[1] Stellt die zuständige kantonale Stelle fest, dass ein Unternehmen oder ein Branchenverband mit Ermächtigung zur Abgabe von Ausweiskarten die Einhaltung der gesetzlichen Vorschriften nicht mehr gewährleistet, so entzieht sie ihm die Ermächtigung. Sie kann ihm eine Frist setzen, um die Ausweiskarten der Mitarbeitenden beziehungsweise der Mitglieder oder der für diese tätigen Personen zurückzuziehen.

[2] Löst sich ein Unternehmen oder ein Branchenverband auf oder haben dessen Tätigkeiten keinen Bezug zum Reisendengewerbe mehr, so wird die Ermächtigung ebenfalls entzogen.

4. Abschnitt: Bewilligung für Schausteller und Zirkusbetreiber

Art. 19 Für die Gesuchseinreichung zuständiger Kanton

Gesuche für eine Bewilligung sind einzureichen:

a. im Kanton, in dem der Schausteller oder der Zirkusbetreiber im Handelsregister eingetragen ist;

b.   im Wohnsitzkanton, sofern der Schausteller oder Zirkusbetreiber nicht im Handelsregister eingetragen ist;

c.   im Kanton des erstmaligen Aufbaus der Anlage für Personen mit Aufenthalt, Wohnsitz oder Sitz im Ausland.

Art. 20   Gesuch um Erteilung oder Erneuerung der Bewilligung

1 Vor Aufnahme der Tätigkeit ist bei der zuständigen kantonalen Stelle ein Gesuch nach den Vorschriften nach Artikel 6 einzureichen.

2 Die in Artikel 5 Absatz 2 des Gesetzes verlangten Dokumente müssen folgende Anforderungen erfüllen:

a.   Der Handelsregisterauszug muss innerhalb der letzten drei Monate ausgestellt worden sein.

b.   Der Identitätsausweis kann in Form eines gültigen Passes oder Führerausweises oder einer gültigen Identitätskarte vorgelegt werden; im schriftlichen Gesuchsverfahren genügt eine Fotokopie der genannten Dokumente.

3 Für eine Erneuerung der Bewilligung ist die bestehende Bewilligung beizulegen.

4 Im Ausland ausgestellte Handelsregisterauszüge und Identitätsausweise müssen den entsprechenden schweizerischen Dokumenten gleichwertig sein.

Art. 21   Nachweis der Sicherheit

1 Die gesuchstellende Person muss der zuständigen kantonalen Stelle nachweisen, dass die Sicherheit der betriebenen Anlagen von einer Inspektionsstelle geprüft worden ist.

2 Der Sicherheitsnachweis ist nach den in Anhang 2 festgelegten Periodizitäten zu erneuern. Ebenfalls erforderlich ist eine Erneuerung dann, wenn wesentliche Änderungen an der Anlage vorgenommen worden sind.

3 Vom Sicherheitsnachweis befreit sind:

a.   alle Anlagen bis fünf Meter Höhe, die nicht von Besuchern und Besucherinnen betreten werden, wie Schiess- und Spielbuden;

b.   Kraftmessgeräte;

c.   Zirkuszelte mit einer Grundfläche bis 75 m^2;

d. Bühnen mit weniger als 100 m² Grundfläche;

e. Fussböden von weniger als einem Meter Höhe;

f. Überdachungen von weniger als fünf Metern Höhe.

Art. 22 Anforderungen an die Inspektionsstelle

¹ Die Inspektionsstelle muss:

a. bei der Schweizerischen Akkreditierungsstelle (SAS) nach der Akkreditierungs- und Bezeichnungsverordnung vom 17. Juni 1996[4] akkreditiert sein;

b. von der Schweiz im Rahmen eines internationalen Abkommens anerkannt sein; oder

c. durch das Bundesrecht anderweitig ermächtigt oder anerkannt sein.

² Das seco anerkennt im Einvernehmen mit der SAS eine ausländische Inspektionsstelle, die keine der Voraussetzungen nach Absatz 1 erfüllt, wenn glaubhaft dargelegt werden kann, dass:

a. die angewandten Prüfverfahren den schweizerischen Anforderungen genügen; und

b. die ausländische Stelle über eine Qualifikation verfügt, die der in der Schweiz geforderten gleichwertig ist.

Art. 23 Aufgaben der Inspektionsstelle

¹ Die Inspektionsstelle prüft die Sicherheit der Anlagen nach den anerkannten Regeln der Technik, insbesondere nach den vom seco bezeichneten technischen Normen; das seco bezeichnet soweit möglich international harmonisierte Normen. Die bezeichneten technischen Normen werden mit Titel sowie Fundstelle im Bundesblatt veröffentlicht.

² Die Sicherheitsprüfung erfolgt durch eine Sichtkontrolle und gestützt auf das Prüfbuch, sofern ein solches vorhanden ist, andernfalls gestützt auf das Revisionsbuch.

³ Die Inspektionsstelle trägt im Prüf- oder im Revisionsbuch folgende Angaben ein:

a. Bezeichnung der Anlage;

b.   Fabrikations- bzw. Identifikationsnummer der Anlage;

c.   Datum der Sicherheitsprüfung;

d.   Name und Adresse der Inspektionsstelle;

e.   Name und Adresse der Akkreditierungsstelle oder einer anderen Stelle, welche die Inspektionsstelle akkreditiert, beziehungsweise anerkannt oder ermächtigt hat und Datum der Akkreditierung, beziehungsweise der Anerkennung oder Ermächtigung;

f.   Zeitpunkt, an dem der Sicherheitsnachweis erneuert werden muss;

g.   Nebenbestimmungen wie Auflagen oder Ausnahmen.

Art. 24   Nachweis einer ausreichenden Haftpflichtversicherung

[1] Die gesuchstellende Person hat zusammen mit dem Gesuch nachzuweisen, dass sie bei einem zum Geschäftsbetrieb in der Schweiz zugelassenen Versicherer eine Versicherung abgeschlossen hat, die:

a.   ihre Haftpflicht ausreichend abdeckt;

b.   die Geschäftstätigkeit in der Schweiz abdeckt, für welche die gesuchstellende Person eine Bewilligung verlangt; und

c.   für die Dauer der beantragten Bewilligung gültig ist.

[2] Die minimale Deckungssumme der Versicherung je nach Art der Anlage ist in Anhang 3 aufgeführt.

3 In Ausnahmefällen kann eine gesuchstellende Person, die ihren Sitz oder Wohnsitz im Ausland hat, auch bei einem Versicherer versichert sein, der nicht zum Geschäftsbetrieb in der Schweiz zugelassen ist, sofern die Bedingungen nach Absatz 1 Buchstaben a–c und Absatz 2 erfüllt sind.

Art. 25   Bewilligung

[1] Ist das Gesuchsformular nicht richtig ausgefüllt oder das Gesuch unvollständig, so kann die zuständige kantonale Stelle es zur Korrektur oder Ergänzung zurückweisen.

[2] Die zuständige kantonale Stelle erteilt die Bewilligung, wenn die Voraussetzungen nach den Artikeln 20, 21 und 24 erfüllt sind. Für ein Unternehmen, das mehrere Anlagen betreibt, wird nur eine Bewilligung erteilt.

3 Die Bewilligung oder eine Kopie davon, wenn die Bewilligung mehrere Anlagen betrifft, wird dem Prüf- oder dem Revisionsbuch beigelegt.

4 Die Bewilligung muss bei wesentlichen Änderungen an einer Anlage sowie bei der Handänderung der Anlage angepasst werden. Schausteller und Zirkusbetreiber müssen diese Änderungen wie auch wesentliche Änderungen in den Bewilligungsunterlagen nach Artikel 5 des Gesetzes sofort der zuständigen kantonalen Stelle melden.

5. Abschnitt: Aufsicht und Gebühren

Art. 26 Aufsicht und Vollzug

1 Die Kantone sind zuständig für die Aufsicht über das Gewerbe der Reisenden sowie der Schausteller und Zirkusbetreiber auf ihrem Territorium.

2 Sie bezeichnen die für die Erteilung, die Erneuerung, die Verweigerung und den Entzug der Bewilligung zuständigen Stellen.

3 Sie sind dafür besorgt, dass die gesuchstellenden Personen über sämtliche weiteren administrativen Auflagen informiert werden, die sie bei der Ausübung ihres Berufes beachten müssen.

4 Alle mit dem Vollzug dieser Verordnung betrauten Personen melden der zuständigen kantonalen Stelle sämtliche Tatsachen, welche Anlass für den Entzug der Bewilligung oder der Ermächtigung geben könnten.

5 Das seco überwacht den Vollzug des Gesetzes und dieser Verordnung. Es ist ermächtigt, zum Zweck des einheitlichen Vollzugs Weisungen gegenüber den Kantonen zu erlassen und von den Kantonen Informationen und Unterlagen einzufordern. Es stellt den Kantonen Rechnung für das gelieferte Material zur Abgabe der Ausweiskarte.

Art. 27 Strafregisterauszüge der Reisenden

Bestehen Anzeichen dafür, dass die gesetzlichen Voraussetzungen nicht mehr erfüllt sind, so kann die zuständige kantonale Stelle die betroffene Person auffordern, einen aktuellen Strafregisterauszug einzureichen.

Art. 28   Gebühren

[1] Für die Erteilung, die Erneuerung, die Verweigerung oder den Entzug der Bewilligung für Reisende sowie für Schausteller und Zirkusbetreiber werden folgende Gebühren erhoben:

a.   200 Franken für die Gesuchsprüfung und die Verfügung;

b.   50 Franken für die Ausstellung der Ausweiskarte für Reisende.

[2] Die Kantone reduzieren die Gebühren für Bewilligungen mit einer kürzeren als der gesetzlich vorgesehenen Gültigkeitsdauer in angemessener Weise.

[3] Für die Erteilung, die Verweigerung oder den Entzug der Ermächtigung für Unternehmen und Branchenverbände, die Ausweiskarte abzugeben, werden folgende Gebühren erhoben:

a.   1000 Franken für die Gesuchsprüfung und die Verfügung;

b.   30 Franken für die Ausweiskarte an die oder den Reisenden.

[4] Die Prüfung ausländischer Dokumente, die mit wesentlich grösserem Arbeitsaufwand verbunden ist als die Prüfung der entsprechenden schweizerischen Dokumente, sowie das Einholen eines Vorbescheides werden mit 100 Franken pro Stunde verrechnet. Jede angebrochene halbe Stunde gilt als volle halbe Stunde.

[5] Auslagen wie namentlich die Kosten für Expertisen werden gesondert berechnet und zusätzlich zu den Gebührenansätzen in Rechnung gestellt.

6. Abschnitt: Datenschutz

Art. 29

[1] Das seco, die zuständigen kantonalen Stellen sowie die ermächtigten Unternehmen und Branchenverbände sind für die Sicherheit der von ihnen bearbeiteten Personendaten verantwortlich. Sie treffen in ihrem Bereich die angemessenen organisatorischen und technischen Massnahmen zur Sicherung der Personendaten.

[2] Die Personendaten müssen spätestens 10 Jahre nach ihrer Erhebung vernichtet werden. Die Bestimmungen des Archivierungsgesetzes vom

26. Juni 1998[5] oder der kantonalen Archivgesetze bleiben vorbehalten.

7. Abschnitt: Schlussbestimmungen

Art. 30 Internationale Gewerbelegitimationskarte für Grossreisende

[1] Im schweizerischen Handelsregister eingetragene Unternehmen, die für ihre Grossreisenden eine internationale Gewerbelegitimationskarte im Sinne des Internationalen Abkommens vom 3. November 1923[6] zur Vereinfachung der Zollförmlichkeiten wünschen, können die Ausstellung der Karte mit schriftlichem Gesuch beim seco beantragen.

[2] Als Grossreisende gelten Personen, die bei Geschäftsleuten, privaten oder öffentlichen Unternehmen oder Verwaltungen Bestellungen von Waren für den Wiederverkauf oder zur Verwendung im Betrieb entgegennehmen.

[3] Dem Gesuch sind der Handelsregisterauszug, die Personalien des oder der Grossreisenden sowie ein Foto beizulegen. Das seco stellt den Ausweis nach den Anforderungen des genannten Abkommens aus.

[4] Die dem seco zu entrichtende Gebühr für die Ausstellung der internationalen Gewerbelegitimationskarte beträgt 60 Franken. Die Gebühr für die Erneuerung beträgt 30 Franken.

Art. 31 Übergangsbestimmungen

[1] Ab dem Inkrafttreten des Gesetzes und dieser Verordnung benötigen Reisende sowie Schausteller und Zirkusbetreiber für die Ausübung ihrer Gewerbe eine Bewilligung nach den Anforderungen des Gesetzes und dieser Verordnung; für den Nachweis der Sicherheit von Anlagen gilt die nachfolgende Übergangsregelung.

[2] Der erstmalige Nachweis der Sicherheit von Anlagen nach Artikel 21 ist innerhalb der folgenden Fristen zu erbringen:

a. für Anlagen des Schaustellgewerbes: bis zum 31. Dezember 2004;

---

5   SR **152.1**
6   SR **0.631.121.1**

b.   für Anlagen des Zirkusgewerbes: bis zum 31. Dezember 2005.

2bis Bis zur erstmaligen Erbringung des Nachweises nach Artikel 21 erfolgt der Sicherheitsnachweis nach den geltenden kantonalen Vorschriften.

3 Für Anlagen, die nicht über ein Prüf- oder Revisionsbuch, das die Voraussetzungen nach Artikel 23 Absatz 3 erfüllt, verfügen, muss durch eine Inspektionsstelle (Art. 22) ein Revisionsbuch innerhalb der folgenden Fristen erstellt werden:

a.   für Anlagen der in Anhang 2 aufgeführten Kategorien 1 und 2: bis zum 31. Dezember 2005;

b.   für Anlagen der in Anhang 2 aufgeführten Kategorie 3: bis zum 31. Dezember 2007;

c.   für Anlagen der in Anhang 2 aufgeführten Kategorie 4: bis zum 31. Dezember 2010.

4 Bis zur Erstellung des Revisionsbuches nach Absatz 3 wird die Sicherheit von Anlagen jährlich von einer Inspektionsstelle allein auf Grund einer Sichtkontrolle geprüft. Der Nachweis der Sicherheit muss in einem Dokument ausgestellt werden, das die in Artikel 23 Absatz 3 aufgeführten Angaben enthält.

5 Schaustellanlagen und Zirkuszelte, die neu in der Schweiz in Verkehr gesetzt werden, müssen ab 1. Januar 2005 über ein Prüfbuch verfügen.

Art. 32   Aufhebung bisherigen Rechts

Die Vollziehungsverordnung vom 5. Juni 1931[7] zum Bundesgesetz über die Handelsreisenden wird aufgehoben.

Art. 33   Inkrafttreten

Diese Verordnung tritt am 1. Januar 2003 in Kraft.

7   [BS **10** 224; AS **1956** 1149 Art. 2, **1982** 701 Ziff. II, **1997** 1311, **2000** 187 Art. 22
     Abs. 1 Ziff. 26].

II. Gestaltendes öffentliches Arbeitsrecht

Bundesgesetz über die Berufsbildung (BBG)

vom 13. Dezember 2002; SR 412.10

(gestützt auf Artikel 63 der Bundesverfassung[1])

1. Kapitel: Allgemeine Bestimmungen

Art. 1   Grundsatz

[1] Die Berufsbildung ist eine gemeinsame Aufgabe von Bund, Kantonen und Organisationen der Arbeitswelt (Sozialpartner, Berufsverbände, andere zuständige Organisationen und andere Anbieter der Berufsbildung). Sie streben ein genügendes Angebot im Bereich der Berufsbildung, insbesondere in zukunftsfähigen Berufsfeldern an.

[2] Die Massnahmen des Bundes zielen darauf ab, die Initiative der Kantone und der Organisationen der Arbeitswelt so weit als möglich mit finanziellen und anderen Mitteln zu fördern.

[3] Zur Verwirklichung der Ziele dieses Gesetzes:

a.   arbeiten Bund, Kantone und die Organisationen der Arbeitswelt zusammen;

b.   arbeiten die Kantone und die Organisationen der Arbeitswelt auch je unter sich zusammen.

Art. 2   Gegenstand und Geltungsbereich

[1] Dieses Gesetz regelt für sämtliche Berufsbereiche ausserhalb der Hochschulen:

a.   die berufliche Grundbildung, einschliesslich der Berufsmaturität;

b.   die höhere Berufsbildung;

c.   die berufsorientierte Weiterbildung;

d.   die Qualifikationsverfahren, Ausweise und Titel;

e.   die Bildung der Berufsbildungsverantwortlichen;

f.   die Zuständigkeit und die Grundsätze der Berufs-, Studien- und Laufbahnberatung;

g.   die Beteiligung des Bundes an den Kosten der Berufsbildung.

---

1   SR **101**

2 Dieses Gesetz gilt nicht für Bildungen, die in anderen Bundesgesetzen geregelt sind.

3 Der Bundesrat kann im Einvernehmen mit den Kantonen einzelne Berufsbereiche vom Geltungsbereich ausnehmen, soweit dies im Interesse einer sinnvollen Aufgabenverteilung zwischen Bund und Kantonen geboten ist.

Art. 3   Ziele

Dieses Gesetz fördert und entwickelt:

a.   ein Berufsbildungssystem, das den Einzelnen die berufliche und persönliche Entfaltung und die Integration in die Gesellschaft, insbesondere in die Arbeitswelt, ermöglicht und das ihnen die Fähigkeit und die Bereitschaft vermittelt, beruflich flexibel zu sein und in der Arbeitswelt zu bestehen;

b.   ein Berufsbildungssystem, das der Wettbewerbsfähigkeit der Betriebe dient;

c.   den Ausgleich der Bildungschancen in sozialer und regionaler Hinsicht, die tatsächliche Gleichstellung von Frau und Mann sowie die Beseitigung von Benachteiligungen von Menschen mit Behinderungen;

d.   die Durchlässigkeit zwischen verschiedenen Bildungsgängen und -formen innerhalb der Berufsbildung sowie zwischen der Berufsbildung und den übrigen Bildungsbereichen;

e.   die Transparenz des Berufsbildungssystems.

Art. 4   Entwicklung der Berufsbildung

1 Zur Entwicklung der Berufsbildung fördert der Bund Studien, Pilotversuche, die Berufsbildungsforschung und die Schaffung von tragfähigen Strukturen in neuen Berufsbildungsbereichen.

2 Der Bund ist selber in diesen Bereichen tätig, soweit dies zur Entwicklung der Berufsbildung notwendig ist.

3 Für Pilotversuche kann der Bundesrat nach Rücksprache mit den Kantonen und den betroffenen Organisationen der Arbeitswelt nötigenfalls vorübergehend von den Bestimmungen dieses Gesetzes abweichen.

4 Die Qualität und die Unabhängigkeit der Berufsbildungsforschung müssen durch qualifizierte Forschungseinrichtungen gewährleistet werden.

Art. 5   Information, Dokumentation und Lehrmittel

Der Bund fördert:

a.   die Information und Dokumentation, soweit sie von gesamt-schweizerischer oder sprachregionaler Bedeutung ist;

b.   die Erstellung von Lehrmitteln für sprachliche Minderheiten.

Art. 6   Verständigung und Austausch zwischen den Sprachgemeinschaften

1 Der Bund kann Massnahmen im Bereich der Berufsbildung fördern, welche die Verständigung und den Austausch zwischen den Sprachge-meinschaften verbessern.

2 Er kann insbesondere fördern:

a.   die individuelle Mehrsprachigkeit, namentlich durch entspre-chende Anforderungen an die Unterrichtssprachen und die sprachliche Bildung der Lehrkräfte;

b.   den durch die Kantone, die Organisationen der Arbeitswelt oder die Unternehmen unterstützten Austausch von Lehrenden und Lernenden zwischen den Sprachregionen.

Art. 7   Förderung benachteiligter Regionen und Gruppen

Der Bund kann Massnahmen im Bereich der Berufsbildung zu Gunsten benachteiligter Regionen und Gruppen fördern.

Art. 8   Qualitätsentwicklung

1 Die Anbieter von Berufsbildung stellen die Qualitätsentwicklung sicher.

2 Der Bund fördert die Qualitätsentwicklung, stellt Qualitätsstandards auf und überwacht deren Einhaltung.

Art. 9   Förderung der Durchlässigkeit

1 Vorschriften über die Berufsbildung gewährleisten grösstmögliche Durchlässigkeit sowohl innerhalb der Berufsbildung als auch zwischen der Berufsbildung und den übrigen Bildungsbereichen.

[2] Die ausserhalb üblicher Bildungsgänge erworbene berufliche oder ausserberufliche Praxiserfahrung und fachliche oder allgemeine Bildung werden angemessen angerechnet.

Art. 10 Mitspracherechte der Lernenden

Die Anbieter der Bildung in beruflicher Praxis und der schulischen Bildung räumen den Lernenden angemessene Mitspracherechte ein.

Art. 11 Private Anbieter

[1] Gegenüber privaten Anbietern auf dem Bildungsmarkt dürfen durch Massnahmen dieses Gesetzes keine ungerechtfertigten Wettbewerbsverzerrungen entstehen.

[2] Öffentliche Anbieter, die in Konkurrenz zu nicht subventionierten privaten Anbietern stehen, haben für ihre Angebote der berufsorientierten Weiterbildung Marktpreise zu verlangen.

2. Kapitel: Berufliche Grundbildung

1. Abschnitt: Allgemeine Bestimmungen

Art. 12 Vorbereitung auf die berufliche Grundbildung

Die Kantone ergreifen Massnahmen, die Personen mit individuellen Bildungsdefiziten am Ende der obligatorischen Schulzeit auf die berufliche Grundbildung vorbereiten.

Art. 13 Ungleichgewichte auf dem Markt für berufliche Grundbildung

Zeichnet sich ein Ungleichgewicht auf dem Markt für berufliche Grundbildung ab oder ist ein solches Ungleichgewicht bereits eingetreten, so kann der Bundesrat im Rahmen der verfügbaren Mittel befristete Massnahmen zur Bekämpfung treffen.

Art. 14 Lehrvertrag

[1] Zwischen den Lernenden und den Anbietern der Bildung in beruflicher Praxis wird ein Lehrvertrag abgeschlossen. Er richtet sich nach den Bestimmungen des Obligationenrechts[2] über den Lehrvertrag (Art. 344–346a), soweit dieses Gesetz keine abweichende Regelung enthält.

2 Der Lehrvertrag wird am Anfang für die ganze Dauer der beruflichen Grundbildung abgeschlossen. Erfolgt die Bildung in beruflicher Praxis nacheinander in verschiedenen Betrieben, so kann der Vertrag für die Dauer des jeweiligen Bildungsteils abgeschlossen werden.

3 Der Lehrvertrag ist von der zuständigen kantonalen Behörde zu genehmigen. Für die Genehmigung dürfen keine Gebühren erhoben werden.

4 Wird der Lehrvertrag aufgelöst, so hat der Anbieter von Bildung umgehend die kantonale Behörde und gegebenenfalls die Berufsfachschule zu benachrichtigen.

5 Wird ein Betrieb geschlossen oder vermittelt er die berufliche Grundbildung nicht mehr nach den gesetzlichen Vorschriften, so sorgen die kantonalen Behörden nach Möglichkeit dafür, dass eine begonnene Grundbildung ordnungsgemäss beendet werden kann.

6 Wird der Abschluss eines Lehrvertrages unterlassen oder wird dieser nicht oder verspätet zur Genehmigung eingereicht, so unterliegt das Lehrverhältnis dennoch den Vorschriften dieses Gesetzes.

2. Abschnitt: Struktur
Art. 15   Gegenstand

1 Die berufliche Grundbildung dient der Vermittlung und dem Erwerb der Fähigkeiten, Kenntnisse und Fertigkeiten (nachfolgend Qualifikationen), die zur Ausübung einer Tätigkeit in einem Beruf oder in einem Berufs- oder Tätigkeitsfeld (nachfolgend Berufstätigkeit) erforderlich sind.

2 Sie umfasst insbesondere die Vermittlung und den Erwerb:

a.   der berufsspezifischen Qualifikationen, welche die Lernenden dazu befähigen, eine Berufstätigkeit kompetent und sicher auszuüben;

b.   der grundlegenden Allgemeinbildung, welche die Lernenden dazu befähigt, den Zugang zur Arbeitswelt zu finden, darin zu bestehen und sich in die Gesellschaft zu integrieren;

c.   der wirtschaftlichen, ökologischen, sozialen und kulturellen Kenntnisse und Fähigkeiten, welche die Lernenden dazu befähigen, zu einer nachhaltigen Entwicklung beizutragen;

d.   der Fähigkeit und der Bereitschaft zum lebenslangen Lernen sowie zum selbstständigen Urteilen und Entscheiden.

3 Sie schliesst an die obligatorische Schule oder an eine gleichwertige Qualifikation an. Der Bundesrat bestimmt die Kriterien, nach denen ein Mindestalter für den Beginn der beruflichen Grundbildung festgelegt werden kann.

4 Die Bildungsverordnungen regeln den obligatorischen Unterricht einer zweiten Sprache.

5 Der Sportunterricht richtet sich nach dem Bundesgesetz vom 17. März 1972[3] über die Förderung von Turnen und Sport.

Art. 16   Inhalte, Lernorte, Verantwortlichkeiten

1 Die berufliche Grundbildung besteht aus:

a.   Bildung in beruflicher Praxis;

b.   allgemeiner und berufskundlicher schulischer Bildung;

c.   Ergänzung der Bildung in beruflicher Praxis und schulischer Bildung, wo die zu erlernende Berufstätigkeit dies erfordert.

2 Die Vermittlung der beruflichen Grundbildung findet in der Regel an folgenden Lernorten statt:

a.   im Lehrbetrieb, im Lehrbetriebsverbund, in Lehrwerkstätten, in Handelsmittelschulen oder in anderen zu diesem Zweck anerkannten Institutionen für die Bildung in beruflicher Praxis;

b.   in Berufsfachschulen für die allgemeine und die berufskundliche Bildung;

c.   in überbetrieblichen Kursen und vergleichbaren dritten Lernorten für Ergänzungen der beruflichen Praxis und der schulischen Bildung.

3 Die Anteile der Bildung gemäss Absatz 1, ihre organisatorische Ausgestaltung und die zeitliche Aufteilung werden nach den Ansprüchen der Berufstätigkeit in der entsprechenden Bildungsverordnung bestimmt.

4 Die Verantwortung gegenüber der lernenden Person bestimmt sich nach dem Lehrvertrag. Wo kein Lehrvertrag besteht, bestimmt sie sich in der Regel nach dem Lernort.

5 Zur Erreichung der Ziele der beruflichen Grundbildung arbeiten die Anbieter der Bildung in beruflicher Praxis und der schulischen Bildung sowie der überbetrieblichen Kurse zusammen.

Art. 17   Bildungstypen und Dauer

1 Die berufliche Grundbildung dauert zwei bis vier Jahre.

2 Die zweijährige Grundbildung schliesst in der Regel mit einer Prüfung ab und führt zum eidgenössischen Berufsattest. Sie ist so ausgestaltet, dass die Angebote den unterschiedlichen Voraussetzungen der Lernenden besonders Rechnung tragen.

3 Die drei- bis vierjährige Grundbildung schliesst in der Regel mit einer Lehrabschlussprüfung ab und führt zum eidgenössischen Fähigkeitszeugnis.

4 Das eidgenössische Fähigkeitszeugnis führt zusammen mit dem Abschluss einer erweiterten Allgemeinbildung zur Berufsmaturität.

5 Die berufliche Grundbildung kann auch durch eine nicht formalisierte Bildung erworben werden; diese wird durch ein Qualifikationsverfahren abgeschlossen.

Art. 18   Berücksichtigung individueller Bedürfnisse

1 Für besonders befähigte oder vorgebildete Personen sowie für Personen mit Lernschwierigkeiten oder Behinderungen kann die Dauer der beruflichen Grundbildung angemessen verlängert oder verkürzt werden.

2 Der Bundesrat erlässt besondere Bestimmungen über die fachkundige individuelle Begleitung von Personen mit Lernschwierigkeiten in zweijährigen beruflichen Grundbildungen.

3 Der Bund kann die fachkundige individuelle Begleitung fördern.

Art. 19   Bildungsverordnungen

1 Das Bundesamt für Berufsbildung und Technologie (Bundesamt) erlässt Bildungsverordnungen für den Bereich der beruflichen Grundbildung. Es erlässt sie auf Antrag der Organisationen der Arbeitswelt oder, bei Bedarf, von sich aus.

2 Die Bildungsverordnungen regeln insbesondere:

a. den Gegenstand und die Dauer der Grundbildung;

b. die Ziele und Anforderungen der Bildung in beruflicher Praxis;

c. die Ziele und Anforderungen der schulischen Bildung;

d. den Umfang der Bildungsinhalte und die Anteile der Lernorte;

e. die Qualifikationsverfahren, Ausweise und Titel.

3 Die Qualifikationsverfahren für die nicht formalisierten Bildungen orientieren sich an den entsprechenden Bildungsverordnungen.

3. Abschnitt: Anbieter

Art. 20   Anbieter der Bildung in beruflicher Praxis

1 Die Anbieter der Bildung in beruflicher Praxis setzen sich für den bestmöglichen Lernerfolg der Lernenden ein und überprüfen diesen periodisch.

2 Sie bedürfen einer Bildungsbewilligung des Kantons; dieser darf keine Gebühren erheben.

Art. 21   Berufsfachschule

1 Die Berufsfachschule vermittelt die schulische Bildung. Diese besteht aus beruflichem und allgemein bildendem Unterricht.

2 Die Berufsfachschule hat einen eigenständigen Bildungsauftrag; sie

a. fördert die Entfaltung der Persönlichkeit und die Sozialkompetenz der Lernenden durch die Vermittlung der theoretischen Grundlagen zur Berufsausübung und durch Allgemeinbildung;

b. berücksichtigt die unterschiedlichen Begabungen und trägt mit speziellen Angeboten den Bedürfnissen besonders befähigter Personen und von Personen mit Lernschwierigkeiten Rechnung;

c. fördert die tatsächliche Gleichstellung von Frau und Mann sowie die Beseitigung von Benachteiligungen von Menschen mit Behinderungen durch entsprechende Bildungsangebote und -formen.

3 Der Besuch der Berufsfachschule ist obligatorisch.

4 Die Berufsfachschule kann auch Angebote der höheren Berufsbildung und der berufsorientierten Weiterbildung bereitstellen.

5 Die Berufsfachschule kann sich in Zusammenarbeit mit den Organisationen der Arbeitswelt und den Betrieben an überbetrieblichen Kursen und weiteren vergleichbaren dritten Lernorten beteiligen.

6 Sie kann Koordinationsaufgaben im Hinblick auf die Zusammenarbeit der an der Berufsbildung Beteiligten übernehmen.

Art. 22   Angebote an Berufsfachschulen

1 Die Kantone, in denen die Bildung in beruflicher Praxis erfolgt, sorgen für ein bedarfsgerechtes Angebot an Berufsfachschulen.

2 Der obligatorische Unterricht ist unentgeltlich.

3 Wer im Lehrbetrieb und in der Berufsfachschule die Voraussetzungen erfüllt, kann Freikurse ohne Lohnabzug besuchen. Der Besuch erfolgt im Einvernehmen mit dem Betrieb. Bei Uneinigkeit entscheidet der Kanton.

4 Ist eine lernende Person im Hinblick auf eine erfolgreiche Absolvierung der Berufsfachschule auf Stützkurse angewiesen, so kann die Berufsfachschule im Einvernehmen mit dem Betrieb und mit der lernenden Person den Besuch solcher Kurse anordnen. Bei Uneinigkeit entscheidet der Kanton. Der Besuch erfolgt ohne Lohnabzug.

5 Das Bundesamt bewilligt auf Antrag der Berufsverbände die Durchführung von interkantonalen Fachkursen, wenn dadurch das Bildungsziel besser erreicht und die Bildungsbereitschaft der Lehrbetriebe positiv beeinflusst wird, keine übermässigen Kosten erwachsen und für die Teilnehmenden keine erheblichen Nachteile entstehen.

Art. 23   Überbetriebliche Kurse und vergleichbare dritte Lernorte

1 Die überbetrieblichen Kurse und vergleichbare dritte Lernorte dienen der Vermittlung und dem Erwerb grundlegender Fertigkeiten. Sie ergänzen die Bildung in beruflicher Praxis und die schulische Bildung, wo die zu erlernende Berufstätigkeit dies erfordert.

2 Die Kantone sorgen unter Mitwirkung der Organisationen der Arbeitswelt für ein ausreichendes Angebot an überbetrieblichen Kursen und vergleichbaren dritten Lernorten.

3 Der Besuch der Kurse ist obligatorisch. Die Kantone können auf Gesuch des Anbieters von Bildung in beruflicher Praxis hin Lernende vom Besuch der Kurse befreien, wenn die Bildungsinhalte in einem betrieb-

lichen Bildungszentrum oder in einer Lehrwerkstätte vermittelt werden.

4 Wer überbetriebliche Kurse und vergleichbare Angebote durchführt, kann von den Lehrbetrieben oder den Bildungsinstitutionen eine angemessene Beteiligung an den Kosten verlangen. Organisationen der Arbeitswelt, die überbetriebliche Kurse und vergleichbare Angebote durchführen, können zur Vermeidung von Wettbewerbsverzerrungen von Betrieben, die nicht Mitglied der Organisation sind, eine höhere Kostenbeteiligung verlangen.

5 Der Bundesrat legt die Voraussetzungen für die Kostenbeteiligung und deren Umfang fest.

4. Abschnitt: Aufsicht

Art. 24

1 Die Kantone sorgen für die Aufsicht über die berufliche Grundbildung.

2 Zur Aufsicht gehören die Beratung und Begleitung der Lehrvertragsparteien und die Koordination zwischen den an der beruflichen Grundbildung Beteiligten.

3 Gegenstand der Aufsicht sind darüber hinaus insbesondere:

a.   die Qualität der Bildung in beruflicher Praxis, einschliesslich der überbetrieblichen Kurse und vergleichbarer dritter Lernorte;

b.   die Qualität der schulischen Bildung;

c.   die Prüfungen und andere Qualifikationsverfahren;

d.   die Einhaltung der gesetzlichen Bestimmungen im Lehrvertrag;

e.   die Einhaltung des Lehrvertrags durch die Vertragsparteien.

4 Der Kanton entscheidet auf gemeinsamen Antrag der Anbieter der Berufsbildung und der Lernenden über:

a.   die Gleichwertigkeit nicht formalisierter Bildungen nach Artikel 17 Absatz 5;

b.   Fälle nach Artikel 18 Absatz 1.

5 Die Kantone können im Rahmen ihrer Aufsicht insbesondere:

a.   weitergeleitete Beiträge nach Artikel 52 Absatz 2 zweiter Satz ganz oder teilweise zurückfordern;

b.   einen Lehrvertrag aufheben.

5. Abschnitt: Eidgenössische Berufsmaturität

Art. 25

[1] Die eidgenössische Berufsmaturität schafft die Voraussetzungen für ein Studium an einer Fachhochschule.

[2] Die erweiterte Allgemeinbildung nach Artikel 17 Absatz 4 kann auch nach dem Erwerb des eidgenössischen Fähigkeitszeugnisses erworben werden.

[3] Die Kantone sorgen für ein bedarfsgerechtes Angebot an Berufsmaturitätsunterricht.

[4] Der Berufsmaturitätsunterricht an öffentlichen Schulen ist unentgeltlich. Bund und Kantone können private Anbieter unterstützen.

[5] Der Bundesrat regelt die Berufsmaturität.

3. Kapitel: Höhere Berufsbildung

Art. 26 **Gegenstand**

[1] Die höhere Berufsbildung dient auf der Tertiärstufe der Vermittlung und dem Erwerb der Qualifikationen, die für die Ausübung einer anspruchs- oder einer verantwortungsvolleren Berufstätigkeit erforderlich sind.

[2] Sie setzt ein eidgenössisches Fähigkeitszeugnis, den Abschluss einer höheren schulischen Allgemeinbildung oder eine gleichwertige Qualifikation voraus.

Art. 27 Formen der höheren Berufsbildung

Die höhere Berufsbildung wird erworben durch:

a. eine eidgenössische Berufsprüfung oder eine eidgenössische höhere Fachprüfung;

b. eine eidgenössisch anerkannte Bildung an einer höheren Fachschule.

Art. 28 Eidgenössische Berufsprüfungen und eidgenössische höhere Fachprüfungen

[1] Die eidgenössischen Berufsprüfungen und die eidgenössischen höheren Fachprüfungen setzen eine einschlägige berufliche Praxis und einschlägiges Fachwissen voraus.

[2] Die zuständigen Organisationen der Arbeitswelt regeln die Zulassungsbedingungen, Lerninhalte, Qualifikationsverfahren, Ausweise und Titel. Sie berücksichtigen dabei die anschliessenden Bildungsgänge. Die Vorschriften unterliegen der Genehmigung durch das Bundesamt.

[3] Der Bundesrat regelt Voraussetzungen und Verfahren der Genehmigung.

[4] Die Kantone können vorbereitende Kurse anbieten.

Art. 29   Höhere Fachschulen

[1] Die Zulassung zu einer eidgenössisch anerkannten Bildung an einer höheren Fachschule setzt eine einschlägige berufliche Praxis voraus, soweit diese nicht in den Bildungsgang integriert ist.

[2] Die vollzeitliche Bildung dauert inklusive Praktika mindestens zwei Jahre, die berufsbegleitende Bildung mindestens drei Jahre.

[3] Das Eidgenössische Volkswirtschaftsdepartement stellt in Zusammenarbeit mit den zuständigen Organisationen für die eidgenössische Anerkennung der Bildungsgänge und Nachdiplomstudien an höheren Fachschulen Mindestvorschriften auf. Sie betreffen die Zulassungsbedingungen, Lerninhalte, Qualifikationsverfahren, Ausweise und Titel.

[4] Die Kantone können selber Bildungsgänge anbieten.

[5] Die Kantone üben die Aufsicht über die höheren Fachschulen aus, soweit sie eidgenössisch anerkannte Bildungsgänge anbieten.

4. Kapitel: Berufsorientierte Weiterbildung

Art. 30   Gegenstand

Die berufsorientierte Weiterbildung dient dazu, durch organisiertes Lernen:

a. bestehende berufliche Qualifikationen zu erneuern, zu vertiefen und zu erweitern oder neue berufliche Qualifikationen zu erwerben;

b. die berufliche Flexibilität zu unterstützen.

Art. 31   Angebot an berufsorientierter Weiterbildung

Die Kantone sorgen für ein bedarfsgerechtes Angebot an berufsorientierter Weiterbildung.

Art. 32   Massnahmen des Bundes

[1] Der Bund fördert die berufsorientierte Weiterbildung.

[2] Er unterstützt insbesondere Angebote, die darauf ausgerichtet sind:

a.   Personen bei Strukturveränderungen in der Berufswelt den Verbleib im Erwerbsleben zu ermöglichen;

b.   Personen, die ihre Berufstätigkeit vorübergehend eingeschränkt oder aufgegeben haben, den Wiedereinstieg zu ermöglichen.

[3] Er unterstützt darüber hinaus Massnahmen, welche die Koordination, Transparenz und Qualität des Weiterbildungsangebotes fördern.

[4] Die vom Bund geförderten Angebote der berufsorientierten Weiterbildung und die arbeitsmarktlichen Massnahmen nach dem Arbeitslosenversicherungsgesetz vom 25. Juni 1982[4] sind zu koordinieren.

5. Kapitel: Qualifikationsverfahren, Ausweise und Titel

1. Abschnitt: Allgemeine Bestimmungen

Art. 33   Prüfungen und andere Qualifikationsverfahren

Die beruflichen Qualifikationen werden nachgewiesen durch eine Gesamtprüfung, eine Verbindung von Teilprüfungen oder durch andere vom Bundesamt anerkannte Qualifikationsverfahren.

Art. 34   Anforderungen an Qualifikationsverfahren

[1] Der Bundesrat regelt die Anforderungen an die Qualifikationsverfahren. Er stellt die Qualität und die Vergleichbarkeit zwischen den Qualifikationsverfahren sicher. Die in den Qualifikationsverfahren verwendeten Beurteilungskriterien müssen sachgerecht und transparent sein sowie die Chancengleichheit wahren.

[2] Die Zulassung zu Qualifikationsverfahren ist nicht vom Besuch bestimmter Bildungsgänge abhängig. Das Bundesamt regelt die Zulassungsvoraussetzungen.

Art. 35   Förderung anderer Qualifikationsverfahren

Der Bund kann Organisationen fördern, die andere Qualifikationsverfahren entwickeln oder anbieten.

Art. 36   Titelschutz

Nur Inhaberinnen und Inhaber eines Abschlusses der beruflichen Grundbildung und der höheren Berufsbildung sind berechtigt, den in den entsprechenden Vorschriften festgelegten Titel zu führen.

2. Abschnitt: Berufliche Grundbildung

Art. 37   Eidgenössisches Berufsattest

[1] Das eidgenössische Berufsattest erhält, wer die zweijährige Grundbildung mit einer Prüfung abgeschlossen oder ein gleichwertiges Qualifikationsverfahren erfolgreich durchlaufen hat.

[2] Es wird von der kantonalen Behörde ausgestellt.

Art. 38   Eidgenössisches Fähigkeitszeugnis

[1] Das eidgenössische Fähigkeitszeugnis erhält, wer die Lehrabschlussprüfung bestanden oder ein gleichwertiges Qualifikationsverfahren erfolgreich durchlaufen hat.

[2] Es wird von der kantonalen Behörde ausgestellt.

Art. 39   Eidgenössisches Berufsmaturitätszeugnis

[1] Das eidgenössische Berufsmaturitätszeugnis erhält, wer ein eidgenössisches Fähigkeitszeugnis besitzt und die vom Bund anerkannte Berufsmaturitätsprüfung bestanden oder ein gleichwertiges Qualifikationsverfahren erfolgreich durchlaufen hat.

[2] Es berechtigt nach den Bestimmungen des Fachhochschulgesetzes vom 6. Oktober 1995[5] zum prüfungsfreien Zugang an eine Fachhochschule.

[3] Die Kantone sorgen für die Durchführung der Berufsmaturitätsprüfungen und stellen die Zeugnisse aus. Ergänzend kann auch der Bund solche Prüfungen durchführen.

Art. 40   Durchführung der Qualifikationsverfahren

[1] Die Kantone sorgen für die Durchführung der Qualifikationsverfahren.

2 Das Bundesamt kann Organisationen der Arbeitswelt auf deren Antrag die Durchführung der Qualifikationsverfahren für einzelne Landesteile oder für die ganze Schweiz übertragen.

Art. 41   Gebühren

1 Für die Prüfungen zum Erwerb des eidgenössischen Fähigkeitszeugnisses, des eidgenössischen Berufsattests und des eidgenössischen Berufsmaturitätszeugnisses dürfen von den Kandidatinnen und Kandidaten und von den Anbietern der Bildung in beruflicher Praxis keine Prüfungsgebühren erhoben werden.

2 Für unbegründetes Fernbleiben oder Zurücktreten von der Prüfung und für die Wiederholung der Prüfung sind Gebühren zulässig.

3. Abschnitt: Höhere Berufsbildung

Art. 42   Eidgenössische Berufsprüfung und eidgenössische höhere Fachprüfung

1 Die eidgenössische Berufsprüfung und die eidgenössische höhere Fachprüfung richten sich nach den Vorschriften über diese Prüfungen (Art. 28 Abs. 2).

2 Der Bund sorgt für die Aufsicht über die Prüfungen.

Art. 43   Fachausweis und Diplom; Registereintrag

1 Wer die eidgenössische Berufsprüfung bestanden hat, erhält einen Fachausweis. Wer die eidgenössische höhere Fachprüfung bestanden hat, erhält ein Diplom.

2 Der Fachausweis und das Diplom werden vom Bundesamt ausgestellt.

3 Das Bundesamt führt ein öffentliches Register mit den Namen der Inhaberinnen und Inhaber der Fachausweise und der Diplome.

Art. 44   Höhere Fachschule

1 Wer an einer höheren Fachschule die Prüfung besteht oder ein gleichwertiges Qualifikationsverfahren erfolgreich durchläuft, erhält ein Diplom der Schule.

2 Das Prüfungsverfahren und das gleichwertige Qualifikationsverfahren richten sich nach den Mindestvorschriften (Art. 29 Abs. 3).

6. Kapitel: Bildung von Berufsbildungsverantwortlichen

Art. 45 Anforderungen an Berufsbildnerinnen und Berufsbildner

[1] Als Berufsbildnerin oder Berufsbildner gilt, wer in der beruflichen Grundbildung die Bildung in beruflicher Praxis vermittelt.

[2] Berufsbildnerinnen und Berufsbildner verfügen über eine qualifizierte fachliche Bildung sowie über angemessene pädagogische und methodisch-didaktische Fähigkeiten.

[3] Der Bundesrat legt die Mindestanforderungen an die Bildung der Berufsbildnerinnen und Berufsbildner fest.

[4] Die Kantone sorgen für die Bildung der Berufsbildnerinnen und Berufsbildner.

Art. 46 Anforderungen an die Lehrkräfte

[1] Lehrkräfte, die in der beruflichen Grundbildung, der höheren Berufsbildung und der berufsorientierten Weiterbildung unterrichten, verfügen über eine fachliche und eine pädagogische und methodisch-didaktische Bildung.

[2] Der Bundesrat legt die Mindestanforderungen an die Bildung der Lehrkräfte fest.

Art. 47 Andere Berufsbildungsverantwortliche

Für die Bildung von anderen Berufsbildungsverantwortlichen wie Prüfungsexpertinnen und Prüfungsexperten sowie von weiteren in der Berufsbildung tätigen Personen kann der Bund Angebote bereitstellen.

Art. 48 Förderung der Berufspädagogik; Institut für Berufspädagogik

[1] Der Bund fördert die Berufspädagogik.

[2] Er führt zu diesem Zweck ein Institut auf Hochschulstufe, das folgende Aufgaben hat:

a. Bildung und Weiterbildung von Berufsbildungsverantwortlichen, insbesondere von Lehrkräften, soweit nicht die Kantone zuständig sind;

b. Forschung, Studien, Pilotversuche und Dienstleistungen im Bereich der Berufsbildung und der berufsorientierten Weiterbildung.

3 Der Bundesrat kann das Institut mit weiteren Aufgaben von gesamt-schweizerischem Interesse betrauen.

4 Der Bundesrat regelt das Institut. Durch eine geeignete Untergliederung nimmt er auf die Bedürfnisse der Kantone und der Sprachregionen Rücksicht.

5 Für Rechnung, Voranschlag und Finanzplanung des Instituts gilt das Finanzhaushaltsgesetz vom 6. Oktober 1989[6]. Der Bundesrat kann in besonderen Fällen Abweichungen vorsehen, soweit es die Aufgaben des Instituts rechtfertigen.

6 Für Bildungsangebote und Dienstleistungen des Instituts kann eine Gebühr erhoben werden. Der Bundesrat erlässt die Ausführungsbestimmungen.

7 Der Bundesrat kann an Stelle des Instituts oder in Ergänzung dazu zusammen mit den Kantonen eine entsprechende Einrichtung schaffen oder bestehende anerkennen.

8 Das Institut arbeitet mit geeigneten Bildungsinstitutionen zusammen.

7. Kapitel: Berufs-, Studien- und Laufbahnberatung

Art. 49   Grundsatz

1 Die Berufs-, Studien- und Laufbahnberatung unterstützt Jugendliche und Erwachsene bei der Berufs- und Studienwahl sowie bei der Gestaltung der beruflichen Laufbahn.

2 Sie erfolgt durch Information und durch persönliche Beratung.

Art. 50   Qualifikation der Beraterinnen und Berater

1 Die Berufs-, Studien- und Laufbahnberaterinnen und -berater weisen sich über eine vom Bund anerkannte Fachbildung aus.

2 Der Bundesrat erlässt Mindestvorschriften für die Anerkennung der Bildungsgänge.

Art. 51   Aufgabe der Kantone

[1] Die Kantone sorgen für eine Berufs-, Studien- und Laufbahnberatung.

[2] Sie sorgen für die Abstimmung der Berufs-, Studien- und Laufbahnberatung auf die arbeitsmarktlichen Massnahmen gemäss Arbeitslosenversicherungsgesetz vom 25. Juni 1982[7].

8. Kapitel: Beteiligung des Bundes an den Kosten der Berufsbildung; Berufsbildungsfonds
1. Abschnitt: Beteiligung des Bundes an den Kosten der Berufsbildung

Art. 52   Grundsatz

[1] Der Bund beteiligt sich im Rahmen der bewilligten Kredite angemessen an den Kosten der Berufsbildung nach diesem Gesetz.

[2] Er leistet hauptsächlich Pauschalbeiträge an die Kantone zur Finanzierung der Aufgaben nach Artikel 53. Die Kantone leiten diese Beiträge in dem Ausmass an Dritte weiter, in dem diesen die genannten Aufgaben übertragen sind.

[3] Den Rest seines Beitrags leistet der Bund an:

a. Kantone und Dritte für die Finanzierung von Projekten zur Entwicklung der Berufsbildung und zur Qualitätsentwicklung (Art. 54);

b. Kantone und Dritte für besondere Leistungen im öffentlichen Interesse (Art. 55);

c. Dritte für die Durchführung von eidgenössischen Berufsprüfungen und eidgenössischen höheren Fachprüfungen sowie für Bildungsgänge höherer Fachschulen (Art. 56).

Art. 53   Pauschalbeiträge an die Kantone

[1] Die Pauschalbeiträge an die Kantone werden zur Hauptsache auf der Grundlage der Anzahl Personen bemessen, die sich in der beruflichen Grundbildung befinden. Sie tragen zudem dem Umfang und der Art der Grundbildung sowie dem Angebot an höherer Berufsbildung an-

gemessen Rechnung. Sie werden nach der Finanzkraft der Kantone abgestuft. Der Bundesrat kann weitere Kriterien berücksichtigen.

2 Die Pauschalbeiträge werden für folgende Aufgaben geleistet:

a. Angebote an:

    1. Fachkundiger individueller Begleitung von Lernenden in zweijährigen beruflichen Grundbildungen (Art. 18 Abs. 2),

    2. Massnahmen zur Vorbereitung auf die berufliche Grundbildung (Art. 12),

    3. Berufsfachschulen (Art. 21),

    4. überbetrieblichen Kursen und Kursen an vergleichbaren Lernorten (Art. 23),

    5. allgemein bildendem Unterricht für die Vorbereitung auf die Berufsmaturität (Art. 25),

    6. vorbereitenden Kursen für die eidgenössischen Berufsprüfungen und die eidgenössischen höheren Fachprüfungen (Art. 28),

    7. Bildungsgängen an höheren Fachschulen (Art. 29),

    8. berufsorientierter Weiterbildung (Art. 30–32),

    9. Veranstaltungen der Bildung für Berufsbildnerinnen und Berufsbildner (Art. 45).

    10. Qualifizierung der Berufs-, Studien- und Laufbahnberaterinnen und -berater (Art. 50).

b. die Durchführung von Prüfungen und anderen Qualifikationsverfahren (Art. 40 Abs. 1) unter Vorbehalt von Artikel 52 Absatz 3 Buchstabe c.

Art. 54   Beiträge für Projekte zur Entwicklung der Berufsbildung und zur Qualitätsentwicklung

Die Beiträge für Projekte zur Entwicklung der Berufsbildung nach Artikel 4 Absatz 1 und die Beiträge für Projekte zur Qualitätsentwicklung nach Artikel 8 Absatz 2 sind befristet.

Art. 55   Beiträge für besondere Leistungen im öffentlichen Interesse

1 Als besondere Leistungen im öffentlichen Interesse gelten namentlich:

a. Massnahmen zur Förderung der tatsächlichen Gleichstellung von Frau und Mann sowie der Bildung und berufsorientierten Weiterbildung von Menschen mit Behinderungen (Art. 3 Bst. c);

b. die Information und Dokumentation (Art. 5 Bst. a);

c. die Erstellung von Lehrmitteln für sprachliche Minderheiten (Art. 5 Bst. b);

d. Massnahmen zur Verbesserung der Verständigung und des Austausches zwischen den Sprachgemeinschaften (Art. 6);

e. Massnahmen zu Gunsten benachteiligter Regionen und Gruppen (Art. 7);

f. Massnahmen zur Integration Jugendlicher mit schulischen, sozialen oder sprachlichen Schwierigkeiten in die Berufsbildung (Art. 7);

g. Massnahmen zur Förderung des Verbleibs im Beruf und des Wiedereinstiegs (Art. 32 Abs. 2);

h. Massnahmen zur Förderung der Koordination, der Transparenz und der Qualität des Weiterbildungsangebotes (Art. 32 Abs. 3);

i. Förderung anderer Qualifikationsverfahren (Art. 35).

j. Massnahmen, die der Sicherung und Erweiterung des Lehrstellenangebotes dienen (Art. 1 Abs. 1).

2 Beiträge für Leistungen im öffentlichen Interesse werden nur gewährt, wenn die Leistungen längerfristig angelegt sind und besonderer Förderung bedürfen, damit sie erbracht werden.

3 Der Bundesrat kann weitere Leistungen im öffentlichen Interesse festlegen, für die Beiträge gewährt werden können.

4 Der Bundesrat legt die Kriterien für die Gewährung der Beiträge fest.

Art. 56   Beiträge für eidgenössische Berufsprüfungen und eidgenössische Fachprüfungen; Bildungsgänge höherer Fachschulen

Der Bund kann die Durchführung von eidgenössischen Berufsprüfungen und eidgenössischen höheren Fachprüfungen sowie Bildungsgänge höherer Fachschulen, die von Organisationen der Arbeitswelt angeboten werden, mit Beiträgen unterstützen.

Art. 57   Bedingungen und Auflagen

[1] Beiträge nach den Artikeln 53–56 werden nur gewährt, wenn das zu subventionierende Vorhaben:

a.   bedarfsgerecht ist;

b.   zweckmässig organisiert ist;

c.   ausreichende Massnahmen zur Qualitätsentwicklung einschliesst.

[2] Der Bundesrat kann weitere Bedingungen und Auflagen vorsehen. Er regelt die Bemessung der Beiträge.

Art. 58   Kürzung und Verweigerung von Beiträgen

Der Bund kürzt bewilligte Beiträge oder verweigert neue Beiträge, wenn die Beitragsempfänger ihre Aufgaben und Pflichten nach diesem Gesetz in erheblicher Weise vernachlässigen oder verletzen.

Art. 59   Finanzierung und Bundesanteil

[1] Die Bundesversammlung bewilligt jeweils mit einfachem Bundesbeschluss für eine mehrjährige Beitragsperiode:

a.   den Zahlungsrahmen für die Pauschalbeiträge an die Kantone nach Artikel 53;

b.   den Verpflichtungskredit für die Beiträge an Projekte nach Artikel 54, an besondere Leistungen im öffentlichen Interesse nach Artikel 55, an die Durchführung eidgenössischer Berufsprüfungen und eidgenössischer höherer Fachprüfungen sowie an Bildungsgänge höherer Fachschulen nach Artikel 56.

[2] Als Richtgrösse für die Kostenbeteiligung des Bundes gilt ein Viertel der Aufwendungen der öffentlichen Hand für die Berufsbildung nach diesem Gesetz. Davon entrichtet der Bund 10 Prozent als Beitrag an Projekte und Leistungen nach den Artikeln 54 und 55.

2. Abschnitt: Berufsbildungsfonds

Art. 60

[1] Zur Förderung der Berufsbildung können Organisationen der Arbeitswelt, die für Bildung und Weiterbildung sowie Prüfungen zuständig sind, eigene Berufsbildungsfonds schaffen und äufnen.

[2] Die Organisationen umschreiben den Förderungszweck ihres Berufsbildungsfonds. Insbesondere sollen sie die Betriebe in ihrer Branche in der berufsspezifischen Weiterbildung unterstützen.

[3] Der Bundesrat kann auf Antrag der zuständigen Organisation deren Berufsbildungsfonds für alle Betriebe der Branche verbindlich erklären und diese zur Entrichtung von Bildungsbeiträgen verpflichten. Dabei gelten sinngemäss die Bestimmungen des Bundesgesetzes vom 28. September 1956[8] über die Allgemeinverbindlicherklärung von Gesamtarbeitsverträgen.

[4] Voraussetzung für die Verbindlicherklärung ist, dass:

a. sich mindestens 30 Prozent der Betriebe mit mindestens 30 Prozent der Arbeitnehmenden und der Lernenden dieser Branche bereits finanziell am Bildungsfonds beteiligen;

b. die Organisation über eine eigene Bildungsinstitution verfügt;

c. die Beiträge ausschliesslich für die branchentypischen Berufe erhoben werden;

d. die Beiträge für Massnahmen in der Berufsbildung eingesetzt werden, die allen Betrieben zugute kommen.

[5] Die Bildungsbeiträge richten sich in Art und Höhe nach dem für die Kosten der Berufsbildung bestimmten Beitrag der Mitglieder der entsprechenden Organisation. Der Bundesrat legt die maximale Höhe fest; dabei kann er die Höchstbeträge nach Branchen differenzieren.

[6] Betriebe, die sich bereits mittels Verbandsbeitrag an der Berufsbildung beteiligen, in einen Berufsbildungsfonds einbezahlen oder sonst nachweisbar angemessene Bildungs- oder Weiterbildungsleistungen erbringen, dürfen nicht zu weiteren Zahlungen in allgemein verbindlich erklärte Bildungsfonds verpflichtet werden.

[7] Das Bundesamt führt die Aufsicht über die allgemein verbindlich erklärten Fonds. Die Details über Rechnungslegung und Revision werden in der Verordnung geregelt.

9. Kapitel: Rechtsmittel, Strafbestimmungen, Vollzug
1. Abschnitt: Rechtsmittel

Art. 61

[1] Rechtsmittelbehörden sind:

a.   eine vom Kanton bezeichnete kantonale Behörde für Verfügungen kantonaler Behörden und von Anbietern mit kantonalem Auftrag;

b.   das Bundesamt für andere Verfügungen nach diesem Gesetz;

c.   die Rekurskommission des Departements für:

  1.   erstinstanzliche Verfügungen und Beschwerdeentscheide des Bundesamtes,

  2.   erstinstanzliche Verfügungen des Departements,

  3.   Beschwerdeentscheide kantonaler Verwaltungsinstanzen, die nicht an ein kantonales Gericht weitergezogen werden können;

d.   das Bundesgericht für Entscheide der Rekurskommission des Departements und für letztinstanzliche kantonale Beschwerdeentscheide, soweit sie der Verwaltungsgerichtsbeschwerde an das Bundesgericht unterliegen.

[2] Im Übrigen richtet sich das Verfahren nach den allgemeinen Bestimmungen über die Bundesverwaltungsrechtspflege.

2. Abschnitt: Strafbestimmungen
Art. 62   Zuwiderhandlung und Unterlassung

[1] Mit Busse wird bestraft, wer Personen bildet:

a.   ohne Bewilligung nach Artikel 20 Absatz 2;

b.   ohne den Lehrvertrag (Art. 14) abzuschliessen.

[2] Bei leichtem Verschulden kann statt der Busse eine Verwarnung ausgesprochen werden.

Art. 63   Titelanmassung

[1] Mit Busse wird bestraft, wer:

a. einen geschützten Titel führt, ohne die erforderlichen Prüfungen bestanden oder ein gleichwertiges Qualifikationsverfahren erfolgreich durchlaufen zu haben;

b. einen Titel verwendet, der den Eindruck erweckt, er oder sie habe die entsprechende Prüfung bestanden oder ein gleichwertiges Qualifikationsverfahren erfolgreich durchlaufen.

[2] Die Strafbestimmungen des Bundesgesetzes vom 19. Dezember 1986[9] gegen den unlauteren Wettbewerb bleiben vorbehalten.

Art. 64   Strafverfolgung

Die Strafverfolgung obliegt den Kantonen.

3. Abschnitt: Vollzug

Art. 65   Bund

[1] Der Bundesrat erlässt die Ausführungsbestimmungen, wo das Gesetz die Zuständigkeit nicht anders regelt.

[2] Er kann die Zuständigkeit zum Erlass von Vorschriften auf das Departement oder auf das Bundesamt übertragen.

[3] Die Kantone und interessierten Organisationen werden angehört vor dem Erlass von:

a. Ausführungsbestimmungen;

b. Bildungsverordnungen.

[4] Der Bund hat die Oberaufsicht über den Vollzug dieses Gesetzes durch die Kantone.

Art. 66   Kantone

Soweit der Vollzug nicht dem Bund zugewiesen ist, obliegt er den Kantonen.

Art. 67   Übertragung von Aufgaben an Dritte

Bund und Kantone können Organisationen der Arbeitswelt Vollzugsaufgaben übertragen.

9 SR **241**

Art. 68   Anerkennung ausländischer Diplome und Ausweise; internationale Zusammenarbeit und Mobilität

1 Der Bundesrat regelt die Anerkennung ausländischer Diplome und Ausweise der Berufsbildung im Geltungsbereich dieses Gesetzes.

2 Zur Förderung der internationalen Zusammenarbeit und Mobilität in der Berufsbildung kann der Bundesrat in eigener Zuständigkeit internationale Vereinbarungen abschliessen.

Art. 69   Eidgenössische Berufsbildungskommission

1 Der Bundesrat bestellt eine eidgenössische Berufsbildungskommission.

2 Sie setzt sich aus höchstens 15 Vertreterinnen und Vertretern von Bund, Kantonen, Organisationen der Arbeitswelt sowie der Wissenschaft zusammen. Die Kantone haben für drei Mitglieder das Vorschlagsrecht.

3 Sie wird vom Direktor des Bundesamtes geleitet.

4 Das Bundesamt führt das Sekretariat.

Art. 70   Aufgaben der eidgenössischen Berufsbildungskommission

1 Die Berufsbildungskommission hat folgende Aufgaben:

a.   sie berät die Bundesbehörden in allgemeinen Fragen der Berufsbildung, in Fragen der Entwicklung und der Koordination und deren Abstimmung mit der allgemeinen Bildungspolitik;

b.   sie beurteilt Projekte zur Entwicklung der Berufsbildung nach Artikel 54, Gesuche um Beitrage für besondere Leistungen im öffentlichen Interesse nach Artikel 55 und um Unterstützung im Bereich der Berufsbildung nach Artikel 56 sowie Forschung, Studien, Pilotversuche und Dienstleistungen im Bereich der Berufsbildung und der berufsorientierten Weiterbildung nach Artikel 48 Absatz 2 Buchstabe b.

2 Sie kann von sich Anträge stellen und gibt zu den zu beurteilenden Projekten zuhanden der Subventionsbehörde Empfehlungen ab.

Art. 71   Eidgenössische Berufsmaturitätskommission

Das Departement setzt eine eidgenössische Berufsmaturitätskommission ein. Die Kommission ist beratendes Organ in Fragen der Berufsmaturität, insbesondere in Fragen der Anerkennung von Qualifikationsverfahren.

10. Kapitel: Schlussbestimmungen

Art. 72   Aufhebung und Änderung bisherigen Rechts

(hier nicht von Interesse)

Art. 73   Übergangsbestimmungen

[1] Die geltenden kantonalen und eidgenössischen Bildungsverordnungen sind innert fünf Jahren nach Inkrafttreten dieses Gesetzes anzupassen beziehungsweise zu ersetzen.

[2] Nach bisherigem Recht erworbene geschützte Titel sind weiterhin geschützt.

[3] Die Umstellung auf Pauschalbeiträge nach Artikel 53 Absatz 2 findet stufenweise innert vier Jahren statt.

[4] Die Kostenbeteiligung des Bundes wird innert vier Jahren stufenweise auf den in Artikel 59 Absatz 2 festgelegten Anteil erhöht.

Art. 74   Referendum und Inkrafttreten

[1] Dieses Gesetz untersteht dem fakultativen Referendum.

[2] Der Bundesrat bestimmt das Inkrafttreten.

Datum des Inkrafttretens: 1. Januar 2004[10]

---

10   BRB vom 19. Nov. 2003 (AS **2003** 4579) .

Verordnung über die Berufsbildung (BBV)

vom 19. November 2003; SR 412.101

(gestützt auf Artikel 65 Absatz 1 des Berufsbildungsgesetzes[1])

1. Kapitel: Allgemeine Bestimmungen

Art. 1   Zusammenarbeit (Art. 1 BBG)

[1] Die Zusammenarbeit von Bund, Kantonen und Organisationen der Arbeitswelt in der Berufsbildung dient einer hohen, landesweit vergleichbaren und arbeitsmarktbezogenen Qualifikation der Lernenden.

[2] Der Bund arbeitet in der Regel mit gesamtschweizerischen, landesweit tätigen Organisationen der Arbeitswelt zusammen. Gibt es in einem bestimmten Berufsbildungsbereich keine solche Organisation, so zieht die Bundesbehörde bei:

a.   Organisationen, die in einem ähnlichen Berufsbildungsbereich tätig sind; oder

b.   Organisationen, die in dem betreffenden Berufsbildungsbereich regional tätig sind, und die interessierten Kantone.

Art. 2   Berufsbildungsforschung (Art. 4 BBG)

[1] Das Bundesamt für Berufsbildung und Technologie (Bundesamt) fördert die schweizerische Berufsbildungsforschung, bis eine personell und organisatorisch dauerhafte Infrastruktur auf international anerkanntem wissenschaftlichem Niveau erreicht ist.

[2] Zehn Jahre nach Inkrafttreten dieser Verordnung prüft der Bund, ob die Berufsbildungsforschung als ein Bereich der ordentlichen Bildungsforschung in die bestehenden nationalen Strukturen der Forschungsförderung überführt werden kann.

[3] Die vom Bund geförderte Berufsbildungsforschung ist auf die allgemeine Bildungsforschung und das Programm der Bildungsstatistik sowie auf die Wirtschafts- und Arbeitswelt abgestimmt.

---

1   SR **412.10**

Art. 3 Qualitätsentwicklung (Art. 8 BBG)

[1] Das Bundesamt erstellt eine Liste mit Methoden zur Qualitätsentwicklung in den einzelnen Bereichen der Berufsbildung. Diese Liste wird periodisch überprüft.

[2] Die Anbieter der Berufsbildung können unter den in der Liste aufgeführten Methoden zur Qualitätsentwicklung frei wählen. Die Kantone können für öffentlich-rechtliche Anbieter eine Methode vorschreiben.

[3] Die vom Bundesamt aufgestellten Qualitätsstandards genügen aktuellen Anforderungen und tragen den Bedürfnissen der unterschiedlichen Angebote Rechnung.

Art. 4 Anrechnung bereits erbrachter Bildungsleistungen (Art. 9 Abs. 2 BBG)

[1] Über die Anrechnung bereits erbrachter Bildungsleistungen entscheiden:

a. die kantonale Behörde im Fall von individuellen Verkürzungen der Bildungsgänge in betrieblich organisierten Grundbildungen;

b. die zuständigen Anbieter im Fall von individuellen Verkürzungen anderer Bildungsgänge;

c. die zuständigen Organe im Fall der Zulassung zu Qualifikationsverfahren.

[2] Die Kantone sorgen für beratende Stellen, die Personen bei der Zusammenstellung von Qualifikationsnachweisen behilflich sind, die ausserhalb üblicher Bildungsgänge durch berufliche oder ausserberufliche Praxiserfahrungen erworben wurden. Die Zusammenstellung dient als Entscheidgrundlage für die Anrechnung nach Absatz 1.

[3] Die Beratungsstellen arbeiten mit den Organisationen der Arbeitswelt zusammen und ziehen externe Fachpersonen bei.

Art. 5 Private Anbieter (Art. 11 BBG)

Die Kantone berücksichtigen bei der Festlegung eines bedarfsgerechten Angebots an Berufsfachschulen und überbetrieblichen Kursen insbesondere private Angebote, deren Besuch für Lernende unentgeltlich ist.

2. Kapitel: Berufliche Grundbildung

1. Abschnitt: Allgemeine Bestimmungen

Art. 6   Begriffe

In Ausführung des BBG oder in Ergänzung dazu bedeuten:

a. betrieblich organisierte Grundbildung: Grundbildung, die hauptsächlich in einem Lehrbetrieb oder in einem Lehrbetriebsverbund stattfindet;

b. schulisch organisierte Grundbildung: Grundbildung, die hauptsächlich in einer schulischen Institution stattfindet, namentlich in einer Lehrwerkstätte oder einer Handelsmittelschule;

c. Lehrbetriebsverbund: ein Zusammenschluss von mehreren Betrieben zum Zweck, Lernenden in verschiedenen spezialisierten Betrieben eine umfassende Bildung in beruflicher Praxis zu gewährleisten;

d. Praktikum: eine Bildung in beruflicher Praxis, die in eine schulisch organisierte Grundbildung integriert ist und ausserhalb der Schule absolviert wird.

Art. 7   Vorbereitung auf die berufliche Grundbildung (Art. 12 BBG)

[1] Als Vorbereitung auf die berufliche Grundbildung gelten praxis- und arbeitsweltbezogene Angebote nach Abschluss der obligatorischen Schulzeit, die das Programm der obligatorischen Schule im Hinblick auf die Anforderungen der beruflichen Grundbildung ergänzen.

[2] Die Vorbereitungsangebote dauern höchstens ein Jahr und werden zeitlich auf das Schuljahr abgestimmt.

[3] Sie werden mit einer Beurteilung abgeschlossen.

Art. 8   Lehrvertrag (Art. 14 und Art. 18 Abs. 1 BBG)

[1] Wird ein Lehrvertrag nach Artikel 14 Absatz 2 zweiter Satz BBG nur für einen Bildungsteil abgeschlossen, so müssen zum Zeitpunkt des Lehrbeginns alle Verträge für die einzelnen Bildungsteile unterzeichnet und von der kantonalen Behörde genehmigt sein.

[2] Findet die Grundbildung in einem Lehrbetriebsverbund statt, so schliesst der Leitbetrieb oder die Leitorganisation mit der lernenden Person den Lehrvertrag ab.

3 Die Probezeit beginnt mit dem Antritt der Grundbildung unter dem entsprechenden Lehrvertrag. Wird ein Lehrvertrag nach Absatz 1 nur für einen Bildungsteil abgeschlossen, so dauert die Probezeit für diesen Teil in der Regel einen Monat.

4 Die Bestimmungen über den Lehrvertrag gelten für betrieblich organisierte Grundbildungen auch dann, wenn diese mit einem längeren schulischen Teil beginnen. Die kantonale Behörde kann Ausnahmen vorsehen, wenn sie der lernenden Person garantiert, dass diese nach dem schulischen Teil eine vollständige Grundbildung absolvieren kann.

5 Der Lehrbetrieb oder der Lehrbetriebsverbund reicht den unterzeichneten Lehrvertrag der kantonalen Behörde vor Beginn der beruflichen Grundbildung zur Genehmigung ein.

6 Die Vertragsparteien verwenden von den Kantonen zur Verfügung gestellte Vertragsformulare. Das Bundesamt stellt sicher, dass die Formulare in der ganzen Schweiz einheitlich sind.

7 Über eine vertraglich vereinbarte Verlängerung oder Verkürzung der Bildungsdauer nach Artikel 18 Absatz 1 BBG entscheidet die kantonale Behörde nach Anhörung der Lehrvertragsparteien und der Berufsfachschule.

Art. 9   Standort der betrieblich organisierten Grundbildung (Art. 16 Abs. 2 Bst. a BBG)

1 Als Standort einer betrieblich organisierten Grundbildung gilt der Ort, an dem die betrieblich organisierte Grundbildung hauptsächlich stattfindet.

2 Liegen Firmensitz und Lehrbetrieb in unterschiedlichen Kantonen, so ist der Standort des Lehrbetriebs massgebend.

3 Bei einem Lehrbetriebsverbund ist der Standort des Leitbetriebs oder der Leitorganisation massgebend.

4 Können sich die kantonalen Behörden nicht über den Standort einigen, so entscheidet das Bundesamt.

Art. 10   Besondere Anforderungen an die zweijährige Grundbildung (Art. 17 Abs. 2 und Art. 18 Abs. 2 BBG)

[1] Die zweijährige Grundbildung vermittelt im Vergleich zu den drei- und vierjährigen Grundbildungen spezifische und einfachere berufliche Qualifikationen. Sie trägt den individuellen Voraussetzungen der Lernenden mit einem besonders differenzierten Lernangebot und angepasster Didaktik Rechnung.

[2] Die Bildungsverordnungen über die zweijährige Grundbildung berücksichtigen einen späteren Übertritt in eine drei- oder vierjährige Grundbildung.

[3] Die zweijährige Grundbildung kann um höchstens ein Jahr verkürzt oder verlängert werden.

[4] Ist der Bildungserfolg gefährdet, so entscheidet die kantonale Behörde nach Anhörung der lernenden Person und der Anbieter der Bildung über eine fachkundige individuelle Begleitung.

[5] Die fachkundige individuelle Begleitung umfasst nicht nur schulische, sondern sämtliche bildungsrelevanten Aspekte im Umfeld der lernenden Person.

Art. 11   Aufsicht (Art. 24 BBG)

[1] Die kantonale Behörde verweigert die Bildungsbewilligung oder widerruft sie, wenn die Bildung in beruflicher Praxis ungenügend ist, Berufsbildnerinnen und Berufsbildner die gesetzlichen Voraussetzungen nicht erfüllen oder ihre Pflicht verletzen.

[2] Ist der Erfolg der Grundbildung in Frage gestellt, so trifft die kantonale Behörde nach Anhörung der Beteiligten die notwendigen Vorkehren, um der lernenden Person nach Möglichkeit eine Grundbildung entsprechend ihren Fähigkeiten und Neigungen zu vermitteln.

[3] Die kantonale Behörde empfiehlt nötigenfalls den Vertragsparteien, den Lehrvertrag anzupassen, oder unterstützt die lernende Person bei der Suche nach einer anderen beruflichen Grundbildung oder einem anderen Bildungsort.

2. Abschnitt: Bildungsverordnungen

Art. 12   **Inhalte (Art. 19 BBG)**

[1] Die Bildungsverordnungen der beruflichen Grundbildung regeln, über die Gegenstände nach Artikel 19 Absatz 2 BBG hinaus:

a. Zulassungsbedingungen;

b. mögliche Organisationsformen der Bildung in Bezug auf die Vermittlung des Stoffes und auf die persönliche Reife, die für die Ausübung einer Tätigkeit erforderlich ist;

c. Instrumente zur Förderung der Qualität der Bildung wie Bildungspläne und damit verbundene weiterführende Instrumente;

d. allfällige regionale Besonderheiten;

e. Massnahmen zur Arbeitssicherheit und zum Gesundheitsschutz;

f. die inhaltlichen und organisatorischen Anforderungen an die Vermittlung beruflicher Praxis in einer schulischen Institution im Sinne von Artikel 6 Buchstabe b;

g. Organisation, Dauer und Lehrstoff der überbetrieblichen Kurse und vergleichbarer dritter Lernorte sowie ihre Koordination mit der schulischen Bildung.

[2] In der Regel ist eine zweite Sprache vorzusehen. Diese wird nach den Bedürfnissen der jeweiligen Grundbildung geregelt.

[3] Bildungsvorschriften, die von den Artikeln 47, 48 Buchstabe b und 49 des Arbeitsgesetzes vom 13. März 1964[2] abweichen, bedürfen der Zustimmung des Staatssekretariats für Wirtschaft (seco).

[4] Die Bildungsverordnungen können Promotionen vorsehen. Diese berücksichtigen die Bildung in beruflicher Praxis und die schulische Bildung.

[5] Der Sportunterricht ist Gegenstand der Verordnung vom 14. Juni 1976[3] über Turnen und Sport an Berufsschulen sowie der Verordnung des EVD vom 1. Juni 1978[4] über Turnen und Sport an Berufsschulen.

2   SR **822.11**
3   SR **415.022**
4   SR **415.022.1**

Art. 13   Antrag und Erlass (Art. 19 Abs. 1 BBG)

1 Antrag auf Erlass einer Bildungsverordnung können Organisationen der Arbeitswelt im Sinne von Artikel 1 Absatz 2 stellen.

2 Das Gesuch ist beim Bundesamt mit einer schriftlichen Begründung einzureichen.

3 Die Ausgestaltung und Inkraftsetzung der Bildungsverordnungen durch das Bundesamt setzt die Mitwirkung der Kantone und von Organisationen der Arbeitswelt voraus.

4 Das Bundesamt stellt die Koordination mit und zwischen den interessierten Kreisen und den Kantonen sicher. Kommt keine Einigung zustande, so entscheidet das Bundesamt unter Berücksichtigung des Gesamtnutzens für die Berufsbildung und allfälliger sozialpartnerschaftlicher Regelungen.

3. Abschnitt: Bildung in beruflicher Praxis

Art. 14   Lehrbetriebsverbund (Art. 16 Abs.2 Bst. a BBG)

1 Die an einem Lehrbetriebsverbund beteiligten Betriebe regeln ihre Zuständigkeiten und Verantwortlichkeiten in einem schriftlichen Vertrag.

2 Sie benennen einen Leitbetrieb oder eine Leitorganisation, die den Lehrvertrag abschliesst und den Verbund gegenüber aussen vertritt.

3 Die Bildungsbewilligung für den Lehrbetriebsverbund wird dem Leitbetrieb oder der Leitorganisation erteilt.

Art. 15   Praktika (Art. 16 Abs. 1 Bst. a und
              Abs. 2 Bst. a BBG)

1 Die Anbieter einer schulisch organisierten Grundbildung sorgen für ein Angebot an Praktikumsplätzen, das der Zahl der Lernenden entspricht. Die Schule weist dies gegenüber der Aufsichtsbehörde nach.

2 Die Verantwortung für die Qualität des Praktikums gegenüber den Aufsichtsbehörden liegt bei den Anbietern der schulisch organisierten Grundbildung.

3 Der Anbieter der schulisch organisierten Grundbildung schliesst mit dem Anbieter des Praktikums einen Vertrag ab, in dem sich dieser zur vorschriftsgemässen Vermittlung von Bildung in beruflicher Praxis und allfälligen Lohnzahlungen verpflichtet.

4 Der Anbieter des Praktikums schliesst mit der lernenden Person einen Praktikumsvertrag ab. Dieser bedarf der Genehmigung durch die Aufsichtsbehörde, wenn das Praktikum länger als sechs Monate dauert.

Art. 16 **Schulisch organisierte Vermittlung der Bildung in beruflicher Praxis (Art. 16 Abs. 2 Bst. a BBG)**

Vor der Erteilung einer Bildungsbewilligung an eine andere zum Zweck der Vermittlung beruflicher Praxis anerkannte Institution klärt der Kanton in Zusammenarbeit mit den zuständigen Organisationen der Arbeitswelt insbesondere ab, ob der Bezug zur Arbeitswelt gewährleistet ist.

4. Abschnitt: Schulische Bildung

Art. 17 **Berufsfachschule (Art. 21 BBG)**

1 Die Berufsfachschule fasst nach Rücksprache mit den zuständigen Organisationen der Arbeitswelt die Grundbildungen zu sinnvollen Einheiten zusammen. Sie trägt dabei dem inhaltlichen Zusammenhang der Berufstätigkeiten und den Besonderheiten der Lernenden Rechnung.

2 Die Berufsfachschule bezeichnet Ansprechpersonen für die Lernenden und, gegebenenfalls, für deren Lehrbetrieb.

3 Bei schulischen Leistungen, die den Erfolg der betrieblich organisierten Grundbildung in Frage stellen, oder bei ungenügendem Verhalten der lernenden Person nimmt die Berufsfachschule mit dem Lehrbetrieb Kontakt auf. Zuvor hört sie die lernende Person an.

Art. 18 **Obligatorische schulische Bildung (Art. 21 BBG)**

1 Die obligatorische schulische Bildung ist für Lernende, die ihre Bildung in beruflicher Praxis in einem Betrieb absolvieren, mindestens tageweise anzusetzen. Dauert sie länger als einen Tag pro Woche, so ist auch der verbleibende Teil zusammenhängend zu erteilen.

2 Ein Schultag darf neun Lektionen, einschliesslich der Frei- und Stützkurse, nicht überschreiten.

3 Über Gesuche zur Dispensierung von der obligatorischen schulischen Bildung entscheidet die Berufsfachschule. Sofern sich die Dispensie-

rung auch auf das Qualifikationsverfahren auswirkt, entscheidet die kantonale Behörde.

Art. 19   Allgemeinbildung (Art. 15 Abs. 2 Bst. b BBG)

[1] Das Bundesamt erlässt Mindestvorschriften für die Allgemeinbildung in den zweijährigen sowie in den drei- bis vierjährigen Grundbildungen.

[2] Die Mindestvorschriften werden in einem eidgenössischen Rahmenlehrplan oder, bei besonderen Bedürfnissen, in den Bildungsverordnungen konkretisiert.

Art. 20   Freikurse und Stützkurse
(Art. 22 Abs. 3 und 4 BBG)

[1] Freikurse und Stützkurse der Berufsfachschule sind so anzusetzen, dass der Besuch ohne wesentliche Beeinträchtigung der Bildung in beruflicher Praxis möglich ist. Ihr Umfang darf während der Arbeitszeit durchschnittlich einen halben Tag pro Woche nicht übersteigen.

[2] Die Notwendigkeit des Besuchs von Stützkursen wird periodisch überprüft.

[3] Sind Leistungen oder Verhalten in der Berufsfachschule oder im Lehrbetrieb ungenügend, so schliesst die Schule im Einvernehmen mit dem Lehrbetrieb die lernende Person von Freikursen aus. Bei Uneinigkeit entscheidet die kantonale Behörde.

[4] Die Berufsfachschulen sorgen für ein ausgewogenes Angebot an Frei- und Stützkursen. Sie ermöglichen insbesondere Freikurse in Sprachen.

5. Abschnitt: Überbetriebliche Kurse und vergleichbare dritte Lernorte Art. 21
(Art. 23 BBG)

[1] Die Kantone unterstützen die Organisationen der Arbeitswelt bei der Bildung von Trägerschaften für überbetriebliche Kurse und vergleichbare dritte Lernorte.

[2] Die Beteiligung der Betriebe an den Kosten für überbetriebliche Kurse und vergleichbare dritte Lernorte darf die Vollkosten nicht übersteigen.

3 Der Lehrbetrieb trägt die Kosten, die der lernenden Person aus dem Besuch der überbetrieblichen Kurse und vergleichbarer dritter Lernorte entstehen.

6. Abschnitt: Eidgenössische Berufsmaturität

Art. 22   (Art. 25 BBG)

Die eidgenössische Berufsmaturität richtet sich nach der Berufsmaturitätsverordnung vom 30. November 1998[5].

3. Kapitel: Höhere Berufsbildung

Art. 23   Allgemeine Bestimmungen (Art. 27 BBG)

1 Werden in einem Fachgebiet eine eidgenössische Berufsprüfung und eine eidgenössische höhere Fachprüfung angeboten, so unterscheidet sich die eidgenössische höhere Fachprüfung von der eidgenössischen Berufsprüfung durch höhere Anforderungen.

2 Die Qualifikationen der höheren Berufsbildung werden auf international übliche Standards abgestimmt.

Art. 24   Trägerschaft (Art. 28 Abs. 2 BBG)

1 Antrag auf Genehmigung einer eidgenössischen Berufsprüfung oder einer eidgenössischen höheren Fachprüfung können Organisationen der Arbeitswelt im Sinne von Artikel 1 Absatz 2 stellen.

2 Für das Angebot und die Durchführung einer eidgenössischen Berufsprüfung oder einer eidgenössischen höheren Fachprüfung bilden sie eine Trägerschaft.

3 Organisationen, die einen Bezug zur entsprechenden Prüfung aufweisen, ist die Möglichkeit einzuräumen, der Trägerschaft beizutreten.

4 Die Trägerschaft legt die Rechte und Pflichten der darin vertretenen Organisationen auf Grund ihrer Grösse und ihrer wirtschaftlichen Leistungsfähigkeit fest.

Art. 25 Voraussetzungen für die Genehmigung von eidgenössischen Berufs- und eidgenössischen höheren Fachprüfungen (Art. 28 Abs. 3 BBG)

[1] Das Bundesamt genehmigt innerhalb einer Branche für eine spezielle Ausrichtung nur je eine eidgenössische Berufsprüfung und eine eidgenössische höhere Fachprüfung.

[2] Es prüft, ob:

a. ein öffentliches Interesse besteht;

b. kein bildungspolitischer Konflikt oder Konflikt mit einem anderen öffentlichen Interesse besteht;

c. die Trägerschaft in der Lage ist, ein längerfristiges gesamtschweizerisches Angebot zu gewährleisten;

d. sich der Inhalt der Prüfung an den für diese Berufstätigkeiten erforderlichen Qualifikationen orientiert;

e. der vorgesehene Titel klar, nicht irreführend und von anderen Titeln unterscheidbar ist.

Art. 26 Genehmigungsverfahren (Art. 28 Abs. 3 BBG)

[1] Die Trägerschaft reicht das Gesuch um Genehmigung einer Prüfungsordnung beim Bundesamt ein.

[2] Das Bundesamt koordiniert die inhaltliche Ausgestaltung von Prüfungsordnungen in verwandten Berufen.

[3] Es kann eine Zusammenlegung von Prüfungen verfügen, deren Fachgebiet und Ausrichtung sich wesentlich überschneiden.

[4] Erfüllt das Gesuch die Voraussetzungen, so gibt das Bundesamt die Einreichung der Prüfungsordnung im Bundesblatt bekannt und setzt eine Einsprachefrist von 30 Tagen an.

[5] Einsprachen sind dem Bundesamt schriftlich und begründet einzureichen.

Art. 27 Aufsicht (Art. 28 Abs. 2 und 3 BBG)

Hält eine Trägerschaft trotz Mahnung die Prüfungsordnung nicht ein, so kann das Bundesamt die Prüfung einer anderen Trägerschaft übertragen oder die Genehmigung der Prüfungsordnung widerrufen.

Art. 28   Höhere Fachschulen (Art. 29 Abs. 3 BBG)

Die höheren Fachschulen werden in einer Verordnung des Departements über die Bildungsgänge der höheren Fachschulen geregelt.

4. Kapitel: Berufsorientierte Weiterbildung

Art. 29   (Art. 32 BBG)

[1] Der Bund beteiligt sich an Massnahmen, die die Koordination, die Qualität und die Transparenz des Weiterbildungsangebotes, das berufsorientiert genutzt werden kann, auf nationaler oder sprachregionaler Ebene zum Ziel haben.

[2] Die von der öffentlichen Hand getragenen Strukturen und Angebote der beruflichen Bildung stehen soweit möglich für arbeitsmarktliche Massnahmen nach dem Arbeitslosenversicherungsgesetz vom 25. Juni 1982[6] (AVIG) zur Verfügung.

5. Kapitel: Qualifikationsverfahren, Ausweise und Titel

Art. 30   Anforderungen an Qualifikationsverfahren
(Art. 33 und Art. 34 Abs. 1 BBG)

[1] Für Qualifikationsverfahren gelten folgende Anforderungen:

a. Sie richten sich an den Qualifikationszielen der massgebenden Bildungserlasse aus.

b. Sie bewerten und gewichten die mündlichen, schriftlichen und praktischen Teile ausgewogen im Hinblick auf die Besonderheiten des entsprechenden Qualifikationsfeldes und berücksichtigen die Erfahrungsnoten aus Schule und Praxis.

c. Sie verwenden adäquate und zielgruppengerechte Verfahren zur Feststellung der zu beurteilenden Qualifikationen.

[2] Die Feststellung einer Qualifikation im Hinblick auf einen Ausweis oder Titel erfolgt auf Grund von abschliessenden fachübergreifenden Prüfungsverfahren oder durch äquivalente Verfahren.

6   SR **837.0**

Art. 31   Andere Qualifikationsverfahren (Art. 33 BBG)

[1] Als andere Qualifikationsverfahren gelten Verfahren, die in der Regel nicht in Bildungserlassen festgelegt, aber geeignet sind, die erforderlichen Qualifikationen festzustellen.

[2] Qualifikationsverfahren nach Absatz 1 können für besondere Personengruppen standardisiert und in den massgebenden Bildungserlassen geregelt werden.

Art. 32   Besondere Zulassungsvoraussetzungen
(Art. 34 Abs. 2 BBG)

Wurden Qualifikationen ausserhalb eines geregelten Bildungsganges erworben, so setzt die Zulassung zum Qualifikationsverfahren eine mindestens fünfjährige berufliche Erfahrung voraus.

Art. 33   Wiederholungen von Qualifikationsverfahren

[1] Wiederholungen von Qualifikationsverfahren sind höchstens zweimal möglich. Bereits früher bestandene Teile müssen nicht wiederholt werden. Die Bildungserlasse können für die Wiederholungspflicht strengere Anforderungen aufstellen.

[2] Termine für die Wiederholung werden so angesetzt, dass den zuständigen Organen keine unverhältnismässigen Mehrkosten entstehen.

Art. 34   Bewertung (Art. 34 Abs. 1 BBG)

[1] Die Leistungen in den Qualifikationsverfahren werden in ganzen oder halben Noten ausgedrückt. 6 ist die höchste, 1 die tiefste Note. Noten unter 4 stehen für ungenügende Leistungen.

[2] Andere als halbe Noten sind nur für Durchschnitte aus den Bewertungen zulässig, die sich aus einzelnen Positionen der entsprechenden Bildungserlasse ergeben. Die Durchschnitte werden auf höchstens eine Dezimalstelle gerundet.

[3] Die Bildungserlasse können andere Bewertungssysteme vorsehen.

Art. 35   Abschlussprüfungen der beruflichen
Grundbildung (Art. 17 BBG)

[1] Für die Durchführung der Abschlussprüfungen der beruflichen Grundbildung setzt die kantonale Behörde Prüfungsexpertinnen und -experten ein. Die zuständigen Organisationen der Arbeitswelt haben ein Vorschlagsrecht.

[2] Die Prüfungsexpertinnen und -experten halten die Resultate sowie ihre Beobachtungen während des Qualifikationsverfahrens schriftlich fest, einschliesslich Einwände der Kandidatinnen und Kandidaten.

[3] Benötigt eine Kandidatin oder ein Kandidat auf Grund einer Behinderung besondere Hilfsmittel oder mehr Zeit, so wird dies angemessen gewährt.

[4] In Fächern, die zweisprachig unterrichtet wurden, kann die Prüfung ganz oder teilweise in der zweiten Sprache stattfinden.

[5] Die für die Durchführung der Abschlussprüfungen zuständigen Organe entscheiden durch Verfügung über die Erteilung eines eidgenössischen Fähigkeitszeugnisses oder eines eidgenössischen Berufsattests.

Art. 36   Eidgenössische Berufsprüfungen und eidgenössische höhere Fachprüfungen (Art. 43 Abs. 1 und 2 BBG)

[1] Das für die eidgenössische Berufsprüfung oder die eidgenössische höhere Fachprüfung zuständige Organ entscheidet durch Verfügung über die Zulassung zum Qualifikationsverfahren und über die Erteilung des Fachausweises oder des Diploms.

[2] Die Fachausweise und die Diplome werden vom Bundesamt ausgestellt. Die Absolventinnen und Absolventen können wählen, in welcher Amtssprache ihr Ausweis ausgestellt wird.

[3] Die Fachausweise und die Diplome werden von der oder dem Vorsitzenden des für das Qualifikationsverfahren zuständigen Organs und von der Direktorin oder dem Direktor des Bundesamtes unterzeichnet.

Art. 37   Register (Art. 43 Abs. 3 BBG)

[1] Das Register des Bundesamtes über die eidgenössischen Fachausweise und Diplome enthält folgende Daten:

a.   Name und Vorname;

b.   Geburtsdatum;

c.   Bürgerort (bei Schweizer Staatsangehörigen) oder Staatsangehörigkeit (bei ausländischen Staatsangehörigen);

d.   Wohnort zur Zeit der Prüfung;

e.   Jahr der Prüfung.

2 Das Bundesamt kann die Daten nach Absatz 1 Buchstaben a, d und e sowie den Jahrgang der Inhaberin oder des Inhabers auf eine geeignete Weise veröffentlichen.

3 Es holt vor der Veröffentlichung der Daten nach Absatz 2 die Zustimmung der betroffenen Person ein. Diese kann ihre Zustimmung ohne Angabe von Gründen verweigern oder nachträglich rückgängig machen.

Art. 38   Titel (Art. 19 Abs. 2 Bst. e, Art. 28 Abs. 2 und 29 Abs. 3 BBG)

1 Das Bundesamt führt ein Verzeichnis der geschützten Titel in den Landessprachen. Es kann zusätzlich englische Titel benennen, wenn diese international eindeutig sind.

2 Auf Antrag der Inhaberin oder des Inhabers des Titels stellt das Bundesamt ein Dokument mit einer Beschreibung des Inhalts der Bildung oder der fachlichen Qualifikation in Englisch aus. Die Ausstellung ist kostenpflichtig.

Art. 39   Kostenbeteiligung (Art. 41 BBG)

1 Materialkosten und Raummieten fallen nicht unter die Prüfungsgebühren nach Artikel 41 BBG und dürfen den Anbietern von Bildung in beruflicher Praxis ganz oder teilweise in Rechnung gestellt werden.

2 Bei Qualifikationsverfahren von Personen ausserhalb eines Bildungsverhältnisses der beruflichen Grundbildung kann die Behörde das erforderliche Material und allfällige zusätzlich entstehende Kosten den Kandidatinnen und Kandidaten ganz oder teilweise in Rechnung stellen.

3 Die Regelung der Kostenbeteiligung für die Qualifikationsverfahren ausserhalb der Grundbildung bedarf der Zustimmung des Bundesamtes, sofern die Qualifikationsverfahren nicht kantonal durchgeführt werden.

4 Die Einkünfte aus Entgelten für eidgenössische Berufsprüfungen und eidgenössischen höhere Fachprüfungen dürfen die Vollkosten der Trägerschaft im sechsjährigen Durchschnitt unter Berücksichtigung einer angemessenen Reservebildung nicht übersteigen.

6. Kapitel: Berufsbildungsverantwortliche

1. Abschnitt: Allgemeine Bestimmungen

Art. 40 **Berufsbildungsverantwortliche in der beruflichen Grundbildung (Art. 45 Abs. 3 und Art. 46 Abs. 2 BBG)**

[1] Wer eine praktische oder schulische Lehrtätigkeit in der beruflichen Grundbildung ausübt, verfügt über eine Bildung, die den Mindestanforderungen nach den Artikeln 44–47 entspricht. Dies wird nachgewiesen:

a. mit einem eidgenössischen oder eidgenössisch anerkannten Diplom; oder

b. für Berufsbildnerinnen und Berufsbildner, die einen 40-stündigen Kurs besuchen, mit einem Kursausweis.

[2] Wer die Mindestanforderungen nicht bereits bei Aufnahme seiner Tätigkeit erfüllt, hat die entsprechenden Qualifikationen innerhalb von fünf Jahren nachzuholen.

[3] Über fachliche Gleichwertigkeiten einzelner Berufsbildungsverantwortlicher entscheidet die kantonale Behörde nach Rücksprache mit den Anbietern der entsprechenden Bildung.

[4] Für die Bildung in bestimmten Berufen können über die Mindestanforderungen nach dieser Verordnung hinausgehende Anforderungen aufgestellt werden. Diese sind in den massgebenden Bildungsverordnungen festgelegt.

Art. 41 **Lehrkräfte in der höheren Berufsbildung (Art. 29 Abs. 3 und Art. 46 Abs. 2 BBG)**

Das Departement legt die Mindestanforderungen an Lehrkräfte in höheren Fachschulen fest.

Art. 42 **Lernstunden**

[1] Lernstunden umfassen Präsenzzeiten, den durchschnittlichen zeitlichen Aufwand für selbstständiges Lernen, persönliche oder Gruppenarbeiten, weitere Veranstaltungen im Rahmen der jeweiligen Bildung, Lernkontrollen und Qualifikationsverfahren, die Einübung der Umsetzung des Gelernten in die Praxis und begleitete Praktika.

[2] Lernstunden können in Einheiten gängiger Kreditpunkt-Systeme ausgedrückt werden; bei der Umrechnung entstehende Reste sind aufzurunden.

Art. 43   Weiterbildung (Art. 45 BBG)

Die Weiterbildung von Berufsbildungsverantwortlichen ist Gegenstand der Massnahmen zur Qualitätsentwicklung nach Artikel 8 BBG.

2. Abschnitt: Mindestanforderungen für die praktische und die schulische Lehrtätigkeit

Art. 44   Berufsbildnerinnen und Berufsbildner in Lehrbetrieben (Art. 45 BBG)

[1] Berufsbildnerinnen und Berufsbildner in Lehrbetrieben verfügen über:

a.   ein eidgenössisches Fähigkeitszeugnis auf dem Gebiet, in dem sie bilden, oder über eine gleichwertige Qualifikation;

b.   zwei Jahre berufliche Praxis im Lehrgebiet;

c.   eine berufspädagogische Qualifikation im Äquivalent von 100 Lernstunden.

[2] Anstelle der Lernstunden nach Absatz 1 Buchstabe c können 40 Kursstunden treten. Diese werden durch einen Kursausweis bestätigt.

Art. 45   Andere Berufsbildnerinnen und Berufsbildner (Art. 45 BBG)

Berufsbildnerinnen und Berufsbildner in überbetrieblichen Kursen und vergleichbaren dritten Lernorten sowie in Lehrwerkstätten und anderen für die Bildung in beruflicher Praxis anerkannten Institutionen verfügen über:

a.   einen Abschluss der höheren Berufsbildung oder eine gleichwertige Qualifikation auf dem Gebiet, in dem sie unterrichten;

b.   zwei Jahre berufliche Praxis im Lehrgebiet;

c.   eine berufspädagogische Bildung von:

1.   600 Lernstunden, wenn sie hauptberuflich tätig sind,

2.   300 Lernstunden, wenn sie nebenberuflich tätig sind.

Art. 46 Lehrkräfte für die schulische Grundbildung und die Berufsmaturität (Art. 46 BBG)

[1] Lehrkräfte für die schulische Grundbildung und die Berufsmaturität verfügen über eine Lehrbefähigung für die Sekundarstufe II mit folgenden Qualifikationen:

a. berufspädagogische Bildung auf Hochschulstufe;

b. Fachbildung mit einem Abschluss auf Tertiärstufe;

c. betriebliche Erfahrung von sechs Monaten.

[2] Die Lehrbefähigung für berufskundliche Bildung setzt voraus:

a. einen entsprechenden Abschluss der höheren Berufsbildung oder einer Hochschule;

b. eine berufspädagogische Bildung von:

 1. 1800 Lernstunden bei hauptamtlicher Tätigkeit,

 2. 300 Lernstunden bei nebenamtlicher Tätigkeit.

[3] Für das Erteilen von allgemein bildendem Unterricht oder von Fächern, die ein Hochschulstudium voraussetzen, ist erforderlich:

a. eine Lehrbefähigung für die obligatorische Schule, ergänzt durch eine Zusatzqualifikation für allgemein bildenden Unterricht gemäss dem entsprechenden Lehrplan sowie eine berufspädagogische Bildung von 300 Lernstunden; oder

b. eine gymnasiale Lehrbefähigung, ergänzt durch eine berufspädagogische Bildung von 300 Lernstunden; oder

c. ein entsprechendes Hochschulstudium, ergänzt durch eine berufspädagogische Bildung von 1800 Lernstunden.

Art. 47 Nebenberufliche Bildungstätigkeit (Art. 45 und 46 BBG)

[1] Eine nebenberufliche Bildungstätigkeit üben Personen in Ergänzung zu ihrer Berufstätigkeit auf dem entsprechenden Gebiet aus.

[2] Die Tätigkeit im Hauptberuf umfasst mindestens die Hälfte der wöchentlichen Arbeitszeit.

[3] Wer weniger als durchschnittlich vier Wochenstunden unterrichtet, unterliegt nicht den Vorschriften nach den Artikeln 45 Buchstabe c und 46 Absatz 2 Buchstabe b Ziffer 2.

3. Abschnitt: Berufspädagogische Bildung

Art. 48   **Inhalte (Art. 45 und 46 BBG)**

Die berufspädagogische Bildung der Berufsbildungsverantwortlichen geht von der Situation am Lern- und Arbeitsplatz aus. Sie umfasst folgende Aspekte:

a. Berufsbildung und ihr Umfeld: Berufsbildungssystem, gesetzliche Grundlagen, Beratungsangebote;

b. lernende Person: berufliche Sozialisation von Jugendlichen und Erwachsenen in Betrieb, Schule und Gesellschaft;

c. Lehren und Lernen: Planung, Durchführung und Auswertung von Lernveranstaltungen, Unterstützung und Begleitung der Lernenden in ihrem konkreten Bildungs- und Lernprozess, Evaluation und Selektion auf dem gesamten Spektrum der Begabungen;

d. Umsetzung des Gelernten in betriebliche Ausbildungsprogramme und schulische Angebote;

e. Rollenverständnis als Lehrende, Aufrechterhaltung des Kontakts mit der Betriebs- und Schulwelt, Planung der eigenen Weiterbildung;

f. Umgang mit den Lernenden und Zusammenarbeit mit ihren gesetzlichen Vertretern und den Behörden, mit den Lehrbetrieben, der Berufsschule sowie anderen Lernorten;

g. allgemeine Themen wie Arbeitskultur, Ethik, Genderfragen, Gesundheit, Multikulturalität, Nachhaltigkeit, Sicherheit am Arbeitsplatz.

Art. 49   **Rahmenlehrpläne (Art. 45 und 46 BBG)**

[1] Das Bundesamt erlässt für die Qualifikation der Berufsbildungsverantwortlichen Rahmenlehrpläne. Diese regeln die zeitlichen Anteile, die inhaltliche Zusammensetzung und die vertiefende Praxis nach den jeweiligen Anforderungen an die Berufsbildungsverantwortlichen.

[2] Die zuständige Institution organisiert die Bildungsgänge. Diese verbinden Fachkompetenz mit berufspädagogischer Handlungskompetenz.

4. Abschnitt: Kurse für Prüfungsexpertinnen und -experten

Art. 50 **(Art. 47 BBG)**

Das Bundesamt sorgt in Zusammenarbeit mit den Kantonen und den für das Qualifikationsverfahren zuständigen Organisationen der Arbeitswelt für ein Kursangebot für Prüfungsexpertinnen und -experten und bietet diese zu Kursen auf.

5. Abschnitt: Eidgenössische Anerkennung von Diplomen und Kursausweisen

Art. 51 **Zuständigkeiten und Gesuch (Art. 45 und 46 BBG)**

[1] Über die eidgenössische Anerkennung von Diplomen und Kursausweisen von Bildungsgängen für Berufsbildungsverantwortliche in der beruflichen Grundbildung entscheiden:

a. die Kantone, sofern es sich um Bildungsgänge für Berufsbildnerinnen und Berufsbildner in Lehrbetrieben handelt, mit Ausnahme von gesamtschweizerischen Bildungsgängen;

b. das Bundesamt bei gesamtschweizerischen Bildungsgängen für Berufsbildnerinnen und Berufsbildner in Lehrbetrieben und bei allen andern Bildungsgängen.

[2] Dem Gesuch um Anerkennung sind Unterlagen beizulegen, die Angaben machen über:

a. das Leistungsangebot;

b. die Qualifikation der Lehrenden;

c. die Finanzierung;

d. die Qualitätsentwicklung.

Art. 52 **Voraussetzungen für die Anerkennung von Diplomen und Kursausweisen (Art. 45 und 46 BBG)**

Die Diplome und Kursausweise werden anerkannt, wenn:

a. das vorgesehene Bildungsprogramm mit den Rahmenlehrplänen nach Artikel 49 übereinstimmt;

b. die einwandfreie Durchführung gewährleistet ist.

6. Abschnitt: Eidgenössische Kommission für Berufsbildungsverantwortliche

Art. 53   Zusammensetzung und Organisation (Art. 45, 46 und 48 Abs. 1 BBG)

[1] Das Departement setzt eine eidgenössische Kommission für Berufsbildungsverantwortliche ein.

[2] Die Kommission setzt sich aus neun bis elf Mitgliedern zusammen. Diese vertreten Bund, Kantone, Organisationen der Arbeitswelt und Bildungsinstitutionen. Die Kantone haben ein Vorschlagsrecht für drei Mitglieder. Die Sprachregionen und Geschlechter sind angemessen zu berücksichtigen.

[3] Die Kommission organisiert sich selbst.

[4] Das Sekretariat wird vom Bundesamt geführt.

Art. 54   Aufgaben (Art. 45, 46 und 48 Abs. 1 BBG)

[1] Die eidgenössische Kommission für Berufsbildungsverantwortliche berät das Bundesamt und stellt ihm Antrag in folgenden Bereichen:

a. Koordination und Anerkennung der Diplome für Berufsbildungsverantwortliche;

b. Benennung und Aufsicht der Institutionen, die eidgenössisch anerkannte Diplome abgeben.

[2] Die Kommission kann von sich aus zu Fragen der Berufsbildungsverantwortlichen Empfehlungen abgeben und weitere Anträge stellen.

7. Kapitel: Berufs-, Studien- und Laufbahnberatung

Art. 55   Grundsätze (Art. 49 BBG)

[1] Die Berufs-, Studien und Laufbahnberatung stellt zusammen mit Partnern Angebote zur Vorbereitung, Wahl und Gestaltung der beruflichen Laufbahn bereit.

[2] Die Informationstätigkeit erfolgt durch allgemeine Informationen über Bildungsangebote und durch persönliche Auskünfte und Beratung.

[3] In der persönlichen Beratung werden Grundlagen erarbeitet, die es Ratsuchenden ermöglichen, nach ihren Fähigkeiten und Neigungen

und unter Berücksichtigung der Anforderungen der Arbeitswelt Berufs-, Studien- und Laufbahnentscheide zu fällen.

Art. 56   Mindestanforderungen an Bildungsgänge für Beraterinnen und Berater (Art. 50 BBG)

[1] Fachbildungen für die Berufs-, Studien- und Laufbahnberatung werden an einer Hochschule oder an einer vom Bundesamt anerkannten Institution angeboten.

[2] Die Fachbildung umfasst:

a.   600 Lernstunden für Studierende mit Hochschulabschluss beziehungsweise 1800 Lernstunden für die übrigen Studierenden;

b.   zusätzliche betriebliche Praktika von insgesamt zwölf Wochen.

[3] Für die Lehrtätigkeit ist ein Hochschulabschluss oder ein Abschluss einer vom Bund anerkannten Institution in Berufs-, Studien- und Laufbahnberatung sowie ein Nachweis methodisch-didaktischer Kompetenz erforderlich.

[4] Das Bundesamt entscheidet im Einzelfall über die Gleichwertigkeit anderer Abschlüsse.

Art. 57   Bildungsinhalte (Art. 50 BBG)

[1] Die Fachbildung für Berufs-, Studien- und Laufbahnberatung umfasst folgende Aspekte:

a.   der Mensch als Individuum: Entwicklungs-, Lern- und Persönlichkeitspsychologie;

b.   Mensch und Gesellschaft: soziologische, rechtliche und wirtschaftliche Grundlagen;

c.   Mensch und Arbeit: Bildungssystem, Berufs- und Studienwahl, Berufskunde, Arbeitspsychologie und Arbeitsmarkt;

d.   Arbeitsmethoden: Beratung, Diagnostik, Berufswahlvorbereitung, Erfolgskontrollen, Dokumentation und Öffentlichkeitsarbeit;

e.   Aufgabenverständnis: Berufsethik, Berufsidentität, Qualitätsentwicklung.

[2] Sie trägt den unterschiedlichen Schwerpunkten der Beratung von Jugendlichen, der Studienberatung, der Laufbahnberatung Erwachsener und der Beratung von Menschen mit Behinderungen Rechnung.

Art. 58 Zulassung zum Qualifikationsverfahren und Diplome (Art. 50 BBG)

[1] Über die Zulassung zum Qualifikationsverfahren entscheidet die Bildungsinstitution. Sie trägt auch ausserhalb ihres Bildungsangebotes erworbenen Qualifikationen Rechnung.

[2] Wer das Qualifikationsverfahren bestanden hat, erwirbt ein Diplom der Bildungsinstitution und ist berechtigt, den Titel «diplomierte Berufs-, Studien- und Laufbahnberaterin» beziehungsweise «diplomierter Berufs-, Studien- und Laufbahnberater» zu führen.

8. Kapitel: Beteiligung des Bundes an den Kosten der Berufsbildung; Berufsbildungsfonds

1. Abschnitt: Gemeinsame Bestimmungen

Art. 59 Bemessungsgrundlage für die Kostenbeteiligung des Bundes (Art. 52 Abs. 1 und 59 Abs. 2 BBG)

[1] Die Beteiligung des Bundes an den Kosten der Berufsbildung für die Erfüllung der Aufgaben nach BBG bemisst sich nach den Nettokosten der öffentlichen Hand im Durchschnitt der vier vorangegangenen Kalenderjahre.

[2] Die Nettokosten errechnen sich aus einer Vollkostenrechnung für die Ausgaben abzüglich der Einnahmen.

[3] Nicht zu den Nettokosten zählen:

a. die Kosten für die Vollzugsbehörden;

b. die Arbeitsplatzkosten und die Löhne von Lernenden in der öffentlichen Verwaltung und in Unternehmen des öffentlichen Rechts.

Art. 60 Erhebung der Kosten der Kantone (Art. 53 Abs. 2 BBG)

[1] Die Kantone geben dem Bundesamt jährlich bis zum 1. Juli die Nettokosten bekannt, die ihnen und den Gemeinden im vorangegangenen Jahr für die Berufsbildung entstanden sind.

[2] Die Kosten sind nach den Ausgaben für die Aufgaben nach Artikel 53 Absatz 2 BBG aufzuteilen. Die Kosten der schulisch organisierten Grundbildungen sind gesondert auszuweisen.

3 Das Bundesamt kann in Weisungen eine weitere Aufschlüsselung vorsehen.

Art. 61 Aufteilung des Bundesanteils
     (Art. 52 Abs. 2 BBG)

Der Bundesanteil wird wie folgt aufgeteilt:

a. Leistungen des Bundes nach den Artikeln 4 Absatz 2 und 48 BBG;

b. Beiträge nach den Artikeln 54 und 55 BBG;

c. Beiträge nach Artikel 56 BBG;

d. Pauschalbeiträge nach Artikel 53 BBG.

2. Abschnitt: Pauschalbeiträge

Art. 62 (Art. 53 BBG)

1 Der Kredit des Bundes für Pauschalbeiträge an die Kantone nach Artikel 53 BBG wird wie folgt aufgeteilt:

a. ein Anteil für die Kosten der schulisch organisierten Grundbildungen;

b. ein Anteil für die übrigen Kosten der Berufsbildung.

2 Der Anteil nach Absatz 1 Buchstabe a wird auf die Kantone aufgeteilt nach Massgabe der Anzahl Bildungsverhältnisse in der schulisch organisierten Grundbildung, der Anteil nach Absatz 1 Buchstabe b nach Massgabe der übrigen Bildungsverhältnisse in der beruflichen Grundbildung. Massgebend ist dabei der Durchschnitt der vorangegangenen vier Jahre.

3 Nimmt ein Kanton Aufgaben im Bereich der höheren Berufsbildung und der berufsorientierten Weiterbildung nicht wahr, so wird ihm ein entsprechend kleinerer Pauschalbeitrag ausbezahlt.

4 Die Pauschalbeiträge an die Kantone werden nach der Verordnung vom 21. Dezember 1973[7] über die Abstufung der Bundesbeiträge nach der Finanzkraft der Kantone differenziert.

5 Das Bundesamt richtet die Beiträge jährlich in zwei Tranchen aus.

3. Abschnitt: Übrige Bundesbeiträge

Art. 63   Beiträge zur Entwicklung der Berufsbildung (Art. 4 und Art. 54 BBG)

[1] Die Bundesbeiträge für Projekte zur Entwicklung der Berufsbildung nach Artikel 54 BBG decken höchstens 60 Prozent des Aufwandes. In begründeten Ausnahmen können bis zu 80 Prozent gewährt werden.

[2] Die Beiträge bemessen sich:

a.   für Studien und Pilotprojekte: danach, ob sie geeignet sind, die Durchführbarkeit und Wirksamkeit neuer Bildungsmassnahmen in der Praxis abzuklären oder eine Reform umzusetzen;

b.   für die Schaffung neuer tragfähiger Strukturen: danach, ob sie geeignet sind, unterschiedliche Partner zu einer eigenständigen Trägerschaft für neue Berufsbildungsbereiche zusammenzuführen.

[3] Projekte werden nicht länger als vier Jahre unterstützt. Die Unterstützung wird um höchstens ein Jahr verlängert.

Art. 64   Beiträge für besondere Leistungen im öffentlichen Interesse (Art. 55 BBG)

[1] Die Bundesbeiträge für besondere Leistungen im öffentlichen Interesse nach Artikel 55 BBG decken höchstens 60 Prozent des Aufwandes. In begründeten Ausnahmen können bis zu 80 Prozent gewährt werden.

[2] Die Beiträge bemessen sich:

a.   nach dem Grad des Interesses;

b.   nach der Möglichkeit zu Eigenleistung der Gesuchstellenden;

c.   nach der Dringlichkeit der Massnahme.

[3] Die Beiträge werden für höchstens fünf Jahre gewährt. Eine Verlängerung ist möglich.

Art. 65   Beiträge an die Durchführung eidgenössischer Berufsprüfungen und eidgenössischer höherer Fachprüfungen sowie an Bildungsgänge höherer Fachschulen (Art. 56 BBG)

[1] Die Bundesbeiträge nach Artikel 56 BBG an die Durchführung eidgenössischer Berufsprüfungen und eidgenössischer höherer Fachprüfun-

gen sowie an Bildungsgänge höherer Fachschulen decken höchstens 25 Prozent des Aufwandes.

² Beiträge an Bildungsgänge höherer Fachschulen werden nur gewährt, wenn:

a. die Bildungsgänge von gesamtschweizerischen, landesweit tätigen Organisationen der Arbeitswelt angeboten werden; und

b. für die Bildungsgänge keine kantonalen Beiträge bezahlt werden.

Art. 66 Verfahren der Beitragsgewährung (Art. 57 BBG)

¹ Das Bundesamt erlässt Richtlinien über die Gesuchstellung, die Budgetierung und die Abrechnung von Vorhaben nach den Artikeln 54–56 BBG.

² Es unterbreitet die Gesuche der eidgenössischen Berufsbildungskommission zur Beurteilung. Bei Projekten nach Artikel 54 BBG gilt für die Unterbreitung eine Mindestgrenze der Projektkosten von 250 000 Franken.

³ In der Verfügung über die Gewährung eines Beitrages an ein Vorhaben nach den Artikeln 54–56 BBG legt das Bundesamt insbesondere fest:

a. den zugesicherten Beitrag;

b. Massnahmen zur Kontrolle der Zielerreichung;

c. das Vorgehen bei unvorhergesehenen Entwicklungen;

d. die Evaluation der getroffenen Massnahmen.

⁴ Für ein Projekt nach Artikel 54 BBG legt das Bundesamt in der Verfügung zusätzlich fest:

a. die Etappierung von Vorhaben, die voraussichtlich länger als ein Jahr dauern;

b. Anschluss- und Umsetzungsmassnahmen;

c. die Information über die Ergebnisse und deren Verbreitung.

4. Abschnitt: Kürzung oder Verweigerung von Bundesbeiträgen

Art. 67   (Art. 58 BBG)

Die Kürzung oder Verweigerung von Bundesbeiträgen nach Artikel 58 BBG bemisst sich nach der Schwere der Pflichtverletzung des Beitragsempfängers. Die Kürzung beträgt höchstens ein Drittel.

5. Abschnitt: Berufsbildungsfonds

Art. 68   (Art. 60 BBG)

[1] Anträge auf Verbindlichkeit eines Berufsbildungsfonds werden gestellt von:

a.   gesamtschweizerischen, landesweit tätigen Organisationen der Arbeitswelt für alle Betriebe der Branche; oder

b.   regional tätigen Organisationen der Arbeitswelt für die Betriebe der Branche in ihrer Region.

[2] Der Antrag wird schriftlich beim Bundesamt eingereicht und enthält namentlich folgende Angaben:

a.   zu fördernde Massnahmen;

b.   Art der Beitragserhebung;

c.   Branchenbezeichnung;

d.   gegebenenfalls regionale Begrenzung;

e.   Leistungsabgrenzung gegenüber anderen Berufsbildungsfonds.

[3] Die Organisation verfügt im Sinne von Artikel 60 Absatz 4 Buchstabe b BBG über eine eigene Bildungsinstitution, wenn sie ein Angebot, das sich hauptsächlich mit der Aus- und Weiterbildung in der Branche beschäftigt, selber bereitstellt oder an einem solchen Angebot beteiligt ist.

[4] Wer bereits Leistungen nach Artikel 60 Absatz 6 BBG erbringt, bezahlt die Differenz zwischen der bereits erbrachten Leistung und dem Betrag, der zur Äufnung des allgemein verbindlich erklärten Berufsbildungsfonds erhoben wird. Die Differenz berechnet sich auf Grund der anteilmässigen Beiträge für die gleiche Leistung.

[5] Die Verwendung der Gelder aus dem Fonds wird periodisch überprüft.

6 Für die Buchführung der vom Bundesrat für verbindlich erklärten Berufsbildungsfonds gelten die Bestimmungen nach den Artikeln 957–964 des Obligationenrechts[8].

7 Die Rechnungen der vom Bundesrat für verbindlich erklärten Fonds werden jährlich durch unabhängige Stellen revidiert. Die Revisionsberichte werden dem Bundesamt zur Kenntnisnahme eingereicht.

9. Kapitel: Ausländische Diplome und Ausweise

Art. 69 Anerkennung (Art. 68 BBG)

1 Das Bundesamt anerkennt ausländische Diplome und Ausweise, wenn diese:

a. im Herkunftsstaat staatlich ausgestellt oder staatlich anerkannt sind; und

b. einem schweizerischen Ausweis oder Titel gleichwertig sind.

2 Einem schweizerischen Diplom oder Ausweis gleichwertig ist ein ausländisches Diplom oder ein ausländischer Ausweis dann, wenn:

a. die gleiche Bildungsstufe gegeben ist;

b. die Bildungsdauer äquivalent ist;

c. die Inhalte vergleichbar sind; und

d. der Bildungsgang neben theoretischen auch praktische Qualifikationen umfasst.

3 Antragsberechtigt ist, wer in der Schweiz Wohnsitz hat oder als Grenzgängerin oder Grenzgänger tätig ist.

4 Völkerrechtliche Verträge bleiben vorbehalten.

Art. 70 Ausgleichsmassnahmen (Art. 68 BBG)

1 Wird die Ausübung einer Berufstätigkeit durch Rechtsvorschriften an den Besitz eines bestimmten Diploms oder Ausweises gebunden und verfügt die Gesuchstellerin oder der Gesuchsteller über ein ausländisches Diplom oder einen ausländischen Ausweis, der in der Schweiz nicht als gleichwertig anerkannt ist, so sorgt das Bundesamt in Zusammenarbeit mit den Kantonen oder mit Organisationen der Arbeits-

welt für Ausgleichsmassnahmen, mit denen die verlangten Qualifikationen erreicht werden können.

[2] Absatz 1 gilt sinngemäss für die Ausübung einer Berufstätigkeit, wenn die Vergütung dieser Tätigkeit oder einer diesbezüglichen Erstattung durch eine Sozialversicherung an den Besitz eines bestimmten Diploms oder Ausweises gebunden ist.

[3] Ausgleichsmassnahmen bestehen in ergänzenden Eignungsprüfungen, Anpassungslehrgängen oder anderen Qualifikationsverfahren.

[4] Die Kosten für Ausgleichsmassnahmen werden den Absolventinnen und Absolventen in Rechnung gestellt.

10. Kapitel: Schlussbestimmungen

1. Abschnitt: Vollzug

Art. 71   Bundesamt (Art. 65 BBG)

[1] Das Bundesamt vollzieht diese Verordnung, soweit die Zuständigkeit nicht anders geregelt ist.

[2] Es ist Kontaktstelle für die gegenseitige Diplomanerkennung im Rahmen des Vollzugs folgender internationaler Verträge:

a.   Abkommen vom 21. Juni 1999[9] zwischen der Schweizerischen Eidgenossenschaft einerseits und der Europäischen Gemeinschaft und ihren Mitgliedstaaten andererseits über die Freizügigkeit;

b.   Übereinkommen vom 4. Januar 1960[10] zur Errichtung einer Europäischen Freihandelsassoziation (EFTA).

Art. 72   Zutrittsrecht und Auskunftspflicht
(Art. 65 Abs. 4 BBG)

[1] Die mit dem Vollzug betrauten Stellen haben Zutritt zu Veranstaltungen der Berufsbildung. Sie können Auskünfte verlangen und Unterlagen einsehen, die die Berufsbildung betreffen.

[2] Das Bundesamt kann bei den Kantonen und den direkt mit Vollzugsaufgaben betrauten Dritten Informationen und Auskünfte einholen.

9   SR **0.142.112.681**
10   SR **0.632.31**

Art. 73   Entzug von Ausweisen und Titeln (Art. 63 BBG)

[1] Das Bundesamt entzieht Ausweise und Titel, die auf rechtswidrige Weise erwirkt wurden. Die strafrechtliche Verfolgung bleibt vorbehalten.

[2] Der rechtskräftige Entzug eines Ausweises wird den Kantonen mitgeteilt; ein allfälliger Eintrag im öffentlichen Register wird gelöscht.

2. Abschnitt: Aufhebung und Änderung bisherigen Rechts

Art. 74

[1] Die Aufhebung und die Änderung bisherigen Rechts werden im Anhang geregelt.

[2] Für die Aufhebung von Ausbildungsreglementen, die gestützt auf Artikel 12 des Bundesgesetzes vom 19. April 1978[11] über die Berufsbildung vom Departement erlassen wurden, ist das Bundesamt zuständig.

3. Abschnitt: Übergangsbestimmungen

Art. 75   Berufsbildungsabschlüsse nach kantonalem Recht (Art. 73 Abs. 2 BBG)

[1] Die Titel von Absolventinnen und Absolventen von Berufsbildungen nach kantonalem Recht gelten mit Inkrafttreten dieser Verordnung als eidgenössisch, wenn sie bisher durch interkantonale Vereinbarungen geregelt waren.

[2] Die Gleichwertigkeit von Titeln nach Absatz 1 mit Titeln nach neuen eidgenössischen Regelungen sowie die Bedingungen für allfällige Titelumwandlungen werden in den entsprechenden Bildungserlassen bestimmt.

[3] Für die Anerkennung der Bildungsgänge und die Titelumwandlungen in Bereichen, die bisher im interkantonalen Recht geregelt waren, wendet das Bundesamt bis zum Inkrafttreten der Bildungserlasse die

---

11   [AS 1979 1687, 1985 660 Ziff. I 21, 1987 600 Art. 17 Ziff. 3, 1991 857 Anhang Ziff. 4, 1992 288 Anhang Ziff. 17 2521 Art. 55 Ziff. 1, 1996 2588 Art. 25 Abs. 2 und Anhang Ziff. 1, 1998 1822 Art. 2, 1999 2374 Ziff. I 2, 2003 187 Anhang Ziff. II 2. AS 2003 4557 Anhang Ziff. I 1] .

massgebenden Bestimmungen des bisherigen interkantonalen Rechts an.

4 Im Bereich der Gesundheitsberufe ist für die Anerkennung der Bildungsgänge und die Titelumwandlungen sowie für die Anerkennung ausländischer Diplome und Ausweise bis zum Inkrafttreten der massgebenden eidgenössischen Bildungserlasse das Schweizerische Rote Kreuz (SRK) zuständig.

Art. 76   Berufsbildungsverantwortliche ausserhalb des altrechtlichen Geltungsbereichs (Art. 73 BBG)

1 Berufsbildnerinnen und Berufsbildner ausserhalb des Geltungsbereiches des Bundesgesetzes vom 19. April 1978[12] über die Berufsbildung, die während mindestens fünf Jahren Lernende gebildet haben, gelten als qualifiziert im Sinne der Artikel 44 und 45.

2 Die eidgenössische Kommission für Berufsbildungsverantwortliche überprüft die Gleichwertigkeit der Qualifikationen folgender Berufsbildungsverantwortlicher:

a.   Berufsbildnerinnen und Berufsbildner in überbetrieblichen Kursen und vergleichbaren dritten Lernorten, in Lehrwerkstätten und anderen für die Bildung in beruflicher Praxis anerkannten Institutionen;

b.   Lehrkräfte.

3 Sie erarbeitet Kriterien für Gleichwertigkeiten und formuliert, welche Nachqualifikationen allenfalls erforderlich sind. Das Bundesamt entscheidet über Gleichwertigkeiten und über allfällige Nachqualifikationen.

4 Allfällige Nachqualifikationen haben innerhalb von fünf Jahren nach dem Entscheid des Bundesamtes zu erfolgen.

Art. 77   Pauschalbeiträge (Art. 73 Abs. 3 und 4 BBG)

1 Die Aufgaben der Kantone nach Artikel 53 Absatz 2 BBG werden vom Bund ab dem fünften Jahr nach Inkrafttreten des BBG vollum-

---

12   [AS 1979 1687, 1985 660 Ziff. I 21, 1987 600 Art. 17 Ziff. 3, 1991 857 Anhang Ziff. 4, 1992 288 Anhang Ziff. 17 2521 Art. 55 Ziff. 1, 1996 2588 Art. 25 Abs. 2 und Anhang Ziff. 1, 1998 1822 Art. 2, 1999 2374 Ziff. I 2, 2003 187 Anhang Ziff. II 2. AS 2003 4557 Anhang Ziff. I 1] .

fänglich über Pauschalbeiträge gemäss dem BBG und dieser Verordnung mitfinanziert.

2 Die ersten vier Jahre nach Inkrafttreten des BBG gilt folgende Regelung:

a. Aufgaben nach Artikel 53 Absatz 2 BBG, für die der Bund bisher gestützt auf eines der folgenden Gesetze Beiträge gewährt hat, unterstützt er weiterhin nach diesen Gesetzen:

    1. Bundesgesetz vom 19. April 1978[13] über die Berufsbildung,

    2. Landwirtschaftsgesetz vom 29. April 1998[14],

    3. Waldgesetz vom 4. Oktober 1991[15],

    4. Bundesgesetz vom 19. Juni 1992[16] über Finanzhilfen an die Höheren Fachschulen im Sozialbereich.

b. Die übrigen Aufgaben nach Artikel 53 Absatz 2 BBG unterstützt der Bund im Rahmen der verfügbaren Mittel nach Artikel 53 Absatz 1 BBG.

Art. 78   Bauvorhaben und Mieten (Art. 73 Abs. 3 BBG)

1 Subventionsgesuche für Bauvorhaben, für die bis zum Inkrafttreten des BBG beim Bundesamt ein Raumprogramm mit Belegungsplan, ein Vorprojekt oder ein Bauprojekt eingereicht wurden, werden nach bisherigem Recht beurteilt.

2 Wird ein Raumprogramm mit Belegungsplan oder ein Vorprojekt eingereicht, so werden Subventionen nach bisherigem Recht nur gewährt, wenn bis spätestens vier Jahre nach Inkrafttreten des BBG ein Bauprojekt vorgelegt wird.

3 Wurde für ein Bauvorhaben eine Subvention zugesichert, so ist die Schlussabrechnung für das realisierte Vorhaben bis spätestens zehn Jahre nach dem Inkrafttreten des BBG einzureichen. Wird die Schluss-

---

13   [AS 1979 1687, 1985 660 Ziff. I 21, 1987 600 Art. 17 Ziff. 3, 1991 857 Anhang Ziff. 4, 1992 288 Anhang Ziff. 17 2521 Art. 55 Ziff. 1, 1996 2588 Art. 25 Abs. 2 und Anhang Ziff. 1, 1998 1822 Art. 2, 1999 2374 Ziff. I 2, 2003 187 Anhang Ziff. II 2. AS 2003 4557 Anhang Ziff. I 1] .

14   SR **910.1**

15   SR **921.0**

16   [AS 1992 1973] .

abrechnung nach diesem Zeitpunkt eingereicht, so sind keine Subventionen mehr geschuldet.

[4] Subventionsgesuche für die Miete von Räumlichkeiten, die bis zum Inkrafttreten des BBG mit einer Raumtabelle, einem Mietvertrag oder einem Mietvorvertrag und einem Belegungsplan eingereicht wurden, werden nach bisherigem Recht beurteilt. Die Subventionen werden höchstens bis vier Jahre nach Inkrafttreten des BBG gewährt.

[5] Der Zahlungskredit für Bauten und Mieten geht zu Lasten des Zahlungsrahmens nach Artikel 59 Absatz 1 Buchstabe a BBG.

4. Abschnitt: Inkrafttreten

Art. 79
Diese Verordnung tritt am 1. Januar 2004 in Kraft.

Bundesgesetz über die Landwirtschaft (Landwirtschaftsgesetz, LwG)

vom 29. April 1998; SR 910.1

(gestützt auf die Artikel 31bis, 31[octies], 32 und 64bis der Bundesverfassung[1])

6. Titel: Forschung und Beratung sowie Förderung der Pflanzen- und Tierzucht[2]
2a. Kapitel:[3] Beratung
Art. 136   Aufgaben und Organisation

[1] Die Kantone können Beratungsdienste errichten, die den in der Landwirtschaft und der bäuerlichen Hauswirtschaft Beschäftigten behilflich sind, berufsbezogene Probleme zu lösen und sich den ändernden Verhältnissen anzupassen. Die Beratungsdienste erarbeiten namentlich Entscheidungsgrundlagen und bieten Weiterbildungsmöglichkeiten an.

[2] Der Bund fördert die Beratungsdienste. Im Einvernehmen mit den Kantonen kann er auch private Beratungsdienste fördern.

[3] Der Bund kann Beratungszentralen, welche die Beratungsdienste unterstützen, fördern oder betreiben.

[4] Die Beratungsdienste und Beratungszentralen arbeiten mit den Bildungsinstitutionen, den landwirtschaftlichen Forschungsanstalten, den Landjugend- und anderen Organisationen zusammen.

[5] Der Bund sorgt für die Koordination der Beratung unter den Kantonen.

---

1   Den genannten Bestimmungen entsprechen heute die Art. 45, 46 Abs. 1, 102–104, 123 und 147 der BV vom 18. April 1999 (SR **101**).
2   Fassung gemäss Anhang Ziff. II 5 des Berufsbildungsgesetzes vom 13. Dez. 2002, in Kraft seit 1. Jan. 2004 (SR **412.10**).
3   Vorheriger Abschnitt 4 von Kap. 2. Fassung gemäss Anhang Ziff. II 5 des Berufsbildungsgesetzes vom 13. Dez. 2002, in Kraft seit 1. Jan. 2004 (SR **412.10**).

Art. 137   Anforderungen an Beraterinnen und Berater

1 Beraterinnen und Berater verfügen über eine qualifizierte fachliche Ausbildung sowie über ausreichende pädagogische und methodisch-didaktische Fähigkeiten.

2 Der Bund legt die Mindestanforderungen an die Beraterinnen und Berater fest.

Art. 138[4]   Finanzhilfen[5]

1 Im Rahmen der bewilligten Kredite richtet der Bund zur Förderung der Beratung Finanzhilfen aus. Er kann dabei die Beratung im Berggebiet besonders fördern.

2 Grundlage für die Ausrichtung der Finanzhilfen sind die von den Beratungsdiensten und Beratungszentralen erbrachten Leistungen.

3 Der Bundesrat legt fest, welche Leistungen Anrecht auf Finanzhilfe ergeben. Er legt die Höhe der Finanzhilfe nach Leistungskategorie und Tätigkeitsbereich fest.

Art. 139[6]   ...

---

4   Fassung gemäss Ziff. I des BG vom 20. Juni 2003, in Kraft seit 1. Jan. 2004 (AS **2003** 4217 4232; BBl **2002** 4721 7234).

5   AS **2004** 2153.

6   Aufgehoben durch Ziff. I des BG vom 20. Juni 2003, mit Wirkung seit 1. Jan. 2004 (AS **2003** 4217 4232; BBl **2002** 4721 7234).

Verordnung über die landwirtschaftliche und die bäuerlich-hauswirtschaftliche Beratung (Landwirtschaftsberatungsverordnung)

vom 26. November 2003; SR 915.1

(gestützt auf die Artikel 138 Absatz 3 und 177 des Landwirtschaftsgesetzes vom 29. April 1998[1])

1. Abschnitt: Gegenstand und Geltungsbereich

Art. 1

[1] Diese Verordnung regelt:

a. die Ziele und Aufgaben der Beratungsdienste und der Beratungszentralen für die Landwirtschaft und für die bäuerliche Hauswirtschaft;

b. die Mindestanforderungen an Beraterinnen und Berater;

c. die Finanzhilfe des Bundes an die Beratungsdienste und die Beratungszentralen.

[2] Sie gilt für:

a. die Beratungsdienste der Kantone und die von den Kantonen beauftragten Stellen;

b. die Beratungsdienste, die überregional oder gesamtschweizerisch tätig sind;

c. die Beratungszentralen.

2. Abschnitt: Ziele und Aufgaben der Beratungsdienste und der Beratungszentralen

Art. 2   Ziele der Beratung

[1] Die Beratung richtet sich an Personen, die in der Landwirtschaft, in der bäuerlichen Hauswirtschaft oder in den landwirtschaftlichen Organisationen beschäftigt sind.

---

1   SR **910.1**

2 Sie trägt dazu bei, dass sich die technische und wirtschaftliche Führung der Betriebe und die soziale Stellung der Bauernfamilien verbessern. Dazu fördert sie die Anpassungsfähigkeit, die längerfristigen Produktions- und Vermarktungsmöglichkeiten, das Bewusstsein für die Ökologie und das Tierwohl sowie das Verständnis für die regionale Wirtschaftsentwicklung.

3 Sie trägt zur Multifunktionalität und zur Nachhaltigkeit der Landwirtschaft bei. Dabei berücksichtigt sie die agrarpolitischen Rahmenbedingungen und die regionalpolitischen Eigenheiten.

4 Sie fördert insbesondere:

a.   die berufliche Weiterbildung und die Persönlichkeitsentwicklung der Personen nach Absatz 1;

b.   die Verbreitung von Informationen mit grosser Breitenwirkung;

c.   den Wissensaustausch zwischen Forschung und Praxis sowie innerhalb der Landwirtschaft und der bäuerlichen Hauswirtschaft;

d.   die Zusammenarbeit der Landwirtschaft mit anderen Wirtschaftssektoren im Rahmen der Entwicklung des ländlichen Raums, der Lebensmittelsicherheit und der Erhaltung der natürlichen Lebensgrundlagen.

Art. 3   Aufgaben der Beratungsdienste

1 Die Beratungsdienste sind in folgenden Bereichen tätig:

a.   Erhaltung der natürlichen Lebensgrundlagen;

b.   Entwicklung des ländlichen Raums;

c.   Begleitung des Strukturwandels;

d.   nachhaltige Produktion;

e.   Betriebswirtschaft, Hauswirtschaft, Agrartechnik und Ausrichtung auf den Markt;

f.   berufsbezogene Persönlichkeitsentwicklung und Unternehmensschulung.

2 Als Beratung werden folgende Leistungskategorien anerkannt:

a.   Beschaffung von Grundlagen und Daten;

b.   Information und Dokumentation;

c.   Weiterbildungs- und Informationsveranstaltungen;

d.   Einzelberatung und Kleingruppenmoderation;

e.   Unterstützung bei der Durchführung von Projekten und Prozessen.

Art. 4   Aufgaben der Beratungszentralen

Als Leistungen der Beratungszentralen werden anerkannt:

a.   die Entwicklung von Methoden für die Beratung und die Weiterbildung sowie die Beschaffung von Grundlagen und Daten;

b.   die Berufseinführung und die Weiterbildung der Beraterinnen und Berater;

c.   die Aufarbeitung von Informationen sowie die Entwicklung, die Vermittlung und der Vertrieb von Dokumentationen und Hilfsmitteln;

d.   die Unterstützung von Beratungsdiensten und Organisationen;

e.   die Förderung der Zusammenarbeit zwischen Forschung, Bildung, Beratung und Praxis durch die Übernahme von Netzwerkfunktionen.

3. Abschnitt: Mindestanforderungen an Beraterinnen und Berater der Beratungsdienste

Art. 5

[1] Beraterinnen und Berater der Beratungsdienste müssen fachlich und pädagogisch qualifiziert sein und einen Hochschulabschluss, einen Abschluss der höheren Berufsbildung oder einen gleichwertigen Abschluss vorweisen.

[2] Sie haben zudem bis zum Ende des zweiten Anstellungsjahres eine Berufseinführung von mindestens 45 Tagen zu absolvieren. Diese steht unter der Leitung und Aufsicht der Beratungszentralen. Die Teilnehmerinnen und Teilnehmer haben in einem Schlussbericht über das Ausbildungsprogramm und über die erworbenen Kompetenzen Auskunft zu geben.

4. Abschnitt: Finanzhilfen

Art. 6   Grundsatz

Der Bund entrichtet Finanzhilfen auf der Basis der Leistungen nach den Artikeln 3 und 4.

Art. 7   Gesuche um Finanzhilfen

[1] Gesuche um Finanzhilfen müssen dem Bundesamt für Landwirtschaft (Bundesamt) eingereicht werden.

[2] Gesuche um Finanzhilfen an einmalige Leistungen sind dem Bundesamt mindestens einen Monat im Voraus einzureichen. Dem Gesuch müssen ein Kostenvoranschlag und ein Finanzierungsplan beigelegt werden. Handelt es sich um eine Veranstaltung, so ist dem Gesuch auch ein detailliertes Programm beizulegen.

[3] Gesuchen um Finanzhilfen an Besoldungen von neuen Stelleninhabern und -inhaberinnen sind das Pflichtenheft und das ausgefüllte Personalblatt des Bundesamtes beizulegen.

Art. 8   Bemessung

[1] Die Finanzhilfe bemisst sich in Prozent der anrechenbaren Kosten für die anerkannten Leistungen. Sie darf die Kosten der Leistungen, abzüglich allfälliger Einnahmen, nicht übersteigen.

[2] Die Prozente für die Berechnung der Finanzhilfe an die Kantone richten sich nach dem Bundesgesetz vom 19. Juni 1959[2] über den Finanzausgleich unter den Kantonen. Überträgt ein Kanton seine Aufgabe einer kantonalen Organisation, dann gilt ebenfalls der entsprechende Kantonssatz.

[3] In besonderen Fällen kann das Bundesamt Finanzhilfen auch in Form einer Pauschale ausrichten.

[4] Besoldungen, Taggelder, Honorare und Stundenentschädigungen sind bis zu den Höchstansätzen nach der Landwirtschaftlichen Vergütungsverordnung vom 6. Dezember 1994[3] anrechenbar.

Art. 9   Abrechnung und Auszahlung

[1] Die Abrechnung muss in der Regel innerhalb von vier Monaten nach Ende der Rechnungsperiode oder einer Veranstaltung dem Bundesamt unterbreitet werden.

[2] Der Abrechnung sind die Belege, die Tätigkeitsberichte und gegebenenfalls die Liste der Teilnehmer und Teilnehmerinnen beizulegen.

2   SR **613.1**
3   SR **916.013**

3 Wird eine Frist nicht eingehalten, so verfällt der Anspruch auf Finanzhilfen. Das Bundesamt kann auf begründetes Gesuch hin die Fristen verlängern.

4 Das Bundesamt kann bei nachgewiesenem Bedarf und je nach verfügbarem Kredit Vorschüsse bis zu 80 Prozent der voraussichtlichen oder der zugesicherten Finanzhilfe gewähren.

Art. 10 Widerruf der Finanzhilfevergütung und Rückforderung

Das Bundesamt widerruft die Finanzhilfevergütung und fordert bereits ausgerichtete Finanzhilfen ganz oder teilweise zurück, wenn:

a. trotz Mahnung den bundesrechtlichen Vorschriften nicht nachgekommen wird;

b. die Bundesbehörden durch unrichtige Angaben oder durch Verschweigen von Tatsachen irregeführt werden.

Art. 11 Zuständigkeit

Das Bundesamt entscheidet über die Gesuche um Finanzhilfen.

5. Abschnitt: Beitragssätze und anrechenbare Kosten

Art. 12 Beratungsdienste

1 Für Beratungsdienste beträgt der Beitragssatz in Prozenten der anrechenbaren Kosten:

a. für Leistungen der kantonalen Beratungsdienste im Talgebiet: 22–38 Prozent;

b. für Leistungen der kantonalen Beratungsdienste im Berggebiet nach der Landwirtschaftlichen Zonen-Verordnung vom 7. Dezember 1998[4]: 40–65 Prozent;

c. für Leistungen der kantonalen Beratungsdienste für die bäuerliche Hauswirtschaft: 23–43 Prozent;

d. für Leistungen der überregional oder gesamtschweizerisch tätigen Beratungsdienste: 43 Prozent.

2 Anrechenbar sind Besoldungen und Honorare von Personen, die beraten, Kurse leiten und Referate halten.

Art. 13   Beratungszentralen

1 Für Beratungszentralen wird die Finanzhilfe pauschal auf der Basis der anrechenbaren Kosten für die anerkannten Leistungen und der vertraglich geregelten Aufgaben ausgerichtet.

2 Anrechenbar sind:

a. Besoldungen, Sozialaufwendungen, Honorare und Spesenvergütungen bei dienstlicher Abwesenheit des Personals;

b. Betrieb und Unterhalt der Beratungszentralen, insbesondere Einrichtungen, Inventar- und Materialanschaffungen, Gebäudeunterhalt, Hypothekarzinsen und Amortisation.

Art. 14   Aus- und Weiterbildung der Berater und Beraterinnen

1 Für die Aus- und Weiterbildung der Berater und Beraterinnen beträgt der Beitragssatz in Prozenten der anrechenbaren Kosten:

a. für Kantone: 22–38 Prozent;

b. für überregional oder gesamtschweizerisch tätige Beratungsdienste: 43 Prozent.

2 Anrechenbar sind:

a. Honorare für Personen, die Kurse leiten und Referate halten;

b. Ersatz von Auslagen der Teilnehmer und Teilnehmerinnen;

c. Taggelder an Teilnehmer und Teilnehmerinnen, an deren Besoldung der Bund keinen Beitrag ausrichtet.

3 Werden solche Kurse vom Bundesamt obligatorisch erklärt, so können die anrechenbaren Kosten voll übernommen werden.

6. Abschnitt: Schlussbestimmungen

Art. 15   Aufhebung bisherigen Rechts

Folgende Verordnungen werden aufgehoben:

1. Verordnung vom 13. Dezember 1993[5] über die landwirtschaftliche Berufsbildung;

2. Verordnung vom 27. November 1989[6] über die hauswirtschaftliche Ausbildung.

Art. 16   Inkrafttreten

Diese Verordnung tritt am 1. Januar 2004 in Kraft.

5 [AS **1994** 38, **1995** 5519, **1999** 303 Ziff. I 11] .
6 [AS **1989** 2425, **1998** 1822 Art. 28] .

Bundesgesetz über die Arbeitsvermittlung und den Personalverleih (Arbeitsvermittlungsgesetz, AVG)

vom 6. Oktober 1989; SR 823.11

(gestützt auf die Artikel 31bis Absatz 2, 34ter Absatz 1 Buchstaben a und e, 64 Absatz 2 und 64bis der Bundesverfassung[1])

1. Kapitel: Zweck

Art. 1

Dieses Gesetz bezweckt:

a.   die Regelung der privaten Arbeitsvermittlung und des Personalverleihs;

b.   die Einrichtung einer öffentlichen Arbeitsvermittlung, die zur Schaffung und Erhaltung eines ausgeglichenen Arbeitsmarktes beiträgt;

c.   den Schutz der Arbeitnehmer, welche die private oder die öffentliche Arbeitsvermittlung oder den Personalverleih in Anspruch nehmen.

2. Kapitel: Private Arbeitsvermittlung

1. Abschnitt: Bewilligung

Art. 2   Bewilligungspflicht

[1] Wer regelmässig und gegen Entgelt im Inland Arbeit vermittelt, indem er Stellensuchende und Arbeitgeber zum Abschluss von Arbeitsverträgen zusammenführt (Vermittler), benötigt eine Betriebsbewilligung des kantonalen Arbeitsamtes.

[2] Eine Betriebsbewilligung benötigt auch, wer Personen für künstlerische und ähnliche Darbietungen vermittelt.

---

1   Den genannten Bestimmungen entsprechen heute die Art. 95, 110 Abs. 1 Bst. a und c, 122 Abs. 1 und 123 Abs. 1 der BV vom 18. April 1999 (SR **101**).

3 Wer regelmässig Arbeit ins oder aus dem Ausland vermittelt (Auslandsvermittlung), benötigt zusätzlich zur kantonalen Betriebsbewilligung eine Bewilligung des Staatssekretariats für Wirtschaft (seco)[2].

4 Als Vermittlung aus dem Ausland gilt ebenfalls die Vermittlung eines Ausländers, der sich in der Schweiz aufhält, aber noch nicht zur Erwerbstätigkeit berechtigt ist.

5 Zweigniederlassungen, die in einem anderen Kanton liegen als der Hauptsitz, benötigen eine Betriebsbewilligung; liegen sie im gleichen Kanton, so müssen sie dem kantonalen Arbeitsamt gemeldet werden.

Art. 3　　Voraussetzungen

1 Die Bewilligung wird erteilt, wenn der Betrieb:

a. im Schweizerischen Handelsregister eingetragen ist;

b. über ein zweckmässiges Geschäftslokal verfügt;

c. kein anderes Gewerbe betreibt, welches die Interessen von Stellensuchenden oder von Arbeitgebern gefährden könnte.

2 Die für die Leitung verantwortlichen Personen müssen:

a. Schweizer Bürger oder Ausländer mit Niederlassungsbewilligung sein;

b. für eine fachgerechte Vermittlung Gewähr bieten;

c. einen guten Leumund geniessen.

3 Die Bewilligung zur Auslandsvermittlung wird nur erteilt, wenn die für die Leitung verantwortlichen Personen ausserdem sicherstellen, dass im Betrieb ausreichende Kenntnisse der Verhältnisse in den entsprechenden Staaten vorhanden sind.

4 Die Bewilligung für Arbeitsvermittlungsstellen beruflicher und gemeinnütziger Institutionen wird erteilt, wenn die Voraussetzungen der Absätze 1 Buchstabe c, 2 und 3 erfüllt sind.

5 Der Bundesrat regelt die Einzelheiten.

Art. 4　　Dauer und Umfang der Bewilligung

1 Die Bewilligung wird unbefristet erteilt und berechtigt zur Vermittlung in der ganzen Schweiz.

2　　Ausdruck gemäss Ziff. I des BG vom 23. Juni 2000, in Kraft seit 1. Jan. 2001 (AS **2000** 2744; BBl **2000** 255). Diese Änd. ist im ganzen Erlass berücksichtigt.

² Die Bewilligung zur Auslandsvermittlung wird auf bestimmte Staaten begrenzt.

³ Die für die Leitung verantwortlichen Personen werden in der Bewilligung namentlich aufgeführt.

⁴ Der Bundesrat regelt die Bewilligungsgebühren.

Art. 5   Entzug

¹ Die Bewilligung wird entzogen, wenn der Vermittler:

a.   die Bewilligung durch unrichtige oder irreführende Angaben oder durch Verschweigen wesentlicher Tatsachen erwirkt hat;

b.   wiederholt oder in schwerwiegender Weise gegen dieses Gesetz oder die Ausführungsvorschriften oder insbesondere gegen die ausländerrechtlichen Zulassungsvorschriften des Bundes oder der Kantone verstösst;

c.   die Bewilligungsvoraussetzungen nicht mehr erfüllt.

² Erfüllt der Vermittler einzelne Bewilligungsvoraussetzungen nicht mehr, so hat ihm die Bewilligungsbehörde vor dem Entzug der Bewilligung eine Frist zur Wiederherstellung des rechtmässigen Zustandes zu setzen.

Art. 6   Auskunftspflicht

Der Vermittler muss der Bewilligungsbehörde auf Verlangen alle erforderlichen Auskünfte erteilen und die nötigen Unterlagen vorlegen.

2. Abschnitt: Vermittlungstätigkeit

Art. 7   Besondere Pflichten des Vermittlers

¹ Bei der öffentlichen Ausschreibung von Arbeitsangeboten und Stellengesuchen muss der Vermittler seinen Namen und seine genaue Adresse angeben. Die Ausschreibungen müssen den tatsächlichen Verhältnissen entsprechen.

² Zur Beobachtung des Arbeitsmarktes kann die Bewilligungsbehörde den Vermittler verpflichten, ihr anonymisierte statistische Angaben über seine Tätigkeit zu liefern.

³ Der Vermittler darf Daten über Stellensuchende und offene Stellen nur bearbeiten, soweit und solange sie für die Vermittlung erforderlich sind. Er hat diese Daten geheimzuhalten.

Art. 8   Vermittlungsvertrag

[1] Bei entgeltlicher Vermittlung muss der Vermittler den Vertrag mit dem Stellensuchenden schriftlich abschliessen. Er muss darin seine Leistungen und die dafür geschuldete Vergütung angeben.

[2] Nichtig sind Vereinbarungen, die den Stellensuchenden:

a.   hindern, sich an einen anderen Vermittler zu wenden;

b.   verpflichten, die Vermittlungsgebühr erneut zu entrichten, wenn er ohne die Hilfe des Vermittlers weitere Arbeitsverträge mit demselben Arbeitgeber abschliesst.

Art. 9   Einschreibegebühr und Vermittlungsprovision

[1] Der Vermittler darf vom Stellensuchenden eine Einschreibegebühr und eine Vermittlungsprovision verlangen. Für Dienstleistungen, die besonders vereinbart werden, kann der Vermittler eine zusätzliche Entschädigung verlangen.

[2] Der Stellensuchende schuldet die Provision erst, wenn die Vermittlung zum Abschluss eines Arbeitsvertrages geführt hat.

[3] Bei der Auslandsvermittlung schuldet der Stellensuchende die Provision erst, wenn er von den Behörden des Landes, in das er vermittelt wird, die Bewilligung zur Erwerbstätigkeit erhalten hat. Der Vermittler darf jedoch eine angemessene Entschädigung für die tatsächlichen Auslagen und Aufwendungen verlangen, sobald der Arbeitsvertrag zustande gekommen ist.

[4] Der Bundesrat setzt die Einschreibegebühren und die Vermittlungsprovisionen fest.

3. Abschnitt: Verfahren[3]

Art. 10

[1] ...[4]

[2] Für Streitigkeiten aus dem Vermittlungsverhältnis zwischen dem Vermittler und dem Stellensuchenden bis zu einem Streitwert von

---

3   Fassung gemäss Anhang Ziff. 25 des Gerichtsstandsgesetzes vom 24. März 2000, in Kraft seit 1. Jan. 2001 (SR **272**).

4   Aufgehoben durch Anhang Ziff. 25 des Gerichtsstandsgesetzes vom 24. März 2000 (SR **272**).

30 000 Franken sehen die Kantone ein einfaches und rasches Verfahren vor. Der Streitwert bemisst sich nach der eingeklagten Forderung, ohne Rücksicht auf Widerklagebegehren.[5]

3 Der Richter stellt den Sachverhalt von Amtes wegen fest und würdigt die Beweise nach freiem Ermessen.

4 Bei Streitigkeiten im Sinne von Absatz 2 dürfen den Parteien keine Gerichtskosten auferlegt werden; bei mutwilliger Prozessführung kann jedoch der Richter gegen die fehlbare Partei eine Busse aussprechen und ihr die Gerichtskosten ganz oder teilweise auferlegen.

4. Abschnitt: Finanzhilfen an die private Arbeitsvermittlung

Art. 11

1 Der Bund kann ausnahmsweise Finanzhilfen gewähren:

a. den paritätischen Arbeitsvermittlungsstellen von Arbeitgeber- und Arbeitnehmerverbänden gesamtschweizerischen Charakters, wenn sie im Auftrag des seco in der Arbeitsvermittlung tätig sind;

b. den Arbeitsvermittlungsstellen schweizerischer Verbände im Ausland, die nach ausländischem Recht unentgeltlich arbeiten müssen;

c. den Institutionen, die bei der Durchführung zwischenstaatlicher Vereinbarungen, insbesondere der Vereinbarungen über den Austausch von Stagiaires, mitwirken.

2 Die Finanzhilfen betragen in der Regel höchstens 30 Prozent der anrechenbaren Betriebskosten; sie dürfen das Betriebsdefizit nicht übersteigen.

3 Der Bundesrat regelt die Einzelheiten; er setzt insbesondere die anrechenbaren Betriebskosten fest und bezeichnet die beitragsberechtigten Institutionen.

---

5   Fassung gemäss Ziff. I des BG vom 21. Juni 2002, in Kraft seit 1. Dez. 2002 (AS **2002** 3666 3667; BBl **2002** 1254).

3. Kapitel: Personalverleih
1. Abschnitt: Bewilligung

Art. 12   Bewilligungspflicht

[1] Arbeitgeber (Verleiher), die Dritten (Einsatzbetrieben) gewerbsmässig Arbeitnehmer überlassen, benötigen eine Betriebsbewilligung des kantonalen Arbeitsamtes.

[2] Für den Personalverleih ins Ausland ist neben der kantonalen Bewilligung zusätzlich eine Betriebsbewilligung des seco nötig. Der Personalverleih vom Ausland in die Schweiz ist nicht gestattet.

[3] Zweigniederlassungen, die in einem anderen Kanton liegen als der Hauptsitz, benötigen eine Betriebsbewilligung; liegen sie im gleichen Kanton, so müssen sie dem kantonalen Arbeitsamt gemeldet werden.

Art. 13   Voraussetzungen

[1] Die Bewilligung wird erteilt, wenn der Betrieb:

a.   im Schweizerischen Handelsregister eingetragen ist;

b.   über ein zweckmässiges Geschäftslokal verfügt;

c.   kein anderes Gewerbe betreibt, welches die Interessen von Arbeitnehmern oder von Einsatzbetrieben gefährden könnte.

[2] Die für die Leitung verantwortlichen Personen müssen:

a.   Schweizer Bürger oder Ausländer mit Niederlassungsbewilligung sein;

b.   für eine fachgerechte Verleihtätigkeit Gewähr bieten;

c.   einen guten Leumund geniessen.

[3] Die Bewilligung zum Personalverleih ins Ausland wird nur erteilt, wenn die für die Leitung verantwortlichen Personen ausserdem sicherstellen, dass im Betrieb ausreichende Kenntnisse der Verhältnisse in den entsprechenden Staaten vorhanden sind.

[4] Der Bundesrat regelt die Einzelheiten.

Art. 14   Kaution

[1] Der Verleiher muss zur Sicherung von Lohnansprüchen aus dem Personalverleih eine Kaution leisten.

² Die Kaution bemisst sich nach dem Geschäftsumfang. Der Bundesrat setzt den Mindest- und den Höchstbetrag fest und regelt die Einzelheiten.

Art. 15 Dauer und Umfang der Bewilligung

¹ Die Bewilligung wird unbefristet erteilt und berechtigt zum Personalverleih in der ganzen Schweiz.

² Die Bewilligung zum Personalverleih ins Ausland wird auf bestimmte Staaten begrenzt.

³ Die für die Leitung verantwortlichen Personen werden in der Bewilligung namentlich aufgeführt.

⁴ Der Bundesrat regelt die Bewilligungsgebühren.

Art. 16 Entzug

¹ Die Bewilligung wird entzogen, wenn der Verleiher:

a. die Bewilligung durch unrichtige oder irreführende Angaben oder durch Verschweigen wesentlicher Tatsachen erwirkt hat;

b. wiederholt oder in schwerwiegender Weise gegen zwingende Vorschriften des Arbeitnehmerschutzes, gegen dieses Gesetz oder die Ausführungsvorschriften oder insbesondere die ausländerrechtlichen Zulassungsvorschriften des Bundes oder der Kantone verstösst;

c. die Bewilligungsvoraussetzungen nicht mehr erfüllt.

² Erfüllt der Verleiher einzelne der Bewilligungsvoraussetzungen nicht mehr, so hat ihm die Bewilligungsbehörde vor dem Entzug der Bewilligung eine Frist zur Wiederherstellung des rechtmässigen Zustandes zu setzen.

Art. 17 Auskunftspflicht

¹ Der Verleiher muss der Bewilligungsbehörde auf Verlangen alle erforderlichen Auskünfte erteilen und die nötigen Unterlagen vorlegen.

² Besteht der begründete Verdacht, dass jemand ohne Bewilligung gewerbsmässig Arbeitnehmer an Dritte verleiht, so kann die Bewilligungsbehörde von allen Beteiligten Auskünfte verlangen.

2. Abschnitt: Verleihtätigkeit

Art. 18   Besondere Pflichten des Verleihers

[1] Bei der öffentlichen Ausschreibung von Arbeitsangeboten muss der Verleiher seinen Namen und seine genaue Adresse angeben. Er muss in der Ausschreibung klar darauf hinweisen, dass der Arbeitnehmer für den Personalverleih angestellt wird.

[2] Zur Beobachtung des Arbeitsmarktes kann die Bewilligungsbehörde den Verleiher verpflichten, ihr anonymisierte statistische Angaben über seine Tätigkeit zu liefern.

[3] Der Verleiher darf Daten über den Arbeitnehmer nur bearbeiten und an Einsatzbetriebe weitergeben, soweit und solange sie für die Verleihung erforderlich sind. Jede darüber hinausgehende Bearbeitung oder Weitergabe dieser Daten bedarf der ausdrücklichen Zustimmung des Arbeitnehmers.

Art. 19   Arbeitsvertrag

[1] Der Verleiher muss den Vertrag mit dem Arbeitnehmer in der Regel schriftlich abschliessen. Der Bundesrat regelt die Ausnahmen.

[2] Im Vertrag sind die folgenden Punkte zu regeln:

a.   die Art der zu leistenden Arbeit;

b.   der Arbeitsort sowie der Beginn des Einsatzes;

c.   die Dauer des Einsatzes oder die Kündigungsfrist;

d.   die Arbeitszeiten;

e.   der Lohn, allfällige Spesen und Zulagen sowie die Abzüge für die Sozialversicherung;

f.   die Leistungen bei Überstunden, Krankheit, Mutterschaft, Unfall, Militärdienst und Ferien;

g.   die Termine für die Auszahlung des Lohnes, der Zulagen und übrigen Leistungen.

[3] Werden die Erfordernisse hinsichtlich Form oder Inhalt nicht erfüllt, so gelten die orts- und berufsüblichen Arbeitsbedingungen oder die gesetzlichen Vorschriften, ausser es seien für den Arbeitnehmer günstigere Arbeitsbedingungen mündlich vereinbart worden.

4 Bei unbefristeten Einsätzen kann das Arbeitsverhältnis während der ersten sechs Monate von den Vertragsparteien wie folgt gekündigt werden:

a. während der ersten drei Monate der ununterbrochenen Anstellung mit einer Frist von mindestens zwei Tagen;

b. in der Zeit vom vierten bis und mit dem sechsten Monat der ununterbrochenen Anstellung mit einer Frist von mindestens sieben Tagen;

5 Nichtig sind Vereinbarungen, die

a. vom Arbeitnehmer Gebühren, finanzielle Vorleistungen oder Lohnrückbehalte verlangen;

b. es dem Arbeitnehmer verunmöglichen oder erschweren, nach Ablauf des Arbeitsvertrags in den Einsatzbetrieb überzutreten.

6 Verfügt der Verleiher nicht über die erforderliche Bewilligung, so ist sein Arbeitsvertrag mit dem Arbeitnehmer ungültig. In diesem Fall ist Artikel 320 Absatz 3 des Obligationenrechts[6] über die Folgen des ungültigen Arbeitsvertrags anwendbar.

Art. 20   Allgemeinverbindliche Gesamtarbeitsverträge

Untersteht ein Einsatzbetrieb einem allgemeinverbindlichen Gesamtarbeitsvertrag, so muss der Verleiher gegenüber dem Arbeitnehmer die Lohn- und Arbeitszeitbestimmungen des Gesamtarbeitsvertrages einhalten.

Art. 21   Ausländische Arbeitnehmer in der Schweiz

Der Verleiher darf in der Schweiz nur Ausländer anstellen, die zur Erwerbstätigkeit und zum Stellen- und Berufswechsel berechtigt sind.

Art. 22   Verleihvertrag

1 Der Verleiher muss den Vertrag mit dem Einsatzbetrieb schriftlich abschliessen. Er muss darin angeben:

a. die Adresse des Verleihers und der Bewilligungsbehörde;

b. die beruflichen Qualifikationen des Arbeitnehmers und die Art der Arbeit;

c. den Arbeitsort und den Beginn des Einsatzes;

d.   die Dauer des Einsatzes oder die Kündigungsfristen;

e.   die für den Arbeitnehmer geltenden Arbeitszeiten;

f.   die Kosten des Verleihs, einschliesslich aller Sozialleistungen, Zulagen, Spesen und Nebenleistungen.

[2] Vereinbarungen, die es dem Einsatzbetrieb erschweren oder verunmöglichen, nach Ende des Einsatzes mit dem Arbeitnehmer einen Arbeitsvertrag abzuschliessen, sind nichtig.

[3] Zulässig sind jedoch Vereinbarungen, wonach der Verleiher vom Einsatzbetrieb eine Entschädigung verlangen kann, wenn der Einsatz weniger als drei Monate gedauert hat und der Arbeitnehmer weniger als drei Monate nach Ende dieses Einsatzes in den Einsatzbetrieb übertritt.

[4] Die Entschädigung darf nicht höher sein als der Betrag, den der Einsatzbetrieb dem Verleiher bei einem dreimonatigen Einsatz für Verwaltungsaufwand und Gewinn zu bezahlen hätte. Das bereits geleistete Entgelt für Verwaltungsaufwand und Gewinn muss der Verleiher anrechnen.

[5] Verfügt der Verleiher nicht über die erforderliche Bewilligung, so ist der Verleihvertrag nichtig. In diesem Fall sind die Bestimmungen des Obligationenrechts[7] über unerlaubte Handlungen und ungerechtfertigte Bereicherung anwendbar.

3. Abschnitt: Verfahren[8]

Art. 23

[1] ...[9]

[2] Für Streitigkeiten aus dem Arbeitsverhältnis zwischen dem Verleiher und dem Arbeitnehmer bis zu einem Streitwert von 30 000 Franken sehen die Kantone ein einfaches und rasches Verfahren vor. Der Streit-

---

7   SR **220**

8   Fassung gemäss Anhang Ziff. 25 des Gerichtsstandsgesetzes vom 24. März 2000, in Kraft seit 1. Jan. 2001 (SR **272**).

9   Aufgehoben durch Anhang Ziff. 25 des Gerichtsstandsgesetzes vom 24. März 2000 (SR **272**).

wert bemisst sich nach der eingeklagten Forderung, ohne Rücksicht auf Widerklagebegehren.[10]

3 Der Richter stellt den Sachverhalt von Amtes wegen fest und würdigt die Beweise nach freiem Ermessen.

4 Bei Streitigkeiten im Sinne von Absatz 2 dürfen den Parteien keine Gerichtskosten auferlegt werden; bei mutwilliger Prozessführung kann jedoch der Richter gegen die fehlbare Partei eine Busse aussprechen und ihr die Gerichtskosten ganz oder teilweise auferlegen (Art. 10).

4. Kapitel: Öffentliche Arbeitsvermittlung

Art. 24   Aufgaben

1 Die Arbeitsämter in den Kantonen erfassen die sich meldenden Stellensuchenden und die gemeldeten offenen Stellen. Sie beraten Stellensuchende und Arbeitgeber bei der Wahl oder der Besetzung eines Arbeitsplatzes und bemühen sich, die geeigneten Stellen und Arbeitskräfte zu vermitteln.

2 Sie berücksichtigen bei der Vermittlung die persönlichen Wünsche, Eigenschaften und beruflichen Fähigkeiten der Stellensuchenden sowie die Bedürfnisse und betrieblichen Verhältnisse der Arbeitgeber sowie die allgemeine Arbeitsmarktlage.

Art. 25   Auslandsvermittlung

1 Das seco[11] unterhält einen Beratungsdienst, der Informationen über Einreise, Arbeitsmöglichkeiten und Lebensbedingungen in ausländischen Staaten beschafft und an Personen weitergibt, die im Ausland eine Erwerbstätigkeit ausüben wollen. Es kann die Suche nach Auslandstellen mit weiteren Massnahmen unterstützen.

2 Das seco[12] koordiniert und unterstützt die Bemühungen der Arbeitsämter der Vermittlung schweizerischer Rückwanderer aus dem Ausland.

---

10   Fassung gemäss Ziff. I des BG vom 21. Juni 2002, in Kraft seit 1. Dez. 2002 (AS **2002** 3666 3667; BBl **2002** 1254).

11   Heute « Bundesamt für Zuwanderung, Integration und Auswanderung » (Art. 4*a* der Publikationsverordnung vom 15. Juni 1998 – SR **170.512.1**).

12   Heute « Bundesamt für Zuwanderung, Integration und Auswanderung » (Art. 4*a* der Publikationsverordnung vom 15. Juni 1998 – SR **170.512.1**).

3 Das seco[13] vermittelt ausländische und schweizerische Stagiaires aufgrund der zwischenstaatlichen Vereinbarungen über den Austausch von Stagiaires. Für die Vermittlung kann es die Arbeitsämter zur Mitwirkung heranziehen.

Art. 26   Vermittlungspflicht und Unparteilichkeit

1 Die Arbeitsämter stellen ihre Dienste allen schweizerischen Stellensuchenden und den in der Schweiz domizilierten Arbeitgebern unparteiisch zur Verfügung.

2 Ebenso vermitteln und beraten sie ausländische Stellensuchende, die sich in der Schweiz aufhalten und zur Erwerbstätigkeit sowie zum Stellen- und Berufswechsel berechtigt sind.

3 Die Arbeitsämter dürfen an der Arbeitsvermittlung nicht mitwirken, wenn der Arbeitgeber:

a.   die orts- und berufsüblichen Lohn- und Arbeitsbedingungen erheblich unterschreitet;

b.   mehrfach oder schwer gegen Arbeitnehmerschutzbestimmungen verstossen hat.

Art. 27   Unentgeltlichkeit

Die öffentliche Arbeitsvermittlung ist unentgeltlich. Den Benützern dürfen nur Auslagen in Rechnung gestellt werden, die mit ihrem Einverständnis durch besonderen Aufwand entstanden sind.

Art. 28   Besondere Massnahmen zur Bekämpfung der Arbeitslosigkeit

1 Die Arbeitsämter helfen Stellensuchenden, deren Vermittlung unmöglich oder stark erschwert ist, bei der Wahl einer geeigneten Umschulung oder Weiterbildung.

2 Die Kantone können für Arbeitslose, deren Vermittlung unmöglich oder stark erschwert ist, Kurse zur Umschulung, Weiterbildung und Eingliederung organisieren.

3 Sie können durch die Organisation von Programmen zur Arbeitsbeschaffung im Rahmen von Artikel 72 des Arbeitslosenversicherungsge-

---

13   Heute « Bundesamt für Zuwanderung, Integration und Auswanderung » (Art. 4*a* der Publikationsverordnung vom 15. Juni 1998 – SR **170.512.1**).

setzes vom 25. Juni 1982[14] für die vorübergehende Beschäftigung von Arbeitslosen sorgen.

4 Die Arbeitsämter setzen ihre Bemühungen um Arbeitsvermittlung in geeigneter Weise fort, auch wenn der Arbeitslose im Rahmen der Massnahmen nach den Artikeln 59–72 des Arbeitslosenversicherungsgesetzes vom 25. Juni 1982 einen Kurs besucht oder einer vorübergehenden Beschäftigung nachgeht.

Art. 29   Meldepflicht der Arbeitgeber bei Entlassungen und Betriebsschliessungen

1 Entlassungen einer grösseren Anzahl von Arbeitnehmern sowie Betriebsschliessungen muss der Arbeitgeber dem zuständigen Arbeitsamt möglichst frühzeitig melden, spätestens aber zum Zeitpunkt, in dem er die Kündigungen ausspricht.

2 Der Bundesrat bestimmt die Ausnahmen von der Meldepflicht.

5. Kapitel: Auswanderungspropaganda für Erwerbstätige

Art. 30

Öffentliche Ankündigungen oder Veranstaltungen oder andere Vorkehren, die bestimmt oder geeignet sind, auswanderungswillige Erwerbstätige über die Arbeits- und Lebensbedingungen in ausländischen Staaten irrezuführen, sind verboten.

6. Kapitel: Behörden

Art. 31   Eidgenössische Arbeitsmarktbehörde

1 Eidgenössische Arbeitsmarktbehörde ist das seco.

2 Es beaufsichtigt den Vollzug dieses Gesetzes durch die Kantone und fördert die Koordination der öffentlichen Arbeitsvermittlung unter den Kantonen.

3 Es beaufsichtigt die private Auslandsvermittlung und den Personalverleih ins Ausland.

14   SR **837.0**

[4] Es kann in Zusammenarbeit mit den Kantonen Kurse für die Schulung und Weiterbildung des Personals der Arbeitsmarktbehörden durchführen.

Art. 32   Kantone

[1] Die Kantone regeln die Aufsicht über die öffentliche und private Arbeitsvermittlung sowie über den Personalverleih.

[2] Sie unterhalten mindestens ein kantonales Arbeitsamt.

Art. 33   Zusammenarbeit

[1] Die Arbeitsmarktbehörden von Bund und Kantonen streben durch Zusammenarbeit einen gesamtschweizerisch ausgeglichenen Arbeitsmarkt an. In den einzelnen Wirtschaftsregionen arbeiten die Arbeitsmarktbehörden der betroffenen Kantone direkt zusammen.

[2] Die Arbeitsämter bemühen sich bei der Durchführung von Massnahmen auf dem Gebiet der Arbeitsvermittlung um eine wirksame Zusammenarbeit mit den Arbeitgeber- und Arbeitnehmerverbänden sowie mit anderen Organisationen, die auf dem Gebiet der Arbeitsvermittlung tätig sind.

[3] Der Bundesrat regelt die Zuständigkeit der Arbeitsmarktbehörden und der Institutionen der Invalidenversicherung für die Vermittlung von Invaliden und Behinderten.

Art. 33a[15]   Bearbeiten von Personendaten

[1] Die mit der Durchführung sowie mit der Kontrolle oder Beaufsichtigung der Durchführung dieses Gesetzes betrauten Organe sind befugt, Personendaten und Persönlichkeitsprofile zu bearbeiten oder bearbeiten zu lassen, die sie benötigen, um die ihnen nach diesem Gesetz übertragenen Aufgaben zu erfüllen, namentlich um:

a.   Stellensuchende zu erfassen, zu vermitteln und zu beraten;

b.   offene Stellen zu erfassen, bekannt zu geben und zuzuweisen;

c.   Entlassungen und Betriebsschliessungen zu erfassen;

d.   arbeitsmarktliche Massnahmen durchzuführen;

---

15   Eingefügt durch Ziff. I des BG vom 23. Juni 2000, in Kraft seit 1. Jan. 2001 (AS **2000** 2744; BBl **2000** 255).

e.   die Aufsicht über die Durchführung dieses Gesetzes durchzuführen;

f.   Statistiken zu führen.

2 Besonders schützenswerte Personendaten dürfen bearbeitet werden:

a.   über die Gesundheit und die Religionszugehörigkeit der Stellensuchenden, wenn diese Daten für die Vermittlung erforderlich sind;

b.   über Massnahmen, die im Rahmen des Vollzugs dieses Gesetzes und des Arbeitslosenversicherungsgesetzes vom 25. Juni 1982[16] verfügt werden oder vorgesehen sind, wenn diese Daten eine direkte Auswirkung auf die Leistung der Arbeitslosenversicherung haben.

Art. 34[17]   Schweigepflicht

Personen, die an der Durchführung, der Kontrolle oder an der Beaufsichtigung der öffentlichen Arbeitsvermittlung beteiligt sind, müssen die Angaben über Stellensuchende, Arbeitgeber und offene Stellen gegenüber Dritten geheimhalten.

Art. 34a[18]   Datenbekanntgabe

1 Sofern kein überwiegendes Privatinteresse entgegensteht, dürfen Daten im Einzelfall und auf schriftliches und begründetes Gesuch hin bekannt gegeben werden an:

a.   die Organe der Invalidenversicherung, wenn sich eine Pflicht zur Bekanntgabe aus dem Bundesgesetz vom 19. Juni 1959[19] über die Invalidenversicherung ergibt;

b.   Sozialhilfebehörden, wenn sie für die Festsetzung, Änderung oder Rückforderung von Leistungen beziehungsweise für die Verhinderung ungerechtfertigter Bezüge erforderlich sind;

c.   Zivilgerichte, wenn sie für die Beurteilung eines familien- oder erbrechtlichen Streitfalles erforderlich sind;

---

16   SR **837.0**
17   Fassung gemäss Ziff. I des BG vom 23. Juni 2000, in Kraft seit 1. Jan. 2001 (AS **2000** 2744; BBl **2000** 255).
18   Eingefügt durch Ziff. I des BG vom 23. Juni 2000, in Kraft seit 1. Jan. 2001 (AS **2000** 2744; BBl **2000** 255).
19   SR **831.20**

d.   Strafgerichte und Strafuntersuchungsbehörden, wenn sie für die Abklärung eines Verbrechens oder eines Vergehens erforderlich sind.

2 Sofern kein überwiegendes Privatinteresse entgegensteht, dürfen Daten bekannt gegeben werden an:

a.   andere mit der Durchführung sowie der Kontrolle oder der Beaufsichtigung der Durchführung dieses Gesetzes betrauten Organe, wenn sie für die Erfüllung der ihnen nach diesem Gesetz übertragenen Aufgaben erforderlich sind;

b.   Organe einer Sozialversicherung, wenn sich eine Pflicht zur Bekanntgabe aus einem Bundesgesetz ergibt;

c.   Organe der Bundesstatistik, nach dem Bundesstatistikgesetz vom 9. Oktober 1992[20];

d.   Strafuntersuchungsbehörden, wenn es die Anzeige oder die Abwendung eines Verbrechens erfordert.

3 Daten, die von allgemeinem Interesse sind und sich auf die Anwendung dieses Gesetzes beziehen, dürfen veröffentlicht werden. Die Anonymität der Stellensuchenden und der Arbeitgeber muss gewahrt bleiben.

4 In den übrigen Fällen dürfen Daten an Dritte wie folgt bekannt gegeben werden:

a.   nicht personenbezogene Daten, sofern die Bekanntgabe einem überwiegenden Interesse entspricht;

b.   Personendaten, sofern die betroffene Person im Einzelfall schriftlich eingewilligt hat oder, wenn das Einholen der Einwilligung nicht möglich ist, diese nach den Umständen als im Interesse des Stellensuchenden vorausgesetzt werden darf.

5 Es dürfen nur die Daten bekannt gegeben werden, welche für den in Frage stehenden Zweck erforderlich sind.

6 Der Bundesrat regelt die Modalitäten der Bekanntgabe und die Information der betroffenen Person.

20   SR **431.01**

[7] Die Datenbekanntgabe erfolgt in der Regel schriftlich und kostenlos. Der Bundesrat kann die Erhebung einer Gebühr vorsehen, wenn besonders aufwendige Arbeiten erforderlich sind.

Art. 34b[21]   Akteneinsicht

[1] Sofern überwiegende Privatinteressen gewahrt bleiben, steht die Akteneinsicht zu:

a.   den Stellensuchenden und den Arbeitgebern, für die sie betreffenden Daten;

b.   Personen, die einen Anspruch oder eine Verpflichtung nach diesem Gesetz haben, für diejenigen Daten, die für die Wahrung des Anspruchs oder die Erfüllung der Verpflichtung erforderlich sind;

c.   Personen und Institutionen, denen ein Rechtsmittel gegen eine auf Grund dieses Gesetzes erlassene Verfügung zusteht, für die zur Ausübung dieses Rechts erforderlichen Daten;

d.   Behörden, die zuständig sind für Beschwerden gegen auf Grund dieses Gesetzes erlassene Verfügungen, für die zur Erfüllung dieser Aufgaben erforderlichen Daten.

[2] Handelt es sich um Gesundheitsdaten, deren Bekanntgabe sich für die zur Einsicht berechtigte Person gesundheitlich nachteilig auswirken könnte, so kann von ihr verlangt werden, dass sie eine Ärztin oder einen Arzt bezeichnet, die oder der ihr diese Daten bekannt gibt.

Art. 35[22]   Informationssystem

[1] Das seco betreibt ein Informationssystem zur Unterstützung:

a.   der Arbeitsvermittlung;

b.   des Vollzugs des Arbeitslosenversicherungsgesetzes vom 25. Juni 1982[23];

c.   der Arbeitsmarktbeobachtung;

---

21   Eingefügt durch Ziff. I des BG vom 23. Juni 2000, in Kraft seit 1. Jan. 2001 (AS **2000** 2744; BBl **2000** 255).

22   Fassung gemäss Ziff. I des BG vom 23. Juni 2000, in Kraft seit 1. Jan. 2001 (AS **2000** 2744; BBl **2000** 255).

23   SR **837.0**

d. der Zusammenarbeit zwischen den Organen der Arbeitsvermittlung, Arbeitslosenversicherung, Invalidenversicherung und Berufsberatung.

2 In diesem Informationssystem dürfen Personendaten, einschliesslich besonders schützenswerter Personendaten nach Artikel 33a Absatz 2 und Persönlichkeitsprofile bearbeitet werden.

3 Folgende Stellen dürfen mittels Abrufverfahren zur Erfüllung ihrer gesetzlichen Aufgaben auf das Informationssystem zugreifen:

a. das seco;

b. das Bundesamt für Zuwanderung, Integration und Auswanderung[24];

c. die kantonalen Arbeitsämter;

d. die Logistikstellen für arbeitsmarktliche Massnahmen;

e. die Regionalen Arbeitsvermittlungszentren;

f. die Arbeitslosenkassen;

g. die Organe der Invalidenversicherung;

h. die Berufsberatungsstellen;

i. die schweizerische Zentralstelle für Heimarbeit.

4 Der Bund beteiligt sich an den Kosten, soweit diese durch Bundesaufgaben bedingt sind.

5 Der Bundesrat regelt:

a. die Verantwortung für den Datenschutz;

b. die zu erfassenden Daten;

c. die Aufbewahrungsfrist;

d. den Zugriff auf die Daten, namentlich, welche Benutzer des Informationssystems befugt sind, besonders schützenswerte Personendaten und Persönlichkeitsprofile zu bearbeiten;

e. die Organisation und den Betrieb des Informationssystems;

f. die Zusammenarbeit zwischen den beteiligten Behörden;

g. die Datensicherheit.

---

24 Die Bezeichnung der Verwaltungseinheit wurde gemäss Art. 4*a* der Publikationsverordnung vom 15. Juni 1998 (SR **170.512.1**) angepasst..

Art. 35a[25]   Interinstitutionelle Zusammenarbeit und Zusammenarbeit mit privaten Arbeitsvermittlern[26]

[1] Zum Zwecke der interinstitutionellen Zusammenarbeit nach Artikel 85f des Arbeitslosenversicherungsgesetzes vom 25. Juni 1982[27] kann den Berufsberatungsstellen, den Sozialdiensten der Kantone und Gemeinden, den Durchführungsorganen der kantonalen Arbeitslosenhilfegesetze, der Invaliden- und Krankenversicherung und der Asylgesetzgebung, den kantonalen Berufsbildungsbehörden, der Schweizerischen Unfallversicherungsanstalt sowie anderen für die Eingliederung Versicherter wichtigen privaten und öffentlichen Institutionen im Einzelfall Zugriff auf die erforderlichen Daten aus dem Informationssystem gewährt werden, sofern:

a.   die betroffene Person Leistungen von einer dieser Stellen bezieht und der Gewährung des Zugriffs zustimmt; und

b.   die genannten Stellen den Durchführungsorganen der Arbeitslosenversicherung Gegenrecht gewähren.[28]

[1bis] Die Durchführungsorgane der Arbeitslosenversicherung und die Invalidenversicherungsstellen sind bei der interinstitutionellen Zusammenarbeit gegenseitig von der Schweigepflicht entbunden, sofern:

a.   kein überwiegendes Privatinteresse entgegensteht; und

b.   die Auskünfte und Unterlagen dazu dienen, in Fällen, in denen die zuständige Kostenträgerin noch nicht klar bestimmbar ist:

   1.   die für die betroffene Person geeigneten Eingliederungsmassnahmen zu ermitteln, und

   2.   die Ansprüche der betroffenen Person gegenüber der Arbeitslosenversicherung und der Invalidenversicherung zu klären.[29]

---

25   Eingefügt durch Ziff. I des BG vom 23. Juni 2000, in Kraft seit 1. Jan. 2001 (AS **2000** 2744; BBl **2000** 255).

26   Fassung gemäss Ziff. II des BG vom 22. März 2002, in Kraft seit 1. Juli 2003 (AS **2003** 1728 1755; BBl **2001** 2245).

27   SR **837.0**

28   Fassung gemäss Ziff. II des BG vom 22. März 2002, in Kraft seit 1. Juli 2003 (AS **2003** 1728 1755; BBl **2001** 2245).

[1ter] Der Datenaustausch nach Absatz 1bis darf auch ohne Zustimmung der betroffenen Person und im Einzelfall auch mündlich erfolgen. Die betroffene Person ist anschliessend über den erfolgten Datenaustausch und dessen Inhalt zu informieren.[30]

[2] Den privaten Arbeitsvermittlern, die eine Vermittlungsbewilligung besitzen, dürfen Daten über Stellensuchende aus dem Informationssystem in einem geeigneten Abrufverfahren zur Verfügung gestellt werden. Die Daten müssen hierfür anonymisiert sein. Die Pflicht zur Anonymität entfällt nur dann, wenn der oder die Stellensuchende schriftlich eingewilligt hat.

Art. 35b[31]   Verzeichnis der bewilligten privaten Vermittlungs- und Verleihbetriebe

[1] Das seco führt mit Hilfe der zuständigen kantonalen Behörden auf einem geeigneten Informationssystem ein Verzeichnis über die bewilligten, privaten Vermittlungs- und Verleihbetriebe und ihre verantwortlichen Leiter und Leiterinnen.

[2] Das Verzeichnis kann besonders schützenswerte Daten über den Entzug, die Aufhebung oder die Nichterteilung einer Bewilligung enthalten.

Art. 36   Arbeitsmarktbeobachtung

[1] Der Bundesrat ordnet die zur Arbeitsmarktbeobachtung erforderlichen Erhebungen an.[32]

[2] Die Arbeitsämter beobachten die Lage und Entwicklung des Arbeitsmarktes in ihren Kantonen. Sie erstatten dem seco Bericht über die Arbeitsmarktlage sowie über die öffentliche und private Arbeitsvermittlung und den Personalverleih.

[3] Die Ergebnisse werden so bekanntgegeben, dass keine Rückschlüsse auf betroffene Personen möglich sind.[33]

---

29   Eingefügt durch Ziff. II des BG vom 22. März 2002, in Kraft seit 1. Juli 2003 (AS **2003** 1728 1755; BBl **2001** 2245).

30   Eingefügt durch Ziff. II des BG vom 22. März 2002, in Kraft seit 1. Juli 2003 (AS **2003** 1728 1755; BBl **2001** 2245).

31   Eingefügt durch Ziff. I des BG vom 23. Juni 2000, in Kraft seit 1. Jan. 2001 (AS **2000** 2744; BBl **2000** 255).

32   Fassung gemäss Anhang Ziff. 14 des Bundesstatistikgesetzes vom 9. Okt. 1992, in Kraft seit 1. Aug. 1993 (SR **431.01**).

4 Die zur Arbeitsmarktbeobachtung erhobenen Daten dürfen nur für statistische Zwecke verwendet werden.

Art. 37   Eidgenössische Kommission für Arbeitsmarktfragen

Der Bundesrat bestellt eine beratende Kommission zur Begutachtung grundsätzlicher Fragen des Arbeitsmarktes. Bund, Kantone, Wissenschaft, Arbeitgeber und Arbeitnehmer sind in der Kommission vertreten.

7. Kapitel: Rechtsschutz

Art. 38

1 Gegen Verfügungen nach diesem Gesetz kann Beschwerde geführt werden.

2 Beschwerdeinstanzen sind:

a. mindestens eine kantonale Behörde für die Verfügungen der Arbeitsämter;

b. die Rekurskommission des Eidgenössischen Volkswirtschaftsdepartementes (EVD) für die Verfügungen des seco;

c. das Bundesgericht für Beschwerdeentscheide letzter kantonaler Instanzen und der Rekurskommission EVD, soweit die Verwaltungsgerichtsbeschwerde an das Bundesgericht zulässig ist;

d. der Bundesrat für Beschwerdeentscheide letzter kantonaler Instanzen und des EVD, soweit die Verwaltungsgerichtsbeschwerde an das Bundesgericht unzulässig ist.

3 Das Verfahren vor den kantonalen Behörden richtet sich nach dem kantonalen Verfahrensrecht, soweit das Bundesrecht nichts anderes bestimmt. Für das Verfahren vor den Bundesbehörden gelten das Verwaltungsverfahrensgesetz[34] und das Bundesrechtspflegegesetz[35].

---

33   Fassung gemäss Anhang Ziff. 14 des Bundesstatistikgesetzes vom 9. Okt. 1992, in Kraft seit 1. Aug. 1993 (SR **431.01**).

34   SR **172.021**

35   SR **173.110**

8. Kapitel: Strafbestimmungen

Art. 39

[1] Mit Busse bis zu 100 000 Franken wird bestraft, wer vorsätzlich:

a. ohne die erforderliche Bewilligung Arbeit vermittelt oder Personal verleiht;

b. als Vermittler oder Verleiher Ausländer entgegen den ausländerrechtlichen Vorschriften vermittelt oder als Arbeitnehmer anstellt. Vorbehalten bleibt eine zusätzliche Bestrafung nach Artikel 23 des Bundesgesetzes vom 26. März 1931[36] über Aufenthalt und Niederlassung der Ausländer.

[2] Mit Busse bis zu 40 000 Franken wird bestraft, wer vorsätzlich:

a. als Arbeitgeber die Dienste eines Vermittlers oder Verleihers beansprucht, von dem er weiss, dass er die erforderliche Bewilligung nicht besitzt;

b. die Melde- und Auskunftspflicht (Art. 6, 7, 17, 18 und 29) verletzt;

c. als Verleiher den wesentlichen Vertragsinhalt nicht schriftlich oder nicht vollständig mitteilt oder eine unzulässige Vereinbarung trifft (Art. 19 und 22);

d. als Vermittler gegen die Bestimmungen über die Vermittlungsprovision verstösst (Art. 9) oder als Verleiher vom Arbeitnehmer Gebühren oder finanzielle Vorleistungen verlangt (Art. 19 Abs. 5);

e. irreführende Auswanderungspropaganda für Erwerbstätige betreibt (Art. 30);

f. seine Schweigepflicht verletzt (Art. 7, 18 und 34).

[3] Mit Busse bis zu 20 000 Franken wird bestraft, wer fahrlässig eine strafbare Handlung nach Absatz 1 oder Absatz 2 Buchstaben b–f begeht. In leichten Fällen kann von einer Bestrafung Umgang genommen werden.

[4] Mit Gefängnis oder Busse bis zu 40 000 Franken wird bestraft, wer durch unrichtige oder irreführende Angaben oder durch Verschweigen wesentlicher Tatsachen eine Bewilligung erwirkt.

5 Auf Widerhandlungen in Geschäftsbetrieben sind die Artikel 6 und 7 des Verwaltungsstrafrechtsgesetzes[37] anwendbar.

6 Die Strafverfolgung ist Sache der Kantone.

9. Kapitel: Schlussbestimmungen

Art. 40   Vollzug

Die Kantone vollziehen dieses Gesetz, soweit der Vollzug nicht dem Bund übertragen ist.

Art. 41   Ausführungsbestimmungen

1 Der Bundesrat erlässt nach Anhören der Kantone und der beteiligten Organisationen die Ausführungsbestimmungen.

2 Die Kantone erlassen die Ausführungsbestimmungen für ihren Bereich.

Art. 42   Änderung und Aufhebung bisherigen Rechts

(hier nicht von Interesse).

Art. 43   Übergangsbestimmungen

1 Vermittler, die bei Inkrafttreten dieses Gesetzes keine Bewilligung besitzen, und Verleiher müssen innert eines Jahres eine Bewilligung beantragen.

2 Die nach bisherigem Recht ausgestellte Bewilligung zur Arbeitsvermittlung gilt bis zu ihrem Ablauf, mindestens aber bis zum Ablauf der einjährigen Übergangsfrist.

3 Vermittlungsverträge sowie Verleihverträge und Arbeitsverträge, die vor Inkrafttreten dieses Gesetzes abgeschlossen worden sind, müssen innert sechs Monaten angepasst werden.

Art. 44   Referendum und Inkrafttreten

1 Dieses Gesetz untersteht dem fakultativen Referendum.

2 Der Bundesrat bestimmt das Inkrafttreten.

37   SR **313.0**

Datum des Inkrafttretens:

Art. 42 Absatz 1: 1. Januar 1992[38]
Alle übrigen Bestimmungen: 1. Juli 1991[39]

---

38   V vom 30. Okt. 1991 (SR **823.110**) .
39   BRB vom 16. Jan. 1991 (AS **1991** 407) .

Verordnung über die Arbeitsvermittlung und den Personalverleih (Arbeitsvermittlungsverordnung, AVV)

vom 16. Januar 1991; SR 823.111

(gestützt auf Artikel 41 Absatz 1 des Bundesgesetzes über die Arbeitsvermittlung und den Personalverleih[1])

1. Kapitel: Die private Arbeitsvermittlung
1. Abschnitt: Umfang der Bewilligungspflicht

Art. 1   Vermittlungstätigkeit (Art. 2 Abs. 1 AVG)

Als Vermittler gilt, wer:

a.   mit Stellensuchenden und mit Arbeitgebern Kontakte hat und beide Parteien nach der Durchführung eines Auswahlverfahrens miteinander in Verbindung bringt;

b.   mit Stellensuchenden und mit Arbeitgebern Kontakte hat und beide Parteien miteinander in Verbindung bringt, indem er der anderen Partei Adresslisten übergibt;

c.   nur mit Stellensuchenden Kontakte hat und ihnen nach der Durchführung eines Auswahlverfahrens Adressen von Arbeitgebern übergibt, die er sich ohne Kontakte mit diesen beschafft hat;

d.[2]besondere Publikationsorgane herausgibt, die nicht mit einem journalistischen Hauptteil in Zusammenhang stehen und in denen mit Adressen von Stellensuchenden oder Arbeitgebern Handel getrieben wird;

e.[3] Stellensuchende rekrutiert und mit einem Vermittler in Kontakt bringt oder ihm zugeführte Stellensuchende mit Arbeitgebern zusammenführt.

---

1   SR **823.11**
2   Fassung gemäss Ziff. I der V vom 20. Okt. 1999, in Kraft seit 1. Dez. 1999 (AS **1999** 2711).
3   Eingefügt durch Ziff. I der V vom 20. Okt. 1999, in Kraft seit 1. Dez. 1999 (AS **1999** 2711).

Art. 1a[4]   Vermittlungsmöglichkeiten (Art. 2 Abs. 1 AVG)

[1] Vermittlungen können getätigt werden mittels und besondere Publikationsorgane können erscheinen in:

a.   Printmedien;

b.   Telefon;

c.   Fernsehen;

d.   Radio;

e.   Teletext;

f.   Internet;

g.   anderen geeigneten Medien.

[2] Vermittler, die Publikationsorgane herausgeben, deren Inhalte für den Stellensuchenden nicht zum Voraus einsichtig sind und bei denen kein direkter Zugriff auf die interessierenden Stellenangebote möglich ist, erhalten keine Bewilligung.

Art. 2   Regelmässigkeit (Art. 2 Abs. 1 AVG)

Als regelmässig gilt eine Vermittlungstätigkeit, die vom Vermittler:

a.   mit der Bereitschaft angeboten wird, in einer Mehrzahl von Fällen als Vermittler tätig zu werden; oder

b.   innerhalb von zwölf Monaten bei zehn oder mehr Gelegenheiten ausgeübt wird.

Art. 3   Entgelt (Art. 2 Abs. 1 AVG)

Gegen Entgelt wird vermittelt, wenn der Vermittler im Zusammenhang mit seiner Vermittlungstätigkeit Geld oder geldwerte Leistungen erhält.

Art. 4   Vermittlung von Personen für künstlerische und ähnliche Darbietungen (Art. 2 Abs. 2 AVG)

Als Vermittlung von Personen für künstlerische und ähnliche Darbietungen gilt die Besorgung von Auftrittsgelegenheiten, zu denen die vermittelte Person mittels Arbeitsverträgen oder anderen Vertragstypen verpflichtet wird.

---

4   Eingefügt durch Ziff. I der V vom 20. Okt. 1999, in Kraft seit 1. Dez. 1999 (AS **1999** 2711).

Art. 5   Auslandvermittlung (Art. 2 Abs. 3 und 4 AVG)

Als Auslandvermittlung gilt auch die Tätigkeit eines Vermittlers, der von der Schweiz aus:

a.   im Ausland wohnende Stellensuchende in einen Drittstaat vermittelt, sofern zumindest ein Teil der Vermittlungtätigkeit sich in der Schweiz abspielt oder die vertraglichen Beziehungen des Vermittlers zu Stellensuchenden oder Arbeitgebern schweizerischem Recht unterstellt sind;

b.   mit ausländischen Vermittlern zusammenarbeitet und selbst nur mit Stellensuchenden oder nur mit Arbeitgebern Kontakte hat.

Art. 6   Ausnahmen von der Bewilligungspflicht
(Art. 2 AVG)

Nicht bewilligungspflichtig ist die Vermittlungtätigkeit von:

a.   Bildungsinstitutionen, die ausschliesslich ihre Absolventen vermitteln, nachdem diese ihre Ausbildung mit einem staatlich oder durch einen repräsentativen Berufsverband anerkannten Abschluss beendet haben; und

b.   Arbeitgebern, die ihre Arbeitnehmer vermitteln.

Art. 7   Zweigniederlassungen (Art. 2 Abs. 5 AVG)

Eine Zweigniederlassung im Kanton des Hauptsitzes ist zur Vermittlungtätigkeit berechtigt, sobald der Hauptsitz der zuständigen Behörde die Zweigniederlassung gemeldet hat.

2. Abschnitt: Voraussetzungen der
Bewilligungserteilung

Art. 8   Betriebliche Voraussetzungen
(Art. 3 Abs. 1 Bst. c AVG)

[1] Eine Bewilligung wird nicht erteilt, wenn die Vermittlungtätigkeit mit weiteren Geschäften verbunden werden könnte, welche die Stellensuchenden oder Arbeitgeber:

a.   in ihrer Entscheidungsfreiheit beeinträchtigen; oder

b.   infolge der Übernahme anderer Verpflichtungen in eine zusätzliche Abhängigkeit vom Vermittler bringen.

2 Eine Bewilligungserteilung ist insbesondere ausgeschlossen gegenüber:

a.   Vergnügungs- und Unterhaltungsbetrieben;

b.   Heiratsvermittlungsinstituten;

c.   Kreditinstituten;

d.[5] Personen, die einen der genannten Betriebe führen oder in einem solchen arbeiten.

Art. 9[6]   Persönliche Voraussetzungen (Art. 3 Abs. 2 Bst. b AVG)

Wer eine Berufslehre abgeschlossen oder eine gleichwertige Ausbildung absolviert hat und eine mehrjährige Berufstätigkeit nachweisen kann, verfügt über die nötigen fachlichen Fähigkeiten zur Leitung einer Arbeitsvermittlungsstelle, sofern er insbesondere:

a.   eine anerkannte Vermittler- oder Verleiherausbildung besitzt; oder

b.   eine mehrjährige Berufserfahrung in der Arbeitsvermittlung, im Personalverleih, in der Personal-, Organisations- oder Unternehmungsberatung oder im Personalwesen hat.

Art. 10   Voraussetzungen für die Bewilligung zur Auslandvermittlung (Art. 3 Abs. 3 AVG)

In Betrieben, die Auslandvermittlung betreiben, müssen bezüglich der betroffenen Staaten insbesondere Kenntnisse vorhanden sein über:

a.   die Bestimmungen über Einreise und Aufnahme einer Erwerbstätigkeit;

b.   die gesetzliche Regelung der Arbeitsvermittlung.

Art. 11   Bewilligungsgesuch (Art. 3 Abs. 5 AVG)

1 Das Bewilligungsgesuch ist schriftlich bei der vom Kanton bezeichneten Behörde einzureichen.

---

5   Eingefügt durch Ziff. I der V vom 20. Okt. 1999, in Kraft seit 1. Dez. 1999 (AS **1999** 2711).

6   Fassung gemäss Ziff. I der V vom 20. Okt. 1999, in Kraft seit 1. Dez. 1999 (AS **1999** 2711).

² Das Staatssekretariat für Wirtschaft (seco)⁷ stellt den Kantonen Formulare für Bewilligungsgesuche zur Verfügung.

³ Die zuständige kantonale Behörde leitet Gesuche um Bewilligung der Auslandvermittlung mit einer Stellungnahme an das seco weiter.

Art. 12   Meldung einer Zweigniederlassung (Art. 2 Abs. 5 AVG)

¹ Die Meldung einer Zweigniederlassung, die im gleichen Kanton wie der Hauptsitz liegt, erfolgt durch den Hauptsitz.

² Die Meldung umfasst nur Angaben und Beilagen, die von denen des Bewilligungsgesuchs des Hauptsitzes verschieden sind.

³ Artikel 11 gilt sinngemäss.

3. Abschnitt: Erteilung, Entzug und Aufhebung der Bewilligung

Art. 13   Bewilligung (Art. 4 AVG)

¹ Die Bewilligung wird auf den Betrieb ausgestellt.

² In der Bewilligungsurkunde werden aufgeführt:

a.   Name und Adresse des Betriebs;

b.   die für die Vermittlung verantwortlichen Leiter;

c.   die Adressen der Geschäftsräume, die sich nicht am Sitz des Betriebs befinden;

d.   der örtliche und sachliche Geltungsbereich der Bewilligung.

Art. 14   Änderungen im Betrieb (Art. 6 AVG)

Der Vermittler muss Änderungen gegenüber den Angaben im Bewilligungsgesuch beziehungsweise in der Meldung seiner Zweigniederlassung unverzüglich der zuständigen kantonalen Behörde mitteilen.

Art. 15   Entzug der Bewilligung (Art. 5 AVG)

¹ Erfüllt der Vermittler einen Tatbestand nach Artikel 5 Absatz 1 Buchstabe a oder b AVG, so kann die zuständige Behörde:

a.   die Bewilligung entziehen, ohne eine Frist zur Wiederherstellung des rechtmässigen Zustandes anzusetzen;

---

7   Ausdruck gemäss Art. 22 Abs. 1 Ziff. 13 der V vom 17. Nov. 1999, in Kraft seit 1. Juli 1999 (AS **2000** 187). Diese Änd. ist im ganzen Erlass berücksichtigt. .

b. in der Entzugsverfügung anordnen, dass der Betrieb ein neues Bewilligungsgesuch erst nach Ablauf einer Wartefrist von höchstens zwei Jahren einreichen kann.

[2] Die zuständige kantonale Behörde teilt jede in Anwendung von Artikel 5 AVG verfügte Sanktion dem seco mit. Insbesondere meldet sie, welche Personen erwiesenermassen nicht in der Lage gewesen sind, für eine fachgerechte Vermittlung Gewähr zu bieten.

Art. 16   Aufhebung der Bewilligung

[1] Die zuständige Behörde verfügt die Aufhebung der Bewilligung, wenn der Betrieb:

a. ein entsprechendes Begehren stellt;

b. seine Vermittlungstätigkeit eingestellt hat.

[2] Die Einstellung der Vermittlungstätigkeit kann angenommen werden, wenn der Betrieb während eines ganzen Kalenderjahres keine Vermittlungen getätigt hat.

4. Abschnitt: Rechte und Pflichten des Vermittlers

Art. 17   Buchführung

Der Vermittler führt Buch über die im Einzelfall vom Stellensuchenden geforderte Einschreibegebühr und Vermittlungsprovision.

Art. 18   Arbeitsmarktbeobachtung (Art. 7 Abs. 2 AVG)

[1] Der Vermittler, dessen Vermittlungstätigkeit bewilligungspflichtig ist, teilt der zuständigen kantonalen Behörde nach Abschluss jedes Kalenderjahres die Anzahl der vermittelten Personen mit, aufgegliedert nach Geschlecht und Herkunft (Schweiz oder Ausland).

[2] Das seco stellt einen einheitlichen Meldevorgang sicher.

[3] Der Vermittler, dessen Vermittlungstätigkeit bewilligungspflichtig ist, kann im Rahmen von Teilerhebungen verpflichtet werden, dem seco in anonymisierter Form zusätzliche persönliche und arbeitsmarktbezogene Merkmale der Stellensuchenden mitzuteilen.

Art. 19   Datenschutz (Art. 7 Abs. 3 AVG)

[1] Der Vermittler darf Daten über Stellensuchende und offene Stellen grundsätzlich nur mit der Zustimmung der Betroffenen bearbeiten. Eine Zustimmung ist insbesondere erforderlich, wenn er:

a.   Daten über Stellensuchende und offene Stellen an andere Geschäftsniederlassungen oder an rechtlich von seinem Betrieb unabhängige Geschäftspartner weitergibt;

b.   Gutachten und Referenzen über Stellensuchende einholt;

c.   Daten über Stellensuchende und offene Stellen über die Landesgrenzen hinaus weitergibt.

[2] Der Vermittler bedarf keiner Zustimmung der Betroffenen, sofern er im Rahmen seiner Vermittlungstätigkeit Daten über Stellensuchende und offene Stellen weitergibt an:

a.   Mitarbeiter der eigenen Geschäftsniederlassung;

b.   einen Kunden im Hinblick auf den bevorstehenden Vertragsabschluss;

c.   einen grösseren Kreis möglicher Kunden, sofern die Daten keinen Rückschluss auf die Identität des Stellensuchenden oder des Arbeitgebers zulassen.

[3] Der Vermittler darf Daten nach erfolgter Vermittlung oder nach dem Widerruf des Vermittlungsauftrags nur bearbeiten, wenn der Betroffene dazu seine Zustimmung gibt. Vorbehalten bleiben Verpflichtungen aufgrund anderer Normen zur Aufbewahrung einzelner Daten.

[4] Die Zustimmung der Betroffenen hat schriftlich zu erfolgen und kann jederzeit widerrufen werden. Die betroffene Person ist auf dieses Recht aufmerksam zu machen.

Art. 20   Vermittlungsprovision zulasten von Stellensuchen den (Art. 9 Abs. 1 AVG)

[1] Die Vermittlungsprovision wird in Prozenten des vereinbarten Brutto-Jahreseinkommens des vermittelten Arbeitnehmers berechnet.

[2] Für die Vermittlung eines auf längstens zwölf Monate befristeten Arbeitsverhältnisses wird die Vermittlungsprovision in Prozenten des gesamten vereinbarten Bruttolohnes berechnet.

[3] Die Entschädigung für besonders vereinbarte Dienstleistungen darf nicht in der Form von Pauschalsummen oder Lohnprozenten festgelegt werden.

Art. 21   Entschädigung bei gescheiterter Auslandvermittlung (Art. 9 Abs. 3 AVG)

[1] Der Stellensuchende, der nach Abschluss des Arbeitsvertrages die Bewilligung zur Erwerbstätigkeit im Land, in welches er vermittelt wurde, nicht erhält, schuldet dem Vermittler keine Vermittlungsprovision, jedoch:

a. die Hälfte der entstandenen Auslagen und der nachgewiesenen Aufwendungen des Vermittlers; und

b. die ganze festgelegte Entschädigung für besonders vereinbarte Dienstleistungen.

[2] Im Einzelfall kann der Stellensuchende sich durch schriftliche Abrede verpflichten, mehr als die Hälfte der entstandenen Auslagen und der nachgewiesenen Aufwendungen des Vermittlers zu bezahlen. Die dadurch bewirkte Belastung des Stellensuchenden darf den Betrag der zulässigen Vermittlungsprovision nicht überschreiten.

5. Abschnitt: Vermittlung von Personen für künstlerische und ähnliche Darbietungen

Art. 22   Vermittlungsvertrag (Art. 8 Abs. 1 AVG)

Der Vermittler hat den Vermittlungsvertrag so zu gestalten, dass die vermittelte Person daraus ersehen kann,

a. welche Brutto-Gage ein Veranstalter ihr für die künstlerische und ähnliche Darbietung zahlen wird;

b. mit welcher Netto-Gage sie rechnen kann und

c. wie gross die Vermittlungsprovision sein wird, die sie übernehmen muss.

Art. 23   Vermittlungsprovision (Art. 9 Abs. 1 AVG)

Die Vermittlungsprovision zulasten von Personen, die für künstlerische und ähnliche Darbietungen vermittelt werden, wird in Prozenten der tatsächlich geschuldeten Brutto-Gage berechnet.

6. Abschnitt: Finanzhilfe an private Arbeitsvermittlungsstellen

Art. 24   Beitragsberechtigte Institutionen (Art. 11 AVG)

Beitragsberechtigt sind folgende Institutionen:

a.[8]   die Schweizerische Fach- und Vermittlungsstelle für Musikerinnen und Musiker (SFM);

b.   der Cercle Commercial Suisse in Paris;

c.   die Schweizerische Kommission für den Austausch von Stagiaires.

Art. 25   Anrechenbare Betriebskosten (Art. 11 Abs. 2 AVG)

[1] Anrechenbare Betriebskosten sind die Personal- und Sachkosten.

[2] Übersteigt das Betriebsdefizit 30 Prozent der Betriebskosten, so kann in Ausnahmefällen das ganze Betriebsdefizit gedeckt werden, sofern das Betriebsdefizit anders nicht gedeckt werden kann und dadurch der Fortbestand der Institution ernsthaft gefährdet ist. Der wirtschaftlichen Leistungskraft der Trägerschaft der beitragsberechtigten Institution ist Rechnung zu tragen.

2. Kapitel: Der Personalverleih

1. Abschnitt: Grundsätze

Art. 26   Verleihtätigkeit (Art. 12 Abs. 1 AVG)

Als Verleiher gilt, wer einen Arbeitnehmer einem Einsatzbetrieb überlässt, indem er diesem wesentliche Weisungsbefugnisse gegenüber dem Arbeitnehmer abtritt.

Art. 27   Gegenstand (Art. 12 AVG)

[1] Der Personalverleih umfasst die Temporärarbeit, die Leiharbeit und das gelegentliche Überlassen von Arbeitnehmern an Einsatzbetriebe.

[2] Temporärarbeit liegt vor, wenn der Zweck und die Dauer des Arbeitsvertrages zwischen dem Arbeitgeber und dem Arbeitnehmer auf einen einzelnen Einsatz bei einem Einsatzbetrieb beschränkt sind.

[3] Leiharbeit liegt vor, wenn:

---

8   Fassung gemäss Ziff. I der V vom 20. Okt. 1999, in Kraft seit 1. Dez. 1999 (AS **1999** 2711).

a. der Zweck des Arbeitsvertrages zwischen dem Arbeitgeber und dem Arbeitnehmer hauptsächlich im Überlassen des Arbeitnehmers an Einsatzbetriebe liegt und

b. die Dauer des Arbeitsvertrages von einzelnen Einsätzen bei Einsatzbetrieben unabhängig ist.

[4] Gelegentliches Überlassen von Arbeitnehmern an Einsatzbetriebe liegt vor, wenn:

a. der Zweck des Arbeitsvertrages zwischen dem Arbeitgeber und dem Arbeitnehmer darin liegt, dass der Arbeitnehmer hauptsächlich unter der Weisungsbefugnis des Arbeitgebers arbeitet;

b. der Arbeitnehmer nur ausnahmsweise einem Einsatzbetrieb überlassen wird und

c. die Dauer des Arbeitsvertrages von allfälligen Einsätzen bei Einsatzbetrieben unabhängig ist.

2. Abschnitt: Umfang der Bewilligungspflicht

Art. 28 Bewilligungspflichtige Formen des Personalverleihs (Art. 12 Abs. 1 AVG)

Der Personalverleih ist nur in den Formen der Temporärarbeit und der Leiharbeit bewilligungspflichtig.

Art. 29 Gewerbsmässigkeit (Art. 12 Abs. 1 AVG)

[1] Gewerbsmässig verleiht, wer Arbeitnehmer Einsatzbetrieben regelmässig und mit der Absicht überlässt, Gewinn zu erzielen, oder wer mit seiner Verleihtätigkeit einen jährlichen Umsatz von mindestens 100 000 Franken erzielt.[9]

[2] Regelmässig verleiht, wer mit Einsatzbetrieben innerhalb von zwölf Monaten mehr als zehn Verleihverträge bezüglich des ununterbrochenen Einsatzes eines einzelnen oder einer Gruppe von Arbeitnehmern abschliesst.

---

9   Fassung gemäss Ziff. I der V vom 20. Okt. 1999, in Kraft seit 1. Dez. 1999 (AS **1999** 2711).

Art. 30[10]   Verleih vom Ausland in die Schweiz (Art. 12 Abs. 2 AVG)

Der Personalverleih vom Ausland in die Schweiz ist ausnahmsweise gestattet, wenn in der Schweiz von keinem inländischen Verleiher entsprechende Arbeitskräfte angeboten werden.

Art. 31   Zweigniederlassungen (Art. 12 Abs. 3 AVG)

Eine Zweigniederlassung im Kanton des Hauptsitzes ist zur Verleihtätigkeit berechtigt, sobald:

a.   der Hauptsitz der zuständigen Behörde die Zweigniederlassung gemeldet hat und

b.   die erforderliche Kaution für die Zweigniederlassung bei der vom Kanton bezeichneten Stelle hinterlegt worden ist.

3. Abschnitt: Voraussetzungen der Bewilligungserteilung

Art. 32   Betriebliche Voraussetzungen (Art. 13 Abs. 1 Bst. c AVG)

Eine Bewilligung wird nicht erteilt, wenn die Verleihtätigkeit mit weiteren Geschäften verbunden werden könnte, welche die Arbeitnehmer oder Einsatzbetriebe:

a.   in ihrer Entscheidungsfreiheit beeinträchtigen; oder

b.   infolge der Übernahme anderer Verpflichtungen in eine zusätzliche Abhängigkeit vom Verleiher bringen.

Art. 33[11]   Persönliche Voraussetzungen (Art. 13 Abs. 1 Bst. c AVG)

Wer eine Berufslehre abgeschlossen oder eine gleichwertige Ausbildung absolviert hat und eine mehrjährige Berufstätigkeit nachweisen kann, verfügt über die nötigen fachlichen Fähigkeiten zur Leitung eines Verleihbetriebs, sofern er insbesondere:

---

10   Fassung gemäss Ziff. I der V vom 20. Okt. 1999, in Kraft seit 1. Dez. 1999 (AS **1999** 2711).

11   Fassung gemäss Ziff. I der V vom 20. Okt. 1999, in Kraft seit 1. Dez. 1999 (AS **1999** 2711).

a. eine anerkannte Vermittler- oder Verleiherausbildung besitzt; oder

b. eine mehrjährige Berufserfahrung in der Arbeitsvermittlung, im Personalverleih, in der Personal-, Organisations- oder Unternehmungsberatung oder im Personalwesen hat.

Art. 34   Voraussetzungen für die Bewilligung zum Personalverleih ins Ausland (Art. 13 Abs. 3 AVG)

In Betrieben, die Arbeitnehmer ins Ausland verleihen, müssen bezüglich der betroffenen Staaten insbesondere Kenntnisse vorhanden sein über:

a. die Bestimmungen über die Einreise und die Aufnahme einer Erwerbstätigkeit;

b. die gesetzliche Regelung des Personalverleihs.

Art. 35   Kautionspflicht (Art. 14 Abs. 1 AVG)

[1] Der Verleiher ist kautionspflichtig, sofern seine Verleihtätigkeit bewilligungspflichtig ist.

[2] Die Bewilligung zum Personalverleih wird erst erteilt, wenn die erforderliche Kaution hinterlegt worden ist.

Art. 36   Ort der Hinterlegung der Kaution (Art. 14 Abs. 1 AVG)

[1] Der Kanton bezeichnet die Stelle, bei der die Kaution zu hinterlegen ist.

[2] Der Verleiher leistet die Kaution in seinem Sitzkanton.

[3] Der Hauptsitz kann durch die Hinterlegung der Höchstkaution seine Zweigniederlassungen davon entbinden, in ihrem Sitzkanton eine Kaution zu hinterlegen.

[4] Die Kaution für den Personalverleih ins Ausland ist bei der gleichen Stelle zu hinterlegen wie diejenige für den Inlandverleih.

Art. 37   Form der Kaution (Art. 14 Abs. 2 AVG)

Die Kaution kann hinterlegt werden:

a. als Bürgschaft oder Garantieerklärung einer Bank oder Versicherungsanstalt;

b. als Kautionsversicherung, sofern die Versicherungsleistungen unabhängig von der Zahlung der Prämien erbracht werden;

c.   in Form von Kassenobligationen; deren Erträge stehen dem Kautionspflichtigen zu;

d.   als Bareinlage.

Art. 38   Freigabe der Kaution (Art. 14 Abs. 2 AVG)

Die Kaution wird frühestens nach Ablauf eines Jahres seit dem Entzug oder der Aufhebung der Bewilligung freigegeben. Sofern in diesem Zeitpunkt noch Lohnforderungen von verliehenen Arbeitnehmern gegen den Verleiher hängig sind, bleibt die Kaution im entsprechenden Umfang bestehen, bis diese Forderungen erfüllt oder erloschen sind.

Art. 39   Verwertung der Kaution (Art. 14 Abs. 2 AVG)

1 Im Konkurs des Verleihers bleibt die Kaution der Befriedigung der Lohnforderungen der verliehenen Arbeitnehmer vorbehalten.

2 Aus der Kaution sind Regressansprüche der Arbeitslosenversicherung erst dann zu befriedigen, wenn alle Lohnforderungen der verliehenen Arbeitnehmer erfüllt sind, die nicht durch die Insolvenzentschädigung der Arbeitslosenversicherung gedeckt werden.

3 Für die Verwertung von Kautionen nach Artikel 37 Buchstaben b–d, die der Verleiher selbst erbracht hat, ist das Konkursamt zuständig.[12]

4 Für die Verwertung von Kautionen nach Artikel 37 Buchstabe a ist das kantonale Arbeitsamt zuständig. Ebenso für die Kautionen nach Artikel 37 Buchstaben b–d, die Dritte für den Verleiher hinterlegt haben.[13]

Art. 40   Bewilligungsgesuch (Art. 13 Abs. 4 AVG)

1 Das Bewilligungsgesuch ist schriftlich bei der vom Kanton bezeichneten Behörde einzureichen.

2 Das seco stellt den Kantonen Formulare für Bewilligungsgesuche zur Verfügung.

3 Die zuständige kantonale Behörde leitet Gesuche um Bewilligung des Personalverleihs ins Ausland mit einer Stellungnahme an das seco weiter.

---

12   Eingefügt durch Ziff. I der V vom 20. Okt. 1999, in Kraft seit 1. Dez. 1999 (AS **1999** 2711).

13   Eingefügt durch Ziff. I der V vom 20. Okt. 1999, in Kraft seit 1. Dez. 1999 (AS **1999** 2711).

Art. 41   Meldung einer Zweigniederlassung (Art. 12 Abs. 3 AVG)

¹ Die Meldung einer Zweigniederlassung, die im gleichen Kanton wie der Hauptsitz liegt, erfolgt durch den Hauptsitz.

² Die Meldung umfasst nur Angaben und Beilagen, die von denen des Bewilligungsgesuchs des Hauptsitzes verschieden sind.

³ Artikel 40 gilt sinngemäss.

4. Abschnitt: Erteilung, Entzug und Aufhebung der Bewilligung

Art. 42   Bewilligung (Art. 15 AVG)

¹ Die Bewilligung wird auf den Betrieb ausgestellt.

² In der Bewilligungsurkunde werden aufgeführt:

a.   Name und Adresse des Betriebs;

b.   die für den Verleih verantwortlichen Leiter;

c.   die Adressen der Geschäftsräume, die sich nicht am Sitz des Betriebs befinden;

d.   der örtliche und sachliche Geltungsbereich der Bewilligung.

Art. 43   Änderungen im Betrieb (Art. 17 AVG)

Der Verleiher muss Änderungen gegenüber den Angaben im Bewilligungsgesuch beziehungsweise in der Meldung seiner Zweigniederlassung unverzüglich der zuständigen kantonalen Behörde mitteilen.

Art. 44   Entzug der Bewilligung (Art. 16 AVG)

¹ Erfüllt der Verleiher einen Tatbestand nach Artikel 16 Absatz 1 Buchstabe a oder b AVG, so kann die zuständige Behörde:

a.   die Bewilligung entziehen ohne eine Frist zur Wiederherstellung des rechtmässigen Zustandes anzusetzen;

b.   in der Entzugsverfügung anordnen, dass der Betrieb ein neues Bewilligungsgesuch erst nach Ablauf einer Wartefrist von höchstens zwei Jahren einreichen kann.

² Die zuständige kantonale Behörde teilt jede in Anwendung von Artikel 16 AVG verfügte Sanktion dem seco mit. Insbesondere meldet sie,

welche Personen erwiesenermassen nicht in der Lage gewesen sind, für eine fachgerechte Verleihtätigkeit Gewähr zu bieten.

Art. 45   Aufhebung der Bewilligung

[1] Die zuständige Behörde verfügt die Aufhebung der Bewilligung, wenn der Betrieb:

a.   ein entsprechendes Begehren stellt;

b.   seine Verleihtätigkeit eingestellt hat.

[2] Die Einstellung der Verleihtätigkeit kann angenommen werden, wenn der Betrieb während eines ganzen Kalenderjahres keine Arbeitnehmer verliehen hat.

5. Abschnitt: Pflichten des Verleihers

Art. 46   Arbeitsmarktbeobachtung (Art. 18 Abs. 2 AVG)

[1] Der Verleiher, dessen Verleihtätigkeit bewilligungspflichtig ist, führt Buch über die Einsätze der Arbeitnehmer, die er verleiht.

[2] Er teilt der zuständigen kantonalen Behörde nach Abschluss jedes Kalenderjahres mit:

a.   die Summe der geleisteten Einsatzstunden;

b.   Anzahl, Geschlecht und Herkunft (Schweiz oder Ausland) der verliehenen Personen.

[3] Das seco stellt einen einheitlichen Meldevorgang sicher.

[4] Der Verleiher, dessen Verleihtätigkeit bewilligungspflichtig ist, kann im Rahmen von Teilerhebungen verpflichtet werden, dem seco in anonymisierter Form zusätzliche persönliche und arbeitsmarktbezogene Merkmale der verliehenen Personen mitzuteilen.

Art. 47   Datenschutz (Art. 18 Abs. 3 AVG)

[1] Der Verleiher darf Daten über Arbeitssuchende und Arbeitnehmer grundsätzlich nur mit der Zustimmung der Betroffenen bearbeiten. Eine Zustimmung ist insbesondere erforderlich, wenn er:

a.   Daten über Arbeitssuchende und Arbeitnehmer an andere Geschäftsniederlassungen oder an von seinem Betrieb unabhängige Geschäftspartner weitergibt;

b.   Gutachten und Referenzen über Arbeitssuchende und über seine Arbeitnehmer einholt;

c.　Daten über Arbeitssuchende und Arbeitnehmer über die Landesgrenzen hinaus weitergibt.

2 Der Verleiher bedarf keiner Zustimmung der Betroffenen, wenn er Daten über Arbeitssuchende und Arbeitnehmer im Rahmen seiner Verleihtätigkeit weitergibt an:

a.　Mitarbeiter seiner eigenen Geschäftsniederlassung;

b.　interessierte Einsatzbetriebe, sofern diese ein spezielles Interesse geltend machen können;

c.　einen grösseren Kreis möglicher Einsatzbetriebe, sofern die Daten keinen Rückschluss auf die Identität des Arbeitssuchenden oder Arbeitnehmers zulassen.

3 Der Verleiher darf Daten nach Beendigung der Geschäftsbeziehungen nur bearbeiten, wenn der Betroffene dazu seine Zustimmung gibt. Vorbehalten bleiben Verpflichtungen aufgrund anderer Normen zur Aufbewahrung einzelner Daten.

4 Die Zustimmung der Betroffenen hat schriftlich zu erfolgen und kann jederzeit widerrufen werden. Die betroffene Person ist auf dieses Recht aufmerksam zu machen.

Art. 48　Form und Inhalt des Arbeitsvertrages (Art. 19 Abs. 1 AVG)

1 Der schriftliche Arbeitsvertrag muss grundsätzlich vor der Arbeitsaufnahme vorliegen, es sei denn, die zeitliche Dringlichkeit der Arbeitsaufnahme lasse einen schriftlichen Vertragsschluss nicht mehr zu. In solchen Fällen ist der Vertrag zum nächstmöglichen Zeitpunkt schriftlich abzufassen.

2 Vom Abschluss eines schriftlichen Arbeitsvertrages kann in Fällen zeitlicher Dringlichkeit ganz abgesehen werden, wenn der Arbeitseinsatz nicht länger als sechs Stunden dauert.

Art. 48a[14]　Lohn- und Arbeitszeitbestimmungen (Art. 20 AVG)

1 Lohnbestimmungen sind Regelungen über:

14　Eingefügt durch Ziff. I der V vom 20. Okt. 1999, in Kraft seit 1. Dez. 1999 (AS **1999** 2711).

a.   den Mindestlohn, dem allfällige Spesen nicht hinzuzurechnen sind; ist kein Mindestlohn vorgeschrieben, gilt der Betriebsdurchschnittslohn;

b.   Lohnzuschläge für Überstunden-, Schicht-, Akkord-, Nacht-, Sonntags- und Feiertagsarbeit;

c.   den anteilsmässigen Ferienlohn;

d.   den anteilsmässigen 13. Monatslohn;

e.   die bezahlten Feier- und Ruhetage;

f.   die Lohnfortzahlung bei unverschuldeter Verhinderung an der Arbeitsleistung nach Artikel 324a des Obligationenrechts[15] (OR) wie infolge Krankheit, Unfall, Invalidität, Militär, Zivilschutz, Zivildienst, Schlechtwetter, Heirat, Geburt, Todesfall, Umzug, Pflege eines kranken Familienangehörigen;

g.   den Prämienanteil an die Krankentaggeldversicherung nach Artikel 324a Absatz 4 OR.

2 Arbeitszeitbestimmungen sind Regelungen über:

a.   die ordentliche Arbeitszeit;

b.   die 5-Tage-Woche;

c.   die Überstunden-, Nacht-, Sonntags- und Schichtarbeit;

d.   die Ferien, Frei- und Feiertage;

e.   die Absenzen;

f.   die Ruhezeiten und Pausen;

g.   die Reise- und Wartezeiten.

Art. 49   Kündigungsfristen (Art. 19 Abs. 4 AVG)

Die Kündigungsfristen von Artikel 19 Absatz 4 AVG gelten nur für das Überlassen von Arbeitnehmern an Einsatzbetriebe in der Form der Temporärarbeit.

Art. 50   Verleihvertrag (Art. 22 AVG)

Der schriftliche Verleihvertrag muss grundsätzlich vor der Arbeitsaufnahme vorliegen, es sei denn, die zeitliche Dringlichkeit der Arbeitsaufnahme lasse einen schriftlichen Vertragsschluss nicht mehr zu. In

15   SR **220**

solchen Fällen ist der Vertrag zum nächstmöglichen Zeitpunkt schriftlich abzufassen.

3. Kapitel: Die öffentliche Arbeitsvermittlung

Art. 51 Erfassung von Stellensuchenden und offenen Stellen (Art. 24 AVG)

[1] Die Arbeitsmarktbehörden erfassen die sich meldenden Stellensuchenden und die gemeldeten offenen Stellen nach einheitlichen Kriterien.

[2] Das seco legt die Kriterien im Einvernehmen mit den zuständigen kantonalen Behörden fest.

[3] Die Arbeitsmarktbehörden schreiben offene Stellen für Angehörige beider Geschlechter zur Besetzung aus. Ausnahmen sind in gesetzlich begründeten Fällen oder bei Tätigkeiten zulässig, die nur durch eine Person bestimmten Geschlechts ausgeführt werden können.

Art. 52 Beratung von Stellensuchenden (Art. 24 AVG)

Die zuständigen Amtsstellen stellen sicher, dass bei Bedarf:[16]

a. Eignungen und Neigungen eines Stellensuchenden abgeklärt werden;

b. Stellensuchende bezüglich Weiterbildungs- und Umschulungsmöglichkeiten beraten werden.

Art. 53 Meldepflicht der Arbeitgeber bei Entlassungen und Betriebsschliessungen (Art. 29 AVG)

[1] Der Arbeitgeber ist meldepflichtig, wenn die Entlassungen oder eine Betriebsschliessung mindestens zehn Arbeitnehmer betreffen.

[2] Wo die Grösse oder die Strukturen des regionalen Arbeitsmarktes es verlangen, können die Kantone die Meldepflicht auf Entlassungen oder Betriebsschliessungen ausdehnen, die mindestens sechs Arbeitnehmer betreffen.[17]

---

16 Fassung gemäss Ziff. I der V vom 20. Okt. 1999, in Kraft seit 1. Dez. 1999 (AS **1999** 2711).

17 Fassung gemäss Ziff. I der V vom 20. Okt. 1999, in Kraft seit 1. Dez. 1999 (AS **1999** 2711).

[3] Der meldepflichtige Arbeitgeber muss der zuständigen Amtsstelle folgende Angaben mitteilen:

a. Anzahl, Geschlecht und Herkunft (Schweiz oder Ausland) der betroffenen Arbeitnehmer;

b. den Grund der Betriebsschliessung;

c. bei Entlassungen den Arbeitsbereich der betroffenen Arbeitnehmer;

d. den Zeitpunkt der Wirksamkeit der ausgesprochenen Kündigungen (im Berichtsmonat oder auf einen späteren Zeitpunkt).[18]

Art. 54   Ausbildung (Art. 31 Abs. 4 AVG)

[1] Die vom seco unterstützten Kurse für die Schulung und Weiterbildung des Personals der Arbeitsmarktbehörden stehen nach Möglichkeit auch privaten Arbeitsvermittlern und Personalverleihern offen.

[2] Das seco kann entsprechende Kurse ganz oder teilweise finanzieren. Als Kurskosten gelten auch Auslagen für die Projektierung der Kurse.

Art. 55[19]   Zusammenarbeit mit privaten Arbeitsvermittlern (Art. 35a Abs. 2 AVG)

Den privaten Arbeitsvermittlern dürfen aus dem Informationssystem keine Daten im Sinne von Artikel 33a Absatz 2 AVG zur Verfügung gestellt werden.

Art. 56   Zusammenarbeit der Arbeitsmarktbehörden mit anderen Amtsstellen (Art. 33 Abs. 1 und 3 AVG)

[1] Alle auf dem Gebiet der Arbeitsvermittlung tätigen Amtsstellen koordinieren ihre Tätigkeit mit den Arbeitsmarktbehörden. Insbesondere wirken sie darauf hin, dass sich auf dem Arbeitsmarkt vermittlungsfähige und vermittlungswillige Arbeitslose auch bei der dafür zuständigen Amtsstelle melden.[20]

---

18   Fassung gemäss Ziff. I der V vom 20. Okt. 1999, in Kraft seit 1. Dez. 1999 (AS **1999** 2711).

19   Fassung gemäss Ziff. I der V vom 22. Nov. 2000, in Kraft seit 1. Jan. 2001 (AS **2000** 2903).

20   Fassung gemäss Ziff. I der V vom 20. Okt. 1999, in Kraft seit 1. Dez. 1999 (AS **1999** 2711).

[2] Die zuständige Amtsstelle entscheidet über die Vermittlungsfähigkeit in Zusammenwirkung mit den andern Amtsstellen. Konflikte betreffend die Zuständigkeit der Arbeitsmarktbehörden oder der Organe der Invalidenversicherung werden den zuständigen Bundesämtern zum Entscheid unterbreitet.[21]

[3] Die kantonalen Amtsstellen, welche in der Arbeitsvermittlung tätig sind, organisieren ihre Zusammenarbeit im Einvernehmen mit den entsprechenden Bundesämtern.

Art. 57[22]   Datenbekanntgabe (Art. 34a AVG)

Die Arbeitsmarktbehörden dürfen Stellensuchenden von Arbeitgebern gemeldete offene Stellen auch ohne deren ausdrückliche Einwilligung bekanntgeben.

Art. 57a[23]   Kosten der Bekanntgabe und Publikation von Daten (Art. 34a AVG)

[1] In den Fällen nach Artikel 34*a* Absatz 4 AVG wird eine Gebühr erhoben, wenn die Datenbekanntgabe zahlreiche Kopien oder andere Vervielfältigungen oder besondere Nachforschungen erfordert. Die Höhe dieser Gebühr entspricht den in den Artikeln 14 und 16 der Verordnung vom 10. September 1969[24] über Kosten und Entschädigungen im Verwaltungsverfahren festgesetzten Beträgen.

[2] Für Publikationen nach Artikel 34*a* Absatz 3 AVG wird eine kostendeckende Gebühr erhoben.

[3] Die Gebühr kann wegen Bedürftigkeit der gebührenpflichtigen Person oder aus anderen wichtigen Gründen ermässigt oder erlassen werden.

---

21 Fassung gemäss Ziff. I der V vom 20. Okt. 1999, in Kraft seit 1. Dez. 1999 (AS **1999** 2711).

22 Fassung gemäss Ziff. I der V vom 22. Nov. 2000, in Kraft seit 1. Jan. 2001 (AS **2000** 2903).

23 Eingefügt durch Ziff. I der V vom 22. Nov. 2000, in Kraft seit 1. Jan. 2001 (AS **2000** 2903).

24 SR **172.041.0**

Art. 58[25]   Auskunftsrecht der betroffenen Person
(Art. 34a, 34b und 35 AVG)

[1] Stellensuchende und Arbeitgeber, die sich bei der Arbeitsmarktbehörde melden, werden orientiert über:

a.   den Zweck der Informationssysteme;

b.   die bearbeiteten Daten und über deren regelmässige Empfänger;

c.   ihre Rechte.

[2] Eine betroffene Person kann von den Stellen, welche die Daten bearbeiten, verlangen, dass sie:

a.   ihr über die sie betreffenden Daten kostenlos, schriftlich und in allgemein verständlicher Form Auskunft geben;

b.   unrichtige oder unvollständige Daten berichtigen oder ergänzen;

c.   nicht mehr benötigte Daten vernichten.

[3] Kann weder die Richtigkeit noch die Unrichtigkeit von Daten bewiesen werden, so muss die Amtsstelle bei den Daten einen entsprechenden Vermerk anbringen.

[4] Eine Berichtigung, Ergänzung oder Vernichtung von Daten ist auch denjenigen Stellen mitzuteilen, an welche die Daten weitergegeben werden, sowie weiteren Stellen, wenn es die betroffene Person wünscht.

Art. 59   Statistische Arbeitsmarktbeobachtung
(Art. 36 AVG)

[1] Die zuständigen kantonalen Behörden erheben die Angaben nach den Artikeln 18 und 46 und erfassen die Angaben nach Artikel 53.

[2] Die kantonalen Arbeitsämter leiten die Resultate an das seco weiter. Dieses stellt ein einheitliches Vorgehen sicher und publiziert die Resultate.

---

25   Fassung gemäss Ziff. I der V vom 22. Nov. 2000, in Kraft seit 1. Jan. 2001 (AS **2000** 2903).

Art. 59a[26]   Verzeichnis der bewilligten, privaten Vermittlungs- und Verleihbetriebe (Art. 35b AVG)

Mit Ausnahme der Daten nach Artikel 35*b* Absatz 2 AVG kann das Verzeichnis der Öffentlichkeit über Internet oder als Druckerzeugnis bekanntgegeben werden.

Art. 60   Arbeitsmarktpolitische Berichterstattung der Kantone (Art. 36 Abs. 2 AVG)

[1] Die kantonalen Arbeitsämter berichten dem seco:

a.   monatlich über die Lage und Entwicklung des kantonalen Arbeitsmarktes;

b.   jährlich über die private Arbeitsvermittlung und den Personalverleih.

[2] Das seco erlässt Richtlinien über die Berichterstattung.

Art. 61   Eidgenössische Kommission für Arbeitsmarktfragen (Art. 37 AVG)

[1] Das Eidgenössische Volkswirtschaftsdepartement ernennt die Mitglieder der Kommission.

[2] Die Kommission besteht aus 18 Mitgliedern:

a.   fünf Vertretern von Arbeitgeberverbänden;

b.   fünf Vertretern von Arbeitnehmerverbänden;

c.   acht Vertretern des Bundes, der Kantone, der Frauenorganisationen und der Wissenschaft.

4. Kapitel: Schlussbestimmungen

Art. 62   Aufsicht (Art. 31 und 40 AVG)

Das seco beaufsichtigt den Vollzug dieser Verordnung.

Art. 63   Aufhebung bisherigen Rechts (Art. 42 AVG)

Es werden aufgehoben:

a.   die Verordnung I vom 21. Dezember 1951[27] zum Bundesgesetz über die Arbeitsvermittlung;

---

26   Eingefügt durch Ziff. I der V vom 20. Okt. 1999 (AS **1999** 2711). Fassung gemäss Ziff. I der V vom 22. Nov. 2000, in Kraft seit 1. Jan. 2001 (AS **2000** 2903).

27   [AS **1951** 1218 1370].

b.   die Verordnung II vom 6. November 1959[28] zum Bundesgesetz über die Arbeitsvermittlung;

c.   die Vollziehungsverordnung vom 10. Juli 1888[29] zum Bundesgesetz vom 22. März 1888 betreffend den Geschäftsbetrieb von Auswanderungsagenturen.

Art. 64   Inkrafttreten

Diese Verordnung tritt am 1. Juli 1991 in Kraft.

---

28   [AS **1959** 986].
29   [BS **10** 241].

Bundesgesetz über den zivilen Ersatzdienst (Zivildienstgesetz, ZDG)

vom 6. Oktober 1995; SR 824.0

(gestützt auf Artikel 18 Absatz 1 der Bundesverfassung[1])

Erstes Kapitel: Allgemeine Bestimmungen

Art. 1   Grundsatz

[1] Militärdienstpflichtige, die glaubhaft darlegen, dass sie den Militärdienst mit ihrem Gewissen nicht vereinbaren können, leisten einen zivilen Ersatzdienst (Zivildienst) nach diesem Gesetz.

[2] Der Gewissenskonflikt nach Absatz 1 zeichnet sich dadurch aus, dass die betreffende Person sich auf eine moralische Forderung beruft, durch die ihr Gewissen aus ihrer Sicht mit der Militärdienstpflicht in einen unauflösbaren Konflikt gerät.[2]

[3] Diese moralische Forderung steht im Einklang mit dem persönlichen Moralverständnis der betreffenden Person.[3]

Art. 2   Zweck

[1] Der Zivildienst kommt dort zum Einsatz, wo Ressourcen für die Erfüllung wichtiger Aufgaben der Gemeinschaft fehlen oder nicht ausreichen.[4]

[2] Er dient zivilen Zwecken und wird ausserhalb der Armee geleistet.

[3] Wer Zivildienst leistet, erbringt eine Arbeitsleistung, die im öffentlichen Interesse liegt.

---

1   Der genannten Bestimmung entspricht Art. 59 Abs. 1 der BV vom 18. April 1999 (SR **101**).
2   Eingefügt durch Ziff. I des BG vom 21. März 2003, in Kraft seit 1. Jan. 2004 (AS **2003** 4843 4854; BBl **2001** 6127).
3   Eingefügt durch Ziff. I des BG vom 21. März 2003, in Kraft seit 1. Jan. 2004 (AS **2003** 4843 4854; BBl **2001** 6127).
4   Fassung gemäss Ziff. I des BG vom 21. März 2003, in Kraft seit 1. Jan. 2004 (AS **2003** 4843 4854; BBl **2001** 6127).

Art. 3   Arbeit im öffentlichen Interesse

Eine Arbeitsleistung liegt im öffentlichen Interesse, wenn die zivildienstleistende Person sie bei einer öffentlichen Institution absolviert oder sie bei einer privaten Institution erbringt, welche in gemeinnütziger Weise tätig ist.

Art. 3a [5]   Ziele

[1] Der Zivildienst leistet Beiträge, um:

a.   den sozialen Zusammenhalt zu stärken, insbesondere die Situation Betreuungs-, Hilfe- und Pflegebedürftiger zu verbessern;

b.   friedensfähige Strukturen aufzubauen und Gewaltpotenziale zu reduzieren;

c.   die natürlichen Lebensgrundlagen zu schützen und zu erhalten sowie die nachhaltige Entwicklung zu fördern;

d.   das kulturelle Erbe zu erhalten.

[2] Er leistet Beiträge im Rahmen der nationalen Sicherheitskooperation.

Art. 4   Tätigkeitsbereiche

[1] Der Zivildienst setzt seine Ziele in folgenden Tätigkeitsbereichen um:[6]

a.   Gesundheitswesen;

b.   Sozialwesen;

c.[7]   Kulturgütererhaltung;

d.   Umwelt- und Naturschutz, Landschaftspflege;

e.   Forstwesen;

f.   Landwirtschaft;

g.   Entwicklungszusammenarbeit und humanitäre Hilfe;

h.[8]   Bewältigung von Katastrophen und Notlagen.

---

5   Eingefügt durch Ziff. I des BG vom 21. März 2003, in Kraft seit 1. Jan. 2004 (AS **2003** 4843 4854; BBl **2001** 6127).

6   Fassung gemäss Ziff. I des BG vom 21. März 2003, in Kraft seit 1. Jan. 2004 (AS **2003** 4843 4854; BBl **2001** 6127).

7   Fassung gemäss Ziff. I des BG vom 21. März 2003, in Kraft seit 1. Jan. 2004 (AS **2003** 4843 4854; BBl **2001** 6127).

8   Fassung gemäss Ziff. I des BG vom 21. März 2003, in Kraft seit 1. Jan. 2004 (AS **2003** 4843 4854; BBl **2001** 6127).

2 Einsätze in der Land- und Forstwirtschaft sind auch dann, wenn die Voraussetzungen nach Artikel 3 nicht erfüllt sind, erlaubt, wenn sie in Landwirtschaftsbetrieben geleistet werden, welche Projekte zur Verbesserung der Lebens- oder Produktionsbedingungen durchführen und die deswegen auf kostengünstige Arbeitsleistungen Dritter angewiesen sind.[9]

3 Einsätze zur Bewältigung von Katastrophen und Notlagen sind auch dann erlaubt, wenn die Voraussetzungen nach Artikel 3 nicht erfüllt sind.[10]

4 Der Zivildienst führt nach Bedarf bezüglich der Tätigkeitsbereiche Schwerpunktprogramme durch und überprüft deren Wirksamkeit regelmässig. Der Bundesrat kann ihm Aufträge betreffend Schwerpunktprogramme erteilen.[11]

Art. 4a [12]   Ausschluss von Einsätzen

Nicht erlaubt sind Einsätze:

a.   in einer Institution:

1.   für welche die zivildienstpflichtige Person bereits ausserhalb des Zivildienstes gegen Entgelt oder im Rahmen einer Aus- oder Weiterbildung tätig ist oder während des vorangehenden Jahres tätig war, oder

2.   zu der sie eine andere besonders enge Beziehung, namentlich durch eine langfristige oder intensive ehrenamtliche Mitarbeit oder durch eine Führungsposition im Ehrenamt, unterhält;

b.   ausschliesslich zu Gunsten von Angehörigen der Zivildienst leistenden Person;

---

9   Fassung gemäss Ziff. I des BG vom 21. März 2003, in Kraft seit 1. Jan. 2004 (AS **2003** 4843 4854; BBl **2001** 6127).

10   Fassung gemäss Ziff. I des BG vom 21. März 2003, in Kraft seit 1. Jan. 2004 (AS **2003** 4843 4854; BBl **2001** 6127).

11   Fassung gemäss Ziff. I des BG vom 21. März 2003, in Kraft seit 1. Jan. 2004 (AS **2003** 4843 4854; BBl **2001** 6127).

12   Eingefügt durch Ziff. I des BG vom 21. März 2003, in Kraft seit 1. Jan. 2004 (AS **2003** 4843 4854; BBl **2001** 6127).

c.   die bezwecken, den Prozess der politischen Meinungsbildung zu beeinflussen oder religiöses oder weltanschauliches Gedankengut zu verbreiten oder zu vertiefen;

d.   die primär privaten Zwecken der Zivildienst leistenden Person, insbesondere der Aus- oder Weiterbildung, dienen.

Art. 5   Gleichwertigkeit

Die Belastung einer zivildienstleistenden Person durch die ordentlichen Zivildiensteinsätze muss insgesamt derjenigen eines Soldaten in seinen Ausbildungsdiensten entsprechen.

Art. 6   Arbeitsmarktneutralität

[1] Die Vollzugsstelle des Bundes für den Zivildienst (Vollzugsstelle) sorgt dafür, dass der Einsatz zivildienstleistender Personen:

a.   keine bestehenden Arbeitsplätze gefährdet;

b.   die Lohn- und Arbeitsbedingungen im Einsatzbetrieb nicht verschlechtert; und

c.   die Wettbewerbsbedingungen nicht verfälscht.

[2] Die Anerkennung (Art. 41–43) gibt Einsatzbetrieben keinen Anspruch auf Zuweisung zivildienstleistender Personen.

[3] Der Bundesrat kann weitere Massnahmen zum Schutz des Arbeitsmarktes vorsehen.

Art. 7   Einsätze im Ausland

[1] Zivildienstpflichtige Personen, die auf Grund ihrer Persönlichkeit, ihrer beruflichen Fähigkeiten oder einschlägiger Erfahrungen dazu geeignet sind, können mit ihrer Einwilligung zu Einsätzen im Ausland aufgeboten werden.[13]

[2] Für Einsätze zur Bewältigung von Katastrophen und Notlagen im grenznahen Raum kann von der Einwilligung abgesehen werden.[14]

[3] Der Bundesrat regelt Voraussetzungen und Durchführung von Auslandeinsätzen.

---

13   Fassung gemäss Ziff. I des BG vom 21. März 2003, in Kraft seit 1. Jan. 2004 (AS **2003** 4843 4854; BBl **2001** 6127).

14   Fassung gemäss Ziff. I des BG vom 21. März 2003, in Kraft seit 1. Jan. 2004 (AS **2003** 4843 4854; BBl **2001** 6127).

Art. 7a[15] Einsätze zur Bewältigung von Katastrophen und Notlagen und im Rahmen von Schwerpunktprogrammen

[1] Die Vollzugsstelle kann bei Einsätzen zur Bewältigung von Katastrophen und Notlagen und im Rahmen von Schwerpunktprogrammen selbst die Rechte und Pflichten eines Einsatzbetriebes übernehmen.

[2] Sie koordiniert die Einsätze mit den betroffenen Führungsorganen und den zuständigen Fachinstanzen.

[3] Sie kann die zusätzlichen ungedeckten Kosten dieser Einsätze im Rahmen der bewilligten Kredite ganz oder teilweise übernehmen. Der Bundesrat regelt die Voraussetzungen der Kostenübernahme.

Art. 8[16] Dauer der ordentlichen Zivildienstleistungen

[1] Der Zivildienst dauert 1,5 mal so lange wie die Gesamtdauer der noch nicht geleisteten Ausbildungsdienste nach der Militärgesetzgebung. Für zivildienstpflichtige Personen, die höhere Unteroffiziere oder Offiziere waren, dauert er 1,1 mal so lange. Für Spezialfälle, insbesondere frühere Fachoffiziere und Kader, die den praktischen Dienst noch nicht geleistet haben, regelt der Bundesrat, wie die Dauer des Zivildienstes zu berechnen ist.

[2] Zivildienstpflichtige Personen, welche Einsätze im Ausland leisten, können sich zu längeren Dienstleistungen verpflichten. Die Gesamtdauer der Zivildienstleistungen nach Absatz 1 darf dabei um höchstens die Hälfte überschritten werden.

Art. 9[17] Inhalt der Zivildienstpflicht

Die Zivildienstpflicht umfasst die Pflicht zur:

a. Teilnahme an einem Einführungskurs der Vollzugsstelle (Art. 19 und 36 Abs. 1);

b. Teilnahme an der erforderlichen einsatzbezogenen Ausbildung (Art. 36 Abs. 2–5);

---

15 Eingefügt durch Ziff. I des BG vom 21. März 2003, in Kraft seit 1. Jan. 2004 (AS **2003** 4843 4854; BBl **2001** 6127).

16 Fassung gemäss Ziff. I des BG vom 21. März 2003, in Kraft seit 1. Jan. 2004 (AS **2003** 4843 4854; BBl **2001** 6127).

17 Fassung gemäss Ziff. I des BG vom 21. März 2003, in Kraft seit 1. Jan. 2004 (AS **2003** 4843 4854; BBl **2001** 6127).

c. Vorstellung in möglichen Einsatzbetrieben, wenn diese es verlangen (Art. 19);

d. Erbringung ordentlicher Zivildienstleistungen, bis die Gesamtdauer nach Artikel 8 erreicht ist;

e. Erbringung ausserordentlicher Zivildienstleistungen auch über die Gesamtdauer nach Artikel 8 hinaus (Art. 14).

Art. 10   Beginn der Zivildienstpflicht

Die Zivildienstpflicht beginnt, sobald der Entscheid für die Zulassung zum Zivildienst rechtskräftig geworden ist; gleichzeitig erlischt die Militärdienstpflicht.

Art. 11   Ende der Zivildienstpflicht

[1] Die Zivildienstpflicht endet mit der Entlassung oder dem Ausschluss aus dem Zivildienst.

[2] Für die Entlassung aus dem Zivildienst gelten die Bestimmungen über die Dauer der Militärdienstpflicht (Art. 13 Militärgesetz vom 3. Febr. 1995[18]) sinngemäss.[19]

[2bis] Mit ihrer Einwilligung können zivildienstpflichtige Personen bei Bedarf, insbesondere im Zusammenhang mit Auslandeinsätzen, längstens zwölf Jahre nach dem Erreichen der ordentlichen Altersgrenze entlassen werden.[20]

[3] Die Vollzugsstelle verfügt die vorzeitige Entlassung aus dem Zivildienst, wenn die zivildienstpflichtige Person:

a. voraussichtlich dauernd arbeitsunfähig ist;

b. auf ihr Gesuch hin zur Militärdienstleistung zugelassen worden ist. Ein Gesuch um Zulassung zum Militärdienst kann nur stellen, wer seinen ersten Zivildiensteinsatz ordentlich beendet hat.

[4] ...[21]

---

18   SR **510.10**

19   Fassung gemäss Ziff. I des BG vom 21. März 2003, in Kraft seit 1. Jan. 2004 (AS **2003** 4843 4854; BBl **2001** 6127).

20   Eingefügt durch Ziff. I des BG vom 21. März 2003, in Kraft seit 1. Jan. 2004 (AS **2003** 4843 4854; BBl **2001** 6127).

21   Aufgehoben durch Ziff. I des BG vom 21. März 2003, mit Wirkung seit 1. Jan. 2004 (AS **2003** 4843 4854; BBl **2001** 6127).

Art. 12   Ausschluss von der Zivildienstleistung

Die Vollzugsstelle schliesst zivildienstpflichtige Personen, die wegen Verbrechen oder Vergehen verurteilt wurden und für den Zivildienst untragbar geworden sind, vorübergehend oder dauernd von der Zivildienstleistung aus.

Art. 13   Dienstbefreiung für unentbehrliche Tätigkeiten

[1] Für die Befreiung vom Zivildienst gelten die Artikel 17 und 18 des Militärgesetzes[22] sinngemäss.

[2] Dienstbefreiungen werden durch die Vollzugsstelle verfügt.

Art. 14[23]   Ausserordentliche Zivildienstleistungen

[1] Der Bundesrat kann ausserordentliche Zivildienstleistungen zur Bewältigung der Folgen besonderer und ausserordentlicher Lagen anordnen. Unterstützungsbedürftige Kantone können bei der zuständigen Stelle des Bundes entsprechende Anträge einreichen.

[2] Für ausserordentliche Zivildienstleistungen sind die Artikel 4a Buchstaben a und b, 6 Absatz 1, 19 sowie 28 Absatz 2 nicht anwendbar.

[3] Für ausserordentliche Zivildienstleistungen gelten folgende Bestimmungen:

a.	Die Vollzugsstelle kann neu zum Zivildienst zugelassene Personen sofort aufbieten.

b.	Die Beschwerde gegen die Umteilung zu einer ausserordentlichen Zivildienstleistung hat keine aufschiebende Wirkung.

c.	Einsatzbetriebe erhalten von der Vollzugsstelle eine vorläufige Anerkennung. Die Artikel 41–43 sind nicht anwendbar.

d.	Die Haftungsbestimmungen der Militärgesetzgebung gelten sinngemäss.

[4] Der Bundesrat regelt die finanziellen Folgen ausserordentlicher Zivildienstleistungen. Er kann dabei von den Bestimmungen der Artikel 7a Absatz 3, 29, 37 Absatz 2, 46 Absätze 1 und 2 sowie 47 abweichen.

[5] Die Vollzugsstelle:

22	SR **510.10**
23	Fassung gemäss Ziff. I des BG vom 21. März 2003, in Kraft seit 1. Jan. 2004 (AS **2003** 4843 4854; BBl **2001** 6127).

a. legt die Dauer der ausserordentlichen Zivildienstleistungen der betroffenen Personen fest;

b. kann Entlassungen aus der Zivildienstpflicht später verfügen als in Artikel 11 vorgesehen;

c. kann Pikettdienst anordnen;

d. kann den Besuch von Ausbildungskursen vorschreiben;

e. kann selbst die Rechte und Pflichten eines Einsatzbetriebes übernehmen.

6 Einsatzbetriebe können ihr Weisungsrecht nach Artikel 49 zeitlich befristet unterstützungsbedürftigen Dritten übertragen.

7 Zivildienstleistenden Personen werden ausserordentliche Einsätze gleich angerechnet wie den Militärdienstleistenden.

Art. 15   Wehrpflichtersatz

1 Männer, die ihre Zivildienstpflicht nicht oder nur teilweise durch persönliche Dienstleistung erfüllen, leisten einen Ersatz in Geld.

2 Die Ersatzpflicht wird durch das Bundesgesetz vom 12. Juni 1959[24] über den Wehrpflichtersatz geregelt.

Art. 15a[25]   Information

1 Die Vollzugsstelle informiert die Öffentlichkeit und die interessierten Personen über den Zivildienst.

2 Die zuständigen Behörden informieren die Stellungspflichtigen insbesondere anlässlich der Orientierungstage über den Zivildienst.

Zweites Kapitel: Zulassung zum Zivildienst

Art. 16[26]   Zeitpunkt der Gesuchseinreichung

1 Stellungspflichtige können ein Gesuch um Zulassung zum Zivildienst einreichen, nachdem sie den Orientierungstag der zuständigen Militärbehörde besucht haben.

2 Militärdienstpflichtige können jederzeit ein Gesuch einreichen.

---

24 SR **661**. Heute: das BG über die Wehrpflichtersatzabgabe.

25 Eingefügt durch Ziff. I des BG vom 21. März 2003, in Kraft seit 1. Jan. 2004 (AS **2003** 4843 4854; BBl **2001** 6127).

26 Fassung gemäss Ziff. I des BG vom 21. März 2003, in Kraft seit 1. Jan. 2004 (AS **2003** 4843 4854; BBl **2001** 6127).

Art. 16a[27]   Form und Inhalt des Gesuchs

[1] Die gesuchstellende Person reicht das Gesuch schriftlich bei der Vollzugsstelle ein. Der Bundesrat regelt die Gesuchseinreichung auf dem Weg der elektronischen Datenübermittlung.

[2] Das Gesuch enthält:

a. eine Darlegung des geltend gemachten Gewissenskonfliktes (Art. 1 Abs. 2 und 3);

b. einen Lebenslauf, der aufzeigt, wie der geltend gemachte Gewissenskonflikt entstanden ist und sich bisher geäussert hat;

c. das Dienstbüchlein.

Art. 17   Wirkung der Gesuchstellung

[1] Die gesuchstellende Person, welche ihr Gesuch spätestens drei Monate vor der nächsten Militärdienstleistung einreicht, ist nicht einrückungspflichtig, solange über ihr Gesuch nicht rechtskräftig entschieden ist. Später oder während eines Militärdienstes eingereichte Gesuche entbinden bis zum Zeitpunkt der Gutheissung nicht von der Pflicht, die Militärdienstleistung zu erbringen.[28]

[1bis] Stellungspflichtige werden durch die Gesuchseinreichung nicht von der Pflicht entbunden, an der Rekrutierung teilzunehmen.[29]

[2] Der Bundesrat regelt, in welchen Fällen von den Grundsätzen nach Absatz 1 abgewichen werden kann.

Art. 18[30]   Zulassungskommission

[1] Über die Zulassung zum Zivildienst und die Anzahl der zu leistenden Zivildiensttage entscheidet eine Kommission (Zulassungskommission).

[2] Der Bundesrat regelt Zusammensetzung, Wahl, Organisation und Verfahren der Zulassungskommission.

---

27 Eingefügt durch Ziff. I des BG vom 21. März 2003, in Kraft seit 1. Jan. 2004 (AS **2003** 4843 4854; BBl **2001** 6127).

28 Fassung gemäss Ziff. I des BG vom 21. März 2003, in Kraft seit 1. Jan. 2004 (AS **2003** 4843 4854; BBl **2001** 6127).

29 Eingefügt durch Ziff. I des BG vom 21. März 2003, in Kraft seit 1. Jan. 2004 (AS **2003** 4843 4854; BBl **2001** 6127).

30 Fassung gemäss Ziff. I des BG vom 21. März 2003, in Kraft seit 1. Jan. 2004 (AS **2003** 4843 4854; BBl **2001** 6127).

3 Das Eidgenössische Volkswirtschaftsdepartement (Departement) kann der Zulassungskommission Weisungen betreffend die Beurteilung der Kriterien nach den Artikeln 1 und 18*b* erteilen.

4 Die Vollzugsstelle unterstützt die Zulassungskommission in ihrer Aufgabenerfüllung. Der Bundesrat regelt die Zusammenarbeit.

5 Bis Beginn der Anhörung werden verfahrensleitende Verfügungen, Nichteintretensentscheide und Abschreibungsverfügungen durch die Vollzugsstelle erlassen, danach durch die Zulassungskommission.

Art. 18a[31]   Persönliche Anhörung

1 Die Zulassungskommission hört die gesuchstellenden Personen an.

2 Sie kann von der persönlichen Anhörung absehen, wenn die gesuchstellende Person ihr Zulassungsgesuch mit der Zugehörigkeit zu einer religiösen Gemeinschaft begründet, deren Glaubensvorstellungen die Militärdienstleistung ausschliessen, und wenn die Zulassungsvoraussetzungen auf Grund des schriftlichen Gesuchs offensichtlich erfüllt sind. Der Bundesrat kann weitere Kategorien gesuchstellender Personen von der Anhörungspflicht ausnehmen.

Art. 18b[32]   Beurteilung der Darlegung des Gewissenskonfliktes

Die Zulassungskommission beurteilt die Darlegung des Gewissenskonfliktes in Bezug auf ihre Glaubhaftigkeit danach:

a.   ob die gesuchstellende Person Inhalt und Tragweite der geltend gemachten moralischen Forderung erklären kann und aus welchen Gründen diese moralische Forderung für die gesuchstellende Person verpflichtenden Charakter hat;

b.   welche die Ereignisse und Einflüsse sind, durch die der geltend gemachte Gewissenskonflikt entstanden ist und sich entwickelt hat;

c.   ob und wie die gesuchstellende Person die moralische Forderung in anderen Lebensbereichen umsetzt;

---

31   Eingefügt durch Ziff. I des BG vom 21. März 2003, in Kraft seit 1. Jan. 2004 (AS **2003** 4843 4854; BBl **2001** 6127).

32   Eingefügt durch Ziff. I des BG vom 21. März 2003, in Kraft seit 1. Jan. 2004 (AS **2003** 4843 4854; BBl **2001** 6127).

d. wie der geltend gemachte Gewissenskonflikt das Befinden und die Lebensführung der gesuchstellenden Person beeinflusst; sowie

e. ob die Darlegung des Gewissenskonflikts der gesuchstellenden Person frei von bedeutenden Widersprüchen, plausibel und insgesamt in sich schlüssig ist.

Art. 18c[33] Eröffnung des Zulassungsentscheides

Die Zulassungskommission eröffnet ihren Entscheid der gesuchstellenden Person, dem Departement, der zuständigen Stelle des Eidgenössischen Departementes für Verteidigung, Bevölkerungsschutz und Sport (VBS) sowie der Vollzugsstelle.

Art. 18d[34] Zulassungsverfahren

[1] Das Zulassungsverfahren ist kostenlos.

[2] Die Vollzugsstelle übernimmt die nachgewiesenen Kosten der direkten Fahrt der gesuchstellenden Person mit dem öffentlichen Verkehrsmittel in der Schweiz zwischen Wohn-, Arbeits- oder Studienort und Anhörungsort, wenn die Anhörung nicht im Rahmen der Rekrutierung stattfindet.

[3] Erscheint die gesuchstellende Person ohne ausreichende Erklärung nicht oder nicht rechtzeitig zur Anhörung, so kann ihr die Vollzugsstelle die daraus entstehenden Kosten ganz oder teilweise auferlegen.

[4] Im Übrigen gelten die Bestimmungen des Bundesgesetzes vom 20. Dezember 1968[35] über das Verwaltungsverfahren.

---

33   Eingefügt durch Ziff. I des BG vom 21. März 2003, in Kraft seit 1. Jan. 2004 (AS **2003** 4843 4854; BBl **2001** 6127).

34   Eingefügt durch Ziff. I des BG vom 21. März 2003, in Kraft seit 1. Jan. 2004 (AS **2003** 4843 4854; BBl **2001** 6127).

35   SR **172.021**

Drittes Kapitel: Leistung des Zivildienstes

Art. 19[36]   **Vorbereitung der Einsätze**

Die Vollzugsstelle informiert die zivildienstpflichtige Person über die Belange des Zivildienstes und kann sie zu persönlichen Gesprächen mit Vertretern der Einsatzbetriebe aufbieten.

Art. 20[37]   **Aufteilbarkeit des Zivildienstes**

Der Zivildienst wird in einem oder mehreren Einsätzen geleistet. Der Bundesrat regelt die Mindestdauer und die zeitliche Abfolge der Einsätze.

Art. 21   Beginn des ersten Einsatzes

[1] Die zivildienstpflichtige Person beginnt den ersten Einsatz spätestens in dem Kalenderjahr, nach welchem der Entscheid für die Zulassung zum Zivildienst rechtskräftig geworden ist.

[2] Der Bundesrat regelt die Ausnahmen.

Art. 22   Aufgebot

[1] Die Vollzugsstelle bietet die zivildienstpflichtige Person zum Zivildienst auf.

[2] Sie eröffnet der zivildienstpflichtigen Person und dem Einsatzbetrieb das Aufgebot spätestens drei Monate vor Beginn des Einsatzes.[38]

[3] Der Bundesrat regelt, in welchen Fällen kürzere Aufgebotsfristen gelten.[39]

[4] Zivildienstpflichtige Personen können auf freiwilliger Basis in Pikettelementen mit kürzeren Aufgebotsfristen mitwirken.[40]

---

36   Fassung gemäss Ziff. I des BG vom 21. März 2003, in Kraft seit 1. Jan. 2004 (AS **2003** 4843 4854; BBl **2001** 6127).

37   Fassung gemäss Ziff. I des BG vom 21. März 2003, in Kraft seit 1. Jan. 2004 (AS **2003** 4843 4854; BBl **2001** 6127).

38   Fassung gemäss Ziff. I des BG vom 21. März 2003, in Kraft seit 1. Jan. 2004 (AS **2003** 4843 4854; BBl **2001** 6127).

39   Eingefügt durch Ziff. I des BG vom 21. März 2003, in Kraft seit 1. Jan. 2004 (AS **2003** 4843 4854; BBl **2001** 6127).

40   Eingefügt durch Ziff. I des BG vom 21. März 2003, in Kraft seit 1. Jan. 2004 (AS **2003** 4843 4854; BBl **2001** 6127).

Art. 23   Vorzeitiger Abbruch eines Einsatzes

[1] Die Vollzugsstelle kann einen Einsatz aus wichtigen Gründen vorzeitig abbrechen.

[2] Gegen diese Verfügung können die zivildienstleistende Person und der Einsatzbetrieb Beschwerde erheben.

Art. 24   Dienstverschiebung; Anrechnung von Diensttagen

Der Bundesrat erlässt Vorschriften über die Behandlung von Gesuchen um Dienstverschiebung und über die Anrechnung der Diensttage an die Erfüllung der Zivildienstpflicht.

Viertes Kapitel: Stellung der zivildienstpflichtigen Person
1. Abschnitt: Allgemeine Rechte und Pflichten

Art. 25   Verfassungsmässige und gesetzliche Rechte

Der zivildienstleistenden Person stehen die verfassungsmässigen und gesetzlichen Rechte auch während ihres Einsatzes zu. Einschränkungen sind nur zulässig, soweit sie verhältnismässig und zur Leistung des Zivildienstes notwendig sind.

Art. 26   Beratung und Unterstützung

[1] Die zivildienstpflichtige Person erhält im Zusammenhang mit dem Zivildienst soweit notwendig medizinische, seelsorgerische, psychologische und soziale Beratung und Unterstützung.

[2] Der Bundesrat trifft die notwendigen Vorkehrungen.

[3] Für die soziale Beratung und Unterstützung zivildienstleistender Personen gilt das Zuständigkeitsgesetz vom 24. Juni 1977[41] sinngemäss.

[4] Der Bund ersetzt dem unterstützenden Aufenthalts- oder Wohnkanton die notwendigen Unterstützungskosten, die während eines Einsatzes und längstens dreier Monate darüber hinaus entstanden sind.

[5] Unterstützungsleistungen sind dem Bund zurückzuerstatten, wenn die unterstützte Person keiner Hilfe mehr bedarf und ein angemessener Lebensunterhalt für sie und ihre Familie gesichert ist.

41   SR **851.1**

Art. 27   Grundpflichten

[1] Die zivildienstleistende Person handelt bei der Ausübung ihrer Rechte und bei der Erfüllung ihrer Pflichten nach den Grundsätzen von Treu und Glauben.

[2] Sie achtet die Rechte und Pflichten des Einsatzbetriebes und trägt insbesondere Sorge zu dem ihr anvertrauten Gut.

[3] Sie befolgt:

a. die Weisungen und Anordnungen des Einsatzbetriebes oder der von ihm beauftragten Personen;

b. die Aufgebote und Weisungen der Vollzugsstelle oder der von ihr beauftragten Personen.

[4] Sie ist an Weisungen nicht gebunden, die von ihr ein unrechtmässiges Verhalten verlangen.

[5] Sie achtet die Rechte anderer zivildienstleistender Personen und übernimmt die bei Gruppeneinsätzen zusätzlich anfallenden Aufgaben.

2. Abschnitt: Rechte gegenüber dem Einsatzbetrieb

Art. 28   Arbeits- und Ruhezeit

[1] Die Arbeits- und Ruhezeiten der zivildienstleistenden Person entsprechen denjenigen der Arbeitnehmerinnen und Arbeitnehmer des Einsatzbetriebes.

[2] Ist die Übernahme dieser Zeiten nicht möglich, so gelten die orts- und berufsüblichen Arbeits- und Ruhezeiten.

[3] Der Einsatzbetrieb behandelt zivildienstleistende Personen bezüglich der Anordnung von Überstunden sowie von Schicht-, Nacht- und Wochenendarbeit gleich wie seine Arbeitnehmerinnen und Arbeitnehmer.

[4] Ausgeschlossen sind:

a. die finanzielle Abgeltung von Überstunden sowie von Schicht-, Nacht- und Wochenendarbeit;

b.[42] die Gewährung eines Zeitzuschlags infolge von Schicht-, Nacht- und Wochenendarbeit.

---

42   Fassung gemäss Ziff. I des BG vom 21. März 2003, in Kraft seit 1. Jan. 2004 (AS **2003** 4843 4854; BBl **2001** 6127).

Art. 29   Leistungen zugunsten der zivildienstleistenden Person

¹ Der Einsatzbetrieb erbringt zugunsten der zivildienstleistenden Person für jeden anrechenbaren Diensttag folgende Leistungen:

a.   Er richtet ihr ein Taschengeld im Umfang des Soldes eines Soldaten aus.

b.   Er stellt ihr die notwendigen besonderen Arbeitskleider und Schuhe zur Verfügung.

c.   Er verpflegt sie.

d.   Er stellt ihr eine Unterkunft zur Verfügung.

e.   Er vergütet ihr die ausnahmsweise notwendigen Kosten für den täglichen Arbeitsweg.

f.   Er kommt für die besonderen Kosten auf, die im Zusammenhang mit einem Einsatz im Ausland anfallen.

² Ist der Einsatzbetrieb nicht in der Lage, Leistungen nach Absatz 1 Buchstabe b, c oder d zu erbringen, so richtet er der zivildienstleistenden Person eine angemessene finanzielle Entschädigung aus.

³ Der Bund trägt die Kosten nach Absatz 1, die im Zusammenhang mit Einführungs- und Ausbildungskursen nach Artikel 36 Absätze 1 und 3–5 anfallen.⁴³

Art. 30   Urlaub

Der Einsatzbetrieb gewährt Urlaub. Der Bundesrat legt die Voraussetzungen für die Gewährung des Urlaubs und die Dauer fest und bestimmt die Fälle, in denen der Einsatzbetrieb mit der Vollzugsstelle Rücksprache nehmen muss.

Art. 31   Arbeitszeugnis

Die zivildienstleistende Person erhält nach dem Einsatz ein Arbeitszeugnis des Einsatzbetriebes.

---

⁴³   Fassung gemäss Ziff. I des BG vom 21. März 2003, in Kraft seit 1. Jan. 2004 (AS **2003** 4843 4854; BBl **2001** 6127).

3. Abschnitt: Pflichten gegenüber Behörden und Einsatzbetrieb

Art. 32   Melde- und Auskunftspflicht

¹ Der Bundesrat regelt Melde- und Auskunftspflicht der zivildienstpflichtigen Person.

² Anlässlich der Einführungs- und Ausbildungskurse und während ordentlichen Zivildienstleistungen können Befragungen zu wissenschaftlichen Zwecken durchgeführt werden.⁴⁴

Art. 33   Ärztliche Untersuchungen und vorbeugende medizinische Massnahmen

¹ Die zivildienstpflichtige Person unterzieht sich mit Bezug auf ihren Einsatz den zur Abklärung der Arbeitsfähigkeit erforderlichen ärztlichen Untersuchungen.

² Sofern es der Gesundheitszustand einer zivildienstpflichtigen Person gerechtfertigt erscheinen lässt, kann die Vollzugsstelle bereits vor dem Einsatz zu Lasten der Militärversicherung medizinische Untersuchungen zur Abklärung der Arbeitsfähigkeit und vorbeugende medizinische Massnahmen anordnen.

Art. 34   Schweigepflicht

Die zivildienstleistende Person untersteht der betriebsüblichen Schweigepflicht.

Art. 35   Erwerbstätigkeit im Einsatzbetrieb

Die zivildienstleistende Person darf während des Einsatzes keine Erwerbstätigkeit innerhalb des Einsatzbetriebes ausüben.

---

44   Fassung gemäss Ziff. I des BG vom 21. März 2003, in Kraft seit 1. Jan. 2004 (AS **2003** 4843 4854; BBl **2001** 6127).

4. Abschnitt: Einführung und Ausbildung[45]

Art. 36[46]   Grundsatz

[1] Die zivildienstpflichtigen Personen besuchen einen Einführungskurs der Vollzugsstelle.

[2] Der Einsatzbetrieb sorgt dafür, dass die Zivildienst leistende Person in ihre Tätigkeit eingeführt wird.

[3] Wer im Zivildiensteinsatz Menschen pflegt, besucht einen Ausbildungskurs. Das Departement legt die Minimalanforderungen fest, welchen der Kurs genügen muss. Der Bundesrat regelt die Ausnahmen von der Verpflichtung zum Kursbesuch.

[4] Die Vollzugsstelle kann weitere einsatzspezifische Ausbildungskurse organisieren.

[5] Der Bundesrat kann den Besuch weiterer Ausbildungskurse vorschreiben.

Art. 37   Kosten

[1] Der Bund trägt die Kosten der Kurse nach Artikel 36 Absätze 1 und 3–5.[47]

[2] Er kann sich beteiligen:

a. an den Kosten der Erarbeitung von Konzepten;

b. an den Einführungskosten der Einsatzbetriebe, wenn die Einführung durch Dritte vermittelt werden muss und damit besondere Aufwendungen verbunden sind.

5. Abschnitt: Geldwerte Leistungen des Bundes

Art. 38   Erwerbsersatz

Wer Zivildienst leistet, hat Anspruch auf eine Entschädigung für den Erwerbsausfall nach dem Bundesgesetz vom 25. September

---

45   Fassung gemäss Ziff. I des BG vom 21. März 2003, in Kraft seit 1. Jan. 2004 (AS **2003** 4843 4854; BBl **2001** 6127).

46   Fassung gemäss Ziff. I des BG vom 21. März 2003, in Kraft seit 1. Jan. 2004 (AS **2003** 4843 4854; BBl **2001** 6127).

47   Fassung gemäss Ziff. I des BG vom 21. März 2003, in Kraft seit 1. Jan. 2004 (AS **2003** 4843 4854; BBl **2001** 6127).

1952[48] über die Erwerbsersatzordnung für Dienstleistende in Armee, Zivildienst und Zivilschutz.

Art. 39   Transport- und Gepäckgutscheine

Die zivildienstleistende Person erhält für Reisen im Inland die notwendigen Transport- und Gepäckgutscheine. Der Bund trägt die Kosten.

6. Abschnitt: Versicherung

Art. 40[49]

Wer Zivildienst leistet, ist nach dem Bundesgesetz vom 19. Juni 1992[50] über die Militärversicherung versichert; für Personenschäden richtet sich die Haftung des Bundes ausschliesslich nach diesem Gesetz.

Fünftes Kapitel: Anerkennung als Einsatzbetrieb

Art. 41   Gesuch

[1] Institutionen, welche zivildienstpflichtige Personen beschäftigen wollen, stellen bei der Vollzugsstelle ein schriftliches Gesuch um Anerkennung als Einsatzbetrieb. Der Bundesrat erlässt Vorschriften über den Inhalt des Gesuchs, dessen Beilagen sowie die Gesuchseinreichung auf dem Weg der elektronischen Datenübermittlung.[51]

[2] Die Vollzugsstelle benötigt zur Beschäftigung zivildienstleistender Personen keine Anerkennung.

Art. 42[52]   Anerkennungsentscheid

[1] Über die Anerkennung als Einsatzbetrieb entscheidet die Vollzugsstelle.

[2] Die Vollzugsstelle lehnt das Gesuch ab, wenn:

---

48   SR **834.1**
49   Fassung gemäss Ziff. I des BG vom 21. März 2003, in Kraft seit 1. Jan. 2004 (AS **2003** 4843 4854; BBl **2001** 6127).
50   SR **833.1**
51   Fassung des zweiten Satzes gemäss Ziff. I des BG vom 21. März 2003, in Kraft seit 1. Jan. 2004 (AS **2003** 4843 4854; BBl **2001** 6127).
52   Fassung gemäss Ziff. I des BG vom 21. März 2003, in Kraft seit 1. Jan. 2004 (AS **2003** 4843 4854; BBl **2001** 6127).

a. die gesuchstellende Institution die Anforderungen nach den Artikeln 2–6 nicht erfüllt;

b. die gesuchstellende Institution oder die vorgesehene Tätigkeit dem Wesen des Zivildienstes nicht gerecht wird.

³ Sie kann das Gesuch ablehnen, wenn:

a. in einem Tätigkeitsbereich die Zahl der Einsatzmöglichkeiten bedeutend grösser ist als die Nachfrage nach entsprechenden Einsätzen;

b. die gesuchstellende Institution keine Einsätze in einem Tätigkeitsbereich anbietet, der Teil eines Schwerpunktprogrammes ist.

⁴ Die Anerkennung kann mit Bedingungen und Auflagen verbunden und befristet werden.

Art. 43[53]   Anerkennungsverfahren

¹ Die Vollzugsstelle kann das Gesuch sachkundigen schweizerischen Amtsstellen und allenfalls weiteren spezialisierten Institutionen zur Begutachtung unterbreiten.

² Das Verfahren ist kostenlos. Im Übrigen gelten die Bestimmungen des Bundesgesetzes vom 20. Dezember 1968[54] über das Verwaltungsverfahren.

³ Das Departement ernennt eine beratende Kommission. Die Vollzugsstelle hört sie zu wesentlichen Fragen der Anerkennung an. Der Bundesrat regelt Zusammensetzung und Organisation der Kommission.

Sechstes Kapitel: Stellung des Einsatzbetriebes
1. Abschnitt: Verhältnis zu den Behörden
Art. 44   Weisungen und Inspektionen

Der Einsatzbetrieb befolgt die Weisungen und Anordnungen der Vollzugsstelle und duldet Inspektionen am Arbeitsplatz der zivildienstleistenden Person und in der ihr zur Verfügung gestellten Unterkunft.

---

53   Fassung gemäss Ziff. I des BG vom 21. März 2003, in Kraft seit 1. Jan. 2004 (AS **2003** 4843 4854; BBl **2001** 6127).

54   SR **172.021**

Art. 45   Auskunftpflicht

Der Einsatzbetrieb erteilt der Vollzugsstelle die erforderlichen Auskünfte, insbesondere:

a.   zur Führung der Kontrolle der geleisteten Diensttage;

b.   im Zusammenhang mit Straf- und Disziplinarverfahren sowie Haftpflichtfällen;

c.   zur Auswertung der Einsätze und zu statistischen Zwecken.

Art. 46   Abgaben des Einsatzbetriebes

[1] Die Vollzugsstelle erhebt vom Einsatzbetrieb für jeden anrechenbaren Tag der ihm zugewiesenen zivildienstleistenden Person eine Abgabe als Ausgleich für die erhaltene Arbeitskraft. Der Bundesrat setzt die Höhe der Abgabe fest und regelt die Bemessungsgrundlagen.

[2] Der Bundesrat kann den Vollzug von Absatz 1 aussetzen, wenn die Wirtschaftslage oder die Nachfrage nach zivildienstleistenden Personen eine Erhebung der Abgabe nicht gestatten.

[3] Die Vollzugsstelle kann von der Erhebung der Abgabe bei einzelnen Einsatzbetrieben absehen, die sonst nicht in der Lage wären, zivildienstleistende Personen zu beschäftigen, und an deren Mitwirkung im Vollzug ein besonderes Interesse besteht.

[4] Artikel 6 bleibt vorbehalten.

Art. 47   Finanzhilfe zugunsten des Einsatzbetriebes

[1] Der Bund kann im Rahmen der bewilligten Kredite ausnahmsweise Projekte finanziell unterstützen, welche dem Umwelt- und Naturschutz oder der Landschaftspflege dienen.

[2] Der Bundesrat regelt die weiteren Voraussetzungen für die Gewährung seiner finanziellen Unterstützung und die anrechenbaren Projektkosten.

2. Abschnitt: Verhältnis zu den zivildienstleistenden Personen

Art. 48   Pflichten des Einsatzbetriebes

[1] Der Einsatzbetrieb sorgt für eine sinnvolle Ausgestaltung des Zivildienstes. Er darf die zivildienstleistende Person nicht für Arbeiten ein-

setzen, wofür ihr die notwendigen Kenntnisse und Fähigkeiten fehlen;
er darf von ihr auch kein unrechtmässiges Verhalten verlangen.

[2] Er achtet die Persönlichkeit der zivildienstleistenden Person. Er behandelt sie insbesondere bezüglich Arbeitssicherheit und Gesundheitsschutz gleich wie Arbeitnehmerinnen und Arbeitnehmer, welche dieselben oder vergleichbare Arbeiten ausführen.

Art. 49   Weisungsrecht

[1] Der Einsatzbetrieb hat gegenüber der zivildienstleistenden Person ein Weisungsrecht.

[2] Er kann die Ausübung des Weisungsrechts seinen Hilfspersonen übertragen. Er kann sie ferner Dritten übertragen, welche:

a.   die zivildienstleistende Person einführen;

b.   er im Rahmen seiner Zweckbestimmung unterstützt und denen er die bei ihm Zivildienst leistenden Personen zur Verfügung stellt.

Art. 50   Übertragung von Rechten und Pflichten

[1] Der Einsatzbetrieb kann mit Zustimmung der Vollzugsstelle seine Rechte und Pflichten auf andere Institutionen übertragen, welche die Voraussetzungen der Artikel 2–6 erfüllen sowie:

a.   durch den Einsatzbetrieb im Rahmen seiner Zweckbestimmung unterstützt werden oder ihm unterstellt sind; oder

b.   Einführungskurse durchführen (Art. 36 Abs. 1).

[2] Der Einsatzbetrieb darf den begünstigten Institutionen höchstens die effektiven Kosten seiner Vermittlungtätigkeit belasten. Der Verleih einer zivildienstleistenden Person ist ausgeschlossen.

Art. 51   Einarbeitung

Der Einsatzbetrieb arbeitet die zivildienstleistende Person ein, informiert sie über ihre Aufgaben und Pflichten und leitet sie zu einer effizienten Aufgabenerfüllung an.

Siebentes Kapitel: Haftung für Schäden
Art. 52   Schädigung des Einsatzbetriebes

Der Bund haftet für den Schaden, den die zivildienstleistende Person in Erfüllung ihrer Zivildienstpflicht dem Einsatzbetrieb zufügt, sofern dieser in sinngemässer Anwendung von Artikel 321e des Obligationenrechts[55] einen Schadenersatz beanspruchen kann.

Art. 53   Schädigung von Dritten und Rückgriff des Einsatzbetriebes

[1] Für den Schaden, den eine zivildienstleistende Person in Erfüllung ihrer Zivildienstpflicht Dritten zufügt, haftet der Einsatzbetrieb wie für das Verhalten seiner Arbeitnehmerinnen und Arbeitnehmer.

[2] Der Bund ist nach den Haftungsbestimmungen ersatzpflichtig, die auf Arbeitnehmerinnen und Arbeitnehmer des Einsatzbetriebes anwendbar sind:

a.   wenn der Einsatzbetrieb eine öffentlich-rechtliche juristische Person ist und deren Haftungsbestimmungen keinen direkten Anspruch gegen sie vorsehen;

b.   ...[56]

[3] Hat der Einsatzbetrieb Ersatz geleistet, so kann er auf den Bund Rückgriff nehmen, soweit er in sinngemässer Anwendung von Artikel 321e des Obligationenrechts[57] von der zivildienstleistenden Person Schadenersatz beanspruchen könnte.

Art. 54   Schädigung der zivildienstleistenden Person

[1] Der Einsatzbetrieb haftet der zivildienstleistenden Person für den Schaden, den er ihr zufügt, in gleicher Weise wie seinen Arbeitnehmerinnen und Arbeitnehmern.

[2] Wenn ihr aufgrund eines Schadenereignisses Ansprüche gegen die Militärversicherung zustehen, hat sie keine Ansprüche gegen den Einsatzbetrieb und dessen Arbeitnehmerinnen und Arbeitnehmer.

[3] Die Militärversicherung kann nur dann auf den Einsatzbetrieb sowie dessen Arbeitnehmerinnen und Arbeitnehmer nach dem Bundesgesetz vom 19. Juni 1992[58] über die Militärversicherung Rückgriff nehmen, wenn die belangte Person den Schaden vorsätzlich oder grobfahrlässig verursacht hat.

---

55   SR **220**

56   Aufgehoben durch Anhang Ziff. 6 des BG vom 6. Okt. 2000 über den Allgemeinen Teil des Sozialversicherungsrechts (SR **830.1**).

57   SR **220**

58   SR **833.1**

Art. 55 Haftung der zivildienstleistenden Person

[1] Die zivildienstleistende Person kann für den Schaden, den sie in Erfüllung ihrer Zivildienstpflicht verursacht hat, von den Geschädigten nicht direkt belangt werden.

[2] Hat der Bund Ersatz geleistet, so steht ihm der Rückgriff auf die zivildienstleistende Person zu, sofern sie den Schaden vorsätzlich oder grobfahrlässig verursacht hat.

[3] Ist der Bund Geschädigter, so steht ihm ein Anspruch gegen die zivildienstleistende Person zu, sofern sie den Schaden vorsätzlich oder grobfahrlässig verursacht hat.

Art. 56 Verlust oder Beschädigung von Gegenständen der zivildienstleistenden Person

[1] Die zivildienstleistende Person muss für Verlust und Beschädigung ihrer privaten Gegenstände selbst aufkommen.

[2] Der Bund richtet ihr eine angemessene Entschädigung aus. Er berücksichtigt dabei insbesondere, ob:

a. der Schaden unmittelbar im Zusammenhang mit der Erfüllung der Zivildienstpflicht verursacht wurde;

b. die zivildienstleistende Person ein Selbstverschulden trifft;

c. die zivildienstleistende Person zur Erfüllung der Zivildienstpflicht auf die Mitnahme oder Verwendung privater Gegenstände angewiesen war;

d. die zivildienstleistende Person für den Schaden bereits auf eine andere Weise entschädigt wird oder wurde.

Art. 57 Haftungsgrundsätze

[1] Die Artikel 42, 43 Absatz 1, 44 Absatz 1, 45–47, 49, 50 Absatz 1 sowie 51–53 des Obligationenrechts[59] finden sinngemäss Anwendung.

[2] Bei der Haftung der zivildienstleistenden Person werden ihre persönlichen Verhältnisse sowie ihr bisheriges Verhalten während des Zivildienstes und die besonderen Umstände des Einsatzes angemessen berücksichtigt.

Art. 58   Verfahren

[1] Über Begehren auf Schadenersatz oder Genugtuung sowie über Rückgriffsansprüche entscheidet die zuständige Behörde erstinstanzlich mittels Verfügung.

[2] Zuständig für den Erlass von Verfügungen im Sinne von Absatz 1 sind die Generaldirektionen und die Kreisdirektionen der PTT-Betriebe[60] und der Schweizerischen Bundesbahnen sowie der ETH-Rat, soweit sie Einsatzbetriebe sind, in den übrigen Fällen das Eidgenössische Finanzdepartement.

[3] Diese Verfügung unterliegt der Beschwerde an die Rekurskommission für die Staatshaftung und in letzter Instanz der Verwaltungsgerichtsbeschwerde an das Bundesgericht.[61]

Art. 59   Verjährung, Allgemeines

[1] Schadenersatz- und Genugtuungsansprüche gegen den Bund sowie Schadenersatzansprüche des Bundes verjähren innerhalb eines Jahres, nachdem die geschädigte Person vom Schaden und der Person des Haftpflichtigen Kenntnis erhalten hat, auf alle Fälle in fünf Jahren seit dem Tag der schädigenden Handlung.

[2] Werden die Ansprüche aus einem strafbaren Verhalten hergeleitet, für welches das Strafrecht eine längere Verjährung vorsieht, so gilt diese Frist.

Art. 60   Verjährung von Rückgriffsansprüchen

[1] Für die Verjährung des Rückgriffspruches des Einsatzbetriebs gegen den Bund gelten die Haftungsbestimmungen, denen der Einsatzbetrieb untersteht.

[2] Der Rückgriffsanspruch des Bundes gegenüber einer zivildienstleistenden Person verjährt innerhalb eines Jahres nach der Anerkennung oder gerichtlichen Feststellung der Schadenersatzpflicht des Bundes.

---

60   Heute: die Schweizerische Post.
61   Fassung gemäss Ziff. I des BG vom 21. März 2003, in Kraft seit 1. Jan. 2004 (AS
      2003 4843 4854; BBl **2001** 6127).

Art. 61 Unterbrechung und Geltendmachung der Verjährung

[1] Für die Unterbrechung und Geltendmachung der Verjährung gelten die Artikel 135–138 und 142 des Obligationenrechts[62] sinngemäss.

[2] Als Klage gilt auch die schriftliche Geltendmachung des Schadenersatzanspruches bei den Generaldirektionen und den Kreisdirektionen der PTT-Betriebe[63] und der Schweizerischen Bundesbahnen sowie beim ETH-Rat, soweit sie Einsatzbetriebe sind, und beim Eidgenössischen Finanzdepartement.

Achtes Kapitel: Rechtsschutz

Art. 62 Unterredung mit dem Einsatzbetrieb; Anzeige

[1] Ist die zivildienstleistende Person der Ansicht, der Einsatzbetrieb habe ihr Unrecht zugefügt, so kann sie beim Einsatzbetrieb eine Unterredung im Beisein einer Vertretung der Vollzugsstelle verlangen.

[2] Kommt keine Einigung zustande, so kann die zivildienstleistende Person bei der Vollzugsstelle eine Anzeige gegen den Einsatzbetrieb einreichen. Die Vollzugsstelle hört die Beteiligten unverzüglich an und ergreift die erforderlichen Massnahmen.[64]

Art. 63 Beschwerdeinstanz

Beschwerdeinstanz ist die Rekurskommission des Departementes (Rekurskommission).

Art. 64 Beschwerderecht

[1] Zur Beschwerde ist berechtigt, wer durch die Verfügung berührt ist und ein schutzwürdiges Interesse an deren Aufhebung oder Änderung hat.

[1bis] Beschwerdeberechtigt gegen Zulassungsentscheide nach Artikel 18*c* ist auch das Departement.[65]

---

62 SR **220**

63 Heute: die Schweizerische Post.

64 Fassung des zweiten Satzes gemäss Ziff. I des BG vom 21. März 2003, in Kraft seit 1. Jan. 2004 (AS **2003** 4843 4854; BBl **2001** 6127).

65 Eingefügt durch Ziff. I des BG vom 21. März 2003, in Kraft seit 1. Jan. 2004 (AS **2003** 4843 4854; BBl **2001** 6127).

2 Beschwerdeberechtigt sind ausserdem die örtlich zuständigen kantonalen Arbeitsmarktbehörden gegen den Anerkennungsentscheid nach Artikel 42 und dessen Anpassungen, wenn sie eine Verletzung von Artikel 6 geltend machen.

Art. 65[66]   Verfahren vor der Rekurskommission

1 Das Verfahren vor der Rekurskommission ist kostenlos, sofern es sich nicht um eine mutwillige Beschwerdeführung handelt. Es werden keine Parteientschädigungen ausgerichtet.

2 Keine aufschiebende Wirkung haben Beschwerden gegen Verfügungen, mit denen zivildienstpflichtige Personen zu Einsätzen zwecks Bewältigung von Katastrophen und Notlagen aufgeboten oder umgeteilt werden (Art. 7a und 23).

3 Die Vollzugsstelle kann Beschwerden gegen Aufgebote zu Einsätzen im Rahmen von Schwerpunktprogrammen die aufschiebende Wirkung entziehen.

4 Im Übrigen gelten die Bestimmungen des Bundesgesetzes vom 20. Dezember 1968[67] über das Verwaltungsverfahren.

Art. 66   Beschwerdefristen

Die Frist zur Beschwerde an die Rekurskommission beträgt:

a.[68] zehn Tage für Beschwerden gegen Disziplinarmassnahmen, Aufgebote sowie Abbrüche und Verlängerungen von Einsätzen;

b. 30 Tage in den übrigen Fällen.

Neuntes Kapitel: Disziplinarverfahren und Strafbestimmungen

1. Abschnitt: Disziplinarverfahren

Art. 67   Disziplinarfehler

1 Verletzt die zivildienstpflichtige Person vorsätzlich oder fahrlässig Pflichten, die ihr das Gesetz oder darauf gestützte Verordnungen auf-

---

66 Fassung gemäss Ziff. I des BG vom 21. März 2003, in Kraft seit 1. Jan. 2004 (AS **2003** 4843 4854; BBl **2001** 6127).

67 SR **172.021**

68 Fassung gemäss Ziff. I des BG vom 21. März 2003, in Kraft seit 1. Jan. 2004 (AS **2003** 4843 4854; BBl **2001** 6127).

erlegen, so kann die Vollzugsstelle eine Disziplinarmassnahme verfügen; vorbehalten bleiben die Strafbestimmungen der Artikel 72–78.

[2] Die Massnahme kann unterbleiben, wenn Belehrung und Ermahnung durch den Einsatzbetrieb ausreichen.

Art. 68   Disziplinarmassnahmen
Die Vollzugsstelle kann die folgenden Disziplinarmassnahmen verfügen:

a.   schriftlichen Verweis;

b.   Busse bis zu 2000 Franken.

Art. 69   Bemessung
Die Vollzugsstelle bestimmt die Disziplinarmassnahme nach dem Verschulden; sie berücksichtigt Beweggründe, Vorleben, persönliche Verhältnisse und die bisherige Führung im Zivildienst.

Art. 70   Verjährung
[1] Die Verfolgung eines Disziplinarfehlers und die Vollstreckung einer Disziplinarmassnahme verjähren nach zwölf Monaten.

[2] Die Unterbrechung der Verjährung ist ausgeschlossen.

[3] Die Verfolgungsverjährung ruht während eines gerichtlichen Verfahrens.

Art. 71   Verfahren
[1] Die Vollzugsstelle leitet ein Disziplinarverfahren von Amtes wegen ein oder wenn der Einsatzbetrieb eine Pflichtverletzung anzeigt. Sie teilt dies der betroffenen zivildienstpflichtigen Person schriftlich mit. Sie kann eine sofortige Unterbrechung des Einsatzes anordnen, wenn die Interessen des Einsatzbetriebes oder der Untersuchung dies verlangen.

[2] Die Vollzugsstelle führt das Verfahren innert 30 Tagen durch und erledigt es mit einer Verfügung.[69]

---

69   Fassung gemäss Ziff. I des BG vom 21. März 2003, in Kraft seit 1. Jan. 2004 (AS **2003** 4843 4854; BBl **2001** 6127).

2. Abschnitt: Strafbestimmungen

Art. 72   **Zivildienstverweigerung**

[1] Wer in der Absicht, den Zivildienst zu verweigern, eine Zivildienstleistung, zu der er aufgeboten ist, nicht antritt, seinen Einsatzbetrieb ohne Erlaubnis verlässt oder nach einer rechtmässigen Abwesenheit nicht zu ihm zurückkehrt, wird mit Gefängnis bis zu 18 Monaten bestraft.

[2] Wer eine ausserordentliche Zivildienstleistung verweigert, wird mit Zuchthaus oder Gefängnis bestraft.

[3] Der Richter kann die fehlbare Person aus dem Zivildienst ausschliessen.

[4] Die fehlbare Person bleibt unter Vorbehalt von Artikel 75 straflos, wenn sie wegen Arbeitsunfähigkeit vorzeitig aus dem Zivildienst entlassen wird und die Arbeitsunfähigkeit bereits im Zeitpunkt der Tat bestanden hat.

Art. 73   **Zivildienstversäumnis**

[1] Wer ohne die Absicht, den Zivildienst zu verweigern, eine Zivildienstleistung, zu der er aufgeboten ist, nicht antritt, seinen Einsatzbetrieb ohne Erlaubnis verlässt oder nach einer rechtmässigen Abwesenheit nicht zu ihm zurückkehrt, wird mit Gefängnis bis zu sechs Monaten, mit Haft oder Busse bestraft.

[2] Wer eine ausserordentliche Zivildienstleistung versäumt, wird mit Gefängnis bestraft.

[3] In leichten Fällen erfolgt disziplinarische Bestrafung.

[4] Nimmt die fehlbare Person nachträglich aus eigenem Antrieb die Arbeit auf, so kann der Richter die Strafe nach freiem Ermessen mildern.

[5] Die fehlbare Person bleibt unter Vorbehalt von Artikel 75 straflos, wenn sie wegen Arbeitsunfähigkeit vorzeitig aus dem Zivildienst entlassen wird und die Arbeitsunfähigkeit bereits im Zeitpunkt der Tat bestanden hat.

Art. 74   **Fahrlässiges Zivildienstversäumnis**

[1] Wer fahrlässig eine Zivildienstleistung, zu der er aufgeboten ist, nicht antritt, seinen Einsatzbetrieb ohne Erlaubnis verlässt oder nach

einer rechtmässigen Abwesenheit nicht oder nicht rechtzeitig zu ihm zurückkehrt, wird mit Haft oder Busse bestraft.

2 Versäumt die fehlbare Person fahrlässig eine ausserordentliche Zivildienstleistung, so kann der Richter eine Gefängnisstrafe bis zu drei Monaten verhängen.

3 In leichten Fällen erfolgt disziplinarische Bestrafung.

4 Die fehlbare Person bleibt unter Vorbehalt von Artikel 75 straflos, wenn sie wegen Arbeitsunfähigkeit vorzeitig aus dem Zivildienst entlassen wird und die Arbeitsunfähigkeit bereits im Zeitpunkt der Tat bestanden hat.

Art. 75   Missachtung eines Aufgebotes zum Zivildienst

1 Wer reisefähig ist und einem Aufgebot zum Zivildienst nicht Folge leistet, ohne sich damit der Zivildienstverweigerung, des Zivildienstversäumnisses oder des fahrlässigen Zivildienstversäumnisses schuldig zu machen, wird mit Haft oder Busse bestraft.

2 In leichten Fällen erfolgt disziplinarische Bestrafung.

Art. 76   Schwere Pflichtverletzung

1 Wer sich wiederholt schwerwiegende Disziplinarfehler zuschulden kommen lässt, wird mit Haft oder Busse bestraft.

2 Verletzt die fehlbare Person ihre Pflichten während einer ausserordentlichen Zivildienstleistung schwer, so kann der Richter eine Gefängnisstrafe bis zu drei Monaten verhängen.

Art. 77   Verhältnis zum Strafgesetzbuch

1 Das Strafgesetzbuch[70] ist anwendbar, soweit dieses Gesetz keine abweichenden Vorschriften enthält.

2 Strafbar ist auch, wer die Delikte nach den Artikeln 72–76 im Ausland begeht.

Art. 78   Ergänzende Strafbestimmungen, Strafverfolgung

1 Der Bundesrat kann Widerhandlungen gegen einzelne Ausführungsbestimmungen zu diesem Gesetz für strafbar erklären und die Übertretung dieser Bestimmungen mit Haft oder Busse bedrohen.

² Die Strafverfolgung erfolgt auf Anzeige der Vollzugsstelle; sie obliegt den Kantonen.

Zehntes Kapitel: Schlussbestimmungen
1. Abschnitt: Vollzug

Art. 79   Allgemeines

¹ Der Bundesrat erlässt die Ausführungsbestimmungen. Er kann die Vollzugsstelle mit dem Erlass allgemeiner Dienstanweisungen für den Vollzug in Form von Verordnungen oder Reglementen betrauen.

² Die Vollzugsstelle kann einzelne Vollzugsaufgaben an Dritte übertragen. Diese können für ihre Mitarbeit entschädigt werden.

³ Der Bundesrat regelt die Zusammenarbeit zwischen der Vollzugsstelle und den nach Absatz 2 beauftragten Dritten sowie die Bemessung der Entschädigung für ihre Mitarbeit.

Art. 80   Aufbau eines Informationssystems

¹ Die Vollzugsstelle entwickelt und betreibt ein automatisiertes Informationssystem für die Erfüllung der Aufgaben nach diesem Gesetz.

¹ᵇⁱˢ Sie kann besonders schützenswerte Personendaten bearbeiten über:

a.   die Gesuchsbegründungen der gesuchstellenden Personen, insbesondere
     deren Gewissensgründe;

b.   die Militärdiensttauglichkeit der gesuchstellenden Personen;

c.   Ausbildung sowie Eignungen und Neigungen der zivildienstpflichtigen Personen, soweit dies für die Vermittlung von Zivildiensteinsätzen massgeblich ist;

d.   den Gesundheitszustand der zivildienstpflichtigen Personen;

e.   Disziplinar- und Strafverfahren nach diesem Gesetz.[71]

² An das Informationssystem können direkt (online) angeschlossen werden:[72]

---

[71]   Eingefügt durch Ziff. VII 1 des BG vom 24. März 2000 über die Schaffung und die Anpassung gesetzlicher Grundlagen für die Bearbeitung von Personendaten, in Kraft seit 1. Sept. 2000 (AS **2000** 1891 1914; BBl **1999** 9005).

a.[73] die zuständigen Stellen des VBS für die Übermittlung von Daten im Zusammenhang mit der Gesuchsbehandlung und dem Erlöschen der Militärdienstpflicht;

b. …[74]

c. das Bundesamt für Militärversicherung für die Bearbeitung von Versicherungsfällen;

d. die Organe der Erwerbsersatzordnung für Abklärungen im Zusammenhang mit der Bezugsberechtigung;

e. die Behörden des Wehrpflichtersatzes für ersatzrechtliche Handlungen;

f. Dritte, denen Vollzugsaufgaben der Vollzugsstelle übertragen wurden, für die Wahrnehmung dieser Aufgaben.

³ Die Vollzugsstelle und die nach Absatz 2 angeschlossenen Stellen dürfen nur diejenigen Personendaten weitergeben, welche der Empfänger zur Erfüllung von Aufgaben, die im Zusammenhang mit diesem Gesetz stehen, zwingend benötigt.

⁴ Der Bundesrat regelt insbesondere:

a. Organisation und Betrieb des Informationssystems;

b. die Verantwortung für die Datenbearbeitung;

c. die Kategorien der zu erfassenden Daten;

d. die Zugriffs- und Bearbeitungsberechtigungen;

e. die Zusammenarbeit mit den beteiligten Organen;

f. die Datensicherheit;

g. die Aufbewahrungsdauer der Daten.[75]

---

72 Fassung gemäss Ziff. I des BG vom 21. März 2003, in Kraft seit 1. Jan. 2004 (AS **2003** 4843 4854; BBl **2001** 6127).

73 Fassung gemäss Ziff. I des BG vom 21. März 2003, in Kraft seit 1. Jan. 2004 (AS **2003** 4843 4854; BBl **2001** 6127).

74 Aufgehoben durch Ziff. I des BG vom 21. März 2003, mit Wirkung seit 1. Jan. 2004 (AS **2003** 4843 4854; BBl **2001** 6127).

75 Fassung gemäss Ziff. VII 1 des BG vom 24. März 2000 über die Schaffung und die Anpassung gesetzlicher Grundlagen für die Bearbeitung von Personendaten, in Kraft seit 1. Sept. 2000 (AS **2000** 1891 1914; BBl **1999** 9005).

Art. 80a[76]   Verwaltung von Akten

[1] Für die Erfüllung der Aufgaben nach diesem Gesetz bearbeitet die Vollzugsstelle die Akten von:

a.   Personen, die ein Gesuch um Zulassung zum Zivildienst eingereicht haben;

b.   Personen, die zum Zivildienst zugelassen worden sind;

c.   Institutionen, die ein Gesuch um Anerkennung als Einsatzbetrieb gestellt
haben;

d.   anerkannten Einsatzbetrieben;

e.   Personen, die sich um die Mitgliedschaft in der Zulassungskommission bewerben;

f.   Personen, die als Mitglieder der Zulassungskommission ernannt worden sind.

[1bis] Für die Erfüllung ihrer Aufgaben bearbeitet die Zulassungskommission Akten nach Absatz 1 Buchstabe a, e und f. Die Akten des Zulassungsverfahrens werden durch die Vollzugsstelle verwaltet.[77]

[2] Die Vollzugsstelle kann in den Akten besonders schützenswerte Personendaten nach Artikel 80 Absatz 1bis bearbeiten. Akten von Personen nach Absatz 1 Buchstaben e und f enthalten insbesondere Bewerbungsunterlagen und Beurteilungen des Wissensstandes.

[2bis] Die Zulassungskommission kann in den Akten besonders schützenswerte Personendaten nach Artikel 80 Absatz 1bis Buchstabe a und b bearbeiten.[78]

[3] Die Akten des Zulassungsverfahrens werden bis zur Archivierung von den Akten des nachgeordneten Vollzugs getrennt verwaltet.

76   Eingefügt durch Ziff. VII 1 des BG vom 24. März 2000 über die Schaffung und die Anpassung gesetzlicher Grundlagen für die Bearbeitung von Personendaten, in Kraft seit 1. Sept. 2000 (AS **2000** 1891 1914; BBl **1999** 9005).

77   Eingefügt durch Ziff. I des BG vom 21. März 2003, in Kraft seit 1. Jan. 2004 (AS **2003** 4843 4854; BBl **2001** 6127).

78   Eingefügt durch Ziff. I des BG vom 21. März 2003, in Kraft seit 1. Jan. 2004 (AS **2003** 4843 4854; BBl **2001** 6127).

4 Der Bundesrat regelt die Bekanntgabe von Personendaten an Institutionen und Personen, die am Vollzug des Gesetzes mitwirken oder Aufgaben im Zusammenhang mit dem Zivildienst erfüllen.

5 Die Vollzugsstelle übergibt dem Bundesarchiv die Akten des Zulassungsverfahrens:

a.[79] von zivildienstpflichtigen Personen nach deren Entlassung aus der Zivildienstpflicht beziehungsweise nach deren Ausschluss aus dem Zivildienst;

b. von Personen, deren Gesuch nicht gutgeheissen wurde, nach deren Entlassung aus der Militärdienstpflicht.

2. Abschnitt:[80] Übergangsbestimmungen zur Änderung vom 21. März 2003

Art. 81   Anpassung der Dauer der ordentlichen Zivildienstleistungen

1 Die Vollzugsstelle reduziert die Anzahl der am Tag der Inkraftsetzung der Änderung vom 21. März 2003[81] noch nicht geleisteten Zivildiensttage um das 1,5-fache der Herabsetzung der Anzahl Militärdiensttage nach der revidierten Militärgesetzgebung.

2 Ergeben sich keine ganzen Zahlen, so wird auf die nächste ganze Zahl abgerundet.

Art. 82   Entlassung aus dem Zivildienst

1 Wer bei Inkrafttreten der Änderung vom 21. März 2003[82] die Altersgrenze nach Artikel 13 der Änderung vom 4. Oktober 2002[83] des Militärgesetzes vom 3. Februar 1995[84] erreicht hat, wird aus dem Zivildienst entlassen.

---

79 Fassung gemäss Ziff. I des BG vom 21. März 2003, in Kraft seit 1. Jan. 2004 (AS **2003** 4843 4854; BBl **2001** 6127).

80 Fassung gemäss Ziff. I des BG vom 21. März 2003, in Kraft seit 1. Jan. 2004 (AS **2003** 4843 4854; BBl **2001** 6127).

81 AS **2003** 4843.

82 AS **2003** 4843.

83 AS **2003** 3957.

84 SR **510.10**

2 Zivildienstpflichtige Personen, die im Militärdienst einen Mannschaftsdienstgrad bekleidet hätten, werden ohne Rücksicht darauf, ob sie ihre ordentliche Zivildienstleistung vollständig erbracht haben, entlassen.

Art. 83   Personen, die zu einer Arbeitsleistung verpflichtet wurden

1 Artikel 81 wird nicht angewandt auf Personen, die seit 1. Oktober 1996 zu einer Arbeitsleistung verpflichtet wurden.

2 Arbeitsleistungen im öffentlichen Interesse, die vor dem Inkrafttreten der Änderung vom 21. März 2003[85] infolge Militärdienstverweigerung aus Gewissensgründen verhängt worden sind, werden als Zivildienst nach den Vorschriften dieses Gesetzes vollzogen.

3 Der Bundesrat regelt das Vorgehen, wenn die betroffene Person bereits die Altersgrenze nach Artikel 11 Absatz 2 überschritten hat oder nicht aus der Armee ausgeschlossen worden ist.

Art. 83a   Erlöschen der Anerkennung als Einsatzbetrieb

Anerkennungen von Einsatzbetrieben im Tätigkeitsbereich der Forschung erlöschen mit Inkrafttreten der Änderung vom 21. März 2003[86].

3. Abschnitt: Referendum und Inkrafttreten

Art. 84

1 Dieses Gesetz untersteht dem fakultativen Referendum.

2 Der Bundesrat bestimmt das Inkrafttreten.

Datum des Inkrafttretens:[87]
Art. 18, 42, 43, 79 und 80: 1. Juni 1996
Anhang Ziff. 9: 1. Januar 1997
alle übrigen Bestimmungen: 1. Oktober 1996

85   AS **2003** 4843.
86   AS **2003** 4843.
87   BRB vom 8. Mai 1996 (AS **1996** 1464).

C. Kollektives Arbeitsrecht
I. Der Gesamtarbeitsvertrag

Schweizerisches Obligationenrecht

(Auszug: OR 356–358; SR 220)

Zehnter Titel: Der Arbeitsvertrag
Dritter Abschnitt: Gesamtarbeitsvertrag und Normalarbeitsvertrag[1]

A. Gesamtarbeitsvertrag

I. Begriff, Inhalt, Form und Dauer

1. Begriff und Inhalt

Art. 356

[1] Durch den Gesamtarbeitsvertrag stellen Arbeitgeber oder deren Verbände und Arbeitnehmerverbände gemeinsam Bestimmungen über Abschluss, Inhalt und Beendigung der einzelnen Arbeitsverhältnisse der beteiligten Arbeitgeber und Arbeitnehmer auf.

[2] Der Gesamtarbeitsvertrag kann auch andere Bestimmungen enthalten, soweit sie das Verhältnis zwischen Arbeitgebern und Arbeitnehmern betreffen, oder sich auf die Aufstellung solcher Bestimmungen beschränken.

[3] Der Gesamtarbeitsvertrag kann ferner die Rechte und Pflichten der Vertragsparteien unter sich sowie die Kontrolle und Durchsetzung der in den vorstehenden Absätzen genannten Bestimmungen regeln.

[4] Sind an einem Gesamtarbeitsvertrag auf Arbeitgeber- oder Arbeitnehmerseite von Anfang an oder auf Grund des nachträglichen Beitritts eines Verbandes mit Zustimmung der Vertragsparteien mehrere Verbände beteiligt, so stehen diese im Verhältnis gleicher Rechte und Pflichten zueinander; abweichende Vereinbarungen sind nichtig.

2. Freiheit der Organisation und der Berufsausübung

Art. 356a

[1] Bestimmungen eines Gesamtarbeitsvertrages und Abreden zwischen den Vertragsparteien, durch die Arbeitgeber oder Arbeitnehmer zum

---

1 Eine Zusammenstellung der geltenden Normalarbeitsverträge und Gesamtarbeitsverträge findet sich in der jeweils aktuellen Ausgabe des Jahrbuchs des Schweizerischen Arbeitsrechts (JAR) im Teil Gesetzgebung.

Eintritt in einen vertragschliessenden Verband gezwungen werden sollen, sind nichtig.

2 Bestimmungen eines Gesamtarbeitsvertrages und Abreden zwischen den Vertragsparteien, durch die Arbeitnehmer von einem bestimmten Beruf oder einer bestimmten Tätigkeit oder von einer hiefür erforderlichen Ausbildung ausgeschlossen oder darin beschränkt werden, sind nichtig.

3 Bestimmungen und Abreden im Sinne des vorstehenden Absatzes sind ausnahmsweise gültig, wenn es durch überwiegende schutzwürdige Interessen namentlich zum Schutz der Sicherheit und Gesundheit von Personen oder der Qualität der Arbeit gerechtfertigt sind; jedoch gilt nicht als schutzwürdig das Interesse, neue Berufsangehörige fernzuhalten.

3. Anschluss

Art. 356b

1 Einzelne Arbeitgeber und einzelne im Dienst beteiligter Arbeitgeber stehende Arbeitnehmer können sich mit Zustimmung der Vertragsparteien dem Gesamtarbeitsvertrag anschliessen und gelten als beteiligte Arbeitgeber und Arbeitnehmer.

2 Der Gesamtarbeitsvertrag kann den Anschluss näher regeln. Unangemessene Bedingungen des Anschlusses, insbesondere Bestimmungen über unangemessene Beiträge, können vom Richter nichtig erklärt oder auf das zulässige Mass beschränkt werden; jedoch sind Bestimmungen oder Abreden über Beiträge zugunsten einer einzelnen Vertragspartei nichtig.

3 Bestimmungen eines Gesamtarbeitsvertrages und Abreden zwischen den Vertragsparteien, durch die Mitglieder von Verbänden zum Anschluss gezwungen werden sollen, sind nichtig, wenn diesen Verbänden die Beteiligung am Gesamtarbeitsvertrag oder der Abschluss eines sinngemäss gleichen Vertrages nicht offensteht.

4. Form und Dauer

Art. 356c

1 Der Abschluss des Gesamtarbeitsvertrages, dessen Änderung und Aufhebung durch gegenseitige Übereinkunft, der Beitritt einer neuen Vertragspartei sowie die Kündigung bedürfen zu ihrer Gültigkeit der

schriftlichen Form, ebenso die Anschlusserklärung einzelner Arbeitgeber und Arbeitnehmer und die Zustimmung der Vertragsparteien
gemäss Artikel 356b Absatz 1 sowie die Kündigung des Anschlusses.

2 Ist der Gesamtarbeitsvertrag nicht auf bestimmte Zeit abgeschlossen
und sieht er nichts anderes vor, so kann er von jeder Vertragspartei
mit Wirkung für alle anderen Parteien nach Ablauf eines Jahres jederzeit auf sechs Monate gekündigt werden. Diese Bestimmung gilt
sinngemäss auch für den Anschluss.

II. Wirkungen

1. auf die beteiligten Arbeitgeber und Arbeitnehmer

Art. 357

1 Die Bestimmungen des Gesamtarbeitsvertrages über Anschluss, Inhalt und Beendigung der einzelnen Arbeitsverhältnisse gelten während der Dauer des Vertrages unmittelbar für die beteiligten Arbeitgeber und Arbeitnehmer und können nicht wegbedungen werden, sofern
der Gesamtarbeitsvertrag nichts anderes bestimmt.

2 Abreden zwischen beteiligten Arbeitgebern und Arbeitnehmern, die
gegen die unabdingbaren Bestimmungen verstossen, sind nichtig und
werden durch die Bestimmungen des Gesamtarbeitsvertrages ersetzt;
jedoch können abweichende Abreden zugunsten der Arbeitnehmer getroffen werden.

2. unter den Vertragsparteien

Art. 357a

1 Die Vertragsparteien sind verpflichtet, für die Einhaltung des Gesamtarbeitsvertrages zu sorgen; zu diesem Zweck haben Verbände auf
ihre Mitglieder einzuwirken und nötigenfalls die statutarischen und
gesetzlichen Mittel einzusetzen.

2 Jede Vertragspartei ist verpflichtet, den Arbeitsfrieden zu wahren
und sich insbesondere jeder Kampfmassnahme zu enthalten, soweit es
sich um Gegenstände handelt, die im Gesamtarbeitsvertrag geregelt
sind; die Friedenspflicht gilt nur unbeschränkt, wenn dies ausdrücklich
bestimmt ist.

3. gemeinsame Durchführung

Art. 357b

[1] In einem zwischen Verbänden abgeschlossenen Gesamtarbeitsvertrag können die Vertragsparteien vereinbaren, dass ihnen gemeinsam ein Anspruch auf Einhaltung des Vertrages gegenüber den beteiligten Arbeitgebern und Arbeitnehmern zusteht, soweit es sich um folgende Gegenstände handelt:

a)   Abschluss, Inhalt und Beendigung des Arbeitsverhältnisses, wobei der Anspruch nur auf Feststellung geht;

b)   Beiträge an Ausgleichskassen und andere das Arbeitsverhältnis betreffende Einrichtungen, Vertretung der Arbeitnehmer in den Betrieben und Wahrung des Arbeitsfriedens;

c)   Kontrolle, Kautionen und Konventionalstrafen in bezug auf Bestimmgungen gemäss Buchstaben a und b.

[2] Vereinbarungen im Sinne des vorstehenden Absatzes können getroffen werden, wenn die Vertragsparteien durch die Statuten oder einen Beschluss des obersten Verbandsorgans ausdrücklich hiezu ermächtigt sind.

[3] Auf das Verhältnis der Vertragsparteien unter sich sind die Vorschriften über die einfache Gesellschaft sinngemäss anwendbar, wenn der Gesamtarbeitsvertrag nichts anderes bestimmt.

III. Verhältnis zum zwingenden Recht

Art. 358

Das zwingende Recht des Bundes und der Kantone geht den Bestimmungen des Gesamtarbeitsvertrages vor, jedoch können zugunsten der Arbeitnehmer abweichende Bestimmungen aufgestellt werden, wenn sich aus dem zwingenden Recht nichts anderes ergibt.

Bundesgesetz über die Allgemeinverbindlicherklärung von Gesamtarbeitsverträgen

vom 28. September 1956; SR 221.215.311

(gestützt auf Artikel 34ter der Bundesverfassung[1])

I. Begriff, Voraussetzungen und Wirkungen

Allgemeinverbindlicherklärung

1. Im Allgemeinen[2]

Art. 1

[1] Der Geltungsbereich eines zwischen Verbänden abgeschlossenen Gesamtarbeitsvertrages kann auf Antrag aller Vertragsparteien durch Anordnung der zuständigen Behörde (Allgemeinverbindlicherklärung) auf Arbeitgeber und Arbeitnehmer des betreffenden Wirtschaftszweiges oder Berufes ausgedehnt werden, die am Vertrag nicht beteiligt sind.

[2] Gegenstand der Allgemeinverbindlicherklärung können nur Bestimmungen sein, die gemäss Artikel 323 des Obligationenrechts[3] unmittelbar für die beteiligten Arbeitgeber und Arbeitnehmer gelten oder in bezug auf welche eine Vereinbarung gemäss Artikel 323ter des Obligationenrechts[4] getroffen worden ist.

[3] Bestimmungen über die Beurteilung von Streitigkeiten durch Schiedsgerichte können nicht allgemeinverbindlich erklärt werden.

---

1 Der genannten Bestimmung entspricht heute Artikel 110 der BV vom 18. April 1999 (SR **101**).

2 Fassung gemäss Anhang Ziff. 3 des BG vom 8. Okt. 1999 über die in die Schweiz entsandten Arbeitnehmerinnen und Arbeitnehmer, in Kraft seit 1. Juni 2004 (SR **823.20**).

3 SR **220**. Diesem Artikel in der Fassung im Zeitpunkt der Veröffentlichung dieses Gesetzes (AS **1956** 1543 Art. 19) entsprechen heute die Art. 357 und 341 Abs. 1 in der Fassung vom 25. Juni 1971.

4 SR **220**. Diesem Artikel in der Fassung im Zeitpunkt der Veröffentlichung dieses Gesetzes (AS **1956** 1543 Art. 19) entspricht heute Art. 357*b* in der Fassung vom 25. Juni 1971.

2. Bei Missbräuchen

Art. 1a[5]

Stellt die tripartite Kommission nach Artikel 360*b* Obligationenrecht[6] fest, dass in einer Branche oder einem Beruf die orts-, berufs- oder branchenüblichen Löhne und Arbeitszeiten wiederholt in missbräuchlicher Weise unterboten werden, so kann sie mit Zustimmung der Vertragsparteien die Allgemeinverbindlicherklärung der Bestimmungen über die minimale Entlöhnung und die ihr entsprechende Arbeitszeit sowie die paritätischen Kontrollen des für die betreffende Branche geltenden Gesamtarbeitsvertrags beantragen.

Allgemeine Voraussetzungen

Art. 2

Die Allgemeinverbindlichkeit darf nur unter folgenden Voraussetzungen angeordnet werden:

1. Die Allgemeinverbindlichkeit muss sich wegen der für die beteiligten Arbeitgeber und Arbeitnehmer andernfalls zu erwartenden erheblichen Nachteile als notwendig erweisen.

2. Die Allgemeinverbindlichkeit darf dem Gesamtinteresse nicht zuwiderlaufen und die berechtigten Interessen anderer Wirtschaftsgruppen und Bevölkerungskreise nicht beeinträchtigen. Sie muss ferner den auf regionalen oder betrieblichen Verschiedenheiten beruhenden Minderheitsinteressen innerhalb des betreffenden Wirtschaftszweiges oder Berufes angemessen Rechnung tragen.

3. Am Gesamtarbeitsvertrag müssen mehr als die Hälfte aller Arbeitgeber und mehr als die Hälfte aller Arbeitnehmer, auf die der Geltungsbereich des Gesamtarbeitsvertrages ausgedehnt werden soll, beteiligt sein. Die beteiligten Arbeitgeber müssen überdies mehr als die Hälfte aller Arbeitnehmer beschäftigen. Ausnahmsweise kann bei besondern Verhältnissen vom Erfordernis der Mehrheit der beteiligten Arbeitnehmer abgesehen werden.

---

5   Eingefügt durch Anhang Ziff. 3 des BG vom 8. Okt. 1999 über die in die Schweiz entsandten Arbeitnehmerinnen und Arbeitnehmer, in Kraft seit 1. Juni 2004 (SR **823.20**).

6   SR **220**

3.bis 7Im Fall eines Antrags auf Allgemeinverbindlicherklärung nach Artikel 1*a* müssen die beteiligten Arbeitgeber mindestens 30 Prozent der Arbeitgeber ausmachen, die nach der Allgemeinverbindlicherklärung dem Gesamtarbeitsvertrag unterstehen sollen und mindestens 30 Prozent aller Arbeitnehmer beschäftigen.

4.   Der Gesamtarbeitsvertrag darf die Rechtsgleichheit nicht verletzen und, unter Vorbehalt von Artikel 323quater des Obligationenrechts[8], dem zwingenden Recht des Bundes und der Kantone nicht widersprechen.

5.   Der Gesamtarbeitsvertrag darf die Verbandsfreiheit nicht beeinträchtigen, insbesondere nicht die Freiheit, sich einem Verband anzuschliessen oder ihm fernzubleiben.

6.   Nicht beteiligten Arbeitgeber- und Arbeitnehmerverbänden muss der Beitritt zum Gesamtarbeitsvertrag zu gleichen Rechten und Pflichten offen stehen, wenn sie ein berechtigtes Interesse nachweisen und ausreichende Gewähr für die Einhaltung des Vertrages bieten.

7.   Einzelnen Arbeitgebern und Arbeitnehmern, die am Gesamtarbeitsvertrag nicht beteiligt sind, muss der Beitritt zum vertragschliessenden Verband oder der Anschluss an den Gesamtarbeitsvertrag offen stehen.

Besondere Voraussetzungen

Art. 3

[1] Bestimmungen über Ausgleichskassen und andere Einrichtungen im Sinne von Artikel 323ter Absatz 1 Buchstabe b des Obligationenrechts[9] dürfen nur allgemeinverbindlich erklärt werden, wenn die Organisation der Kasse oder Einrichtung ausreichend geregelt ist und Gewähr für eine ordnungsgemässe Führung besteht.

---

7   Eingefügt durch Anhang Ziff. 3 des BG vom 8. Okt. 1999 über die in die Schweiz entsandten Arbeitnehmerinnen und Arbeitnehmer, in Kraft seit 1. Juni 2004 (SR **823.20**).

8   SR **220.** Diesem Artikel in der Fassung im Zeitpunkt der Veröffentlichung dieses Gesetzes (AS **1956** 1543 Art. 19) entspricht heute Art. 358 in der Fassung vom 25. Juni 1971.

9   Heute Art. 357b Abs. 1 Buchst. b in der Fassung vom 25. Juni 1971.

2 Bestimmungen über Kontrollen, Kautionen und Konventionalstrafen dürfen nur allgemeinverbindlich erklärt werden:

wenn die Kontrolle und Durchsetzung ausreichend geregelt sind und Gewähr für eine geordnete Anwendung besteht;

wenn die Kontrollkostenbeiträge der am Gesamtarbeitsvertrag nicht beteiligten Arbeitgeber und Arbeitnehmer die Anteile nicht übersteigen, die sich bei einer gleichmässigen Verteilung der tatsächlichen Kosten auf alle Arbeitgeber einerseits und auf alle Arbeitnehmer anderseits ergeben;

wenn die Konventionalstrafen zur Deckung der Kontrollkosten bestimmt sind und allfällige Überschüsse in angemessener Weise, vor allem zugunsten allgemeiner Zwecke des betreffenden Wirtschaftszweiges oder Berufes, verwendet werden.

Wirkung auf die nicht beteiligten Arbeitgeber und Arbeitnehmer

Art. 4

1 Die Bestimmungen des Gesamtarbeitsvertrages im Sinne von Artikel 323 des Obligationenrechts[10] sowie die Verpflichtungen der beteiligten Arbeitgeber und Arbeitnehmer gegenüber den Vertragsparteien im Sinne von Artikel 323ter Absatz 1 des Obligationenrechts[11] gelten auch für die am Vertrag nicht beteiligten Arbeitgeber und Arbeitnehmer, auf die der Geltungsbereich ausgedehnt wird.

2 Die Bestimmungen eines allgemeinverbindlichen Gesamtarbeitsvertrages gehen den Bestimmungen eines nicht allgemeinverbindlichen Vertrages vor, jedoch mit Ausnahme der abweichenden Bestimmungen zugunsten der Arbeitnehmer.

Wirkung auf die Vertragsparteien

Art. 5

1 Die Vertragsparteien sind verpflichtet, die Arbeitgeber und Arbeitnehmer, auf die der Geltungsbereich des Gesamtarbeitsvertrages ausgedehnt wird, bei der Durchführung des Vertrages gleich wie die beteiligten Arbeitgeber und Arbeitnehmer zu behandeln.

---

10   Heute Art. 357 und 341 Abs. 1 in der Fassung vom 25. Juni 1971.
11   Heute 357b Abs. 1 Buchstabe b in der Fassung vom 25. Juni 1971.

2 Werden Bestimmungen über Ausgleichskassen oder andere Einrichtungen im Sinne von Artikel 323ter Absatz 1 Buchstabe b des Obligationenrechts[12] allgemeinverbindlich erklärt, so untersteht die Kasse oder Einrichtung der Aufsicht der zuständigen Behörde. Diese hat dafür zu sorgen, dass die Kasse oder Einrichtung ordnungsgemäss geführt wird, und kann zu diesem Zweck von deren Träger die notwendigen Auskünfte verlangen.

Besonderes Kontrollorgan

Art. 6[13]

1 Arbeitgeber und Arbeitnehmer, auf die der Geltungsbereich des Gesamtarbeitsvertrages ausgedehnt wird, können jederzeit bei der zuständigen Behörde die Einsetzung eines besonderen, von den Vertragsparteien unabhängigen Kontrollorgans an Stelle der im Vertrag vorgesehenen Kontrollorgane verlangen. Dieses Kontrollorgan kann auch auf Antrag der Vertragsparteien eingesetzt werden, wenn sich ein am Vertrag nicht beteiligter Arbeitgeber oder Arbeitnehmer weigert, sich einer Kontrolle des paritätischen Organs zu unterziehen.

2 Die zuständige Behörde bestimmt Gegenstand und Umfang der Kontrolle nach Anhörung der Vertragsparteien und des Arbeitgebers oder Arbeitnehmers, der die Einsetzung eines besonderen Kontrollorgans verlangt oder der sich geweigert hat, sich der Kontrolle des paritätischen Organs zu unterziehen.

3 Die Kontrollkosten gehen zu Lasten des Arbeitgebers oder Arbeitnehmers, der eine besondere Kontrolle verlangt oder der sich geweigert hat, sich der Kontrolle des paritätischen Organs zu unterziehen; sie können jedoch von der zuständigen Behörde ganz oder teilweise den Vertragsparteien auferlegt werden, wenn besondere Umstände dies rechtfertigen.

12 Heute 357b Abs. 1 Buchstabe b in der Fassung vom 25. Juni 1971.
13 Fassung gemäss Anhang Ziff. 3 des BG vom 8. Okt. 1999 über die in die Schweiz entsandten Arbeitnehmerinnen und Arbeitnehmer, in Kraft seit 1. Juni 2004 (SR **823.20**).

II. Zuständigkeit und Verfahren

Zuständige Behörde

Art. 7

[1] Erstreckt sich der Geltungsbereich der Allgemeinverbindlichkeit auf das Gebiet mehrerer Kantone, so wird sie vom Bundesrat angeordnet[14].

[2] Beschränkt sich der Geltungsbereich der Allgemeinverbindlichkeit auf das Gebiet eines Kantons oder auf einen Teil desselben, so wird sie von der vom Kanton bezeichneten Behörde angeordnet.

Antrag

Art. 8

[1] Der Antrag auf Allgemeinverbindlicherklärung ist von allen Vertragsparteien der zuständigen Behörde schriftlich einzureichen. Die allgemeinverbindlich zu erklärenden Bestimmungen sind dem Antrag in den für den Geltungsbereich massgebenden Amtssprachen beizulegen.

[2] Der Antrag hat den Gegenstand, den räumlichen, beruflichen und betrieblichen Geltungsbereich sowie Beginn und Dauer der Allgemeinverbindlichkeit anzuführen und die erforderlichen Angaben über die Voraussetzungen gemäss den Artikeln 2 und 3 zu enthalten.

[3] Wird der Antrag nicht ordnungsgemäss oder nicht mit den erforderlichen Angaben eingereicht, so ruht das Verfahren und wird nach erfolgloser Fristansetzung eingestellt.

Veröffentlichung des Antrages

Art. 9

[1] Der Antrag auf Allgemeinverbindlicherklärung ist mit den allgemeinverbindlich zu erklärenden Bestimmungen unter Ansetzung einer angemessenen Einsprachefrist von 14 bis 30 Tagen in den massgebenden Amtssprachen zu veröffentlichen. Von der Veröffentlichung kann abgesehen werden, wenn die Voraussetzungen für die Allgemeinverbindlichkeit offensichtlich nicht erfüllt sind.

---

14   Siehe dazu die Übersicht in der jeweils aktuellen Ausgabe des Jahrbuchs des
     Schweizerischen Arbeitsrechts (JAR) im Teil Gesetzgebung.

2 Anträge, über die der Bundesrat zu entscheiden hat, sind im Schweizerischen Handelsamtsblatt zu veröffentlichen und den beteiligten Kantonen zur Vernehmlassung zuzustellen.

3 Anträge, über die der Kanton entscheidet, sind im kantonalen Amtsblatt zu veröffentlichen und unter Angabe der Einsprachefrist im Schweizerischen Handelsamtsblatt anzuzeigen.

Einsprache
Art. 10
1 Wer ein Interesse glaubhaft macht, kann gegen den Antrag auf Allgemeinverbindlicherklärung schriftlich und begründet bei der zuständigen Behörde Einspruch erheben.

2 Den Vertragsparteien ist Gelegenheit zu geben, zu den Einsprachen sowie zu den Vernehmlassungen der Kantone schriftlich Stellung zu nehmen.

3 Den Einsprechern dürfen keine Kosten auferlegt werden.

Begutachtung
Art. 11
Die zuständige Behörde holt vor dem Entscheid das Gutachten unabhängiger Sachverständiger ein, wenn sich dies nicht von vornherein als überflüssig erweist. Sie kann einen ständigen Ausschuss von Sachverständigen bestellen, insbesondere zur Prüfung der Voraussetzungen gemäss Artikel 2 Ziffern 1 und 2.

Entscheid
Art. 12
1 Die zuständige Behörde prüft, ob die Voraussetzungen für die Allgemeinverbindlichkeit erfüllt sind, und entscheidet über den Antrag auf Allgemeinverbindlicherklärung.

2 Wird die Allgemeinverbindlichkeit angeordnet, so setzt die zuständige Behörde den räumlichen, beruflichen und betrieblichen Geltungsbereich fest und bestimmt Beginn und Dauer der Allgemeinverbindlichkeit.

3 Der Entscheid über den Antrag ist den Vertragsparteien und den Einsprechern, soweit diese betroffen sind, schriftlich und begründet zu eröffnen.

4 Ergeben sich nachträglich Zweifel über den Geltungsbereich, so wird dieser nach Anhörung der Vertragparteien vom Eidgenössischen Volkswirtschaftsdepartement oder von der für die Allgemeinverbindlicherklärung zuständigen kantonalen Behörde näher bestimmt.

Genehmigung der kantonalen Allgemeinverbindlicherklärung

Art. 13

1 Die kantonale Allgemeinverbindlicherklärung bedarf zu ihrer Gültigkeit der Genehmigung des Bundes.

2 Die Genehmigung wird erteilt, wenn die Voraussetzungen für die Allgemeinverbindlichkeit erfüllt sind und das Verfahren ordnungsgemäss durchgeführt worden ist.

3 Der Entscheid über die Genehmigung ist dem Kanton und den Vertragsparteien schriftlich und begründet zu eröffnen.

4 Erweist sich nachträglich, dass die Voraussetzungen für die Allgemeinverbindlichkeit nicht oder nicht mehr erfüllt sind, so hat der Bundesrat die Genehmigung zu widerrufen. Im übrigen ist Artikel 18 Absatz 2 anwendbar.

Veröffentlichung der Allgemeinverbindlicherklärung

Art. 14

1 Die Allgemeinverbindlicherklärung ist mit den allgemein verbindlichen Bestimmungen in den massgebenden Amtssprachen zu veröffentlichen. Die Allgemeinverbindlicherklärungen des Bundes werden mit Titel und Bezugsquelle im Bundesblatt und diejenigen der Kantone im kantonalen Amtsblatt veröffentlicht; diese Veröffentlichungen sind im Schweizerischen Handelsamtsblatt anzuzeigen.

2 Die Ausserkraftsetzung der Allgemeinverbindlichkeit gemäss den Artikeln 17 und 18 ist in gleicher Weise zu veröffentlichen.

Kosten

Art. 15

1 Die Kosten für die Veröffentlichung des Antrages und des Entscheides sowie in der Regel auch die Kosten der Begutachtung und allfällige weitere Kosten gehen zu Lasten der Vertragsparteien, die solidarisch dafür haften.

[2] Die zuständige Behörde erlässt nach Abschluss des Verfahrens eine Kostenverfügung und verteilt die Kosten auf die Vertragsparteien. Die rechtskräftigen Kostenverfügungen sind vollstreckbaren gerichtlichen Urteilen im Sinne von Artikel 80 des Schuldbetreibungs- und Konkursgesetzes[15] gleichgestellt.

Änderung der Allgemeinverbindlichkeit

Art. 16

[1] Werden allgemeinverbindliche Bestimmungen geändert oder neue Bestimmungen allgemeinverbindlich erklärt, wird die Dauer der Allgemeinverbindlichkeit verlängert oder wird die Allgemeinverbindlichkeit teilweise ausser Kraft gesetzt, so sind die Vorschriften dieses Abschnittes anwendbar.

[2] Die Vertragsparteien sind verpflichtet, die zuständige Behörde von jeder Änderung eines allgemeinverbindlichen Gesamtarbeitsvertrages sofort schriftlich zu benachrichtigen.

Ausserkraftsetzung der Allgemeinverbindlichkeit bei vorzeitiger Beendigung des Gesamtarbeitsvertrages

Art. 17

[1] Endigt der Gesamtarbeitsvertrag vor Ablauf der Geltungsdauer der Allgemeinverbindlichkeit, so ist diese auf den gleichen Zeitpunkt ausser Kraft zu setzen.

[2] Die Vertragsparteien sind verpflichtet, die zuständige Behörde von der Kündigung und Aufhebung des Gesamtarbeitsvertrages sofort schriftlich zu benachrichtigen. Wird diese Benachrichtigung versäumt, so gelten die allgemeinverbindlichen Bestimmungen für alle Arbeitgeber und Arbeitnehmer bis zum Zeitpunkt, auf den die Allgemeinverbindlichkeit ausser Kraft gesetzt wird.

Ausserkraftsetzung der Allgemeinverbindlichkeit auf Antrag und von Amtes wegen

Art. 18

[1] Die für die Allgemeinverbindlicherklärung zuständige Behörde hat auf Antrag aller Vertragsparteien die Allgemeinverbindlichkeit ausser Kraft zu setzen.

[2] Stellt die für die Allgemeinverbindlicherklärung zuständige Behörde von Amtes wegen oder auf Anzeige hin fest, dass die Voraussetzungen für die Allgemeinverbindlichkeit nicht oder nicht mehr erfüllt sind, so hat sie die Allgemeinverbindlichkeit ausser Kraft zu setzen. Ebenso kann sie dies anordnen, wenn der Grundsatz der Gleichbehandlung gemäss Artikel 5 Absatz 1 verletzt, oder wenn entgegen Artikel 5 Absatz 2 eine Kasse oder Einrichtung nicht ordnungsgemäss geführt wird.

III. Schlussbestimmungen

Art. 19

…

Bezeichnung der zuständigen Behörden

Art. 20

[1] Die Kantone bezeichnen die zuständigen Behörden für die Allgemeinverbindlicherklärung und deren Aufhebung, für die Durchführung des Verfahrens gemäss den Artikeln 8–11 und 14–18 sowie für die Massnahmen gemäss den Artikeln 5 Absatz 2, und 6.

[2] Bei Anträgen, über die der Bundesrat entscheidet, führt die zuständige Behörde[16] das Verfahren und trifft die Massnahmen nach den Artikeln 5 Absatz 2 und 6.[17]

Inkrafttreten

Art. 21

(hier nicht von Interesse).

---

16 Gegenwärtig Staatssekretariat für Wirtschaft (seco)
17 Fassung gemäss Anhang Ziff. 3 des BG vom 8. Okt. 1999 über die in die Schweiz entsandten Arbeitnehmerinnen und Arbeitnehmer, in Kraft seit 1. Juni 2004 (SR **823.20**).

II. Betriebsverfassungsrecht

Bundesgesetz über die Arbeit in Industrie, Gewerbe und Handel (Arbeitsgesetz, ArG)

vom 13. März 1964; SR 822.11

(gestützt auf die Artikel 26, 31bis Absatz 2, 34bis, 34ter, 36, 64, 64bis, 85, 103 und 114bis der Bundesverfassung[1])

V. Betriebsordnung

Aufstellung

Art. 37

[1] Für industrielle Betriebe ist eine Betriebsordnung aufzustellen.

[2] Durch Verordnung kann die Aufstellung einer Betriebsordnung auch für nicht-industrielle Betriebe vorgeschrieben werden, soweit die Art des Betriebes oder die Zahl der Arbeitnehmer dies rechtfertigen.

[3] Andere nicht-industrielle Betriebe können nach Massgabe der Vorschriften dieses Abschnittes freiwillig eine Betriebsordnung aufstellen.

[4] Die Betriebsordnung wird zwischen dem Arbeitgeber und einer von den Arbeitnehmern frei gewählten Vertretung schriftlich vereinbart oder vom Arbeitgeber nach Anhören der Arbeitnehmer erlassen.

Inhalt

Art. 38[2]

[1] Die Betriebsordnung hat Bestimmungen über den Gesundheitsschutz und die Unfallverhütung und, soweit notwendig, über die Ordnung im Betrieb und das Verhalten der Arbeitnehmer im Betrieb aufzustellen; Ordnungsstrafen sind nur zulässig, wenn sie in der Betriebsordnung angemessen geregelt sind.

[2] Die vereinbarte Betriebsordnung kann auch andere Bestimmungen enthalten, die das Verhältnis zwischen dem Arbeitgeber und den Ar-

---

1   Den genannten Bestimmungen entsprechen heute die Art. 63, 87, 92, 95, 110, 117, 122, 177 Abs. 3, 188 Abs. 2 und 190 Abs. 1 der BV vom 18. April 1999 (SR **101**).

2   Fassung gemäss Ziff. II Art. 5 des BG vom 25. Juni 1971 über die Revision des Zehnten Titels und des Zehnten Titels^{bis} des Obligationenrechts (Der Arbeitsvertrag), in Kraft seit 1. Jan. 1972 (SR **220** am Schluss, Schl- und UeB zum X. Tit.).

beitnehmern betreffen, jedoch nur soweit, als ihr Gegenstand in dem Bereich, dem der Betrieb angehört, nicht üblicherweise durch Gesamtarbeitsvertrag oder durch andere kollektive Vereinbarung geregelt wird.

3 Der Inhalt der Betriebsordnung darf dem zwingenden Recht und den für den Arbeitgeber verbindlichen Gesamtarbeitsverträgen nicht widersprechen.

Kontrolle, Wirkungen[3]

Art. 39

1 Die Betriebsordnung ist der kantonalen Behörde zuzustellen; stellt diese fest, dass Bestimmungen der Betriebsordnung mit den Vorschriften dieses Gesetzes nicht übereinstimmen, so ist das Verfahren gemäss Artikel 51 durchzuführen.[4]

2 Nach der Bekanntgabe im Betrieb ist die Betriebsordnung für den Arbeitgeber und für die Arbeitnehmer verbindlich.

---

3   Fassung gemäss Ziff. II Art. 5 des BG vom 25. Juni 1971 über die Revision des Zehnten Titels und des Zehnten Titels[bis] des Obligationenrechts (Der Arbeitsvertrag), in Kraft seit 1. Jan. 1972 (SR **220** am Schluss, Schl- und UeB zum X. Tit.).

4   Fassung gemäss Ziff. II Art. 5 des BG vom 25. Juni 1971 über die Revision des Zehnten Titels und des Zehnten Titels[bis] des Obligationenrechts (Der Arbeitsvertrag), in Kraft seit 1. Jan. 1972 (SR **220** am Schluss, Schl- und UeB zum X. Tit.).

Verordnung 1 zum Arbeitsgesetz (ArGV 1)

vom 10. Mai 2000; SR 822.111

(gestützt auf Artikel 40 des Arbeitsgesetzes[1], Artikel 83 Absatz 2 des Bundesgesetzes über die Unfallversicherung[2] und Artikel 16 Absatz 2 des Bundesgesetzes über den Datenschutz[3])

6. Kapitel: Besondere Pflichten der Arbeitgeber und Arbeitnehmer
1. Abschnitt: Betriebsordnung

Art. 67   Vereinbarte oder erlassene Betriebsordnung (Art. 37 ArG)

[1] Als frei gewählt gilt die Arbeitnehmervertretung, wenn die Wahl nach den Grundsätzen der Artikel 5–7 des Mitwirkungsgesetzes vom 17. Dezember 1993[4] erfolgt ist.

[2] Wird die Betriebsordnung vom Arbeitgeber erlassen, so ist der Entwurf im Betrieb gut sichtbar anzuschlagen oder den Arbeitnehmern und Arbeitnehmerinnen auszuhändigen. Innert vier Wochen können die Arbeitnehmer oder Arbeitnehmerinnen schriftlich dazu Stellung nehmen oder sie sind vom Arbeitgeber mündlich anzuhören.

Art. 68   Bekanntmachung der Betriebsordnung (Art. 39 ArG)

[1] Die Betriebsordnung ist im Betrieb gut sichtbar anzuschlagen oder den Arbeitnehmern oder Arbeitnehmerinnen auszuhändigen.

[2] Die Betriebsordnung ist der kantonalen Behörde zuzustellen.[5]

---

1   SR **822.11**
2   SR **832.20**
3   SR **235.1**
4   SR **822.14**
5   Fassung gemäss Ziff. I der V vom 24. April 2002, in Kraft seit 1. Juni 2002 (AS **2002** 1347).

Bundesgesetz über die Information und Mitsprache der Arbeitnehmerinnen und Arbeitnehmer in den Betrieben (Mitwirkungsgesetz)

vom 17. Dezember 1993; SR 822.14

(gestützt auf Artikel 34ter Absatz 1 Buchstabe b der Bundesverfassung[1])

1. Abschnitt: Allgemeine Bestimmungen

Art. 1   Geltungsbereich

Dieses Gesetz gilt für alle privaten Betriebe, die ständig Arbeitnehmerinnen und Arbeitnehmer in der Schweiz beschäftigen.

Art. 2   Abweichungen

Zugunsten der Arbeitnehmerinnen und Arbeitnehmer kann von diesem Gesetz abgewichen werden. Zu ihren Ungunsten darf von den Artikeln 3, 6, 9, 10, 12 und 14 Absatz 2 Buchstabe b nicht und von den übrigen Bestimmungen nur durch gesamtarbeitsvertragliche Mitwirkungsordnung abgewichen werden.

Art. 3   Anspruch auf Vertretung

In Betrieben mit mindestens 50 Arbeitnehmerinnen und Arbeitnehmern können diese aus ihrer Mitte eine oder mehrere Vertretungen bestellen.

Art. 4   Mitwirkung in Betrieben ohne Arbeitnehmervertretung

In Betrieben oder Betriebsbereichen ohne Arbeitnehmervertretung stehen die Informations- und Mitspracherechte nach den Artikeln 9 und 10 den Arbeitnehmerinnen und Arbeitnehmern direkt zu.

---

1   Der genannten Bestimmung entspricht heute Art. 110 Abs. 1 Bst. b der BV vom 18. April 1999 (SR **101**).

2. Abschnitt: Arbeitnehmervertretung

Art. 5   Erstmalige Bestellung

[1] Auf Verlangen eines Fünftels der Arbeitnehmerinnen und Arbeitnehmer ist durch eine geheime Abstimmung festzustellen, ob die Mehrheit der Stimmenden sich für eine Arbeitnehmervertretung ausspricht. In Betrieben mit mehr als 500 Beschäftigten ist die Abstimmung durchzuführen, wenn 100 von ihnen eine solche verlangen.

[2] Befürwortet die Mehrheit der Stimmenden eine Arbeitnehmervertretung, so ist die Wahl durchzuführen.

[3] Abstimmung und Wahl werden von Arbeitgeber- und Arbeitnehmerseite gemeinsam organisiert.

Art. 6   Wahlgrundsätze

Die Arbeitnehmervertretung wird in allgemeiner und freier Wahl bestellt. Auf Verlangen eines Fünftels der Arbeitnehmerinnen und Arbeitnehmer ist diese geheim durchzuführen.

Art. 7   Grösse

[1] Die Grösse der Arbeitnehmervertretung wird von der Arbeitgeber- und der Arbeitnehmerseite gemeinsam festgelegt. Dabei ist der Grösse und der Struktur des Betriebs angemessen Rechnung zu tragen.

[2] Die Vertretung besteht aus mindestens drei Personen.

Art. 8   Aufgaben

Die Arbeitnehmervertretung nimmt gegenüber der Arbeitgeberin oder dem Arbeitgeber die gemeinsamen Interessen der Arbeitnehmerinnen und Arbeitnehmer wahr. Sie informiert letztere regelmässig über ihre Tätigkeit.

3. Abschnitt: Mitwirkungsrechte

Art. 9   Informationsrecht

[1] Die Arbeitnehmervertretung hat Anspruch auf rechtzeitige und umfassende Information über alle Angelegenheiten, deren Kenntnis Voraussetzung für eine ordnungsgemässe Erfüllung ihrer Aufgaben ist.

[2] Die Arbeitgeberin oder der Arbeitgeber hat die Arbeitnehmervertretung mindestens einmal jährlich über die Auswirkungen des Ge-

schäftsganges auf die Beschäftigung und die Beschäftigten zu informieren.

Art. 10   Besondere Mitwirkungsrechte

Der Arbeitnehmervertretung stehen in folgenden Angelegenheiten nach Massgabe der entsprechenden Gesetzgebung besondere Mitwirkungsrechte zu:

a. [2]In Fragen der Arbeitssicherheit im Sinne von Artikel 82 des Unfallversicherungsgesetzes vom 20. März 1981[3] sowie in Fragen des Arbeitnehmerschutzes im Sinne von Artikel 48 des Arbeitsgesetzes vom 13. März 1964[4];

b. beim Übergang von Betrieben im Sinne der Artikel 333 und 333*a* des Obligationenrechts[5];

c. bei Massenentlassungen im Sinne der Artikel 335*d*–335*g* des Obligationenrechts;

d. [6]über den Anschluss an eine Einrichtung der beruflichen Vorsorge und die Auflösung eines Anschlussvertrages.

4. Abschnitt: Zusammenarbeit

Art. 11   Grundsatz

[1] Die Arbeitgeberin oder der Arbeitgeber und die Arbeitnehmervertretung arbeiten in betrieblichen Angelegenheiten nach dem Grundsatz von Treu und Glauben zusammen.

[2] Die Arbeitnehmervertretung wird von Arbeitgeberseite in ihrer Tätigkeit unterstützt. Die Arbeitgeberin oder der Arbeitgeber hat ihr im notwendigen Umfang Räume, Hilfsmittel und administrative Dienstleistungen zur Verfügung zu stellen.

---

2 Fassung gemäss Art. 64 des Arbeitsgesetzes vom 13. März 1964 in der Fassung des BG vom 20. März 1998, in Kraft seit 1. Aug. 2000 (SR **822.11**).

3 SR **832.20**

4 SR **822.11**

5 SR **220**

6 Eingefügt durch Anhang Ziff. 5 des BG vom 3. Okt. 2003 (1. BVG-Revision), in Kraft seit 1. April 2004 (AS **2004** 1677 1700; BBl **2000** 2637).

Art. 12   Schutz der Mitglieder der Arbeitnehmervertretung

[1] Die Arbeitgeberin oder der Arbeitgeber darf die Mitglieder der Arbeitnehmervertretung in ihren Aufgaben nicht behindern.

[2] Die Mitglieder der Arbeitnehmervertretung dürfen von Arbeitgeberseite während des Mandats und nach dessen Beendigung wegen Ausübung dieser Tätigkeit nicht benachteiligt werden. Dies gilt auch für alle, die sich zur Wahl in eine Arbeitnehmervertretung stellen.

Art. 13   Mitwirkung während der Arbeitszeit

Die Arbeitnehmervertretung kann ihre Tätigkeit während der Arbeitszeit ausüben, wenn die Wahrnehmung ihrer Aufgabe es erfordert und ihre Berufsarbeit es zulässt.

Art. 14   Verschwiegenheitspflicht

[1] Die Mitglieder der Arbeitnehmervertretung sind über betriebliche Angelegenheiten, die ihnen in dieser Eigenschaft zur Kenntnis gelangen, zur Verschwiegenheit gegenüber betriebsfremden Personen verpflichtet, sofern diese nicht mit der Wahrung der Interessen der Arbeitnehmerinnen und Arbeitnehmer betraut sind.

[2] Die Arbeitgeberin und der Arbeitgeber sowie die Mitglieder der Arbeitnehmervertretung sind zur Verschwiegenheit gegenüber allen Personen verpflichtet:

a. in Angelegenheiten, bei denen dies von Arbeitgeberseite oder von der Arbeitnehmervertretung aus berechtigtem Interesse ausdrücklich verlangt wird;

b. in persönlichen Angelegenheiten einzelner Arbeitnehmerinnen und Arbeitnehmer.

[3] Arbeitnehmerinnen und Arbeitnehmer von Betrieben ohne Arbeitnehmervertretung, denen gestützt auf Artikel 4 das Informations- und Mitspracherecht direkt zusteht, sowie betriebsfremde Personen, die nach Absatz 1 informiert werden dürfen, sind ebenfalls zur Verschwiegenheit verpflichtet.

[4] Im weitern sind auch die Arbeitnehmerinnen und Arbeitnehmer zur Verschwiegenheit verpflichtet, die von der Arbeitnehmervertretung nach Artikel 8 informiert worden sind.

[5] Die Pflicht zur Verschwiegenheit bleibt auch nach dem Ausscheiden aus der Arbeitnehmervertretung bestehen.

5. Abschnitt: Rechtspflege

Art. 15

[1] Über Streitigkeiten, die sich aus diesem Gesetz oder einer vertraglichen Mitwirkungsordnung ergeben, entscheiden unter Vorbehalt vertraglicher Schlichtungs- und Schiedsstellen die für Streitigkeiten aus dem Arbeitsverhältnis zuständigen Instanzen.

[2] Klageberechtigt sind die beteiligten Arbeitgeberinnen und Arbeitgeber, Arbeitnehmerinnen und Arbeitnehmer sowie deren Verbände. Für letztere geht der Anspruch nur auf Feststellung.

[3] Das Verfahren ist einfach, rasch und unentgeltlich. Der Sachverhalt wird von Amtes wegen festgestellt.

6. Abschnitt: Schlussbestimmungen

Art. 16

[1] Dieses Gesetz untersteht dem fakultativen Referendum.

[2] Der Bundesrat bestimmt das Inkrafttreten.

Datum des Inkrafttretens: 1. Mai 1994[7]

---

7   BRB vom 8. April 1994 (AS **1994** 1041).

III. Das Schlichtungs- und Einigungswesen

Bundesgesetz betreffend die Arbeit in den Fabriken

vom 18. Juni 1914; SR 821.41

(gestützt auf die Artikel 34 und 64 der Bundesverfassung[1])

Art. 1–29

...

Kantonale Einigungsstellen

Art. 30

[1] Behufs Vermittlung von Kollektivstreitigkeiten zwischen Fabrikinhabern und Arbeitern über das Arbeitsverhältnis sowie über die Auslegung und Ausführung von Gesamtarbeits- oder Normalarbeitsverträgen werden von den Kantonen, unter Berücksichtigung der in den Industrien bestehenden Bedürfnisse, ständige Einigungsstellen errichtet.

[2] ...

Verfahren

Art. 31

[1] Die Einigungsstelle lässt ihre Vermittlung von sich aus oder auf das Begehren einer Behörde oder Beteiligter eintreten.

[2] Alle von der Einigungsstelle Vorgeladenen sind bei Busse verpflichtet, zu erscheinen, zu verhandeln und Auskunft zu erteilen.

[3] Das Verfahren ist kostenlos.

Art. 32

...

Freiwillige Einigungsstellen

Art. 33

Errichten mehrere Fabrikinhaber derselben Industrie und ihre Arbeiter eine freiwillige Einigungsstelle, so tritt sie für die Beteiligten anstatt der amtlichen in Tätigkeit.

---

1   Den genannten Bestimmungen entsprechen heute die Art. 110 und 122 der BV vom 18. April 1999 (SR **101**).

Verbindliche Schiedsprüche

Art. 34

Die Parteien können den Einigungsstellen im einzelnen Falle, freiwilligen Einigungsstellen auch allgemein, die Befugnis übertragen, verbindliche Schiedsprüche zu fällen.

Weitergehende kantonale Befugnisse

Art. 35

Die Kantone könnten den Einigungsstellen weitere als die in diesem Gesetze vorgesehenen Befugnisse übertragen.

Art. 36–96

...

Bundesgesetz über die eidgenössische Einigungsstelle zur Beilegung von kollektiven Arbeitsstreitigkeiten

vom 12. Februar 1949; SR 821.42

(gestützt auf Artikel 34ter Absatz 1 Buchstabe b der Bundesverfassung[1])

I. Einsetzung und Organisation

Art. 1

[1] Zur Vermittlung in Kollektivstreitigkeiten zwischen Arbeitgebern und Arbeitnehmern über das Arbeitsverhältnis, die über die Grenzen eines Kantons hinausreichen, kann der Bundesrat das Eidgenössische Volkswirtschaftsdepartement (im folgenden Departement genannt) ermächtigen, von Fall zu Fall eine eidgenössische Einigungsstelle (im folgenden Einigungsstelle genannt) einzusetzen.

[2] Bei Streitigkeiten, die zwar über die Grenzen eines Kantons hinausreichen, aber nur von regionaler Bedeutung sind, kann das Departement nach Anhörung der beteiligten Kantone ein kantonales Einigungsamt mit der Vermittlung betrauen.

[3] Die Einsetzung der Einigungsstelle erfolgt nur auf Ersuchen Beteiligter, sofern alle Verständigungsversuche der Parteien durch direkte Verhandlungen nicht zum Ziel geführt haben und nur wenn keine vertragliche paritätische Einigungs- oder Schiedsstelle besteht.

[4] Als vertragliche paritätische Einigungs- oder Schiedsstellen im Sinne dieses Gesetzes gelten solche, in denen Arbeitgeber und Arbeitnehmer mit gleichen Rechten und Pflichten in gleicher Zahl vertreten sind und die unter neutraler Leitung stehen.

Art. 2

[1] Die Einigungsstelle wird vom Departement von Fall zu Fall aus einem Obmann und zwei Beisitzern zusammengesetzt.

[2] Das Departement bezeichnet die Mitglieder der Einigungsstelle im einzelnen Fall wie folgt:

---

1   Der genannten Bestimmung entspricht heute Art. 110 Abs. 1 Bst. b der BV vom 18. April 1999 (SR **101**).

a) den Obmann, ausgewählt aus fünf hiezu vom Bundesrat ernannten Personen;

b) je einen Beisitzer, ausgewählt aus je sechs vom Bundesrat auf Vorschlag der Spitzenverbände der Arbeitgeber und der Spitzenverbände der Arbeitnehmer ernannten Personen.

[3] Der Bundesrat entscheidet über Einsprachen wegen Befangenheit dieser Person.

[4] Die Wahl der Mitglieder erfolgt für die jeweilige Amtsdauer des Nationalrates.

II. Einigungsverfahren

Art. 3

[1] Die von der Einigungsstelle Vorgeladenen sind verpflichtet, zu erscheinen, zu verhandeln, Auskunft zu erteilen und die von der Einigungsstelle verlangten Unterlagen vorzulegen. Bei Widerhandlung gegen diese Bestimmung kann die Einigungsstelle Ordnungsbussen bis zu 500 Franken ausfällen.

[2] Auf begründetes Gesuch einer der Parteien kann die Akteneinsichtnahme auf den Obmann beschränkt werden, der den Beisitzern die nötigen Aufschlüsse erteilt.

[3] Die Einigungsstelle kann von sich aus oder auf Antrag der Parteien je eine von diesen zu bezeichnende sachkundige Person zur Auskunfterteilung beiziehen. Sie kann ferner in jedem Stadium des Verfahrens Zeugen anhören und Gutachten Sachverständiger einholen. Die einschlägigen Bestimmungen des Bundesgesetzes vom 4. Dezember 1947[2] über den Bundeszivilprozess finden sinngemäss Anwendung.

Art. 4

[1] Die Einigungsstelle sucht zunächst eine direkte Verständigung unter den Parteien zu erzielen. Gelingt ihr dies nicht, so stellt sie einen Vermittlungsvorschlag auf, der den Parteien zur Abgabe einer Erklärung über Annahme oder Ablehnung eröffnet wird. Nur teilweise Annahme gilt als Ablehnung.

[2] Die Parteien haben ihre Anträge schriftlich zu stellen; im übrigen ist das Verfahren mündlich. Es soll zudem rasch und kostenlos sein. Immerhin kann die Einigungsstelle die Verfahrenskosten ganz oder teilweise derjenigen Partei auferlegen, die mutwillig das Verfahren veranlasst oder erschwert hat. Bussen- und Kostenentscheide sind hinsichtlich ihrer Vollstreckbarkeit gerichtlichen Urteilen gleichgestellt.

[3] Scheitert die Vermittlung und erklären sich die Parteien nicht zur Durchführung eines Schiedsverfahrens bereit, so unterrichtet die Einigungsstelle in der Regel die Öffentlichkeit über den Sachverhalt in der ihr geeignet erscheinenden Weise.

III. Schiedsverfahren

Art. 5

[1] Im Einverständnis beider Parteien fällt die Einigungsstelle im Rahmen ihrer Zuständigkeit gemäss Artikel 1 sowie in denjenigen Fällen, in denen eine vertragliche Einigungsstelle, jedoch keine vertragliche Schiedsstelle besteht, einen verbindlichen Schiedsspruch. Das Schiedsverfahren ist sowohl nach erfolgloser Durchführung des Einigungsverfahrens vor der eidgenössischen Einigungsstelle als auch an dessen Stelle zulässig.

[2] Nach erfolgloser Durchführung des Einigungsverfahrens vor der Einigungsstelle kann das Departement auf Ersuchen beider Parteien auch eine besondere Schiedsstelle mit der Durchführung des Schiedsverfahrens beauftragen.

[3] Die Schiedsstelle entscheidet endgültig. Ihre Entscheide sind hinsichtlich der Vollstreckbarkeit gerichtlichen Urteilen gleichgestellt.

[4] Im übrigen finden für das Schiedsverfahren ausser den Bestimmungen dieses Bundesgesetzes über das Einigungsverfahren (Art. 3 und 4) diejenigen des Bundesgesetzes vom 4. Dezember 1947[3] über den Bundeszivilprozess sinngemäss Anwendung.

IV. Friedenspflicht

Art. 6

[1] Während der Dauer des Einigungs- oder Schiedsverfahrens besteht für die beteiligten Arbeitgeber und Arbeitnehmer und deren Verbände die Pflicht, den Arbeitsfrieden zu wahren und sich jeder Kampfmassnahme zu enthalten. Diese Friedenspflicht beginnt vom Zeitpunkt der Bekanntgabe der Einsetzung der Einigungs- oder Schiedsstelle an die Parteien und dauert 45 Tage. Durch einstimmigen Beschluss der Einigungs- oder Schiedsstelle kann die Frist verlängert werden.

[2] Zur Sicherung des Arbeitsfriedens kann die Einigungs- oder Schiedsstelle die Parteien anhalten, für die Dauer des Einigungs- oder Schiedsverfahrens eine besondere Vereinbarung über die Folgen der Verletzung der Friedenspflicht zu treffen.

[3] Verletzungen der Friedenspflicht werden von der Einigungs- oder Schiedsstelle festgestellt und können, wenn die fehlbare Partei von ihrem Verhalten nicht absteht, in geeignet erscheinender Weise der Öffentlichkeit bekanntgegeben werden.

[4] Die in Vereinbarungen vorgesehenen Sanktionen bei Verletzung der Friedenspflicht bleiben vorbehalten.

V. Schlussbestimmung

Art. 7

(hier nicht von Interesse).

Vollziehungsverordnung zum Bundesgesetz über die eidgenössische Einigungsstelle zur Beilegung von kollektiven Arbeitsstreitigkeiten

vom 2. September 1949; SR 821.421

(gestützt auf Artikel 7 Absatz 2 des Bundesgesetzes über die eidgenössische Einigungsstelle zur Beilegung von kollektiven Arbeitsstreitigkeiten[1])

I. Einsetzung und Organisation

Einsetzung der Einigungs- und Schiedsstelle

Art. 1

[1] Das Eidgenössische Volkswirtschaftsdepartement (im folgenden Departement genannt) wird ermächtigt, zur Vermittlung in Kollektivstreitigkeiten zwischen Arbeitgebern und Arbeitnehmern über das Arbeitsverhältnis, die über die Grenzen eines Kantons hinausreichen, von Fall zu Fall eine eidgenössische Einigungsstelle (im folgenden Einigungsstelle genannt) einzusetzen.

[2] Die Einsetzung der Einigungsstelle erfolgt nur, sofern keine vertragliche paritätische Einigungs- oder Schiedsstelle besteht, die Einsetzung einer Schiedsstelle nur, sofern keine vertragliche Schiedsstelle vorhanden ist und wenn beide Parteien darum ersuchen.

[3] Eine Kollektivstreitigkeit, die über die Grenzen eines Kantons hinausreicht, liegt vor, wenn die vom Streit betroffenen Betriebe oder Zweigbetriebe in mehr als einem Kanton liegen.

Prüfung der Voraussetzungen durch die Einigungs- oder Schiedsstelle

Art. 2

Stellt sich im Verfahren vor der Einigungs- oder Schiedsstelle nachträglich heraus, dass die Voraussetzungen für die Einsetzung nicht gegeben waren, so stellt die Einigungs- oder Schiedsstelle nach Fühlungnahme mit dem Departement das Verfahren ein.

1   SR **821.42**

Zusammensetzung der besonderen Schiedsstelle

Art. 3

[1] Die besondere Schiedsstelle gemäss Artikel 5 Absatz 2 des Gesetzes wird vom Departement von Fall zu Fall aus einem Obmann, zwei neutralen Beisitzern und aus je einem von den Streitparteien vorgeschlagenen Beisitzer (Fachbeisitzer) zusammengesetzt, sofern sich die Parteien nicht auf eine andere Zusammensetzung einigen.

[2] Der Obmann der Einigungsstelle, der in gleicher Sache im Einigungsverfahren tätig war, kann nur im Einverständnis mit beiden Parteien als Obmann oder neutraler Beisitzer der besonderen Schiedsstelle bezeichnet werden.

Sekretariat

Art. 4

Das Sekretariat der Einigungs- oder Schiedsstelle wird vom Staatssekretariat für Wirtschaft (seco)[2] besorgt, sofern nicht ein kantonales Einigungsamt gemäss Artikel 1 Absatz 2 des Gesetzes mit der Vermittlung der Kollektivstreitigkeit betraut wird.

Gesuch

Art. 5

[1] Gesuche um Einsetzung der Einigungs- oder Schiedsstelle sind schriftlich an das seco zu richten. Sie haben über das Vorhandensein der Voraussetzungen der Einigungs- oder Schiedsstelle sowie über den Streitgegenstand Aufschluss zu geben.

[2] Wird das Gesuch nur von einer Partei eingereicht, so gibt das Sekretariat der Gegenpartei unter Ansetzung einer kurzen Frist Gelegenheit zur Stellungnahme.

Befangenheit

Art. 6

[1] Der Bundesrat entscheidet über Einsprachen wegen Befangenheit der Mitglieder der Einigungs- oder Schiedsstelle, die Einigungs- oder Schiedsstelle über Einsprachen wegen Befangenheit eines Sachver-

---

2   Ausdruck gemäss Art. 22 Abs. 1 Ziff. 7 der V vom 17. Nov. 1999, in Kraft seit 1. Juli 1999 (AS **2000** 187). Diese Änd. Ist im ganzen Erlass berücksichtigt.

ständigen. Die Artikel 22–25 des Bundesgesetzes vom 16. Dezember 1943[3] über die Organisation der Bundesrechtspflege finden sinngemäss Anwendung.

Schweigepflicht
Art. 7
Die Mitglieder und der Sekretär der Einigungs- oder Schiedsstelle sowie die Sachverständigen haben über die in Ausführung ihrer Obliegenheiten gemachten Wahrnehmungen, die ihrer Natur nach als vertraulich zu behandeln sind, Verschwiegenheit zu bewahren.

II. Einigungsverfahren

Ausbleiben einer Partei
Art. 8
[1] Erscheint eine Partei ohne genügende Entschuldigung nicht zu den Verhandlungen, so kann die Einigungsstelle nach Anhörung der anwesenden Partei und auf Grund der Akten trotzdem einen Vermittlungsvorschlag aufstellen.

[2] Ist die Aufstellung eines Vermittlungsvorschlages ohne Anhörung der Gegenpartei nicht möglich, so vertagt sich die Einigungsstelle für kurze Zeit.

Parteivertretung
Art. 9
[1] Die Parteien haben persönlich zu erscheinen und dürfen sich nicht vertreten lassen; dagegen ist die Verbeiständung zulässig.

[2] Der Obmann ist befugt, die Zahl der zur Verhandlung zuzulassenden Personen zu beschränken.

Protokoll und Akteneinsicht
Art. 10
[1] Über die Verhandlungen ist ein Protokoll zu führen.

[2] Die Einsicht in das Protokoll sowie in die Akten ist den Parteien nur mit Genehmigung des Obmannes gestattet.

3   SR **173.110**

Vermittlungsvorschlag

Art. 11

[1] Kommt während der Verhandlungen eine direkte Verständigung unter den Parteien nicht zustande, so stellt die Einigungsstelle unter Ausschluss der Parteien einen Vermittlungsvorschlag auf.

[2] Die Mitglieder der Einigungsstelle sind zur Stimmabgabe verpflichtet. Die absolute Mehrheit der Stimmen entscheidet. Sind die Stimmen gleichgeteilt, so gibt diejenige des Obmannes den Ausschlag. Der Sekretär hat beratende Stimme.

[3] Der Vermittlungsvorschlag wird den Parteien schriftlich zugestellt unter Ansetzung einer Frist zur Abgabe einer schriftlichen Erklärung über dessen Annahme oder Ablehnung.

Ausschluss der Öffentlichkeit. Berichterstattung

Art. 12

[1] Die Verhandlungen sind nicht öffentlich.

[2] Nach Abschluss des Verfahrens erstattet der Obmann dem Departement Bericht.

Verfahren vor einem kantonalen Einigungsamt

Art. 13

Die Bestimmungen des Gesetzes und dieser Verordnung über das Verfahren und die Friedenspflicht finden auch Anwendung, wenn gemäss Artikel 1 Absatz 2 des Gesetzes ein kantonales Einigungsamt mit der Vermittlung betraut wird.

III. Schiedsverfahren

Art. 14

[1] Auf das Schiedsverfahren finden die Artikel 10, 11 Absatz 2, 12 und 13 sinngemäss Anwendung.

[2] Der Schiedsspruch ist den Parteien schriftlich mitzuteilen und zu begründen.

IV. Schlussbestimmung

Art. 15

(hier nicht von Interesse).

Sachregister

5 4 3 2 1

II. Der Normalarbeitsvertrag

Schweizerisches Obligationenrecht

(SR 220)

(OR 359–360)

Zehnter Titel: Der Arbeitsvertrag
3. Abschnitt: Gesamtarbeitsvertrag und
Normalarbeitsvertrag[1]

B. Normalarbeitsvertrag

I. Begriff und Inhalt

Art. 359

[1] Durch den Normalarbeitsvertrag werden für einzelne Arten von Arbeitsverhältnissen Bestimmungen über deren Abschluss, Inhalt und Beendigung aufgestellt.

[2] Für das Arbeitsverhältnis der landwirtschaftlichen Arbeitnehmer und der Arbeitnehmer im Hausdienst haben die Kantone Normalarbeitsverträge zu erlassen, die namentlich die Arbeits- und Ruhezeit ordnen und die Arbeitsbedingungen der weiblichen und jugendlichen Arbeitnehmer regeln.

[3] Artikel 358[2] ist auf den Normalarbeitsvertrag sinngemäss anwendbar.

II. Zuständigkeit und Verfahren

Art. 359a

[1] Erstreckt sich der Geltungsbereich des Normalarbeitsvertrages auf das Gebiet mehrerer Kantone, so ist für den Erlass der Bundesrat, andernfalls der Kanton zuständig.

[2] Vor dem Erlass ist der Normalarbeitsvertrag angemessen zu veröffentlichen und eine Frist anzusetzen, innert deren jedermann, der ein Interesse glaubhaft macht, schriftlich dazu Stellung nehmen kann;

---

1   Eine Zusammenstellung der geltenden Normalarbeitsverträge und Gesamtarbeitsverträge findet sich in der jeweils aktuellen Ausgabe des Jahrbuchs des Schweizerischen Arbeitsrechts (JAR) im Teil Gesetzgebung.

2   Siehe S. 515.

ausserdem sind Berufsverbände oder gemeinnützige Vereinigungen, die ein Interesse haben, anzuhören.

[3] Der Normalarbeitsvertrag tritt in Kraft, wenn er nach den für die amtlichen Veröffentlichungen geltenden Vorschriften bekanntgemacht worden ist.

[4] Für die Aufhebung und Abänderung eines Normalarbeitsvertrages gilt das gleiche Verfahren.

III. Wirkungen

Art. 360

[1] Die Bestimmungen des Normalarbeitsvertrages gelten unmittelbar für die ihm unterstellten Arbeitsverhältnisse, soweit nichts anderes verabredet wird.

[2] Der Normalarbeitsvertrag kann vorsehen, dass Abreden, die von einzelnen seiner Bestimmungen abweichen, zu ihrer Gültigkeit der schriftlichen Form bedürfen.

IV. Mindestlöhne
1. Voraussetzungen

Art. 360a[3]

[1] Werden innerhalb einer Branche oder einem Beruf die orts-, berufs- oder branchenüblichen Löhne wiederholt in missbräuchlicher Weise unterboten und liegt kein Gesamtarbeitsvertrag mit Bestimmungen über Mindestlöhne vor, der allgemein verbindlich erklärt werden kann, so kann die zuständige Behörde zur Bekämpfung oder Verhinderung von Missbräuchen auf Antrag der tripartiten Kommission nach Artikel 360*b* einen befristeten Normalarbeitsvertrag erlassen, der nach Regionen und gegebenenfalls Orten differenzierte Mindestlöhne vorsieht.

[2] Die Mindestlöhne dürfen weder dem Gesamtinteresse zuwiderlaufen noch die berechtigten Interessen anderer Branchen oder Bevölkerungskreise beeinträchtigen. Sie müssen den auf regionalen oder betrieblichen Verschiedenheiten beruhenden Minderheitsinteressen der betroffenen Branchen oder Berufe angemessen Rechnung tragen.

---

3   Eingefügt durch Anhang Ziff. 2 des BG vom 8. Okt. 1999 über die in die Schweiz entsandten Arbeitnehmerinnen und Arbeitnehmer, in Kraft seit 1. Juni 2004 (SR **823.20**).

2. Tripartite Kommissionen

Art. 360b[4]

[1] Der Bund und jeder Kanton setzen eine tripartite Kommission ein, die sich aus einer gleichen Zahl von Arbeitgeber- und Arbeitnehmervertretern sowie Vertretern des Staates zusammensetzt.

[2] Bezüglich der Wahl ihrer Vertreter nach Absatz 1 steht den Arbeitgeber- und Arbeitnehmerverbänden ein Vorschlagsrecht zu.

[3] Die Kommissionen beobachten den Arbeitsmarkt. Stellen sie Missbräuche im Sinne von Artikel 360a Absatz 1 fest, so suchen sie in der Regel eine direkte Verständigung mit den betroffenen Arbeitgebern. Gelingt dies innert zwei Monaten nicht, so beantragen sie der zuständigen Behörde den Erlass eines Normalarbeitsvertrages, der für die betroffenen Branchen oder Berufe Mindestlöhne vorsieht.

[4] Ändert sich die Arbeitsmarktsituation in den betroffenen Branchen, so beantragt die tripartite Kommission der zuständigen Behörde die Änderung oder die Aufhebung des Normalarbeitsvertrags.

[5] Um die ihnen übertragenen Aufgaben wahrzunehmen, haben die tripartiten Kommissionen in den Betrieben das Recht auf Auskunft und Einsichtnahme in alle Dokumente, die für die Durchführung der Untersuchung notwendig sind. Im Streitfall entscheidet eine hierfür vom Bund beziehungsweise vom Kanton bezeichnete Behörde.

3. Amtsgeheimnis

Art. 360c[5]

[1] Die Mitglieder der tripartiten Kommissionen unterstehen dem Amtsgeheimnis; sie sind insbesondere über betriebliche und private Angelegenheiten, die ihnen in dieser Eigenschaft zur Kenntnis gelangen, zur Verschwiegenheit gegenüber Drittpersonen verpflichtet.

[2] Die Pflicht zur Verschwiegenheit bleibt auch nach dem Ausscheiden aus der tripartiten Kommission bestehen.

---

4   Eingefügt durch Anhang Ziff. 2 des BG vom 8. Okt. 1999 über die in die Schweiz entsandten Arbeitnehmerinnen und Arbeitnehmer, in Kraft seit 1. Juni 2003 (SR **823.20**).

5   Eingefügt durch Anhang Ziff. 2 des BG vom 8. Okt. 1999 über die in die Schweiz entsandten Arbeitnehmerinnen und Arbeitnehmer, in Kraft seit 1. Juni 2003 (SR **823.20**).

4. Wirkungen

Art. 360d[6]

[1] Der Normalarbeitsvertrag nach Artikel 360a gilt auch für Arbeitneh-mer, die nur vorübergehend in seinem örtlichen Geltungsbereich tätig sind, sowie für verliehene Arbeitnehmer.

[2] Durch Abrede darf vom Normalarbeitsvertrag nach Artikel 360a nicht zu Ungunsten des Arbeitnehmers abgewichen werden.

5. Klagerecht der Verbände

Art. 360e[7]

Den Arbeitgeber- und den Arbeitnehmerverbänden steht ein Anspruch auf gerichtliche Feststellung zu, ob ein Arbeitgeber den Normalar-beitsvertrag nach Artikel 360a einhält.

6. Meldung

Art. 360f[8]

Erlässt ein Kanton in Anwendung von Artikel 360a einen Normalar-beitsvertrag, so stellt er dem zuständigen Bundesamt[9] ein Exemplar zu.

---

6 Eingefügt durch Anhang Ziff. 2 des BG vom 8. Okt. 1999 über die in die Schweiz entsandten Arbeitnehmerinnen und Arbeitnehmer, in Kraft seit 1. Juni 2004 (SR **823.20**).

7 Eingefügt durch Anhang Ziff. 2 des BG vom 8. Okt. 1999 über die in die Schweiz entsandten Arbeitnehmerinnen und Arbeitnehmer, in Kraft seit 1. Juni 2004 (SR **823.20**).

8 Eingefügt durch Anhang Ziff. 2 des BG vom 8. Okt. 1999 über die in die Schweiz entsandten Arbeitnehmerinnen und Arbeitnehmer, in Kraft seit 1. Juni 2004 (SR **823.20**).

9 Gegenwärtig Staatssekretariat für Wirtschaft (seco)

III. Gleichstellungsgesetz

Bundesgesetz über die Gleichstellung von Frau und Mann (Gleichstellungsgesetz, GlG)

vom 24. März 1995; SR 151.1

(gestützt auf die Artikel 4 Absatz 2, 34ter Absatz 1
Buchstabe a, 64 und 85 Ziffer 3 der Bundesverfassung[1])

1. Abschnitt: Zweck

Art. 1

Dieses Gesetz bezweckt die Förderung der tatsächlichen Gleichstellung von Frau und Mann.

2. Abschnitt: Gleichstellung im Erwerbsleben

Art. 2   Grundsatz

Dieser Abschnitt gilt für Arbeitsverhältnisse nach Obligationenrecht[2] sowie für alle öffentlichrechtlichen Arbeitsverhältnisse in Bund, Kantonen und Gemeinden.

Art. 3   Diskriminierungsverbot

[1] Arbeitnehmerinnen und Arbeitnehmer dürfen aufgrund ihres Geschlechts weder direkt noch indirekt benachteiligt werden, namentlich nicht unter Berufung auf den Zivilstand, auf die familiäre Situation oder, bei Arbeitnehmerinnen, auf eine Schwangerschaft.

[2] Das Verbot gilt insbesondere für die Anstellung, Aufgabenzuteilung, Gestaltung der Arbeitsbedingungen, Entlöhnung, Aus- und Weiterbildung, Beförderung und Entlassung.

[3] Angemessene Massnahmen zur Verwirklichung der tatsächlichen Gleichstellung stellen keine Diskriminierung dar.

Art. 4   Diskriminierung durch sexuelle Belästigung

Diskriminierend ist jedes belästigende Verhalten sexueller Natur oder ein anderes Verhalten aufgrund der Geschlechtszugehörigkeit, das die

---

1   Den genannten Bestimmungen entsprechen heute die Art. 8 Abs. 3, 110 Abs. 1 Bst. a, 122 und 164 Abs. 1 Bst. g der BV vom 18. April 1999 (SR **101**).

2   SR **220**

Würde von Frauen und Männern am Arbeitsplatz beeinträchtigt. Darunter fallen insbesondere Drohungen, das Versprechen von Vorteilen, das Auferlegen von Zwang und das Ausüben von Druck zum Erlangen eines Entgegenkommens sexueller Art.

Art. 5   Rechtsansprüche

[1] Wer von einer Diskriminierung im Sinne der Artikel 3 und 4 betroffen ist, kann dem Gericht oder der Verwaltungsbehörde beantragen:

a.   eine drohende Diskriminierung zu verbieten oder zu unterlassen;

b.   eine bestehende Diskriminierung zu beseitigen;

c.   eine Diskriminierung festzustellen, wenn diese sich weiterhin störend auswirkt;

d.   die Zahlung des geschuldeten Lohns anzuordnen.

[2] Besteht die Diskriminierung in der Ablehnung einer Anstellung oder in der Kündigung eines obligationenrechtlichen Arbeitsverhältnisses, so hat die betroffene Person lediglich Anspruch auf eine Entschädigung. Diese ist unter Würdigung aller Umstände festzusetzen und wird auf der Grundlage des voraussichtlichen oder tatsächlichen Lohnes errechnet.

[3] Bei einer Diskriminierung durch sexuelle Belästigung kann das Gericht oder die Verwaltungsbehörde der betroffenen Person zudem auch eine Entschädigung zusprechen, wenn die Arbeitgeberinnen oder die Arbeitgeber nicht beweisen, dass sie Massnahmen getroffen haben, die zur Verhinderung sexueller Belästigungen nach der Erfahrung notwendig und angemessen sind und die ihnen billigerweise zugemutet werden können. Die Entschädigung ist unter Würdigung aller Umstände festzusetzen und wird auf der Grundlage des schweizerischen Durchschnittslohns errechnet.

[4] Die Entschädigung bei Diskriminierung in der Ablehnung einer Anstellung nach Absatz 2 darf den Betrag nicht übersteigen, der drei Monatslöhnen entspricht. Die Gesamtsumme der Entschädigungen darf diesen Betrag auch dann nicht übersteigen, wenn mehrere Personen einen Anspruch auf eine Entschädigung wegen diskriminierender Ablehnung derselben Anstellung geltend machen. Die Entschädigung bei Diskriminierung in der Kündigung eines obligationenrechtlichen Arbeitsverhältnisses nach Absatz 2 und bei Diskriminierung durch sexu-

elle Belästigung nach Absatz 3 darf den Betrag nicht übersteigen, der sechs Monatslöhnen entspricht.

⁵ Vorbehalten bleiben Ansprüche auf Schadenersatz und Genugtuung sowie weitergehende vertragliche Ansprüche.

Art. 6   Beweislasterleichterung

Bezüglich der Aufgabenzuteilung, Gestaltung der Arbeitsbedingungen, Entlöhnung, Aus- und Weiterbildung, Beförderung und Entlassung wird eine Diskriminierung vermutet, wenn diese von der betroffenen Person glaubhaft gemacht wird.

Art. 7   Klagen und Beschwerden von Organisationen

¹ Organisationen, die nach ihren Statuten die Gleichstellung von Frau und Mann fördern oder die Interessen der Arbeitnehmerinnen und Arbeitnehmer wahren und seit mindestens zwei Jahren bestehen, können im eigenen Namen feststellen lassen, dass eine Diskriminierung vorliegt, wenn der Ausgang des Verfahrens sich voraussichtlich auf eine grössere Zahl von Arbeitsverhältnissen auswirken wird. Sie müssen der betroffenen Arbeitgeberin oder dem betroffenen Arbeitgeber Gelegenheit zur Stellungnahme geben, bevor sie eine Schlichtungsstelle anrufen oder eine Klage einreichen.

² Im übrigen gelten die Bestimmungen für die Klagen und Beschwerden von Einzelpersonen sinngemäss.

3. Abschnitt: Besondere Bestimmungen für Arbeitsverhältnisse nach Obligationenrecht³

Art. 8   Verfahren bei diskriminierender Ablehnung der Anstellung

¹ Personen, deren Bewerbung für eine Anstellung nicht berücksichtigt worden ist und die eine Diskriminierung geltend machen, können von der Arbeitgeberin oder vom Arbeitgeber eine schriftliche Begründung verlangen.

² Der Anspruch auf eine Entschädigung nach Artikel 5 Absatz 2 ist verwirkt, wenn nicht innert drei Monaten, nachdem die Arbeitgeberin

³   SR **220**

oder der Arbeitgeber die Ablehnung der Anstellung mitgeteilt hat, die Klage angehoben wird.

Art. 9   Verfahren bei diskriminierender Kündigung

Wird eine Arbeitnehmerin oder ein Arbeitnehmer durch die Kündigung diskriminiert, ist Artikel 336b des Obligationenrechts[4] anwendbar.

Art. 10   Kündigungsschutz

[1] Die Kündigung des Arbeitsverhältnisses durch die Arbeitgeberin oder den Arbeitgeber ist anfechtbar, wenn sie ohne begründeten Anlass auf eine innerbetriebliche Beschwerde über eine Diskriminierung oder auf die Anrufung der Schlichtungsstelle oder des Gerichts durch die Arbeitnehmerin oder den Arbeitnehmer folgt.

[2] Der Kündigungsschutz gilt für die Dauer eines innerbetrieblichen Beschwerdeverfahrens, eines Schlichtungs- oder eines Gerichtsverfahrens sowie sechs Monate darüber hinaus.

[3] Die Kündigung muss vor Ende der Kündigungsfrist beim Gericht angefochten werden. Das Gericht kann die provisorische Wiedereinstellung der Arbeitnehmerin oder des Arbeitnehmers für die Dauer des Verfahrens anordnen, wenn es wahrscheinlich erscheint, dass die Voraussetzungen für die Aufhebung der Kündigung erfüllt sind.

[4] Die Arbeitnehmerin oder der Arbeitnehmer kann während des Verfahrens auf die Weiterführung des Arbeitsverhältnisses verzichten und stattdessen eine Entschädigung nach Artikel 336a des Obligationenrechts[5] geltend machen.

[5] Dieser Artikel gilt sinngemäss für Kündigungen, die wegen der Klage einer Organisation nach Artikel 7 erfolgen.

Art. 11   Schlichtungsverfahren

[1] Die Kantone bezeichnen Schlichtungsstellen. Diese beraten die Parteien und versuchen, eine Einigung herbeizuführen.

[2] Das Schlichtungsverfahren ist für die Parteien freiwillig. Die Kantone können jedoch vorsehen, dass die gerichtliche Klage erst nach der Durchführung des Schlichtungsverfahrens angehoben werden kann.

4   SR **220**
5   SR **220**

[3] Die Schlichtungsstelle muss innerhalb der Klagefrist angerufen werden, wenn das Gesetz eine solche vorsieht. In diesem Fall ist die gerichtliche Klage innerhalb von drei Monaten nach Abschluss des Schlichtungsverfahrens einzureichen.

[4] Das Schlichtungsverfahren ist kostenlos.

[5] Durch Gesamtarbeitsvertrag kann die Schlichtung von Streitigkeiten zwischen Arbeitnehmerverbänden und einzelnen Arbeitgeberinnen oder Arbeitgebern unter Ausschluss der staatlichen Schlichtungsstellen auf im Vertrag vorgesehene Organe übertragen werden.

Art. 12   Zivilrechtspflege

[1] In Streitigkeiten über Diskriminierungen im Erwerbsleben dürfen die Kantone das schriftliche Verfahren und die Prozessvertretung nicht ausschliessen.

[2] Artikel 343 des Obligationenrechts[6] ist unabhängig vom Streitwert anwendbar.

4. Abschnitt: Rechtsschutz bei öffentlichrechtlichen Arbeitsverhältnissen

Art. 13

[1] Der Rechtsschutz bei öffentlichrechtlichen Arbeitsverhältnissen richtet sich nach den allgemeinen Bestimmungen über die Bundesrechtspflege. Für Beschwerden von Bundespersonal gilt ausserdem Artikel 58 des Beamtengesetzes vom 30. Juni 1927[7].

[2] Wird eine Person durch die Abweisung ihrer Bewerbung für die erstmalige Begründung eines Arbeitsverhältnisses diskriminiert, so ist Artikel 5 Absatz 2 anwendbar. Die Entschädigung kann direkt mit Beschwerde gegen die abweisende Verfügung verlangt werden.

[3] Auf Antrag der Beschwerdeführerin oder des Beschwerdeführers begutachtet eine Fachkommission Beschwerden gegen erstinstanzliche Verfügungen über das Dienstverhältnis von Bundespersonal.

6   SR **220**
7   SR **172.221.10**

[4] Artikel 103 Buchstabe b des Bundesrechtspflegegesetzes vom 16. Dez. 1943[8] ist auf Verfügungen letzter kantonaler Instanzen nicht anwendbar.

[5] Das Verfahren ist kostenlos; ausgenommen sind Fälle von mutwilliger Prozessführung.

5. Abschnitt: Finanzhilfen

Art. 14   Förderungsprogramme

[1] Der Bund kann öffentlichen oder privaten Institutionen, die Programme zur Förderung der Gleichstellung von Frau und Mann im Erwerbsleben durchführen, Finanzhilfen gewähren. Er kann selbst Programme durchführen.

[2] Die Programme können dazu dienen:

a. die inner- oder ausserbetriebliche Aus- und Weiterbildung zu fördern;

b. die Vertretung der Geschlechter in den verschiedenen Berufen, Funktionen und Führungsebenen zu verbessern;

c. die Vereinbarkeit von beruflichen und familiären Aufgaben zu verbessern;

d. Arbeitsorganisationen und Infrastrukturen am Arbeitsplatz zu fördern, welche die Gleichstellung begünstigen.

[3] In erster Linie werden Programme mit neuartigem und beispielhaftem Inhalt unterstützt.

Art. 15   Beratungsstellen

Der Bund kann privaten Institutionen Finanzhilfen gewähren für:

a. die Beratung und die Information von Frauen im Erwerbsleben;

b. die Förderung der Wiedereingliederung von Frauen und Männern, die ihre berufliche Tätigkeit zugunsten familiärer Aufgaben unterbrochen haben.

6. Abschnitt: Eidgenössisches Büro für die Gleichstellung von Frau und Mann

Art. 16

[1] Das Eidgenössische Büro für die Gleichstellung von Frau und Mann fördert die Gleichstellung der Geschlechter in allen Lebensbereichen und setzt sich für die Beseitigung jeglicher Form direkter oder indirekter Diskriminierung ein.

[2] Zu diesem Zweck nimmt es namentlich folgende Aufgaben wahr:

a. es informiert die Öffentlichkeit;

b. es berät Behörden und Private;

c. es führt Untersuchungen durch und empfiehlt Behörden und Privaten geeignete Massnahmen;

d. es kann sich an Projekten von gesamtschweizerischer Bedeutung beteiligen;

e. es wirkt an der Ausarbeitung von Erlassen des Bundes mit, soweit diese für die Gleichstellung von Bedeutung sind;

f. es prüft die Gesuche um Finanzhilfen nach den Artikeln 14 und 15 und überwacht die Durchführung der Förderungsprogramme.

7. Abschnitt: Schlussbestimmungen

Art. 17   Übergangsbestimmung

ÜbergangsbestimmunAnsprüche nach Artikel 5 Absatz 1 Buchstabe d werden nach neuem Recht beurteilt, wenn die zivilrechtliche Klage nach dem Inkrafttreten des Gesetzes erhoben worden ist oder die erstinstanzlich zuständige Behörde bis zu diesem Zeitpunkt noch keine Verfügung getroffen hat.

Art. 18   Referendum und Inkrafttreten

[1] Dieses Gesetz untersteht dem fakultativen Referendum.

[2] Der Bundesrat bestimmt das Inkrafttreten.

Datum des Inkrafttretens: 1. Juli 1996[9]

---

9   BRB vom 25. Okt. 1995 (AS **1996** 1503).

B. Öffentliches Arbeitsrecht
I. Arbeitsschutzrecht

Bundesgesetz über die Arbeit in Industrie, Gewerbe und Handel (Arbeitsgesetz, ArG)

vom 13. März 1964; SR 822.11

(gestützt auf die Artikel 26, 31bis Absatz 2, 34bis, 34ter, 36, 64, 64bis, 85, 103 und 114bis der Bundesverfassung[1])

I. Geltungsbereich

Betrieblicher und persönlicher Geltungsbereich

Art. 1

[1] Das Gesetz ist, unter Vorbehalt der Artikel 2–4, anwendbar auf alle öffentlichen und privaten Betriebe.[2]

[2] Ein Betrieb im Sinne des Gesetzes liegt vor, wenn ein Arbeitgeber dauernd oder vorübergehend einen oder mehrere Arbeitnehmer beschäftigt, unabhängig davon, ob bestimmte Einrichtungen oder Anlagen vorhanden sind. Wenn die Voraussetzungen für die Anwendbarkeit des Gesetzes nur für einzelne Teile eines Betriebes gegeben sind, ist das Gesetz nur auf diese anwendbar.

[3] Auf Arbeitnehmer, welche ein im Auslande gelegener Betrieb in der Schweiz beschäftigt, ist das Gesetz anwendbar, soweit dies nach den Umständen möglich ist.

Ausnahmen vom betrieblichen Geltungsbereich

Art. 2

[1] Das Gesetz ist, unter Vorbehalt von Artikel 3a, nicht anwendbar:[3]

a.   auf Verwaltungen des Bundes, der Kantone und Gemeinden, unter Vorbehalt von Absatz 2;

---

1   Den genannten Bestimmungen entsprechen die Art. 63, 87, 92, 95, 110, 117, 122, 177 Abs. 3, 188 Abs. 2 und 190 Abs. 1 der BV vom 18. April 1999 (SR 101).

2   Fassung gemäss Ziff. I des BG vom 20. März 1998, in Kraft seit 1. Aug. 2000 (AS **2000** 1569 1580; BBl **1998** 1394).

3   Fassung gemäss Ziff. I des BG vom 8. Okt. 1993, in Kraft seit 1. Mai 1994 (AS **1994** 1035 1036; BBl **1993** I 805).

b.[4]   auf Betriebe, die der Bundesgesetzgebung über die Arbeit in Unternehmen des öffentlichen Verkehrs unterstehen;

c.   auf Betriebe, die der Bundesgesetzgebung über die Seeschifffahrt unter der Schweizerflagge unterstehen;

d.   auf Betriebe der landwirtschaftlichen Urproduktion, mit Einschluss von Nebenbetrieben, in denen überwiegend die Erzeugnisse des Hauptbetriebes verarbeitet oder verwertet werden, sowie auf örtliche Milchsammelstellen und die damit verbundenen Milchverarbeitungsbetriebe;

e.   auf Betriebe mit überwiegend gärtnerischer Pflanzenproduktion, unter Vorbehalt von Absatz 3;

f.   auf Fischereibetriebe;

g.   auf private Haushaltungen.

[2] Die öffentlichen Anstalten, die den Verwaltungen des Bundes, der Kantone und der Gemeinden gleichzustellen sind, sowie die Betriebe des Bundes, der Kantone und der Gemeinden, auf die das Gesetz anwendbar ist, werden durch Verordnung bezeichnet.

[3] Auf Betriebe mit überwiegend gärtnerischer Pflanzenproduktion, die Lehrlinge ausbilden, können einzelne Bestimmungen des Gesetzes durch Verordnung anwendbar erklärt werden, soweit dies zum Schutze der Lehrlinge erforderlich ist.

[4] Die Bestimmungen des Gesetzes und seiner Verordnungen über das Mindestalter sind anwendbar auf Betriebe im Sinne von Absatz 1 Buchstaben d–g.[5]

Ausnahmen vom persönlichen Geltungsbereich

Art. 3

Das Gesetz ist, unter Vorbehalt von Artikel 3*a*, ferner nicht anwendbar:[6]

---

4   Fassung gemäss Art. 28 Abs. 2 des Arbeitszeitgesetzes vom 8. Okt. 1971, in Kraft seit 28. Mai 1972 (SR **822.21**).

5   Eingefügt durch Ziff. I des BG vom 19. März 1999, in Kraft seit 1. Aug. 2000 (AS **2000** 1568; BBl **1999** 513).

6   Fassung gemäss Ziff. I des BG vom 8. Okt. 1993, in Kraft seit 1. Mai 1994 (AS **1994** 1035 1036; BBl **1993** I 805).

a. auf Personen geistlichen Standes und andere Personen, die im Dienste von Kirchen stehen, sowie auf Angehörige von Ordens- und Mutterhäusern oder anderer religiöser Gemeinschaften;

b. auf das in der Schweiz wohnhafte Personal öffentlicher Verwaltungen ausländischer Staaten oder internationaler Organisationen;

c.[7] auf die Besatzungen von schweizerischen Flugbetriebsunternehmen;

d. auf Arbeitnehmer, die eine höhere leitende Tätigkeit oder eine wissenschaftliche oder selbständige künstlerische Tätigkeit ausüben;

e. auf Assistenzärzte, Lehrer an Privatschulen sowie auf Lehrer, Fürsorger, Erzieher und Aufseher in Anstalten;

f.[8] auf Heimarbeitnehmer;

g. auf Handelsreisende im Sinne der Bundesgesetzgebung;

h.[9] auf Arbeitnehmer, die dem Abkommen vom 21. Mai 1954[10] über die Arbeitsbedingungen der Rheinschiffer unterstehen.

Vorschriften über den Gesundheitsschutz[11]

Art. 3a[12]

Die Vorschriften dieses Gesetzes über den Gesundheitsschutz (Art. 6, 35 und 36a) sind jedoch anwendbar:[13]

a.[14] auf die Verwaltungen des Bundes, der Kantone und Gemeinden;

---

7 Fassung gemäss Ziff. II 2 des BG vom 18. Juni 1993, in Kraft seit 1. Jan. 1995 (AS **1994** 3010 3024; BBl **1992** I 607).

8 Fassung gemäss Art. 21 Ziff. 2 des Heimarbeitsgesetzes vom 20. März 1981, in Kraft seit 1. April 1983 (SR **822.31**).

9 Eingefügt durch Ziff. II 2 des BG vom 18. Juni 1993, in Kraft seit 1. Jan. 1995 (AS **1994** 3010 3024; BBl **1992** I 607).

10 SR **0.747.224.022**.

11 Fassung gemäss Ziff. I des BG vom 20. März 1998, in Kraft seit 1. Aug. 2000 (AS **2000** 1569 1580; BBl **1998** 1394).

12 Eingefügt durch Ziff. I des BG vom 8. Okt. 1993, in Kraft seit 1. Mai 1994 (AS **1994** 1035 1036; BBl **1993** I 805).

13 Fassung gemäss Ziff. I des BG vom 20. März 1998, in Kraft seit 1. Aug. 2000 (AS **2000** 1569 1580; BBl **1998** 1394).

b.   auf Arbeitnehmer, die eine höhere leitende Tätigkeit oder eine wissenschaftliche oder selbständige künstlerische Tätigkeit ausüben;

c.   auf Assistenzärzte, Lehrer an Privatschulen sowie auf Lehrer, Fürsorger, Erzieher[15] und Aufseher in Anstalten.

Familienbetriebe
Art. 4

[1] Das Gesetz ist nicht anwendbar auf Betriebe, in denen lediglich der Ehegatte des Betriebsinhabers, seine Blutsverwandten in auf- und absteigender Linie und deren Ehegatten sowie seine Stief- und Adoptivkinder tätig sind.

[2] Sind im Betrieb auch andere als die in Absatz 1 erwähnten Personen tätig, so ist das Gesetz nur auf diese anwendbar.

[3] Auf jugendliche Familienglieder im Sinne von Absatz 1 können einzelne Vorschriften des Gesetzes durch Verordnung anwendbar erklärt werden, soweit dies zum Schutze von Leben und Gesundheit der Jugendlichen oder zur Wahrung der Sittlichkeit erforderlich ist.

Sondervorschriften für industrielle Betriebe
Art. 5

[1] Die besonderen Vorschriften des Gesetzes für industrielle Betriebe sind auf den einzelnen Betrieb oder auf einzelne Betriebsteile nur anwendbar aufgrund einer Unterstellungsverfügung des Bundesamtes für Wirtschaft und Arbeit (Bundesamt)[16].[17]

[2] Als industrielle Betriebe im Sinne des Gesetzes gelten Betriebe mit fester Anlage von dauerndem Charakter für die Herstellung, Verarbei-

---

14   Fassung gemäss Ziff. I des BG vom 20. März 1998, in Kraft seit 1. Aug. 2000 (AS **2000** 1569 1580; BBl **1998** 1394).

15   Berichtigt von der Redaktionskommissionder BVers (Art. 33 des Geschäftsverkehrsgesetzes – SR **171.11**).

16   Heute:«Staatssekretariat für Wirtschaft (seco)» (Art. 5 der Organisationsverordnung für das Eidgenössische Volkswirtschaftsdepartement vom 14. Juni 1999 – SR **172.216.1**; AS **2000** 187 Art. 2).

17   Fassung gemäss Ziff. I des BG vom 20. März 1998, in Kraft seit 1. Aug. 2000 (AS **2000** 1569 1580; BBl **1998** 1394).

tung oder Behandlung von Gütern oder für die Erzeugung, Umwandlung oder Übertragung von Energie, sofern

a. die Arbeitsweise oder die Arbeitsorganisation durch Maschinen oder andere technische Einrichtungen oder durch serienmässige Verrichtungen bestimmt werden und für die Herstellung, Verarbeitung oder Behandlung von Gütern oder für die Erzeugung, Umwandlung oder Übertragung von Energie wenigstens sechs Arbeitnehmer beschäftigt werden, oder

b. die Arbeitsweise oder die Arbeitsorganisation wesentlich durch automatisierte Verfahren bestimmt werden, oder

c. Leben oder Gesundheit der Arbeitnehmer besonderen Gefahren ausgesetzt sind.

II. Gesundheitsschutz[18] und Plangenehmigung[19]

Pflichten der Arbeitgeber und Arbeitnehmer

Art. 6[20]

[1] Der Arbeitgeber ist verpflichtet, zum Schutze der Gesundheit der Arbeitnehmer alle Massnahmen zu treffen, die nach der Erfahrung notwendig, nach dem Stand der Technik anwendbar und den Verhältnissen des Betriebes angemessen sind. Er hat im weiteren die erforderlichen Massnahmen zum Schutze der persönlichen Integrität der Arbeitnehmer vorzusehen.[21]

[2] Der Arbeitgeber hat insbesondere die betrieblichen Einrichtungen und den Arbeitsablauf so zu gestalten, dass Gesundheitsgefährdungen und Überbeanspruchungen der Arbeitnehmer nach Möglichkeit vermieden werden.

[2bis] Der Arbeitgeber hat dafür zu sorgen, dass der Arbeitnehmer in Ausübung seiner beruflichen Tätigkeit keinen Alkohol oder andere be-

---

18   Ausdruck gemäss Ziff. I des BG vom 20. März 1998, in Kraft seit 1. Aug. 2000 (AS **2000** 1569 1580; BBl **1998** 1394). Diese Änd. ist im ganzen Erlass berücksichtigt.

19   Fassung gemäss Ziff. 9 des Anhangs zum Unfallversicherungsgesetz, in Kraft seit 1. Jan. 1984 (SR **832.20**, **832.201** Art. 1 Abs. 1).

20   Fassung gemäss Ziff. 9 des Anhangs zum Unfallversicherungsgesetz, in Kraft seit 1. Jan. 1984 (SR **832.20**, **832.201** Art. 1 Abs. 1).

21   Fassung gemäss Ziff. I des BG vom 20. März 1998, in Kraft seit 1. Aug. 2000 (AS **2000** 1569 1580; BBl **1998** 1394).

rauschende Mittel konsumieren muss. Der Bundesrat regelt die Ausnahmen.[22]

[3] Für den Gesundheitsschutz hat der Arbeitgeber die Arbeitnehmer zur Mitwirkung heranzuziehen. Diese sind verpflichtet, den Arbeitgeber in der Durchführung der Vorschriften über den Gesundheitsschutz zu unterstützen.

[4] Durch Verordnung wird bestimmt, welche Massnahmen für den Gesundheitsschutz in den Betrieben zu treffen sind.

Plangenehmigung und Betriebsbewilligung
Art. 7[23]

[1] Wer einen industriellen Betrieb errichten oder umgestalten will, muss bei der kantonalen Behörde um die Genehmigung der geplanten Anlage nachsuchen. Diese holt den Bericht des Eidgenössischen Arbeitsinspektorats und durch dessen Vermittlung den Mitbericht der Schweizerischen Unfallversicherungsanstalt ein. Die im Bericht und Mitbericht ausdrücklich als Weisungen bezeichneten Anträge werden von der kantonalen Behörde als Auflagen in die Plangenehmigung aufgenommen.

[2] Entspricht die geplante Anlage den Vorschriften, so genehmigt die kantonale Behörde die Pläne, nötigenfalls mit der Auflage, dass besondere Schutzmassnahmen zu treffen sind.

[3] Vor der Aufnahme der betrieblichen Tätigkeit muss der Arbeitgeber bei der kantonalen Behörde um die Betriebsbewilligung nachsuchen. Die kantonale Behörde holt den Bericht des Eidgenössischen Arbeitsinspektorats ein und erteilt die Betriebsbewilligung, wenn Bau und Einrichtung des Betriebes der Plangenehmigung entsprechen.

[4] Ist für die Errichtung oder Umgestaltung eines Betriebs die Genehmigung einer Bundesbehörde erforderlich, so erteilt diese auch die Plangenehmigung im Verfahren nach Absatz 1. Auf Berichte und Mitbe-

---

22   Eingefügt durch Ziff. I des BG vom 20. März 1998, in Kraft seit 1. Aug. 2000 (AS **2000** 1569 1580; BBl **1998** 1394).

23   Fassung gemäss Ziff. 9 des Anhangs zum Unfallversicherungsgesetz, in Kraft seit 1. Jan. 1984 (SR **832.20**, **832.201** Art. 1 Abs. 1).

richte sind die Artikel 62a und 62b des Regierungs- und Verwaltungsorganisationsgesetzes vom 21. März 1997[24] anwendbar.[25]

Nichtindustrielle Betriebe

Art. 8[26]

Der Bundesrat kann Artikel 7 auf nichtindustrielle Betriebe mit erheblichen Betriebsgefahren anwendbar erklären. Die einzelnen Betriebsarten werden durch Verordnung bestimmt.

III. Arbeits- und Ruhezeit

1. Arbeitszeit

Wöchentliche Höchstarbeitszeit

Art. 9

[1] Die wöchentliche Höchstarbeitszeit beträgt:

a.[27] 45 Stunden für Arbeitnehmer in industriellen Betrieben sowie für
Büropersonal, technische und andere Angestellte, mit Einschluss
des Verkaufspersonals in Grossbetrieben des Detailhandels;

b. 50 Stunden für alle übrigen Arbeitnehmer.

[2] …[28]

[3] Für bestimmte Gruppen von Betrieben oder Arbeitnehmern kann die
wöchentliche Höchstarbeitszeit durch Verordnung zeitweise um höchstens vier Stunden verlängert werden, sofern sie im Jahresdurchschnitt
nicht überschritten wird.

[4] Eine Verlängerung der wöchentlichen Höchstarbeitszeit um höchstens vier Stunden kann vom Bundesamt für bestimmte Gruppen von

---

24 SR **172.010**
25 Eingefügt durch Ziff. I 16 des BG vom 18. Juni 1999 über die Koordination und
    Vereinfachung von Entscheidverfahren, in Kraft seit 1. Jan. 2000 (AS **1999** 3071
    3124; BBl **1998** 2591).
26 Fassung gemäss Ziff. 9 des Anhangs zum Unfallversicherungsgesetz, in Kraft seit 1.
    Jan. 1984 (SR 832.20, 832.201 Art. 1 Abs. 1).
27 Fassung gemäss Ziff. I des BG vom 20. März 1998, in Kraft seit 1. Aug. 2000 (AS
    2000 1569 1580; BBl **1998** 1394).
28 Aufgehoben durch Ziff. I des BG vom 20. März 1998 (AS **2000** 1569; BBl **1998**
    1394).

Betrieben oder Arbeitnehmern oder für bestimmte Betriebe bewilligt werden, sofern und solange zwingende Gründe dies rechtfertigen.

[5] Auf Büropersonal, technische und andere Angestellte, mit Einschluss des Verkaufspersonals in Grossbetrieben des Detailhandels, die im gleichen Betrieb oder Betriebsteil zusammen mit Arbeitnehmern beschäftigt werden, für die eine längere wöchentliche Höchstarbeitszeit gilt, ist diese ebenfalls anwendbar.

Tages- und Abendarbeit

Art. 10[29]

[1] Die Arbeit von 6 Uhr bis 20 Uhr gilt als Tagesarbeit, die Arbeit von 20 Uhr bis 23 Uhr ist Abendarbeit. Tages- und Abendarbeit sind bewilligungsfrei. Abendarbeit kann vom Arbeitgeber nach Anhörung der Arbeitnehmervertretung im Betrieb oder, wo eine solche nicht besteht, der betroffenen Arbeitnehmer eingeführt werden.

[2] Beginn und Ende der betrieblichen Tages- und Abendarbeit können zwischen 5 Uhr und 24 Uhr anders festgelegt werden, wenn die Arbeitnehmervertretung im Betrieb oder, wo eine solche nicht besteht, die Mehrheit der betroffenen Arbeitnehmer dem zustimmt. Die betriebliche Tages- und Abendarbeit beträgt auch in diesem Falle höchstens 17 Stunden.

[3] Die Tages- und Abendarbeit des einzelnen Arbeitnehmers muss mit Einschluss der Pausen und der Überzeit innerhalb von 14 Stunden liegen.

Ausgleich ausfallender Arbeitszeit

Art. 11

Wird die Arbeit wegen Betriebsstörungen, wegen Betriebsferien, zwischen arbeitsfreien Tagen oder unter ähnlichen Umständen für verhältnismässig kurze Zeit ausgesetzt oder werden einem Arbeitnehmer auf seinen Wunsch arbeitsfreie Tage eingeräumt, so darf der Arbeitgeber innert eines angemessenen Zeitraumes einen entsprechenden Ausgleich in Abweichung von der wöchentlichen Höchstarbeitszeit anordnen. Der Ausgleich für den einzelnen Arbeitnehmer darf, mit Ein-

---

29   Fassung gemäss Ziff. I des BG vom 20. März 1998, in Kraft seit 1. Aug. 2000 (AS **2000** 1569 1580; BBl **1998** 1394).

schluss von Überzeitarbeit, zwei Stunden im Tag nicht überschreiten, ausser an arbeitsfreien Tagen oder Halbtagen.

Voraussetzungen und Dauer der Überzeitarbeit

Art. 12

¹ Die wöchentliche Höchstarbeitszeit darf ausnahmsweise überschritten werden

a.   wegen Dringlichkeit der Arbeit oder ausserordentlichen Arbeitsandranges;

b.   für Inventaraufnahmen, Rechnungsabschlüsse und Liquidationsarbeiten;

c.   zur Vermeidung oder Beseitigung von Betriebsstörungen, soweit dem Arbeitgeber nicht andere Vorkehren zugemutet werden können.

² Die Überzeit darf für den einzelnen Arbeitnehmer zwei Stunden im Tag nicht überschreiten, ausser an arbeitsfreien Werktagen oder in Notfällen, und im Kalenderjahr insgesamt nicht mehr betragen als:

a.   170 Stunden für Arbeitnehmer mit einer wöchentlichen Höchstarbeitszeit von 45 Stunden;

b.   140 Stunden für Arbeitnehmer mit einer wöchentlichen Höchstarbeitszeit von 50 Stunden.[30]

3–4   . . .[31]

Lohnzuschlag für Überzeitarbeit

Art. 13

¹ Der Arbeitgeber hat den Arbeitnehmern für die Überzeitarbeit einen Lohnzuschlag von wenigstens 25 Prozent auszurichten, dem Büropersonal sowie den technischen und andern Angestellten, mit Einschluss des Verkaufspersonals in Grossbetrieben des Detailhandels, jedoch nur für Überzeitarbeit, die 60 Stunden im Kalenderjahr übersteigt.

---

30   Fassung gemäss Ziff. I des BG vom 20. März 1998, in Kraft seit 1. Aug. 2000 (AS **2000** 1569 1580; BBl **1998** 1394).

31   Aufgehoben durch Ziff. I des BG vom 20. März 1998 (AS **2000** 1569; BBl **1998** 1394).

[2] Wird Überzeitarbeit im Einverständnis mit dem einzelnen Arbeitnehmer innert eines angemessenen Zeitraums durch Freizeit von gleicher Dauer ausgeglichen, so ist kein Zuschlag auszurichten.

Art. 14[32]

2. Ruhezeit

Pausen

Art. 15

[1] Die Arbeit ist durch Pausen von folgender Mindestdauer zu unterbrechen:

a.   eine Viertelstunde bei einer täglichen Arbeitszeit von mehr als fünfeinhalb Stunden;

b.   eine halbe Stunde bei einer täglichen Arbeitszeit von mehr als sieben Stunden;

c.   eine Stunde bei einer täglichen Arbeitszeit von mehr als neun Stunden.

[2] Die Pausen gelten als Arbeitszeit, wenn die Arbeitnehmer ihren Arbeitsplatz nicht verlassen dürfen.

Tägliche Ruhezeit

Art. 15a[33]

[1] Den Arbeitnehmern ist eine tägliche Ruhezeit von mindestens elf aufeinanderfolgenden Stunden zu gewähren.

[2] Die Ruhezeit kann für erwachsene Arbeitnehmer einmal in der Woche bis auf acht Stunden herabgesetzt werden, sofern die Dauer von elf Stunden im Durchschnitt von zwei Wochen eingehalten wird.

---

32   Aufgehoben durch Ziff. I des BG vom 20. März 1998 (AS **2000** 1569; BBl **1998** 1394).

33   Eingefügt durch Ziff. I des BG vom 20. März 1998, in Kraft seit 1. Aug. 2000 (AS **2000** 1569 1580; BBl **1998** 1394).

Verbot der Nachtarbeit

Art. 16[34]

Die Beschäftigung von Arbeitnehmern ausserhalb der betrieblichen Tages- und Abendarbeit nach Artikel 10 (Nachtarbeit) ist untersagt. Vorbehalten bleibt Artikel 17.

Ausnahmen vom Verbot der Nachtarbeit

Art. 17[35]

[1] Ausnahmen vom Verbot der Nachtarbeit bedürfen der Bewilligung.

[2] Dauernde oder regelmässig wiederkehrende Nachtarbeit wird bewilligt, sofern sie aus technischen oder wirtschaftlichen Gründen unentbehrlich ist.

[3] Vorübergehende Nachtarbeit wird bewilligt, sofern ein dringendes Bedürfnis nachgewiesen wird.

[4] Nachtarbeit zwischen 5 Uhr und 6 Uhr sowie zwischen 23 Uhr und 24 Uhr wird bewilligt, sofern ein dringendes Bedürfnis nachgewiesen wird.

[5] Dauernde oder regelmässig wiederkehrende Nachtarbeit wird vom Bundesamt, vorübergehende Nachtarbeit von der kantonalen Behörde bewilligt.

[6] Der Arbeitgeber darf den Arbeitnehmer ohne dessen Einverständnis nicht zu Nachtarbeit heranziehen.

Dauer der Nachtarbeit

Art. 17a[36]

[1] Bei Nachtarbeit darf die tägliche Arbeitszeit für den einzelnen Arbeitnehmer neun Stunden nicht überschreiten; sie muss, mit Einschluss der Pausen, innerhalb eines Zeitraumes von zehn Stunden liegen.

[2] Wird der Arbeitnehmer in höchstens drei von sieben aufeinanderfolgenden Nächten beschäftigt, so darf die tägliche Arbeitszeit unter den

---

34   Fassung gemäss Ziff. I des BG vom 20. März 1998, in Kraft seit 1. Aug. 2000 (AS **2000** 1569 1580; BBl **1998** 1394).

35   Fassung gemäss Ziff. I des BG vom 20. März 1998, in Kraft seit 1. Aug. 2000 (AS **2000** 1569 1580; BBl **1998** 1394).

36   Eingefügt durch Ziff. I des BG vom 20. März 1998, in Kraft seit 1. Aug. 2000 (AS **2000** 1569 1580; BBl **1998** 1394).

Voraussetzungen, welche durch Verordnung festzulegen sind, zehn Stunden betragen; sie muss aber, mit Einschluss der Pausen, innerhalb eines Zeitraumes von zwölf Stunden liegen.

Lohn- und Zeitzuschlag

Art. 17b[37]

[1] Dem Arbeitnehmer, der nur vorübergehend Nachtarbeit verrichtet, hat der Arbeitgeber einen Lohnzuschlag von mindestens 25 Prozent zu bezahlen.

[2] Arbeitnehmer, die dauernd oder regelmässig wiederkehrend Nachtarbeit leisten, haben Anspruch auf eine Kompensation von 10 Prozent der Zeit, während der sie Nachtarbeit geleistet haben. Die Ausgleichsruhezeit ist innerhalb eines Jahres zu gewähren. Für Arbeitnehmer, die regelmässig abends oder morgens höchstens eine Randstunde in der Nachtzeit arbeiten, kann der Ausgleich auch als Lohnzuschlag gewährt werden.

[3] Die Ausgleichsruhezeit gemäss Absatz 2 ist nicht zu gewähren, wenn:

a. die durchschnittliche betriebliche Schichtdauer einschliesslich der Pausen sieben Stunden nicht überschreitet, oder

b. die Person, die Nachtarbeit leistet, nur in vier Nächten pro Woche (Vier-Tage-Woche) beschäftigt wird, oder

c. den Arbeitnehmern durch Gesamtarbeitsvertrag oder die analoge Anwendung öffentlich-rechtlicher Vorschriften andere gleichwertige Ausgleichsruhezeiten innerhalb eines Jahres gewährt werden.

[4] Ausgleichsregelungen nach Absatz 3 Buchstabe c sind dem Bundesamt zur Beurteilung vorzulegen; dieses stellt die Gleichwertigkeit mit der gesetzlichen Ausgleichsruhezeit nach Absatz 2 fest.

---

37 Eingefügt durch Ziff. I des BG vom 20. März 1998, in Kraft seit 1. Aug. 2000 (AS **2000** 1569 1580; BBl **1998** 1394). Für die Abs. 2–4 siehe auch die SchlB am Ende des Textes.

Medizinische Untersuchung und Beratung

Art. 17c[38]

1 Der Arbeitnehmer, der über längere Zeit Nachtarbeit verrichtet, hat Anspruch auf eine Untersuchung seines Gesundheitszustandes sowie darauf, sich beraten zu lassen, wie die mit seiner Arbeit verbundenen Gesundheitsprobleme vermindert oder vermieden werden können.

2 Die Einzelheiten werden durch Verordnung geregelt. Für bestimmte Gruppen von Arbeitnehmern kann die medizinische Untersuchung obligatorisch erklärt werden.

3 Die Kosten der medizinischen Untersuchung und der Beratung trägt der Arbeitgeber, soweit nicht die Krankenkasse oder ein anderer Versicherer des Arbeitnehmers dafür aufkommt.

Untauglichkeit zur Nachtarbeit

Art. 17d[39]

Der Arbeitgeber hat den Arbeitnehmer, der aus gesundheitlichen Gründen zur Nachtarbeit untauglich erklärt wird, nach Möglichkeit zu einer ähnlichen Tagesarbeit zu versetzen, zu der er tauglich ist.

Weitere Massnahmen bei Nachtarbeit

Art. 17e[40]

1 Soweit nach den Umständen erforderlich ist der Arbeitgeber, der regelmässig Arbeitnehmer in der Nacht beschäftigt, verpflichtet, weitere geeignete Massnahmen zum Schutz der Arbeitnehmer vorzusehen, namentlich im Hinblick auf die Sicherheit des Arbeitsweges, die Organisation des Transportes, die Ruhegelegenheiten und Verpflegungsmöglichkeiten sowie die Kinderbetreuung.

2 Die Bewilligungsbehörden können die Arbeitszeitbewilligungen mit entsprechenden Auflagen verbinden.

---

38 Eingefügt durch Ziff. I des BG vom 20. März 1998, in Kraft seit 1. Aug. 2000 (AS **2000** 1569 1580; BBl **1998** 1394).

39 Eingefügt durch Ziff. I des BG vom 20. März 1998, in Kraft seit 1. Aug. 2000 (AS **2000** 1569 1580; BBl **1998** 1394).

40 Eingefügt durch Ziff. I des BG vom 20. März 1998, in Kraft seit 1. Aug. 2000 (AS **2000** 1569 1580; BBl **1998** 1394).

Verbot der Sonntagsarbeit

Art. 18[41]

[1] In der Zeit zwischen Samstag 23 Uhr und Sonntag 23 Uhr ist die Beschäftigung von Arbeitnehmern untersagt. Vorbehalten bleibt Artikel 19.

[2] Der in Absatz 1 festgelegte Zeitraum von 24 Stunden kann um höchstens eine Stunde vorgezogen oder verschoben werden, wenn die Arbeitnehmervertretung im Betrieb oder, wo eine solche nicht besteht, die Mehrheit der betroffenen Arbeitnehmer dem zustimmt.

Ausnahmen vom Verbot der Sonntagsarbeit

Art. 19[42]

[1] Ausnahmen vom Verbot der Sonntagsarbeit bedürfen der Bewilligung.

[2] Dauernde oder regelmässig wiederkehrende Sonntagsarbeit wird bewilligt, sofern sie aus technischen oder wirtschaftlichen Gründen unentbehrlich ist.

[3] Vorübergehende Sonntagsarbeit wird bewilligt, sofern ein dringendes Bedürfnis nachgewiesen wird. Dem Arbeitnehmer ist ein Lohnzuschlag von 50 Prozent zu bezahlen.

[4] Dauernde oder regelmässig wiederkehrende Sonntagsarbeit wird vom Bundesamt, vorübergehende Sonntagsarbeit von der kantonalen Behörde bewilligt.

[5] Der Arbeitgeber darf den Arbeitnehmer ohne dessen Einverständnis nicht zu Sonntagsarbeit heranziehen.

41 Fassung gemäss Ziff. I des BG vom 20. März 1998, in Kraft seit 1. Aug. 2000 (AS **2000** 1569 1580; BBl **1998** 1394).

42 Fassung gemäss Ziff. I des BG vom 20. März 1998, in Kraft seit 1. Aug. 2000 (AS **2000** 1569 1580; BBl **1998** 1394).

Freier Sonntag und Ersatzruhe

Art. 20[43]

1 Innert zweier Wochen muss wenigstens einmal ein ganzer Sonntag als wöchentlicher Ruhetag unmittelbar vor oder nach der täglichen Ruhezeit freigegeben werden. Vorbehalten bleibt Artikel 24.

2 Sonntagsarbeit von einer Dauer bis zu fünf Stunden ist durch Freizeit auszugleichen. Dauert sie länger als fünf Stunden, so ist während der vorhergehenden oder der nachfolgenden Woche im Anschluss an die tägliche Ruhezeit ein auf einen Arbeitstag fallender Ersatzruhetag von mindestens 24 aufeinanderfolgenden Stunden zu gewähren.

3 Der Arbeitgeber darf die Arbeitnehmer während der Ersatzruhe vorübergehend zur Arbeit heranziehen, soweit dies notwendig ist, um dem Verderb von Gütern vorzubeugen oder um Betriebsstörungen zu vermeiden oder zu beseitigen; doch ist die Ersatzruhe spätestens in der folgenden Woche zu gewähren.

Feiertage und religiöse Feiern

Art. 20a[44]

1 Der Bundesfeiertag ist den Sonntagen gleichgestellt. Die Kantone können höchstens acht weitere Feiertage im Jahr den Sonntagen gleichstellen und sie nach Kantonsteilen verschieden ansetzen.

2 Der Arbeitnehmer ist berechtigt, an andern als den von den Kantonen anerkannten religiösen Feiertagen die Arbeit auszusetzen. Er hat jedoch sein Vorhaben dem Arbeitgeber spätestens drei Tage im voraus anzuzeigen. Artikel 11 ist anwendbar.

3 Für den Besuch von religiösen Feiern muss der Arbeitgeber dem Arbeitnehmer auf dessen Wunsch die erforderliche Zeit nach Möglichkeit freigeben.

---

43 Fassung gemäss Ziff. I des BG vom 20. März 1998, in Kraft seit 1. Aug. 2000 (AS **2000** 1569 1580; BBl **1998** 1394).

44 Eingefügt durch Ziff. I des BG vom 20. März 1998, in Kraft seit 1. Aug. 2000 (AS **2000** 1569 1580; BBl **1998** 1394).

Wöchentlicher freier Halbtag

Art. 21

[1] Wird die wöchentliche Arbeitszeit auf mehr als fünf Tage verteilt, so ist den Arbeitnehmern jede Woche ein freier Halbtag zu gewähren, mit Ausnahme der Wochen, in die ein arbeitsfreier Tag fällt.

[2] Der Arbeitgeber darf im Einverständnis mit dem Arbeitnehmer die wöchentlichen freien Halbtage für höchstens vier Wochen zusammenhängend gewähren; die wöchentliche Höchstarbeitszeit ist im Durchschnitt einzuhalten.

[3] Artikel 20 Absatz 3 ist sinngemäss anwendbar.[45]

Verbot der Abgeltung der Ruhezeit

Art. 22[46]

Soweit das Gesetz Ruhezeiten vorschreibt, dürfen diese nicht durch Geldleistungen oder andere Vergünstigungen abgegolten werden, ausser bei Beendigung des Arbeitsverhältnisses.

3. Ununterbrochener Betrieb[47]

Art. 23[48]

Ununterbrochener Betrieb

Art. 24[49]

[1] Der ununterbrochene Betrieb bedarf der Bewilligung.

[2] Dauernder oder wiederkehrender ununterbrochener Betrieb wird bewilligt, sofern er aus technischen oder wirtschaftlichen Gründen unentbehrlich ist.

---

45 Fassung gemäss Ziff. I des BG vom 20. März 1998, in Kraft seit 1. Aug. 2000 (AS **2000** 1569 1580; BBl **1998** 1394).

46 Fassung gemäss Ziff. I des BG vom 20. März 1998, in Kraft seit 1. Aug. 2000 (AS **2000** 1569 1580; BBl **1998** 1394).

47 Fassung gemäss Ziff. I des BG vom 20. März 1998, in Kraft seit 1. Aug. 2000 (AS **2000** 1569 1580; BBl **1998** 1394).

48 Aufgehoben durch Ziff. I des BG vom 20. März 1998 (AS **2000** 1569; BBl **1998** 1394).

49 Fassung gemäss Ziff. I des BG vom 20. März 1998, in Kraft seit 1. Aug. 2000 (AS **2000** 1569 1580; BBl **1998** 1394).

[3] Vorübergehender ununterbrochener Betrieb wird bewilligt, sofern ein dringendes Bedürfnis nachgewiesen wird.

[4] Dauernder oder wiederkehrender ununterbrochener Betrieb wird vom Bundesamt, vorübergehender ununterbrochener Betrieb von der kantonalen Behörde bewilligt.

[5] Durch Verordnung wird bestimmt, unter welchen zusätzlichen Voraussetzungen und wie weit bei ununterbrochenem Betrieb die tägliche und wöchentliche Höchstarbeitszeit verlängert und die Ruhezeit anders verteilt werden kann. Dabei darf in der Regel die wöchentliche Höchstarbeitszeit im Durchschnitt von 16 Wochen nicht überschritten werden.

[6] Im übrigen sind auf den ununterbrochenen Betrieb die Vorschriften über die Nacht- und Sonntagsarbeit anwendbar.

4. Weitere Vorschriften[50]

Schichtenwechsel

Art. 25[51]

[1] Die Arbeitszeit ist so einzuteilen, dass der einzelne Arbeitnehmer nicht länger als während sechs aufeinanderfolgenden Wochen die gleiche Schicht zu leisten hat.

[2] Bei zweischichtiger Arbeit am Tag und am Abend muss der Arbeitnehmer an beiden Schichten und bei Nachtarbeit an der Tages- und Nachtarbeit gleichmässig Anteil haben.

[3] Wenn die betroffenen Arbeitnehmer einverstanden sind und die durch Verordnung festzulegenden Bedingungen und Auflagen eingehalten werden, kann die Dauer von sechs Wochen verlängert, oder aber es kann auf den Wechsel ganz verzichtet werden.

Weitere Schutzbestimmungen

Art. 26

[1] Über die Überzeit-, Nacht- und Sonntagsarbeit sowie über die Schichtarbeit und den ununterbrochenen Betrieb können zum Schutze

---

50 Ursprünglich vor Art. 25.
51 Fassung gemäss Ziff. I des BG vom 20. März 1998, in Kraft seit 1. Aug. 2000 (AS **2000** 1569 1580; BBl **1998** 1394).

der Arbeitnehmer durch Verordnung im Rahmen der wöchentlichen Höchstarbeitszeit weitere Bestimmungen aufgestellt werden.[52]

[2] Die wöchentliche Höchstarbeitszeit kann für bestimmte Gruppen von Betrieben oder Arbeitnehmern durch Verordnung verkürzt werden, soweit dies zum Schutze der Gesundheit der Arbeitnehmer erforderlich ist.

Sonderbestimmungen für bestimmte Gruppen von Betrieben oder Arbeitnehmern

Art. 27

[1] Bestimmte Gruppen von Betrieben oder Arbeitnehmern können durch Verordnung ganz oder teilweise von den Vorschriften der Artikel 9–17a, 17b Absatz 1, 18–20, 21, 24, 25, 31 und 36 ausgenommen und entsprechenden Sonderbestimmungen unterstellt werden, soweit dies mit Rücksicht auf ihre besonderen Verhältnisse notwendig ist.[53]

[1bis] Insbesondere werden kleingewerbliche Betriebe, für die Nacht- und Sonntagsarbeit betriebsnotwendig ist, von der Bewilligungspflicht ausgenommen.[54]

[2] Solche Sonderbestimmungen können insbesondere erlassen werden

a.   für Betriebe der Erziehung, des Unterrichts, der Fürsorge, der Krankenpflege, der ärztlichen Behandlung sowie für Apotheken;

b.   für Betriebe der Beherbergung, der Bewirtung und der Unterhaltung sowie für Betriebe, die der Versorgung des Gastgewerbes bei besonderen Anlässen dienen;

c.   für Betriebe, die den Bedürfnissen des Fremdenverkehrs oder der landwirtschaftlichen Bevölkerung dienen;

d.   für Betriebe, die der Versorgung mit leicht verderblichen Gütern dienen;

---

52   Fassung gemäss Ziff. I des BG vom 20. März 1998, in Kraft seit 1. Aug. 2000 (AS **2000** 1569 1580; BBl **1998** 1394).

53   Fassung gemäss Ziff. I des BG vom 20. März 1998, in Kraft seit 1. Aug. 2000 (AS **2000** 1569 1580; BBl **1998** 1394).

54   Eingefügt durch Ziff. I des BG vom 20. März 1998, in Kraft seit 1. Aug. 2000 (AS **2000** 1569 1580; BBl **1998** 1394).

e.   für Betriebe, die der Verarbeitung landwirtschaftlicher Erzeugnisse dienen, sowie für Gartenbaubetriebe, die nicht unter Artikel 2 Absatz 1 Buchstabe e fallen;

f.   für Forstbetriebe;

g.   für Betriebe, die der Versorgung mit Elektrizität, Gas oder Wasser dienen;

h.   für Betriebe, die der Versorgung von Fahrzeugen mit Betriebsstoffen oder ihrer Instandhaltung und Instandstellung dienen;

i.   für Redaktionen von Zeitungen und Zeitschriften;

k.   für das Bodenpersonal der Luftfahrt;

l.   für Arbeitnehmer auf Bauplätzen und in Steinbrüchen, für welche wegen ihrer geographischen Lage oder wegen besonderer klimatischer oder technischer Verhältnisse eine besondere Ordnung der Arbeitszeit erforderlich ist;

m.   für Arbeitnehmer, deren Arbeitszeit in erheblichem Masse blosse Präsenzzeit ist oder deren Tätigkeit in erheblichem Masse Reisen oder eine häufige Verlegung des Arbeitsplatzes erfordert.

Geringfügige Abweichungen

Art. 28

Die zuständige Behörde ist ermächtigt, in ihren Arbeitszeitbewilligungen ausnahmsweise geringfügige Abweichungen von den Vorschriften des Gesetzes oder einer Verordnung vorzusehen, soweit der Befolgung dieser Vorschriften ausserordentliche Schwierigkeiten entgegenstehen und das Einverständnis der Mehrheit der beteiligten Arbeitnehmer oder deren Vertretung im Betriebe vorliegt.

IV. Sonderschutzvorschriften[55]
1. Jugendliche Arbeitnehmer

Allgemeine Vorschriften

Art. 29

[1] Als Jugendliche gelten Arbeitnehmer beider Geschlechter bis zum vollendeten 19. Altersjahr und Lehrlinge bis zum vollendeten 20. Altersjahr.

[2] Der Arbeitgeber hat auf die Gesundheit der Jugendlichen gebührend Rücksicht zu nehmen und für die Wahrung der Sittlichkeit zu sorgen. Er hat namentlich darauf zu achten, dass die Jugendlichen nicht überanstrengt werden und vor schlechten Einflüssen im Betriebe bewahrt bleiben.

[3] Die Verwendung Jugendlicher für bestimmte Arbeiten kann zum Schutze von Leben und Gesundheit oder zur Wahrung der Sittlichkeit durch Verordnung untersagt oder von besonderen Voraussetzungen abhängig gemacht werden.

[4] Bei der Einstellung eines Jugendlichen hat der Arbeitgeber einen Altersausweis zu verlangen. Durch Verordnung kann bestimmt werden, dass ausserdem ein ärztliches Zeugnis beizubringen ist.

Mindestalter

Art. 30

[1] Vor dem vollendeten 15. Altersjahr dürfen Jugendliche nicht beschäftigt werden. Vorbehalten bleiben die Absätze 2 und 3.

[2] Durch Verordnung wird bestimmt, für welche Gruppen von Betrieben oder Arbeitnehmern sowie unter welchen Voraussetzungen:

a. Jugendliche im Alter von über 13 Jahren zu Botengängen und leichten Arbeiten herangezogen werden dürfen;

b. Jugendliche im Alter von unter 15 Jahren bei kulturellen, künstlerischen und sportlichen Darbietungen sowie in der Werbung beschäftigt werden dürfen.[56]

---

55 Fassung gemäss Ziff. I des BG vom 20. März 1998, in Kraft seit 1. Aug. 2000 (AS **2000** 1569 1580; BBl **1998** 1394).

56 Fassung gemäss Ziff. I des BG vom 20. März 1998, in Kraft seit 1. Aug. 2000 (AS **2000** 1569 1580; BBl **1998** 1394).

³ Die Kantone, in denen die Schulpflicht vor dem vollendeten 15. Altersjahr endigt, können durch Verordnung ermächtigt werden, für schulentlassene Jugendliche im Alter von mehr als 14 Jahren unter besonderen Voraussetzungen Ausnahmen zu bewilligen.

Arbeits- und Ruhezeit

Art. 31

¹ Die tägliche Arbeitszeit der Jugendlichen darf diejenige der andern im Betriebe beschäftigten Arbeitnehmer und, falls keine anderen Arbeitnehmer vorhanden sind, die ortsübliche Arbeitszeit nicht überschreiten und nicht mehr als neun Stunden betragen. Auf die Arbeitszeit sind allfällige Überzeitarbeit sowie obligatorischer Unterricht, soweit er in die Arbeitszeit fällt, anzurechen.⁵⁷

² Die Tagesarbeit der Jugendlichen muss, mit Einschluss der Pausen, innerhalb eines Zeitraumes von zwölf Stunden liegen. Jugendliche bis zum vollendeten 16. Altersjahr dürfen höchstens bis 20 Uhr und Jugendliche von mehr als 16 Jahren höchstens bis 22 Uhr beschäftigt werden. Vorbehalten bleiben abweichende Bestimmungen über die Beschäftigung Jugendlicher im Sinne von Artikel 30 Absatz 2.⁵⁸

³ Jugendliche dürfen bis zum vollendeten 16. Altersjahr zu Überzeitarbeit nicht eingesetzt werden.⁵⁹

⁴ Der Arbeitgeber darf Jugendliche während der Nacht und an Sonntagen nicht beschäftigen. Ausnahmen können, insbesondere im Interesse der beruflichen Ausbildung sowie für die Beschäftigung Jugendlicher im Sinne von Artikel 30 Absatz 2, durch Verordnung vorgesehen werden.⁶⁰

---

57 Fassung des Satzes gemäss Ziff. I des BG vom 20. März 1998, in Kraft seit 1. Aug. 2000 (AS **2000** 1569 1580; BBl **1998** 1394).

58 Fassung gemäss Ziff. I des BG vom 20. März 1998, in Kraft seit 1. Aug. 2000 (AS **2000** 1569 1580; BBl **1998** 1394).

59 Fassung gemäss Ziff. I des BG vom 20. März 1998, in Kraft seit 1. Aug. 2000 (AS **2000** 1569 1580; BBl **1998** 1394).

60 Fassung gemäss Ziff. I des BG vom 20. März 1998, in Kraft seit 1. Aug. 2000 (AS **2000** 1569 1580; BBl **1998** 1394).

Besondere Fürsorgepflichten des Arbeitgebers

Art. 32

[1] Erkrankt der Jugendliche, erleidet er einen Unfall oder erweist er sich als gesundheitlich oder sittlich gefährdet, so ist der Inhaber der elterlichen Gewalt oder der Vormund zu benachrichtigen. Bis zum Eintreffen ihrer Weisungen hat der Arbeitgeber die gebotenen Massnahmen zu treffen.

[2] Lebt der Jugendliche in der Hausgemeinschaft des Arbeitgebers, so hat dieser für eine ausreichende und dem Alter entsprechende Verpflegung sowie für gesundheitlich und sittlich einwandfreie Unterkunft zu sorgen.

Art. 33–34[61]

2. [62] Schwangere Frauen und stillende Mütter[63]

Gesundheitsschutz bei Mutterschaft

Art. 35

[1] Der Arbeitgeber hat schwangere Frauen und stillende Mütter so zu beschäftigen und ihre Arbeitsbedingungen so zu gestalten, dass ihre Gesundheit und die Gesundheit des Kindes nicht beeinträchtigt werden.

[2] Durch Verordnung kann die Beschäftigung schwangerer Frauen und stillender Mütter für beschwerliche und gefährliche Arbeiten aus gesundheitlichen Gründen untersagt oder von besonderen Voraussetzungen abhängig gemacht werden.

[3] Schwangere Frauen und stillende Mütter, die aufgrund der Vorschriften von Absatz 2 bestimmte Arbeiten nicht verrichten können, haben Anspruch auf 80 Prozent des Lohnes, samt einer angemessenen Vergütung für ausfallenden Naturallohn, soweit ihnen der Arbeitgeber keine gleichwertige Ersatzarbeit zuweisen kann.

---

61   Aufgehoben durch Ziff. I des BG vom 20. März 1998 (AS **2000** 1569; BBl **1998** 1394).

62   Fassung gemäss Ziff. I des BG vom 20. März 1998, in Kraft seit 1. Aug. 2000 (AS **2000** 1569 1580; BBl **1998** 1394).

63   Ursprünglich vor Art. 33.

Beschäftigung bei Mutterschaft

Art. 35a

[1] Schwangere und stillende Frauen dürfen nur mit ihrem Einverständnis beschäftigt werden.

[2] Schwangere dürfen auf blosse Anzeige hin von der Arbeit fernbleiben oder die Arbeit verlassen. Stillenden Müttern ist die erforderliche Zeit zum Stillen freizugeben.

[3] Wöchnerinnen dürfen während acht Wochen nach der Niederkunft nicht und danach bis zur 16. Woche nur mit ihrem Einverständnis beschäftigt werden.

[4] Schwangere Frauen dürfen ab der 8. Woche vor der Niederkunft zwischen 20 Uhr und 6 Uhr nicht beschäftigt werden.

Ersatzarbeit und Lohnfortzahlung bei Mutterschaft

Art. 35b

[1] Der Arbeitgeber hat schwangeren Frauen, die zwischen 20 Uhr und 6 Uhr beschäftigt werden, nach Möglichkeit eine gleichwertige Arbeit zwischen 6 Uhr und 20 Uhr anzubieten. Diese Verpflichtung gilt auch für die Zeit zwischen der 8. und der 16. Woche nach der Niederkunft.

[2] Frauen, die zwischen 20 Uhr und 6 Uhr beschäftigt werden, haben während der in Absatz 1 festgelegten Zeiträume Anspruch auf 80 Prozent des Lohnes, ohne allfällige Zuschläge für Nachtarbeit, samt einer angemessenen Vergütung für ausfallenden Naturallohn, soweit ihnen keine andere gleichwertige Arbeit angeboten werden kann.

3. Arbeitnehmer mit Familienpflichten[64]

Art. 36[65]

[1] Bei der Festsetzung der Arbeits- und Ruhezeit ist auf Arbeitnehmer mit Familienpflichten besonders Rücksicht zu nehmen. Als Familienpflichten gelten die Erziehung von Kindern bis 15 Jahren sowie die Betreuung pflegebedürftiger Angehöriger oder nahestehender Personen.

---

64   Titel eingefügt durch Ziff. I des BG vom 20. März 1998, in Kraft seit 1. Aug. 2000 (AS **2000** 1569 1580; BBl **1998** 1394).

65   Fassung gemäss Ziff. I des BG vom 20. März 1998, in Kraft seit 1. Aug. 2000 (AS **2000** 1569 1580; BBl **1998** 1394).

² Diese Arbeitnehmer dürfen nur mit ihrem Einverständnis zu Überzeitarbeit herangezogen werden. Auf ihr Verlangen ist ihnen eine Mit-
tagspause von wenigstens anderthalb Stunden zu gewähren.

³ Der Arbeitgeber hat Arbeitnehmern mit Familienpflichten gegen Vor-
lage eines ärztlichen Zeugnisses die zur Betreuung kranker Kinder erforderliche Zeit im Umfang bis zu drei Tagen freizugeben.

4. [66] Andere Gruppen von Arbeitnehmern

Art. 36a

Durch Verordnung kann die Beschäftigung anderer Gruppen von Arbeitnehmern für beschwerliche und gefährliche Arbeiten aus gesundheitlichen Gründen untersagt oder von besonderen Voraussetzungen
abhängig gemacht werden.

V. Betriebsordnung

Aufstellung

Art. 37

¹ Für industrielle Betriebe ist eine Betriebsordnung aufzustellen.

² Durch Verordnung kann die Aufstellung einer Betriebsordnung auch
für nicht-industrielle Betriebe vorgeschrieben werden, soweit die Art
des Betriebes oder die Zahl der Arbeitnehmer dies rechtfertigen.

³ Andere nicht-industrielle Betriebe können nach Massgabe der Vorschriften dieses Abschnittes freiwillig eine Betriebsordnung aufstellen.

⁴ Die Betriebsordnung wird zwischen dem Arbeitgeber und einer von
den Arbeitnehmern frei gewählten Vertretung schriftlich vereinbart
oder vom Arbeitgeber nach Anhören der Arbeitnehmer erlassen.

---

66   Eingefügt durch Ziff. I des BG vom 20. März 1998, in Kraft seit 1. Aug. 2000 (AS
      2000 1569 1580; BBl **1998** 1394).

Inhalt

Art. 38[67]

1 Die Betriebsordnung hat Bestimmungen über den Gesundheitsschutz und die Unfallverhütung und, soweit notwendig, über die Ordnung im Betrieb und das Verhalten der Arbeitnehmer im Betrieb aufzustellen; Ordnungsstrafen sind nur zulässig, wenn sie in der Betriebsordnung angemessen geregelt sind.

2 Die vereinbarte Betriebsordnung kann auch andere Bestimmungen enthalten, die das Verhältnis zwischen dem Arbeitgeber und den Arbeitnehmern betreffen, jedoch nur soweit, als ihr Gegenstand in dem Bereich, dem der Betrieb angehört, nicht üblicherweise durch Gesamtarbeitsvertrag oder durch andere kollektive Vereinbarung geregelt wird.

3 Der Inhalt der Betriebsordnung darf dem zwingenden Recht und den für den Arbeitgeber verbindlichen Gesamtarbeitsverträgen nicht widersprechen.

Kontrolle, Wirkungen[68]

Art. 39

1 Die Betriebsordnung ist der kantonalen Behörde zuzustellen; stellt diese fest, dass Bestimmungen der Betriebsordnung mit den Vorschriften dieses Gesetzes nicht übereinstimmen, so ist das Verfahren gemäss Artikel 51 durchzuführen.[69]

2 Nach der Bekanntgabe im Betrieb ist die Betriebsordnung für den Arbeitgeber und für die Arbeitnehmer verbindlich.

---

67   Fassung gemäss Ziff. II Art. 5 des BG vom 25. Juni 1971 über die Revision des Zehnten Titels und des Zehnten Titels[bis] des Obligationenrechts (Der Arbeitsvertrag), in Kraft seit 1. Jan. 1972 (SR **220** am Schluss, Schl- und UeB zum X. Tit.).

68   Fassung gemäss Ziff. II Art. 5 des BG vom 25. Juni 1971 über die Revision des Zehnten Titels und des Zehnten Titels[bis] des Obligationenrechts (Der Arbeitsvertrag), in Kraft seit 1. Jan. 1972 (SR **220** am Schluss, Schl- und UeB zum X. Tit.).

69   Fassung gemäss Ziff. II Art. 5 des BG vom 25. Juni 1971 über die Revision des Zehnten Titels und des Zehnten Titels[bis] des Obligationenrechts (Der Arbeitsvertrag), in Kraft seit 1. Jan. 1972 (SR **220** am Schluss, Schl- und UeB zum X. Tit.).

VI. Durchführung des Gesetzes
1. Durchführungsbestimmungen

Art. 40

[1] Der Bundesrat ist zuständig zum Erlasse

a. von Verordnungsbestimmungen in den vom Gesetz ausdrücklich vorgesehenen Fällen;

b. von Ausführungsbestimmungen zur nähern Umschreibung einzelner Vorschriften des Gesetzes;

c. von Verwaltungsbestimmungen für die Vollzugs- und Aufsichtsbehörden.

[2] Vor dem Erlasse von Bestimmungen gemäss Absatz 1 Buchstaben a und b sind die Kantone, die Eidgenössische Arbeitskommission und die zuständigen Organisationen der Wirtschaft anzuhören.

2. Aufgaben und Organisation der Behörden
Kantone

Art. 41

[1] Der Vollzug des Gesetzes und der Verordnungen obliegt, unter Vorbehalt von Artikel 42, den Kantonen. Diese bezeichnen die zuständigen Vollzugsbehörden und eine kantonale Rekursbehörde.

[2] Die Kantone erstatten dem Bundesrat nach Ablauf jedes zweiten Jahres Bericht über den Vollzug.

[3] Bestehen Zweifel über die Anwendbarkeit des Gesetzes auf einzelne nicht-industrielle Betriebe oder einzelne Arbeitnehmer in industriellen oder nicht-industriellen Betrieben, so entscheidet die kantonale Behörde.

Bund

Art. 42

[1] Der Bund übt die Oberaufsicht über den Vollzug des Gesetzes und der Verordnungen durch die Kantone aus. Er kann den kantonalen Vollzugsbehörden Weisungen erteilen.

[2] Dem Bund obliegen ferner die Vollzugsmassnahmen, für die ihn das Gesetz ausdrücklich als zuständig erklärt, sowie der Vollzug des Ge-

setzes und der Verordnungen in den Betrieben des Bundes im Sinne von Artikel 2 Absatz 2.

3 Die Aufgaben des Bundes im Sinne der Absätze 1 und 2 obliegen dem Bundesamt, soweit sie nicht dem Bundesrat oder dem Eidgenössischen Volkswirtschaftsdepartement vorbehalten bleiben.

4 Für die Durchführung seiner Aufgaben stehen dem Bundesamt die Eidgenössischen Arbeitsinspektorate und der Arbeitsärztliche Dienst zur Verfügung. Es kann ferner besondere Fachinspektorate oder Sachverständige heranziehen.

Arbeitskommission

Art. 43

1 Der Bundesrat bestellt eine Eidgenössische Arbeitskommission aus Vertretern der Kantone und wissenschaftlichen Sachverständigen, aus Vertretern der Arbeitgeber- und Arbeitnehmerverbände in gleicher Zahl sowie aus Vertretern weiterer Organisationen.

2 Die Arbeitskommission begutachtet zuhanden der Bundesbehörden Fragen der Gesetzgebung und des Vollzugs. Sie ist befugt, von sich aus Anregungen zu machen.

Schweigepflicht

Art. 44[70]

1 Personen, die mit Aufgaben nach diesem Gesetz betraut sind oder dabei mitwirken, sind verpflichtet, über Tatsachen, die ihnen bei ihrer Tätigkeit zur Kenntnis gelangen, gegenüber Dritten Stillschweigen zu bewahren.

2 Die mit der Aufsicht und dem Vollzug dieses Gesetzes betrauten kantonalen Behörden und das Bundesamt unterstützen sich gegenseitig in der Erfüllung ihrer Aufgaben; sie erteilen einander die benötigten Auskünfte kostenlos und gewähren auf Verlangen Einsicht in amtliche Akten. Die in Anwendung dieser Vorschrift gemeldeten oder festgestellten Tatsachen unterliegen der Schweigepflicht nach Absatz 1.

---

70   Fassung gemäss Ziff. VII 3 des BG vom 24. März 2000 über die Schaffung und die Anpassung gesetzlicher Grundlagen für die Bearbeitung von Personendaten, in Kraft seit 1. Sept. 2000 (AS **2000** 1891 1914; BBl **1999** 9005).

Datenbekanntgabe

Art. 44a[71]

[1] Das Bundesamt oder die zuständige kantonale Behörde kann auf begründetes schriftliches Gesuch hin Daten bekannt geben an:

a. die Aufsichts- und Vollzugsbehörde über die Arbeitssicherheit nach dem Bundesgesetz vom 20. März 1981[72] über die Unfallversicherung, sofern diese die Daten zur Erfüllung ihrer Aufgaben benötigt;

b. Gerichte und Strafuntersuchungsbehörden, sofern es die Ermittlung eines rechtlich relevanten Sachverhaltes erfordert;

c. Versicherer, sofern es die Abklärung eines versicherten Risikos erfodet;

d. den Arbeitgeber, sofern die Anordnung personenbezogener Massnahmen nötig wird;

e. die Organe des Bundesamtes für Statistik, sofern diese die Daten zur Erfüllung ihrer Aufgaben benötigen.

[2] An andere Behörden von Bund, Kantonen und Gemeinden oder an Dritte dürfen Daten auf begründetes schriftliches Gesuch hin bekannt gegeben werden, wenn die betroffene Person schriftlich eingewilligt hat oder die Einwilligung nach den Umständen vorausgesetzt werden darf.

[3] Zur Abwendung einer Gefahr für Leben oder Gesundheit der Arbeitnehmer oder von Dritten können Daten ausnahmsweise bekannt gegeben werden.

[4] Die Weitergabe von anonymisierten Daten, die namentlich der Planung, Statistik oder Forschung dienen, kann ohne Zustimmung der betroffenen Personen erfolgen.

[5] Der Bundesrat kann eine generelle Bekanntgabe von nicht besonders schützenswerten Daten an Behörden oder Institutionen vorsehen, sofern diese Daten für den Empfänger zur Erfüllung einer gesetzlichen

---

71 Eingefügt durch Ziff. VII 3 des BG vom 24. März 2000 über die Schaffung und die Anpassung gesetzlicher Grundlagen für die Bearbeitung von Personendaten, in Kraft seit 1. Sept. 2000 (AS **2000** 1891 1914; BBl **1999** 9005).

72 SR **832.20**

Aufgabe notwendig sind. Er kann zu diesem Zweck ein Abrufverfahren vorsehen.

Informations- und Dokumentationssysteme

Art. 44b[73]

[1] Die Kantone und das Bundesamt führen zur Erfüllung der Aufgaben nach diesem Gesetz Informations- oder Dokumentationssysteme.

[2] Die Informations- und Dokumentationssysteme können besonders schützenswerte Daten enthalten über:

a.   den Gesundheitszustand einzelner Arbeitnehmer im Zusammenhang mit den von diesem Gesetz und seinen Verordnungen vorgesehenen medizinischen Abklärungen, Risikoanalysen und Gutachten;

b.   Verwaltungs- und Strafverfahren nach diesem Gesetz.

[3] Der Bundesrat bestimmt die Kategorien der zu erfassenden Daten und deren Aufbewahrungsdauer sowie die Zugriffs- und Bearbeitungsberechtigung. Er regelt die Zusammenarbeit mit den beteiligten Organen, den Datenaustausch und die Datensicherheit.

3. Pflichten der Arbeitgeber und Arbeitnehmer

Auskunftspflicht

Art. 45

[1] Der Arbeitgeber und seine Arbeitnehmer sowie Personen, die im Auftrag des Arbeitgebers Aufgaben nach diesem Gesetz wahrnehmen, haben den Vollzugs- und Aufsichtsbehörden alle Auskünfte zu erteilen, die diese zur Erfüllung ihrer Aufgaben benötigen.[74]

[2] Der Arbeitgeber hat den Vollzugs- und Aufsichtsorganen den Zutritt zum Betriebe, die Vornahme von Feststellungen und die Entnahme von Proben zu gestatten.

---

73   Eingefügt durch Ziff. VII 3 des BG vom 24. März 2000 über die Schaffung und die Anpassung gesetzlicher Grundlagen für die Bearbeitung von Personendaten, in Kraft seit 1. Sept. 2000 (AS **2000** 1891 1914; BBl **1999** 9005).

74   Fassung gemäss Ziff. VII 3 des BG vom 24. März 2000 über die Schaffung und die Anpassung gesetzlicher Grundlagen für die Bearbeitung von Personendaten, in Kraft seit 1. Sept. 2000 (AS **2000** 1891 1914; BBl **1999** 9005).

Verzeichnisse und andere Unterlagen

Art. 46[75]

Der Arbeitgeber hat die Verzeichnisse oder andere Unterlagen, aus denen die für den Vollzug dieses Gesetzes und seiner Verordnungen erforderlichen Angaben ersichtlich sind, den Vollzugs- und Aufsichtsorganen zur Verfügung zu halten. Im Übrigen gelten die Bestimmungen des Bundesgesetzes vom 19. Juni 1992[76] über den Datenschutz.

Bekanntgabe des Stundenplanes und der Arbeitszeitbewilligungen

Art. 47[77]

[1] Der Arbeitgeber hat den Arbeitnehmern durch Anschlag oder auf andere geeignete Weise bekanntzugeben:

a.   den Stundenplan und die Arbeitszeitbewilligungen sowie

b.   die damit zusammenhängenden besonderen Schutzvorschriften.

[2] Durch Verordnung wird bestimmt, welche Stundenpläne der kantonalen Behörde mitzuteilen sind.

Mitwirkungsrechte

Art. 48[78]

[1] Den Arbeitnehmern oder deren Vertretung im Betrieb stehen in folgenden Angelegenheiten Mitspracherechte zu:

a.   in allen Fragen des Gesundheitsschutzes;

b.   bei der Organisation der Arbeitszeit und der Gestaltung der Stundenpläne;

c.   hinsichtlich der bei Nachtarbeit vorgesehenen Massnahmen im Sinne von Artikel 17 *e*.

[2] Das Mitspracherecht umfasst den Anspruch auf Anhörung und Beratung, bevor der Arbeitgeber einen Entscheid trifft, sowie auf Begrün-

---

75   Fassung gemäss Ziff. VII 3 des BG vom 24. März 2000 über die Schaffung und die Anpassung gesetzlicher Grundlagen für die Bearbeitung von Personendaten, in Kraft seit 1. Sept. 2000 (AS **2000** 1891 1914; BBl **1999** 9005).

76   SR **235.1**

77   Fassung gemäss Ziff. I des BG vom 20. März 1998, in Kraft seit 1. Aug. 2000 (AS **2000** 1569 1580; BBl **1998** 1394).

78   Fassung gemäss Ziff. I des BG vom 20. März 1998, in Kraft seit 1. Aug. 2000 (AS **2000** 1569 1580; BBl **1998** 1394).

dung des Entscheids, wenn dieser den Einwänden der Arbeitnehmer oder deren Vertretung im Betrieb nicht oder nur teilweise Rechnung trägt.

Bewilligungsgesuche

Art. 49

[1] Der Arbeitgeber hat Gesuche für die im Gesetze vorgesehenen Bewilligungen rechtzeitig einzureichen und zu begründen sowie die erforderlichen Unterlagen beizufügen.

[2] Kann in dringlichen Fällen das Gesuch für eine Arbeits-zeitbewilligung nicht rechtzeitig gestellt werden, so hat der Arbeitgeber dies so rasch als möglich nachzuholen und die Verspätung zu begründen. In nicht voraussehbaren Fällen von geringfügiger Tragweite kann auf die nachträgliche Einreichung eines Gesuches verzichtet werden.

[3] Für Arbeitszeitbewilligungen dürfen lediglich mässige Kanzleigebühren erhoben werden.[79]

4. Verwaltungsverfügungen und Verwaltungsmassnahmen

Verwaltungsverfügungen

Art. 50

[1] Die auf Grund des Gesetzes oder einer Verordnung getroffenen Verfügungen sind schriftlich zu eröffnen. Verfügungen, durch welche ein Gesuch ganz oder teilweise abgelehnt wird, sind zu begründen, unter Hinweis auf Beschwerderecht, Beschwerdefrist und Beschwerdeinstanz.

[2] Die Verfügungen können jederzeit geändert oder aufgehoben werden, wenn sich die zugrunde liegenden Tatsachen ändern.

---

79   Fassung gemäss Ziff. II Art. 5 des BG vom 25. Juni 1971 über die Revision des Zehnten Titels und des Zehnten Titels[bis] des Obligationenrechts (Der Arbeitsvertrag), in Kraft seit 1. Jan. 1972 (SR **220** am Schluss, Schl- und UeB zum X. Tit.).

Vorkehren bei Nichtbefolgung von Vorschriften oder Verfügungen

Art. 51

[1] Werden Vorschriften des Gesetzes oder einer Verordnung oder wird eine Verfügung nicht befolgt, so macht die kantonale Behörde, das Eidgenössische Arbeitsinspektorat oder der Arbeitsärztliche Dienst den Fehlbaren darauf aufmerksam und verlangt die Einhaltung der nicht befolgten Vorschrift oder Verfügung.

[2] Leistet der Fehlbare dem Verlangen keine Folge, so erlässt die kantonale Behörde eine entsprechende Verfügung, verbunden mit der Strafandrohung des Artikels 292 des Strafgesetzbuches[80].

[3] Wird durch einen Verstoss im Sinne von Absatz 1 zugleich ein Gesamtarbeitsvertrag verletzt, so kann die kantonale Behörde in geeigneter Weise auf die Massnahmen der Vertragsparteien zur Durchsetzung des Gesamtarbeitsvertrages Rücksicht nehmen.

Massnahmen des Verwaltungszwangs

Art. 52

[1] Wird eine Verfügung im Sinne von Artikel 51 Absatz 2 missachtet, so ergreift die kantonale Behörde die zur Herbeiführung des rechtmässigen Zustandes erforderlichen Massnahmen.

[2] Werden Leben oder Gesundheit von Arbeitnehmern oder die Umgebung des Betriebes durch die Missachtung einer Verfügung im Sinne von Artikel 51 Absatz 2 erheblich gefährdet, so kann die kantonale Behörde nach vorheriger schriftlicher Androhung die Benützung von Räumen oder Einrichtungen verhindern und in besonders schweren Fällen den Betrieb für eine bestimmte Zeit schliessen.

Entzug und Sperre von Arbeitszeitbewilligungen

Art. 53

[1] Wird eine Arbeitszeitbewilligung nicht eingehalten, so kann die Bewilligungsbehörde, unabhängig vom Verfahren gemäss den Artikeln 51 und 52, die Bewilligung nach vorheriger schriftlicher Androhung aufheben und, wenn die Verhältnisse dies rechtfertigen, die Erteilung neuer Bewilligungen für eine bestimmte Zeit sperren.

---

80   SR **311.0**

[2] Missbraucht ein Arbeitgeber die Befugnis zur Anordnung von Überzeitarbeit ohne Bewilligung, so kann ihm die kantonale Behörde diese Befugnis für eine bestimmte Zeit entziehen.

Anzeigen

Art. 54

[1] Die zuständigen Behörden sind verpflichtet, Anzeigen wegen Nichtbefolgung des Gesetzes, einer Verordnung oder einer Verfügung zu prüfen und, falls sie begründet sind, gemäss den Artikeln 51–53 zu verfahren.

[2] Trifft die Behörde auf Anzeige hin keine oder ungenügende Vorkehren, so kann die übergeordnete Behörde angerufen werden.

5. Verwaltungsrechtspflege

Verfügungen und Beschwerdeentscheide des Bundesamtes

Art. 55[81]

Verfügungen und Beschwerdeentscheide des Bundesamtes unterliegen der Beschwerde an die Rekurskommission EVD; diese entscheidet endgültig, soweit die Verwaltungsgerichtsbeschwerde an das Bundesgericht unzulässig ist.

Beschwerde gegen Verfügungen der kantonalen Behörde

Art. 56

[1] Gegen Verfügungen der kantonalen Behörde kann innert 30 Tagen, von der Eröffnung der Verfügung an gerechnet, Beschwerde bei der kantonalen Rekursbehörde erhoben werden.

[2] Der Entscheid ist dem Beschwerdeführer und der Behörde, deren Verfügung angefochten wurde, schriftlich mit Angabe der Gründe und mit Rechtsmittelbelehrung zu eröffnen. Im übrigen richtet sich das Verfahren nach kantonalem Recht.

---

81   Fassung gemäss Anhang Ziff. 33 des BG vom 4. Okt. 1991, in Kraft seit 1. Jan. 1994 (AS **1992** 288; SR **173.110.01** Art. 2 Abs. 1; BBl **1991** II 465).

Weiterzug von Entscheiden der letzten kantonalen Instanz

Art. 57[82]

Entscheide der letzten kantonalen Instanz unterliegen der Beschwerde an den Bundesrat, soweit die Verwaltungsgerichtsbeschwerde an das Bundesgericht unzulässig ist.

Beschwerdeberechtigung und aufschiebende Wirkung

Art. 58

[1] Beschwerdeberechtigt sind ausser den beteiligten Arbeitgebern und Arbeitnehmern deren Verbände sowie Personen, die ein unmittelbares Interesse nachweisen.[83]

[2] Beschwerden gemäss den Artikeln 55 Absatz 1 und 57 Absatz 1 haben aufschiebende Wirkung.

6. Strafbestimmungen

Strafrechtliche Verantwortlichkeit des Arbeitgebers

Art. 59[84]

[1] Der Arbeitgeber ist strafbar, wenn er den Vorschriften über

a.   den Gesundheitsschutz und die Plangenehmigung vorsätzlich oder fahrlässig zuwiderhandelt;

b.   die Arbeits- und Ruhezeit vorsätzlich zuwiderhandelt;

c.   den Sonderschutz der jugendlichen oder weiblichen Arbeitnehmer vorsätzlich oder fahrlässig zuwiderhandelt.

[2] Artikel 6 des Verwaltungsstrafrechtsgesetzes vom 22. März 1974[85] ist anwendbar.

---

82   Fassung gemäss Anhang Ziff. 33 des BG vom 4. Okt. 1991, in Kraft seit 1. Jan. 1994 (AS **1992** 288; SR **173.110.01** Art. 2 Abs. 1; BBl **1991** II 465).

83   Heute ist die Beschwerdelegitimation wie folgt geregelt: im Verwaltungsverfahren durch Art. 48 VwVG (SR **172.021**), im Beschwerdeverfahren vor Bundesgericht durch Art. 103 OG, in der Fassung vom 20. Dez. 1968 (SR **173.110**).

84   Fassung gemäss Ziff. 9 des Anhangs zum Unfallversicherungsgesetz, in Kraft seit 1. Jan. 1984 (SR **832.20**, **832.201** Art. 1 Abs. 1).

85   SR **313.0**

Strafrechtliche Verantwortlichkeit des Arbeitnehmers

Art. 60[86]

[1] Der Arbeitnehmer ist strafbar, wenn er den Vorschriften über den Gesundheitsschutz vorsätzlich zuwiderhandelt.

[2] Gefährdet er dadurch andere Personen ernstlich, so ist auch die fahrlässige Widerhandlung strafbar.

Strafen

Art. 61[87]

[1] Der Arbeitgeber wird mit Gefängnis bis zu sechs Monaten oder mit Busse bestraft.

[2] Der Arbeitnehmer wird mit Haft oder Busse bestraft.

Vorbehalt des Strafgesetzbuches und Strafverfolgung

Art. 62

[1] Die besonderen Bestimmungen des Strafgesetzbuches[88] bleiben vorbehalten.

[2] Die Strafverfolgung ist Sache der Kantone.

VII. Änderung von Bundesgesetzen

(hier nicht von Interesse)

VIII. Schluss- und Übergangsbestimmungen

Vorbehalt von Vorschriften des Bundes, der Kantone und der Gemeinden

Art. 71

Vorbehalten bleiben insbesondere

a. die Bundesgesetzgebung über die berufliche Ausbildung, über die Verhütung von Unfällen und Berufskrankheiten sowie über die Arbeits- und Ruhezeit der berufmässigen Motorfahrzeugführer;

---

86   Fassung gemäss Ziff. 9 des Anhangs zum Unfallversicherungsgesetz, in Kraft seit 1. Jan. 1984 (SR **832.20**, **832.201** Art. 1 Abs. 1).

87   Fassung gemäss Ziff. 9 des Anhangs zum Unfallversicherungsgesetz, in Kraft seit 1. Jan. 1984 (SR **832.20**, **832.201** Art. 1 Abs. 1).

88   SR **311.0**

b.[89] Vorschriften des Bundes, der Kantone und der Gemeinden über das öffentlich-rechtliche Dienstverhältnis; von den Vorschriften über den Gesundheitsschutz darf dabei jedoch nur zugunsten der Arbeitnehmer abgewichen werden;

c. Polizeivorschriften des Bundes, der Kantone und der Gemeinden, wie namentlich solche über die Bau-, Feuer-, Gesundheits- und Wasserpolizei sowie über die Sonntagsruhe und über die Öffnungszeiten von Betrieben, die dem Detailverkauf, der Bewirtung oder der Unterhaltung dienen.

Aufhebung eidgenössischer Vorschriften

Art. 72

(hier nicht von Interesse)

Aufhebung kantonaler Vorschriften

Art. 73

1 Mit dem Inkrafttreten des Gesetzes sind ferner aufgehoben:

a. die kantonalen Vorschriften, die vom Gesetze geregelte Sachgebiete betreffen;

b. die kantonalen Vorschriften über die Ferien, unter Vorbehalt von Absatz 2.

2 Kantonale Vorschriften über die Feriendauer, die längere Ferien als Artikel 341bis Absatz 1 des Obligationenrechts[90] vorsehen, bleiben als zivilrechtliche Bestimmungen im Rahmen von Artikel 341bis Absatz 2 des Obligationenrechts weiterhin in Kraft.

3 Vorbehalten bleiben kantonale Vorschriften über die ärztliche Untersuchung der Jugendlichen, soweit der Bund von seiner Befugnis gemäss Artikel 29 Absatz 4 keinen Gebrauch macht.

4 …[91]

---

89 Fassung gemäss Ziff. I des BG vom 20. März 1998, in Kraft seit 1. Aug. 2000 (AS **2000** 1569 1580; BBl **1998** 1394).

90 SR **220**. Dem Art. 341bis Abs. 1 und 2 in der Fassung des vorliegenden BG (AS **1966** 57 Art. 64) entspricht heute Art. 329a Abs. 1 in der Fassung vom 16. Dez. 1983.

91 Aufgehoben durch Ziff. II 408 des BG vom 15. Dez. 1989 über die Genehmigung kantonaler Erlasse durch den Bund (AS **1991** 362; BBl **1988** II 1333).

Inkrafttreten

Art. 74

[1] Der Bundesrat bestimmt den Zeitpunkt des Inkrafttretens des Gesetzes. Er kann einzelne Teile oder Vorschriften des Gesetzes in einem späteren Zeitpunkt in Kraft setzen.

[2] Setzt der Bundesrat nicht alle Vorschriften des Gesetzes auf den gleichen Zeitpunkt in Kraft, so bestimmt er mit der Inkraftsetzung der einzelnen Vorschriften, ob und inwieweit die in Artikel 72 Absatz 1 genannten Bundesgesetze aufgehoben sind.

Datum des Inkrafttretens: 1. Februar 1966[92]

---

92   BRB vom 14. Jan. 1966 (AS **1966** 85)

Verordnung 1 zum Arbeitsgesetz (ArGV 1)

vom 10. Mai 2000; SR 822.111

(gestützt auf Artikel 40 des Arbeitsgesetzes[1], Artikel 83 Absatz 2 des Bundesgesetzes über die Unfallversicherung[2] und Artikel 16 Absatz 2 des Bundesgesetzes über den Datenschutz[3])

1. Kapitel: Geltungsbereich

1. Abschnitt: Begriffe

Art. 1　　　Arbeitnehmer (Art. 1 ArG)

[1] Arbeitnehmer oder Arbeitnehmerin ist jede Person, die in einem unter das Gesetz fallenden Betrieb dauernd oder vorübergehend während der ganzen Arbeitszeit oder eines Teils davon beschäftigt wird.

[2] Arbeitnehmer oder Arbeitnehmerinnen sind auch Lehrlinge, Praktikanten, Praktikantinnen, Volontäre, Volontärinnen und andere Personen, die hauptsächlich zur Ausbildung oder zur Vorbereitung der Berufswahl im Betrieb tätig sind.

Art. 2　　　Grossbetriebe des Detailhandels
**　　　　　　　(Art. 9 Abs. 1 Bst. a ArG)**

Grossbetriebe des Detailhandels sind Betriebe, die im gleichen Gebäude oder in benachbarten Gebäuden insgesamt mehr als 50 Arbeitnehmer oder Arbeitnehmerinnen, einschliesslich das Kassenpersonal, im Detailverkauf beschäftigen.

2. Abschnitt: Betrieblicher Geltungsbereich

Art. 3　　　Familienbetriebe (Art. 4 Abs. 3 ArG)

Auf jugendliche Familienmitglieder, die neben anderen Arbeitnehmern und Arbeitnehmerinnen beschäftigt werden, sind Artikel 29 Absätze 1–3 sowie die Artikel 30 und 31 des Gesetzes anwendbar.

1　　SR **822.11**
2　　SR **832.20**
3　　SR **235.1**

Art. 4   Betriebe des Bundes, der Kantone und der Gemeinden (Art. 2 Abs. 2 ArG)

Das Gesetz ist insbesondere anwendbar auf Betriebe des Bundes, der Kantone und der Gemeinden:

a.   zur Herstellung, Verarbeitung oder Behandlung von Gütern sowie zur Erzeugung, Umwandlung oder Übertragung von Energie, unter Vorbehalt von Artikel 2 Absatz 1 Buchstabe b des Gesetzes;

b.   zur Beförderung von Personen oder Gütern, unter Vorbehalt von Artikel 2 Absatz 1 Buchstabe b des Gesetzes;

c.   für die Abfuhr, für die Verbrennung oder Verarbeitung von Kehricht, Betriebe der Wasserversorgung und der Abwasserreinigung.

3. Abschnitt: Ausnahmen vom betrieblichen Geltungsbereich

Art. 5   Landwirtschaftsbetriebe (Art. 2 Abs. 1 Bst. d ArG)

[1] Als Betriebe der landwirtschaftlichen Urproduktion gelten Betriebe des Acker-, Wiesen-, Obst-, Wein- und Gemüsebaues, der Beerenkultur, der Zucht- und Nutztierhaltung sowie die zu einem Landwirtschaftsbetrieb gehörenden privaten Waldungen.

[2] Als örtliche Milchsammelstellen gelten Betriebe, die Verkehrsmilch aus einem örtlich beschränkten Einzugsgebiet unmittelbar von landwirtschaftlichen Betrieben übernehmen und sie ganz oder teilweise in damit verbundenen Räumlichkeiten verarbeiten oder an andere Betriebe zur Verarbeitung oder zum Verkauf weitergeben.

[3] Ein Nebenbetrieb liegt vor, wenn die darin verarbeiteten oder verwerteten Erzeugnisse des Hauptbetriebes für den Eigengebrauch oder den lokalen Markt bestimmt sind.

Art. 6   Gartenbaubetriebe (Art. 2 Abs. 1 Bst. e und Abs. 3 ArG)

[1] Als Betriebe mit überwiegend gärtnerischer Pflanzenproduktion gelten Gartenbaubetriebe, in denen die Mehrzahl der Arbeitnehmer und Arbeitnehmerinnen in einer oder mehreren der folgenden Betriebsarten beschäftigt werden:

a.   Gemüsebau;

b.   Topfpflanzen- und Schnittblumenkultur;

c.   Baumschulen und Obstbau, einschliesslich Stauden und Kleingehölze.

[2] Auf Betriebe im Sinne von Absatz 1, die Lehrlinge ausbilden, sind die Artikel 6–8, 29–32 und 45–65 des Gesetzes anwendbar.

Art. 7   Öffentliche Anstalten und Körperschaften (Art. 2 Abs. 2 und 71 Bst. b ArG)

[1] Die Arbeits- und Ruhezeitbestimmungen sind nicht anwendbar auf öffentlich-rechtliche Anstalten ohne Rechtspersönlichkeit sowie Körperschaften des öffentlichen Rechts, sofern die Mehrzahl der in ihnen beschäftigten Arbeitnehmer und Arbeitnehmerinnen in einem öffentlich-rechtlichen Arbeitsverhältnis stehen.

[2] Beschäftigt ein Betrieb nach Absatz 1 Arbeitnehmer oder Arbeitnehmerinnen, die in einem privatrechtlichen Arbeitsverhältnis stehen, dann ist auf diese Arbeitnehmer und Arbeitnehmerinnen das Arbeitsgesetz auch bezüglich der Arbeits- und Ruhezeiten anwendbar, soweit das öffentliche Dienstrecht für den Arbeitnehmer oder die Arbeitnehmerin nicht günstigere Bestimmungen vorsieht.

4. Abschnitt: Ausnahmen vom persönlichen Geltungsbereich

Art. 8   Personal internationaler Organisationen und öffentlicher Verwaltungen ausländischer Staaten (Art. 3 Bst. b ArG)

[1] Zum Personal internationaler Organisationen und öffentlicher Verwaltungen ausländischer Staaten gehören:

a.   das Personal der diplomatischen Missionen und der konsularischen Posten ausländischer Staaten in der Schweiz, sofern dieses hoheitliche Funktionen ausübt oder in einem öffentlich-rechtlichen Anstellungsverhältnis zum Entsendestaat steht;

b.   das Personal der ständigen Missionen bei internationalen Organisationen, mit denen die Schweiz ein Sitzabkommen abgeschlossen hat, sofern dieses hoheitliche Funktionen ausübt oder in ei-

nem öffentlich-rechtlichen Anstellungsverhältnis zum Entsendestaat steht;

c.   das Personal internationaler Organisationen, mit denen die
      Schweiz ein Sitzabkommen abgeschlossen hat;

d.   das Personal der ausländischen öffentlichen Verwaltungen und
      der ausländischen Betriebe des konzessionierten Eisenbahn-,
      Schifffahrts- und Luftverkehrs, unter Vorbehalt abweichender
      zwischenstaatlicher Vereinbarungen.

[2] Das Staatssekretariat für Wirtschaft (Bundesamt) stellt im Einvernehmen mit der Direktion für Völkerrecht des Eidgenössischen Departementes für auswärtige Angelegenheiten fest, welche Organisationen
die Voraussetzungen nach Absatz 1 Buchstaben b und c erfüllen.

Art. 9   Höhere leitende Tätigkeit (Art. 3 Bst. d ArG)

Eine höhere leitende Tätigkeit übt aus, wer auf Grund seiner Stellung
und Verantwortung sowie in Abhängigkeit von der Grösse des Betriebes über weitreichende Entscheidungsbefugnisse verfügt oder Entscheide von grosser Tragweite massgeblich beeinflussen und dadurch
auf die Struktur, den Geschäftsgang und die Entwicklung eines Betriebes oder Betriebsteils einen nachhaltigen Einfluss nehmen kann.

Art. 10   Wissenschaftliche Tätigkeit (Art. 3 Bst. d ArG)

[1] Zur wissenschaftlichen Tätigkeit gehören Forschung und Lehre. Eine
wissenschaftliche Tätigkeit liegt vor, wenn dem Arbeitnehmer oder
der Arbeitnehmerin in Bezug auf die Zielsetzung der Arbeit, deren
Ausführung und Einteilung eine grosse Freiheit zukommt.

[2] Die Forschung umfasst neben der Grundlagenforschung auch die angewandte Forschung, nicht aber deren Umsetzung in die Praxis wie
die Entwicklung und die Produktion.

[3] Auf das technische und das administrative Personal in der Forschung
sind die Arbeits- und Ruhezeitbestimmungen des Gesetzes und seiner
Verordnungen anwendbar.

Art. 11   Selbstständige künstlerische Tätigkeit
                   (Art. 3 Bst. d ArG)

Eine selbstständige künstlerische Tätigkeit liegt vor, wenn dem
künstlerisch tätigen Arbeitnehmer oder der Arbeitnehmerin in Bezug

auf die Gestaltung der Arbeit, bei deren Ausführung und Einteilung eine grosse Freiheit zukommt.

Art. 12   Assistenzärzte, Erzieher und Fürsorger (Art. 3 Bst. e ArG)

[1] Assistenzärzte und -ärztinnen sind Ärzte bzw. Ärztinnen der Human-, Zahn- und Tiermedizin, die nach erworbenem Staatsexamen eine Weiterbildung absolvieren:

a.   zur Erlangung des ersten Facharzttitels; oder

b.   für die Zulassung zur Eröffnung einer eigenen Praxis.

[2] Erzieher und Erzieherinnen sind Personen mit einer anerkannten pädagogischen Fachausbildung oder einer gleichwertigen Aus- und Weiterbildung.

[3] Fürsorger und Fürsorgerinnen sind Personen mit einer anerkannten Fachausbildung sozial-pädagogischer oder sozial-psychologischer Richtung oder einer gleichwertigen Aus- und Weiterbildung.

2. Kapitel: Arbeits- und Ruhezeiten
1. Abschnitt: Allgemeine Bestimmungen
Art. 13   Begriff der Arbeitszeit (Art. 6 Abs. 2, 9–31 ArG)

[1] Als Arbeitszeit im Sinne des Gesetzes gilt die Zeit, während der sich der Arbeitnehmer oder die Arbeitnehmerin zur Verfügung des Arbeitgebers zu halten hat; der Weg zu und von der Arbeit gilt nicht als Arbeitszeit. Vorbehalten bleiben die Bestimmungen über die Beschäftigung von schwangeren Frauen und stillenden Müttern sowie Artikel 15 Absatz 2.

[2] Ist die Arbeit ausserhalb des Arbeitsortes zu leisten, an dem der Arbeitnehmer normalerweise seine Arbeit verrichtet, und fällt dadurch die Wegzeit länger als üblich aus, so stellt die zeitliche Differenz zur normalen Wegzeit Arbeitszeit dar.

[3] Durch die Rückreise von einem auswärtigen Arbeitsort im Sinn von Absatz 2 darf der Zeitraum der täglichen Arbeitszeit oder die wöchentliche Höchstarbeitszeit überschritten werden; dabei beginnt die tägliche Ruhezeit von 11 Stunden erst nach dem Eintreffen des Arbeitnehmers oder der Arbeitnehmerin an seinem bzw. ihrem Wohnort zu laufen.

4 Muss sich ein Arbeitnehmer oder eine Arbeitnehmerin auf Anordnung des Arbeitgebers oder auf Grund seiner bzw. ihrer beruflichen Tätigkeit von Gesetzes wegen weiter- oder fortbilden, dann stellt die dafür aufgewendete Ausbildungszeit Arbeitszeit dar.

Art. 14	**Pikettdienst**
	a. Grundsatz
	(Art. 6, 9–31 und 36 ArG)

1 Beim Pikettdienst hält sich der Arbeitnehmer oder die Arbeitnehmerin neben der normalen Arbeit für allfällige Arbeitseinsätze bereit für die Behebung von Störungen, die Hilfeleistung in Notsituationen, für Kontrollgänge oder für ähnliche Sonderereignisse.

2 Der einzelne Arbeitnehmer oder die einzelne Arbeitnehmerin darf im Zeitraum von vier Wochen an höchstens sieben Tagen auf Pikett sein oder Piketteinsätze leisten. Nach Beendigung des letzten Pikettdienstes darf der Arbeitnehmer oder die Arbeitnehmerin während den zwei darauf folgenden Wochen nicht mehr zum Pikettdienst aufgeboten werden.

3 Ausnahmsweise kann ein Arbeitnehmer oder eine Arbeitnehmerin im Zeitraum von vier Wochen an höchstens 14 Tagen auf Pikett sein, sofern:

a.   auf Grund der betrieblichen Grösse und Struktur keine genügenden Personalressourcen für einen Pikettdienst nach Absatz 2 zur Verfügung stehen; und

b.   die Anzahl der tatsächlichen Piketteinsätze im Durchschnitt eines Kalenderjahres nicht mehr als fünf Einsätze pro Monat ausmacht.

4 Kurzfristige Änderungen in der Pikettplanung und -einteilung und sich daraus ergebende Einsätze dürfen für Arbeitnehmer und Arbeitnehmerinnen mit Familienpflichten nur mit deren Einverständnis vorgenommen werden und soweit eine andere Lösung für den Betrieb nicht zumutbar ist.

| **Art. 15** | **b. Anrechnung an die Arbeitszeit** |
| | **(Art. 6 und 9–31 ArG)** |

1 Wird der Pikettdienst im Betrieb geleistet, stellt die gesamte zur Verfügung gestellte Zeit Arbeitszeit dar.

² Wird der Pikettdienst ausserhalb des Betriebes geleistet, so ist die zur Verfügung gestellte Zeit soweit an die Arbeitszeit anzurechnen, als der Arbeitnehmer oder die Arbeitnehmerin tatsächlich zur Arbeit herangezogen wird. Die Wegzeit zu und von der Arbeit ist in diesem Fall an die Arbeitszeit anzurechnen.

Art. 16   Verteilung der Arbeitszeit
(Art. 9–15a, 18–21, 25 Abs. 2, 31 ArG)

¹ Die Woche im Sinne des Gesetzes (Arbeitswoche) beginnt mit dem Montag oder bei mehrschichtigen Systemen in der Sonntag-/Montagnacht und endet mit dem Sonntag. Vorbehalten bleiben die Bestimmungen über den ununterbrochenen Betrieb.

² Für den einzelnen Arbeitnehmer oder die einzelne Arbeitnehmerin darf die Arbeitswoche höchstens 5½ Arbeitstage umfassen. Sie kann auf sechs Arbeitstage ausgedehnt werden, sofern die wöchentlichen freien Halbtage im Einverständnis mit dem Arbeitnehmer oder der Arbeitnehmerin für längstens vier Wochen zusammengelegt werden.

³ Die wöchentliche Arbeitszeit kann auf die einzelnen Arbeitstage und die einzelnen Arbeitnehmer oder Arbeitnehmerinnen oder Gruppen von Arbeitnehmern und Arbeitnehmerinnen gleichmässig oder zeitlich verschieden verteilt werden.

Art. 17   Entschädigung für Ruhe- und Ausgleichs-
ruhezeiten (Art. 22 ArG)

Werden bei Beendigung des Arbeitsverhältnisses die gesetzlichen Ruhe- und Ausgleichsruhezeiten durch eine Geldleistung abgegolten, so ist für deren Bemessung Artikel 33 anwendbar.

2. Abschnitt: Pausen und Ruhezeit

Art. 18   Pausen (Art. 15 und 6 Abs. 2 ArG)

¹ Die Pausen können für einzelne Arbeitnehmer oder Arbeitnehmerinnen oder Gruppen von Arbeitnehmern und Arbeitnehmerinnen gleichmässig oder zeitlich verschieden angesetzt werden.

² Die Pausen sind um die Mitte der Arbeitszeit anzusetzen. Entsteht vor oder nach einer Pause eine Teilarbeitszeit von mehr als 5½ Stunden, so ist für diese eine zusätzliche Pause gemäss Artikel 15 des Gesetzes zu gewähren.

³ Pausen von mehr als einer halben Stunde dürfen aufgeteilt werden.

⁴ Bei flexiblen Arbeitszeiten, wie etwa bei der gleitenden Arbeitszeit, ist für die Bemessung der Pausen die durchschnittliche tägliche Arbeitszeit massgebend.

⁵ Arbeitsplatz im Sinne von Artikel 15 Absatz 2 des Gesetzes ist jeder Ort im Betrieb oder ausserhalb des Betriebes, an dem sich der Arbeitnehmer oder die Arbeitnehmerin zur Ausführung der ihm bzw. ihr zugewiesenen Arbeit aufzuhalten hat.

Art. 19   Tägliche Ruhezeit
                 (Art. 15a, 20 und 6 Abs. 2 ArG)

¹ Fallen zwei oder mehrere Ruhetage oder gesetzliche Feiertage in eine Woche, so kann die zusammenhängende Ruhezeit von 35 Stunden nach Artikel 21 Absatz 2 einmal auf 24 Stunden verkürzt werden.

² Wird die tägliche Ruhezeit nach Artikel 15a Absatz 2 des Gesetzes verkürzt, so darf der Arbeitnehmer beim darauf folgenden Arbeitseinsatz nicht zu Überzeiteinsätzen nach Artikel 25 herangezogen werden.

³ Durch Piketteinsätze nach Artikel 14 darf die tägliche Ruhezeit unterbrochen werden, sie muss jedoch im Anschluss an den Piketteinsatz im restlichen Umfang nachgewährt werden. Kann durch die Piketteinsätze eine minimale Ruhezeit von vier aufeinander folgenden Stunden nicht erreicht werden, so muss im Anschluss an den letzten Einsatz die tägliche Ruhezeit von 11 Stunden nachgewährt werden.

Art. 20   Wöchentlicher freier Halbtag (Art. 21 ArG)

¹ Der wöchentliche freie Halbtag umfasst 8 Stunden, die unmittelbar vor oder nach der täglichen Ruhezeit an einem Werktag zu gewähren sind.

² Der wöchentliche freie Halbtag gilt als gewährt, wenn:

a.   der ganze Vormittag von 6 Uhr bis 14 Uhr arbeitsfrei bleibt;

b.   der ganze Nachmittag von 12 Uhr bis 20 Uhr arbeitsfrei bleibt;

c.   bei zweischichtiger Arbeit der Schichtwechsel zwischen 12 Uhr und 14 Uhr erfolgt; oder

d.   bei Nachtarbeit die alternierende Fünf-Tage-Woche oder im Zeitraum von vier Wochen zwei Kompensationstage eingeräumt werden.

3 An wöchentlichen freien Halbtagen darf der Arbeitnehmer oder die Arbeitnehmerin nicht zur Leistung von Arbeit herangezogen werden; vorbehalten bleibt die Leistung von Arbeit in Sonderfällen nach Artikel 26. In diesen Fällen ist der wöchentliche freie Halbtag innert vier Wochen nachzugewähren.

4 Vom Gesetz vorgeschriebene Ruhezeiten können nicht an den wöchentlichen freien Halbtag angerechnet werden. Der wöchentliche freie Halbtag gilt jedoch als bezogen, wenn der Werktag, an dem er üblicherweise gewährt wird, mit einem arbeitsfreien Feiertag im Sinne von Artikel 20a Absatz 1 des Gesetzes zusammenfällt.

Art. 21   Wöchentlicher Ruhetag sowie Ersatzruhetag für Sonn- und Feiertagsarbeit (Art. 18–20 ArG)

1 Wöchentlicher Ruhetag ist grundsätzlich der Sonntag.

2 Der wöchentliche Ruhetag und die tägliche Ruhezeit müssen zusammen mindestens 35 aufeinanderfolgende Stunden ergeben.

3 Muss am Sonntag gearbeitet werden, darf der Arbeitnehmer oder die Arbeitnehmerin nicht mehr als an sechs aufeinanderfolgenden Tagen beschäftigt werden. Vorbehalten bleiben die Bestimmungen über den ununterbrochenen Betrieb.

4 Arbeitnehmern und Arbeitnehmerinnen, die sonntags arbeiten, dürfen Sonntage, die in ihre Ferienzeit fallen, nicht an die gesetzlich vorgeschriebenen freien Sonntage angerechnet werden.

5 Der Ersatzruhetag im Sinn des Artikels 20 Absatz 2 des Gesetzes weist zusammen mit der täglichen Ruhezeit 35 aufeinanderfolgende Stunden auf; er hat in jedem Fall den Zeitraum von 6 Uhr bis 20 Uhr zu umfassen.

6 Der Ersatzruhetag darf nicht auf einen Tag fallen, an dem der Arbeitnehmer oder die Arbeitnehmerin üblicherweise seinen bzw. ihren Ruhetag oder freien Tag bezieht.

7 Der Freizeitausgleich für geleistete Sonntagsarbeit von bis zu 5 Stunden ist innert vier Wochen vorzunehmen.

3. Abschnitt: Wöchentliche Höchstarbeitszeit

Art. 22   Verlängerung mit Ausgleich (Art. 9 Abs. 3 ArG)

[1] Die wöchentliche Höchstarbeitszeit von 45 bzw. 50 Stunden kann, sofern sie im Durchschnitt eines halben Jahres nicht überschritten wird, um höchstens 4 Stunden verlängert werden:

a.   bei Tätigkeiten mit witterungsbedingtem Arbeitsausfall; oder

b.   in Betrieben mit erheblichen saisonalen Schwankungen des Arbeitsanfalles.

[2] Die wöchentliche Höchstarbeitszeit von 45 Stunden kann für Arbeitnehmer und Arbeitnehmerinnen mit einer im Durchschnitt des Kalenderjahres gewährten Fünf-Tage-Woche verlängert werden:

a.   um 2 Stunden, sofern sie im Durchschnitt von acht Wochen nicht überschritten wird; oder

b.   um 4 Stunden, sofern sie im Durchschnitt von vier Wochen nicht überschritten wird.

[3] Der Arbeitgeber darf die Verlängerung der wöchentlichen Höchstarbeitszeit nach Absatz 1 oder 2 ohne Bewilligung anordnen, wenn nicht nach einem bewilligungspflichtigen Stundenplan gearbeitet wird.

[4] Ist ein Arbeitsverhältnis befristet, so ist die durchschnittliche wöchentliche Höchstarbeitszeit nach Absatz 1 oder 2 während der Dauer des Arbeitsverhältnisses einzuhalten, sofern dieses weniger lang als die in den Absätzen 1 und 2 genannten Ausgleichszeiträume dauert.

Art. 23   Verkürzung der wöchentlichen Höchstarbeitszeit (Art. 9 und 11 i.V.m. Art. 20 und 20a ArG)

[1] In Wochen, in denen ein oder mehrere den Sonntagen gleichgestellte gesetzliche Feiertage auf einen Werktag fallen, an dem der Arbeitnehmer oder die Arbeitnehmerin üblicherweise zu arbeiten hat, wird die wöchentliche Höchstarbeitszeit anteilsmässig verkürzt.

[2] Arbeitnehmern und Arbeitnehmerinnen, die an einem den Sonntagen gleichgestellten gesetzlichen Feiertag arbeiten, ist die anteilsmässige Verkürzung der wöchentlichen Höchstarbeitszeit in der Woche anzurechnen, in welcher der Ersatzruhetag für den Feiertag gewährt wird.

Art. 24   Ausgleich ausfallender Arbeitszeit
(Art. 11 i.V.m. 15, 15a, 18, 20 und 20a ArG)

[1] Der Ausgleich ausfallender Arbeitszeit nach Artikel 11 des Gesetzes ist unmittelbar vor oder nach dem Arbeitsausfall innerhalb von höchstens 14 Wochen vorzunehmen, sofern Arbeitgeber und Arbeitnehmer nicht eine längere Frist vereinbaren, die aber zwölf Monate nicht überschreiten darf. Die Arbeitsausfälle über Weihnachten und Neujahr gelten als eine Ausfallperiode.

[2] Ausfallende Arbeitszeit darf nur soweit ausgeglichen werden, als dadurch die zulässige tägliche Arbeitsdauer nicht überschritten wird.

[3] Gesetzliche Ruhezeiten und Ausgleichsruhezeiten stellen keine ausfallende Arbeitszeit dar; diese dürfen weder vor- noch nachgeholt werden.

4. Abschnitt: Überzeitarbeit

Art. 25   Grundsatz (Art. 12 und 26 ArG)

[1] Unter Vorbehalt von Artikel 26 ist Überzeitarbeit nach Artikel 12 Absatz 1 Buchstaben a und b des Gesetzes nur als Tages- und Abendarbeit nach Artikel 10 des Gesetzes und nur an Werktagen zulässig.

[2] Der Ausgleich von Überzeitarbeit durch Freizeit nach Artikel 13 Absatz 2 des Gesetzes ist innert 14 Wochen vorzunehmen, sofern Arbeitgeber und Arbeitnehmer oder Arbeitnehmerin nicht eine längere Frist vereinbaren, die aber zwölf Monate nicht überschreiten darf.

Art. 26   Sonderfälle (Art. 12 Abs. 2 und 26 Abs. 1 ArG)

[1] Überzeitarbeit darf auch in der Nacht und an Sonntagen sowie in Überschreitung der zulässigen täglichen Arbeitsdauer geleistet werden, wenn es sich um vorübergehende Arbeiten in Notfällen handelt, die unabhängig vom Willen der Betroffenen eintreten und deren Folgen nicht auf andere zumutbare Weise beseitigt werden können, besonders wenn:

a.   Arbeitsergebnisse gefährdet sind und dadurch unverhältnismässiger Schaden droht;

b.   Piketteinsätze für die Schadensvorbeugung oder -behebung notwendig sind;

c. Arbeitsmaschinen, Geräte, Transporteinrichtungen und Fahrzeuge, die für die Aufrechterhaltung des Betriebes unabdingbar sind, wegen schwerwiegender Störungen oder erlittener Schäden in Stand gestellt werden müssen;

d. Betriebsstörungen infolge unmittelbarer Einwirkung höherer Gewalt vermieden oder behoben werden müssen;

e. Störungen bei der Versorgung mit Energie und Wasser sowie Störungen des öffentlichen oder privaten Verkehrs vermieden oder behoben werden müssen;

f. dem unvermeidlichen Verderb von Gütern, namentlich Rohstoffen oder Lebensmitteln, vorgebeugt werden muss, und damit keine Steigerung der Produktion verbunden ist;

g. unaufschiebbare Verrichtungen zur Erhaltung des Lebens und der Gesundheit von Mensch und Tier sowie zur Vermeidung von Umweltschäden vorgenommen werden müssen.

2 Überzeitarbeit, die in Überschreitung der zulässigen täglichen Arbeitsdauer geleistet wird, ist innerhalb von sechs Wochen durch Freizeit von gleicher Dauer auszugleichen. Vorbehalten bleibt Artikel 20 Absatz 3 des Gesetzes.

5. Abschnitt: Voraussetzungen für Nacht- und Sonntagsarbeit und den ununterbrochenen Betrieb

Art. 27   Dringendes Bedürfnis (Art. 17, 19 und 24 ArG)

1 Ein dringendes Bedürfnis liegt vor, wenn:

a. zusätzliche Arbeiten kurzfristig anfallen, deren Erledigung zeitlich nicht aufschiebbar sind und die am Tag und während den Werktagen weder mit planerischen Mitteln noch mit organisatorischen Massnahmen bewältigt werden können;

b. Arbeiten aus Gründen der öffentlichen Sicherheit oder aus sicherheitstechnischen Gründen nur in der Nacht oder am Sonntag erledigt werden können; oder

c. Ereignisse kultureller, gesellschaftlicher oder sportlicher Art in Abhängigkeit von den örtlichen Verhältnissen und Gebräuchen oder den spezifischen Bedürfnissen von Kunden die Erbringung

von zeitlich begrenzten Arbeitseinsätzen in der Nacht oder am Sonntag erfordern.

2 Ein dringendes Bedürfnis für Nachtarbeit im Sinn von Artikel 17 Absatz 4 des Gesetzes liegt vor, wenn Betriebe mit einem zweischichtigen Arbeitszeitsystem:

a. aus Gründen der täglichen Auslastung regelmässig auf eine Betriebszeit von 18 Stunden angewiesen sind;

b. dabei nicht mehr als eine Randstunde in Anspruch nehmen; und

c. dadurch die Leistung von weiterer Nachtarbeit zwischen 24 Uhr und 5 Uhr vermieden werden kann.

Art. 28   Unentbehrlichkeit von Nacht- und Sonntagsarbeit (Art. 17, 19 und 24 ArG)

1 Technische Unentbehrlichkeit liegt insbesondere vor, wenn ein Arbeitsverfahren oder Arbeiten nicht unterbrochen oder aufgeschoben werden können, weil:

a. mit der Unterbrechung oder dem Aufschub erhebliche und unzumutbare Nachteile für die Produktion und das Arbeitsergebnis oder die Betriebseinrichtungen verbunden sind;

b. andernfalls die Gesundheit der Arbeitnehmer und Arbeitnehmerinnen oder die Umgebung des Betriebes gefährdet werden.

2 Wirtschaftliche Unentbehrlichkeit liegt vor, wenn:

a. die Unterbrechung eines Arbeitsverfahrens und dessen Wiederingangsetzung hohe Zusatzkosten verursachen, die ohne die Leistung von Nacht- oder Sonntagsarbeit eine merkliche Schwächung der Wettbewerbsfähigkeit des Betriebes gegenüber seinen Konkurrenten zur Folge hat oder haben könnte;

b. das angewandte Arbeitsverfahren mit unvermeidlich hohen Investitionskosten verbunden ist, die ohne Nacht- oder Sonntagsarbeit nicht amortisiert werden können; oder

c. die Konkurrenzfähigkeit gegenüber Ländern mit vergleichbarem sozialem Standard wegen längerer Arbeitszeiten oder anderer Arbeitsbedingungen im Ausland erheblich beeinträchtigt ist und durch die Bewilligung die Beschäftigung mit grosser Wahrscheinlichkeit gesichert wird.

³ Der wirtschaftlichen Unentbehrlichkeit gleichgestellt sind die besonderen Konsumbedürfnisse, deren Befriedigung im öffentlichen Interesse liegt und nicht ohne Nacht- oder Sonntagsarbeit möglich ist. Solche Konsumbedürfnisse sind:

a.   täglich notwendige und unentbehrliche Waren oder Dienstleis-
     tungen, deren Fehlen von einem Grossteil der Bevölkerung als
     wesentlicher Mangel empfunden würde; und

b.   bei denen das Bedürfnis dauernd oder in der Nacht oder am
     Sonntag besonders hervortritt.

⁴ Unentbehrlichkeit wird für die im Anhang aufgeführten Produktions-
und Arbeitsverfahren vermutet.

6. Abschnitt: Besondere Formen der Nachtarbeit

**Art. 29   Verlängerte Dauer der Nachtarbeit
              (Art. 17a Abs. 2 ArG)**

¹ Bei dauernd und regelmässig wiederkehrender Nachtarbeit ist eine
Arbeitszeit von 10 Stunden im Zeitraum von 12 Stunden zulässig, sofern:

a.   für den Arbeitnehmer oder die Arbeitnehmerin keine erhöhten Ri-
     siken bezüglich chemischer, biologischer und physikalischer Ein-
     wirkungen bestehen;

b.   der Arbeitnehmer oder die Arbeitnehmerin keinen ausserordentli-
     chen physischen, psychischen und mentalen Belastungen ausge-
     setzt ist;

c.   der Arbeitseinsatz so organisiert ist, dass die Leistungsfähigkeit
     des Arbeitnehmers oder der Arbeitnehmerin erhalten bleibt und
     dadurch die Entstehung von Gefahrensituationen vermieden wer-
     den kann;

d.   in einer medizinischen Untersuchung die Eignung des Arbeitneh-
     mers oder der Arbeitnehmerin festgestellt worden ist; und

e.   die effektiv zu leistende Arbeitszeit innert 24 Stunden 10 Stunden
     nicht überschreitet.

[2] Bei vorübergehender Nachtarbeit ist eine Arbeitszeit von 10 Stunden im Zeitraum von 12 Stunden gemäss Artikel 17a Absatz 2 des Gesetzes zulässig, sofern:

a.   der Arbeitseinsatz so organisiert ist, dass die Leistungsfähigkeit des Arbeitnehmers oder der Arbeitnehmerin erhalten bleibt und dadurch die Entstehung von Gefahrensituationen vermieden werden kann;

b.   die effektiv zu leistende Arbeitszeit innert 24 Stunden 10 Stunden nicht überschreitet; und

c.   der Arbeitnehmer oder die Arbeitnehmerin einverstanden ist.

Art. 30   Nachtarbeit ohne Wechsel mit Tagesarbeit (Art. 25 und 26 ArG)

[1] Nachtarbeit von mehr als sechs Wochen ohne Wechsel mit Tagesarbeit nach Artikel 25 Absatz 3 des Gesetzes ist zulässig, sofern:

a.   es aus betrieblichen Gründen notwendig ist;

b.   der Arbeitnehmer oder die Arbeitnehmerin schriftlich sein bzw. ihr Einverständnis erklärt hat; und

c.   innert 24 Wochen die Tagesarbeits-Perioden insgesamt mindestens gleich lang sind wie die Nachtarbeits-Perioden.

[2] Nachtarbeit von mehr als zwölf Wochen ohne Wechsel mit Tagesarbeit nach Artikel 25 Absatz 3 des Gesetzes ist zulässig, sofern:

a.   die Voraussetzungen nach Artikel 29 Absatz 1 Buchstaben a–d erfüllt sind;

b.   sie aus betrieblichen Gründen unentbehrlich ist; und

c.   der Arbeitnehmer oder die Arbeitnehmerin schriftlich sein bzw. ihr Einverständnis erklärt hat.

[3] Arbeitnehmer und Arbeitnehmerinnen in Nachtarbeit nach Absatz 2 dürfen:

a.   höchstens eingesetzt werden:

    1.   in fünf von sieben aufeinander folgenden Nächten; oder

    2.   in sechs von neun aufeinander folgenden Nächten; und

b.   an ihren freien Tagen keine Überzeitarbeit nach Artikel 25 leisten.

⁴ Auf Arbeitnehmer und Arbeitnehmerinnen, die höchstens für eine Randstunde zwischen 5 Uhr und 6 Uhr oder 23 Uhr und 24 Uhr dauernd Nachtarbeit leisten, sind die Voraussetzungen und die Bedingungen nach den Absätzen 1–3 nicht anwendbar.

7. Abschnitt: Lohn- und Zeitzuschlag

Art. 31 **Lohn- und Zeitzuschlag bei Nachtarbeit (Art. 17b Abs. 2 ArG)**

¹ Dauernde oder regelmässig wiederkehrende Nachtarbeit leistet ein Arbeitnehmer, der in 25 und mehr Nächten pro Kalenderjahr zum Einsatz gelangt.

² Der Zeitzuschlag ist ab dem ersten Nachteinsatz zu gewähren. Er berechnet sich auf Grund der tatsächlich geleisteten Arbeitszeit.

³ Stellt sich erst im Verlaufe eines Kalenderjahres heraus, dass ein Arbeitnehmer wider Erwarten Nachtarbeit in mehr als 25 Nächten pro Kalenderjahr zu leisten hat, so muss der Lohnzuschlag von 25 Prozent für die ersten 25 Nächte nicht in den Zeitzuschlag umgewandelt werden.

Art. 32 **Ausnahmen vom Zeitzuschlag (Art. 17b Abs. 3 und 4, Art. 26 ArG)**

¹ Der Zeitzuschlag nach Artikel 17b Absatz 3 Buchstaben a und b des Gesetzes ist nicht geschuldet, wenn ein Betrieb ein betriebliches Arbeitszeitsystem aufweist, dessen wöchentliche Arbeitszeit für einen vollzeitlich beschäftigten Arbeitnehmer folgende Dauer nicht übersteigt:

a.   35 Stunden, Pausen eingeschlossen, bei der auf 7 Stunden im Durchschnitt verkürzten Schichtdauer;

b.   36 Stunden, Pausen abgezogen, im Fall der Vier-Tage-Woche.

² Betrieblich ist ein Arbeitszeitsystem, wenn dieses für den ganzen Betrieb oder einen klar davon abgrenzbaren Betriebsteil integral Anwendung findet.

³ Die Gleichwertigkeit anderer Ausgleichsruhezeiten im Rahmen von Gesamtarbeitsverträgen oder öffentlich-rechtlicher Vorschriften nach Artikel 17b Absatz 3 Buchstabe c des Gesetzes liegt vor, wenn der

entsprechende Gesamtarbeitsvertrag oder der zur Anwendung gelangende öffentlich-rechtliche Erlass Ausgleichsregeln aufweist:

a. die speziell den Nachtarbeit leistenden Arbeitnehmern für die dafür geleistete Arbeit zusätzliche Freizeit einräumen; und

b. die in ihrem Umfang insgesamt mit dem Zeitzuschlag von 10 Prozent gleichwertig ist.

Art. 33   Berechnung des Lohnzuschlages
(Art. 13 Abs. 1, 17b Abs. 1 und 2, 19 Abs. 3 und 24 Abs. 6 ArG)

[1] Der Lohnzuschlag für Überzeitarbeit, Nachtarbeit und Sonntagsarbeit ist bei Zeitlohn nach dem auf die Stunde berechneten Lohn, ohne Orts-, Haushaltungs- und Kinderzulagen, zu bemessen.

[2] Bei Akkordarbeit ist der Lohnzuschlag in der Regel nach dem in der Zahltagsperiode durchschnittlich erzielten Lohn, ohne Orts-, Haushaltungs- und Kinderzulagen, zu bemessen.

[3] Für die Bewertung des Naturallohnes sowie der Bedienungs- und Trinkgelder sind die Vorschriften der Bundesgesetzgebung über die Alters- und Hinterlassenenversicherung sinngemäss anwendbar.

[4] Sind für die gleiche Zeitspanne verschiedene Vorschriften des Gesetzes über die Ausrichtung von Lohnzuschlägen anwendbar, so ist der für den Arbeitnehmer oder die Arbeitnehmerin günstigste Zuschlag auszurichten.

8. Abschnitt: Schichtarbeit

Art. 34   Schichtarbeit und Schichtwechsel
(Art. 25, 6 Abs. 2 und 26 ArG)

[1] Schichtarbeit liegt vor, wenn zwei oder mehrere Gruppen von Arbeitnehmern und Arbeitnehmerinnen nach einem bestimmten Zeitplan gestaffelt und wechselweise am gleichen Arbeitsplatz zum Einsatz gelangen.

[2] Bei der Gestaltung von Schichtarbeit sind die arbeitsmedizinischen und arbeitswissenschaftlichen Erkenntnisse zu beachten.

[3] Bei zweischichtiger Tagesarbeit, die nicht in den Nachtzeitraum fällt, darf die einzelne Schichtdauer, Pausen inbegriffen, 11 Stunden nicht überschreiten. Die Leistung von Überzeitarbeit nach Artikel 25 ist nur

an sonst arbeitsfreien Werktagen zulässig und soweit, als an diesen Tagen nicht gesetzliche Ruhe- oder Ausgleichsruhezeiten bezogen werden.

4 Bei drei- und mehrschichtigen Arbeitszeitsystemen, bei denen der Arbeitnehmer oder die Arbeitnehmerin alle Schichten durchläuft, gilt Folgendes:

a.   die einzelne Schichtdauer darf 10 Stunden, Pausen inbegriffen, nicht überschreiten;

b.   der Schichtwechsel hat von der Früh- zur Spät- und von dieser zur Nachtschicht (Vorwärtsrotation) zu erfolgen. Eine Rückwärtsrotation ist ausnahmsweise zulässig, wenn dadurch der Arbeitnehmer oder die Arbeitnehmerin regelmässig längere wöchentliche Ruhezeiten von drei und mehr Tagen erhält;

c.   die Leistung von Überzeitarbeit nach Artikel 25 ist nur an sonst arbeitsfreien Werktagen zulässig und soweit, als an diesen Tagen nicht gesetzliche Ruhe- oder Ausgleichsruhezeiten bezogen werden.

Art. 35   Verzicht auf den Schichtwechsel bei Tages- und Abendarbeit (Art. 25 Abs. 3 ArG)

Auf den Schichtwechsel kann verzichtet werden, sofern:

a.   Arbeitnehmer aus besonderen persönlichen Gründen nur am Morgen oder am Abend arbeiten können; oder

b.   eine der beiden Schichten wesentlich kürzer ist und nicht mehr als 5 Stunden beträgt.

9. Abschnitt: Ununterbrochener Betrieb

Art. 36   Begriff (Art. 24 ArG)

Als ununterbrochener Betrieb gilt ein Arbeitszeitsystem:

a.   bei dem während 24 Stunden und an sieben Tage der Woche Schichtarbeit geleistet wird; und

b.   das aus mehreren Schichten besteht, wobei der einzelne Arbeitnehmer oder die einzelne Arbeitnehmerin grundsätzlich alle Schichten durchläuft.

Art. 37   Ruhetage (Art. 24 Abs. 5 ArG)

[1] Bei ununterbrochenem Betrieb sind den Arbeitnehmern und Arbeitnehmerinnen im Kalenderjahr wenigstens 61 wöchentliche Ruhetage zu gewähren, die zusammen mit der täglichen Ruhezeit mindestens 35 aufeinander folgende Stunden umfassen. Davon müssen wenigstens 26 Ruhetage auf einen Sonntag fallen und mindestens die Zeit von 6–16 Uhr umfassen.

[2] Unter der Voraussetzung, dass der Sonntag die Zeit von Samstag 23 Uhr bis Sonntag 23 Uhr umfasst, kann die Zahl der auf einen Sonntag fallenden Ruhetage wie folgt herabgesetzt werden:

a.   auf 17, wenn die tägliche Arbeitszeit des einzelnen Arbeitnehmers oder der einzelnen Arbeitnehmerin 8 Stunden nicht übersteigt;

b.   auf 13, wenn zusätzlich zu der in Buchstabe a genannten Voraussetzung die durchschnittliche wöchentliche Arbeitszeit einschliesslich der Pausen nicht mehr als 42 Stunden beträgt.

[3] Kann aus betrieblichen oder organisatorischen Gründen nicht in jeder Woche ein wöchentlicher Ruhetag gewährt werden, so ist dieser spätestens in der dritten Folgewoche zu gewähren. Dieser Ruhetag kann mit anderen wöchentlichen Ruhetagen zusammengelegt werden.

[4] Nach spätestens sieben Tagen ist dem Arbeitnehmer oder der Arbeitnehmerin eine tägliche Ruhezeit von 24 Stunden zu gewähren.

Art. 38   Arbeitszeit (Art. 24 Abs. 5 ArG)

[1] Die wöchentliche Höchstarbeitszeit nach Artikel 9 des Gesetzes ist beim ununterbrochenen Betrieb im Durchschnitt von 16 Wochen einzuhalten. Diese Zeitspanne kann ausnahmsweise bis auf 20 Wochen verlängert werden.

[2] Die wöchentliche Höchstarbeitszeit kann für einzelne Zeiträume von sieben aufeinander folgenden Tagen auf 52 Stunden verlängert werden. Ausnahmsweise kann sie auf 60 Stunden verlängert werden, wenn ein grosser Teil der Arbeitszeit aus reiner Präsenzzeit besteht und der Arbeitnehmer oder die Arbeitnehmerin keinen physisch, psychisch und mental belastenden Tätigkeiten ausgesetzt ist. Die wöchentliche Höchstarbeitszeit ist dann im Durchschnitt von 16 Wochen einzuhalten.

3 Für den einzelnen Arbeitnehmer oder die einzelne Arbeitnehmerin darf die Arbeitszeit innert 24 Stunden nicht mehr als 9 Stunden betragen und muss, mit Einschluss der Pausen, innert eines Zeitraumes von 10 Stunden liegen. Wird zwischen Freitagabend und Montagmorgen in zwei Schichten gearbeitet, so kann die Arbeitszeit bis auf 12 Stunden verlängert werden, doch ist in diesem Falle eine Pause von 2 Stunden zu gewähren, die innerhalb der Schicht hälftig geteilt und gestaffelt angeordnet werden kann.

4 Auf den ununterbrochenen Betrieb sind im Übrigen die Vorschriften dieser Verordnung über die Nacht- und Sonntagsarbeit sowie über die Schichtarbeit anwendbar, sofern die Artikel 37 und 38 nichts anderes bestimmen.

**Art. 39   Zusammengesetzter ununterbrochener Betrieb
(Art. 10, 17, 19, 25 und 24 Abs. 5 i.V.m. 26 ArG)**

1 Auf Arbeitnehmer oder Arbeitnehmerinnen, die im Rahmen eines ununterbrochenen Betriebssystems nur in einzelnen Schichten oder an bestimmten Tagen eingesetzt werden, sind die Artikel 37 und 38 nicht anwendbar.

2 Die Beschäftigung von Arbeitnehmern oder Arbeitnehmerinnen in Wochenendschichten zwischen Donnerstagabend (20 Uhr) und Montagmorgen (5 Uhr bis 7 Uhr) ist zulässig, sofern:

a.   die Arbeitnehmer oder die Arbeitnehmerinnen – abgesehen von Ausnahmefällen wie Ferienablösungen – in der übrigen Zeit der Woche keiner weiteren Erwerbstätigkeit als Arbeitnehmer oder Arbeitnehmerin nachgehen;

b.   die Arbeitnehmer oder die Arbeitnehmerinnen in keiner Schicht mehr als 10 Stunden Arbeitszeit innerhalb von 12 Stunden leisten müssen;

c.   die tägliche Ruhezeit von 11 Stunden nicht verkürzt wird;

d.   die Arbeitnehmer oder die Arbeitnehmerinnen nicht zu Überzeitarbeit nach Artikel 25 herangezogen werden; und

e.   die Arbeitnehmer oder Arbeitnehmerinnen mindestens fünf auf einen Sonntag fallende Ruhetage pro Kalenderjahr haben.

10. Abschnitt: Arbeitszeitbewilligungen

**Art. 40   Abgrenzungskriterien für die Bewilligungs-
                 zuständigkeit (Art. 17, 19 und 24 ArG)**

[1] Vorübergehend ist Nachtarbeit im Sinne von Artikel 17 des Gesetzes, wenn sie:

a.   bei sporadisch oder periodisch wiederkehrenden Einsätzen nicht mehr als drei Monate pro Betrieb und Kalenderjahr umfasst; oder

b.   bei zeitlich befristeten Einsätzen von bis zu sechs Monaten einen einmaligen Charakter aufweist. Eine einmalige Verlängerung um sechs Monate ist möglich.

[2] Dauernd oder regelmässig wiederkehrend ist Nachtarbeit, wenn diese die in Absatz 1 genannten Bedingungen vom zeitlichen Umfang her überschreitet.

[3] Vorübergehend ist Sonntagsarbeit im Sinne von Artikel 19 des Gesetzes, wenn sie:

a.   bei sporadisch vorkommenden Einsätzen nicht mehr als sechs Sonntage, gesetzliche Feiertage inbegriffen, pro Betrieb und Kalenderjahr umfasst; oder

b.   bei zeitlich befristeten Einsätzen von bis zu drei Monaten einen einmaligen Charakter aufweist.

[4] Dauernd und regelmässig wiederkehrend ist Sonntagsarbeit, wenn diese die in Absatz 3 genannten Bedingungen vom zeitlichen Umfang her überschreitet.

Art. 41   Gesuch (Art. 49 ArG)

Das Gesuch um eine Arbeitszeitbewilligung ist schriftlich einzureichen und hat folgende Angaben zu enthalten:

a.   die Bezeichnung des Betriebes oder der Betriebsteile, für welche um die Bewilligung nachgesucht wird;

b.   die Zahl der beteiligten Arbeitnehmer und Arbeitnehmerinnen, getrennt nach Männern, Frauen und Jugendlichen;

c.   den vorgesehenen Stundenplan, mit Einschluss der Ruhezeit und Pausen sowie den Schichtwechsel oder allfällige Abweichungen; für die Nachtarbeit, für die drei- und mehrschichtige Arbeit sowie

für den ununterbrochenen Betrieb kann auf grafische Darstellungen von Stunden- und Schichtenplänen verwiesen werden;

d.   die vorgesehene Dauer der Bewilligung;

e.   die Bestätigung, dass das Einverständnis des Arbeitnehmers oder der Arbeitnehmerin eingeholt worden ist;

f.   das Ergebnis der medizinischen Untersuchung hinsichtlich der Eignung der betroffenen Arbeitnehmer und Arbeitnehmerinnen, soweit von Gesetz oder Verordnung vorgesehen;

g.   den Nachweis des dringenden Bedürfnisses oder der Unentbehrlichkeit;

h.   die Zustimmung Dritter, soweit von Gesetz oder Verordnung vorgesehen.

Art. 42   Bewilligungserteilung (Art. 49 ArG)

[1] In den Arbeitszeitbewilligungen sind anzuführen:

a.   die Rechtsgrundlage;

b.   der Betrieb oder der Betriebsteil oder die Art der Tätigkeit;

c.   die Begründung der Bewilligung;

d.   die Zahl der im Ganzen und, bei Schichtarbeit und ununterbrochenem Betrieb, der an den einzelnen Schichten beteiligten Arbeitnehmer und Arbeitnehmerinnen, getrennt nach Männern, Frauen und Jugendlichen;

e.   die bewilligten Tage, Nächte oder Stunden, der bewilligte Stundenplan, die einzuhaltenden Ruhezeiten und Pausen, der Schichtwechsel sowie allfällige Abweichungen;

f.   allfällige Auflagen und Bedingungen zum Schutze der Arbeitnehmer;

g.   der räumliche Geltungsbereich, wenn mehrere Kantone von der Bewilligung betroffen sind.

[2] Die Arbeitszeitbewilligungen sind nach ihrem Zweck zeitlich zu befristen.

[3] Für vorübergehende Arbeitszeitbewilligungen, die kantonsübergreifende Tatbestände regeln, ist der Kanton zuständig, in dem der Betrieb seinen Sitz hat.

4 Die Bewilligung darf nur von den im Gesetz oder in einer Verordnung vorgesehenen Voraussetzungen abhängig gemacht werden. Sie darf auch keine anderen Auflagen enthalten, als im Gesetz oder in einer Verordnung vorgesehen sind.

5 Das Bundesamt stellt seine Bewilligungen den Standortkantonen der Betriebe zu; gleich verfahren die Kantone bei Bewilligungen, die kantonsübergreifende Tatbestände regeln.

3. Kapitel: Massnahmen bei Nachtarbeit
1. Abschnitt: Medizinische Untersuchung und Beratung

Art. 43   Begriff der medizinischen Untersuchung und Beratung (Art. 17c und 42 Abs. 4 ArG)

1 Die medizinische Untersuchung beinhaltet eine Basiskontrolle des Gesundheitszustandes des betroffenen Arbeitnehmers oder der Arbeitnehmerin. Der Umfang richtet sich nach der Art der auszuübenden Tätigkeit und den Gefährdungen am Arbeitsplatz. Das Bundesamt gibt für die medizinische Untersuchung und Beratung einen Leitfaden heraus.

2 Die medizinische Untersuchung nach den Artikeln 29, 30 und 45 ist von einem Arzt oder einer Ärztin vorzunehmen, der oder die sich mit dem Arbeitsprozess, den Arbeitsverhältnissen und den arbeitsmedizinischen Grundlagen vertraut gemacht hat. Frauen haben Anspruch auf medizinische Untersuchung und Beratung bei einer Ärztin.

3 Die Beratung nach Artikel 17c des Gesetzes umfasst spezifische Gesichtspunkte, die im Zusammenhang mit der Nachtarbeit stehen. Das können Fragen familiärer und sozialer Art oder Ernährungsprobleme sein, soweit diese einen Einfluss auf die Gesundheit des in der Nacht beschäftigten Arbeitnehmers oder der Arbeitnehmerin haben können.

4 Die im Rahmen des Obligatoriums beigezogenen Ärzte oder Ärztinnen und anderen beigezogenen medizinischen Fachkräfte sind Sachverständige nach Artikel 42 Absatz 4 des Gesetzes.

Art. 44   Anspruch auf medizinische Untersuchung und Beratung (Art. 17c ArG)

1 Arbeitnehmer und Arbeitnehmerinnen, die 25 und mehr Nachteinsätze pro Jahr leisten, haben auf Verlangen Anspruch auf medizinische Untersuchung und Beratung.

2 Der Anspruch auf medizinische Untersuchung und Beratung kann in regelmässigen Abständen von zwei Jahren geltend gemacht werden. Nach Vollendung des 45. Lebensjahres steht den Arbeitnehmern und Arbeitnehmerinnen dieses Recht in Zeitabständen von einem Jahr zu.

Art. 45   Obligatorische medizinische Untersuchung und Beratung (Art. 17c Abs. 2 und 3, Art. 6 Abs. 2 ArG)

1 Die medizinische Untersuchung und Beratung ist obligatorisch für Jugendliche, die dauernd oder regelmässig wiederkehrend zwischen 1 Uhr und 6 Uhr Nachtarbeit leisten, und für Arbeitnehmer oder Arbeitnehmerinnen, die dauernd oder regel-mässig wiederkehrende Nachtarbeit leisten und dabei in erhöhtem Ausmass belastende oder gefährliche Tätigkeiten verrichten oder belastenden oder gefährlichen Situationen ausgesetzt sind. Belastende und gefährliche Tätigkeiten oder Situationen sind:

a.   gehörschädigender Lärm, starke Erschütterungen und Arbeit in Hitze oder in Kälte;

b.   Luftschadstoffe, sofern sie den Bereich von 50 Prozent der maximal zulässigen Arbeitsplatzkonzentration für gesundheitsgefährdende Stoffe nach dem Bundesgesetz über die Unfallversicherung übersteigen;

c.   ausserordentliche physische, psychische und mentale Belastungen;

d.   Arbeit als allein arbeitende Person in einem Betrieb oder Betriebsteil;

e.   verlängerte Dauer der Nachtarbeit und Nachtarbeit ohne Wechsel mit Tagesarbeit.

2 Die medizinische Untersuchung und Beratung erfolgt erstmals vor Antritt zu einer in Absatz 1 genannten Tätigkeit und danach alle zwei Jahre.

3 Der untersuchende Arzt oder die untersuchende Ärztin teilt dem betroffenen Arbeitnehmer oder der Arbeitnehmerin, dem Arbeitgeber und der zuständigen Behörde die Schlussfolgerungen hinsichtlich der Eignung oder Nichteignung mit.

4 Arbeitnehmer und Arbeitnehmerinnen, die nach Feststellung des Arztes nicht geeignet sind oder sich nicht untersuchen lassen, dürfen für Arbeiten nach Absatz 1 nicht in der Nacht eingesetzt werden. Eignet sich ein Arbeitnehmer oder eine Arbeitnehmerin nur bedingt, kann die zuständige Behörde nach Rücksprache mit dem untersuchenden Arzt oder der Ärztin die Beschäftigung des betroffenen Arbeitnehmers oder der Arbeitnehmerin in der Nacht ganz oder teilweise auf Gesuch hin zulassen, sofern der Betrieb die als notwendig erachteten Massnahmen für die Erhaltung der Gesundheit ergreift.

5 Bei bedingter Eignung werden die untersuchenden Ärzte von ihrem ärztlichen Berufsgeheimnis gegenüber dem Arbeitgeber soweit entbunden, als es für das Treffen von Massnahmen im Betrieb notwendig ist und der betroffene Arbeitnehmer oder die betroffene Arbeitnehmerin einwilligt.

2. Abschnitt: Weitere Massnahmen
Art. 46   (Art. 17e ArG)

Der Arbeitgeber hat als weitere Massnahmen bei Nachtarbeit insbesondere:

a. ein sicheres Transportmittel zur Verfügung zu stellen, wenn die persönliche Sicherheit eines Arbeitnehmers oder einer Arbeitnehmerin auf dem Weg zum und vom Arbeitsplatz gefährdet sein könnte;

b. Transportmöglichkeiten beim Fehlen öffentlicher Verkehrsmittel bereitzustellen;

c. Kochgelegenheiten für die Zubereitung warmer Mahlzeiten in einem geeigneten Raum bereitzustellen oder warme Mahlzeiten abzugeben;

d. Arbeitnehmer und Arbeitnehmerinnen mit Erziehungs- oder Betreuungspflichten nach Artikel 36 des Gesetzes zu unterstützen, damit sie diese Aufgaben selber oder durch Dritte wahrnehmen können.

4. Kapitel: Sonderschutz der jugendlichen Arbeitnehmer und Arbeitnehmerinnen

1. Abschnitt: Unzulässige Arbeiten

Art. 47   Für alle Jugendlichen verbotene Arbeiten (Art. 29 Abs. 3 ArG)

Jugendliche nach Artikel 29 Absatz 1 ArG dürfen zu folgenden Arbeiten nicht herangezogen werden:

a. Bedienung und Unterhalt von Betriebseinrichtungen, wie Maschinen, Antrieben und Transporteinrichtungen, und die Handhabung von Werkzeugen, sofern erfahrungsgemäss damit eine erhebliche Unfallgefahr verbunden ist oder die körperliche und geistige Leistungsfähigkeit der Jugendlichen dadurch übermässig beansprucht wird;

b. Arbeiten, bei denen eine erhebliche Brand-, Explosions-, Unfall-, Erkrankungs- oder Vergiftungsgefahr besteht;

c. Bedienung und Unterhalt von Dampfkesseln und Heisswasserkesseln; ausgenommen sind die in Artikel 8 Absatz 1 Buchstaben a und b der Verordnung vom 9. April 1925[4] betreffend Aufstellung und Betrieb von Dampfkesseln und Dampfgefässen genannten, mit gasförmigen oder flüssigen Brennstoffen oder elektrisch geheizten Dampfkessel sowie die Heisswasserkessel, die in Anlage, Inhalt und Druck solchen Dampfkesseln gleichzustellen sind;

d. Bedienung und Unterhalt von Druckbehältern mit gesundheitsschädlichem, brand- oder explosionsgefährlichem Inhalt;

e. Untertagearbeit im Stollenbau und in Bergwerken.

Art. 48   Für Jugendliche unter 16 Jahren verbotene Arbeiten (Art. 29 Abs. 3 ArG)

Vor dem vollendeten 16. Altersjahr dürfen Jugendliche zusätzlich ausser zu den Arbeiten nach Artikel 47 dieser Verordnung auch zu den folgenden Arbeiten nicht herangezogen werden:

a. Arbeiten, die mit heftiger Erschütterung verbunden sind;

---

4   SR **832.312.11**

b.   Arbeiten mit Schweiss- und Schneidbrennern und Bedienung der zugehörigen Gasapparate sowie Elektroschweissen;

c.   Sortieren von Altmaterial, wie Hadern, Papier und Karton, von ungereinigter und nicht desinfizierter Wäsche sowie von Haaren, Borsten und Fellen;

d.   Arbeiten bei grosser Hitze und bei grosser Kälte;

e.   Heben, Tragen und Fortbewegen schwerer Lasten.

Art. 49   Verbotene Beschäftigungen für Jugendliche (Art. 29 Abs. 3 ArG)

Jugendliche dürfen nicht beschäftigt werden:

a.   vor dem vollendeten 16. Altersjahr:

   1.   in Betrieben der Filmvorführung, in Zirkus- und Schaustellungsbetrieben;

   2.   für die Bedienung von Gästen in Betrieben der Beherbergung und Bewirtung;

b.   vor dem vollendeten 18. Altersjahr für die Bedienung von Gästen in Betrieben der Unterhaltung, wie Nachtlokalen, Dancings, Discotheken und Barbetrieben.

Art. 50   Bewilligung von Ausnahmen (Art. 29 Abs. 3 ArG)

[1] Für bestimmte Lern- und Anlernberufe können aus zwingenden Gründen vom Bundesamt Ausnahmen von den Artikeln 47, 48 Buchstabe b und 49 bewilligt werden. Solche Bewilligungen können mit besonderen Auflagen zum Schutz der Jugendlichen verbunden werden.

[2] Wird die Lehrabschlussprüfung vor Erreichung der nach den Artikeln 47 und 49 Buchstabe b dieser Verordnung massgebenden Altersgrenzen bestanden, so gelten die darin aufgestellten Beschäftigungsverbote für die Ausübung des erlernten Berufes nicht.

2. Abschnitt: Ärztliches Zeugnis

Art. 51   (Art. 29 Abs. 4 ArG)

[1] Das Eidgenössische Volkswirtschaftsdepartement kann nach Einholung des Gutachtens der Eidgenössischen Arbeitskommission die Ar-

beiten bezeichnen, zu denen Jugendliche nur auf Grund eines ärztlichen Zeugnisses zugelassen werden dürfen. Aus dem Zeugnis muss hervorgehen, dass der oder die Jugendliche für die vorgesehene Arbeit mit oder ohne Vorbehalt geeignet ist.

2 Weitergehende kantonale Vorschriften über die Beibringung eines ärztlichen Zeugnisses oder einer ärztlichen Untersuchung bleiben vorbehalten.

3. Abschnitt: Beschäftigung von Jugendlichen unter 15 Jahren

Art. 52   Beschäftigung schulpflichtiger Jugendlicher von mehr als 13 Jahren (Art. 30 Abs. 2 ArG)

1 Sofern Gesundheit und Schulleistung nicht beeinträchtigt werden und die Sittlichkeit gewahrt wird, dürfen schulpflichtige Jugendliche nach dem vollendeten 13. Altersjahr zu Botengängen ausserhalb des Betriebes, zu Handreichungen beim Sport sowie zu leichten Arbeiten in Betrieben des Detailhandels und in Forstbetrieben herangezogen werden.

2 Eine Beschäftigung nach Absatz 1 ist nur zulässig in der Zeit zwischen 6 und 20 Uhr und in der Regel nur an Werktagen, ausnahmsweise, bei besonderen Anlässen oder zu Handreichungen beim Sport, auch an Sonn- und Feiertagen.

3 Die Dauer der Beschäftigung darf höchstens betragen:

a.   während der Schulzeit 2 Stunden an ganzen Schultagen, 3 Stunden an schulfreien Halbtagen und insgesamt 9 Stunden in der Woche;

b.   während der Schulferien 3 Stunden im Tag und insgesamt 15 Stunden in der Woche.

4 Die Kantone können die Beschäftigung von einer Bewilligung abhängig machen oder eine Meldepflicht des Arbeitgebers vorschreiben.

Art. 53   Beschäftigung schulpflichtiger Jugendlicher von mehr als 14 Jahren (Art. 30 Abs. 2 ArG)

1 Sofern Gesundheit und Schulleistung nicht beeinträchtigt werden und die Sittlichkeit gewahrt wird, dürfen schulpflichtige Jugendliche nach dem vollendeten 14. Altersjahr zusätzlich zu Arbeiten nach Arti-

kel 52 oder während längstens der Hälfte von wenigstens drei Wochen dauernden Schulferien mit leichten Arbeiten beschäftigt werden.

2 Eine Beschäftigung nach Absatz 1 ist nur an Werktagen zulässig und darf höchstens 8 Stunden im Tag und insgesamt höchstens 40 Stunden in der Woche dauern. Beginn und Ende der Beschäftigung müssen zwischen 6 und 20 Uhr liegen. Die tägliche Ruhezeit muss mindestens 12 aufeinander folgende Stunden betragen.

3 Die Kantone können die Beschäftigung von einer Bewilligung abhängig machen oder eine Meldepflicht des Arbeitgebers vorschreiben.

Art. 54 Beschäftigung schulpflichtiger Jugendlicher zur Vorbereitung der Berufswahl (Art. 30 Abs. 2 ArG)

1 Sofern Gesundheit und Schulleistung nicht beeinträchtigt werden und die Sittlichkeit gewahrt wird, dürfen schulpflichtige Jugendliche vom Kalenderjahr an, in dem sie das 14. Altersjahr vollenden, zur Vorbereitung der Berufswahl im Rahmen eines vom Betrieb oder von der Berufsberatung aufgestellten Programms kurzfristig mit leichten Arbeiten beschäftigt werden.

2 Eine Beschäftigung nach Absatz 1 ist nur an Werktagen zulässig und darf höchstens 8 Stunden im Tag und insgesamt höchstens 40 Stunden in der Woche dauern. Beginn und Ende der Beschäftigung müssen zwischen 6 und 20 Uhr liegen. Die tägliche Ruhezeit muss mindestens 12 aufeinander folgende Stunden betragen.

3 Die Kantone können die Beschäftigung von einer Bewilligung abhängig machen oder eine Meldepflicht des Arbeitgebers vorschreiben. Mit der Bewilligung von Berufswahlpraktika im Sinne von Absatz 1 können besondere Auflagen zum Schutz der Jugendlichen verbunden werden, wie namentlich eine ausreichende Sicherstellung für Unfallfolgen.

Art. 55 Beschäftigung schulentlassener Jugendlicher unter 15 Jahren (Art. 30 Abs. 3 ArG)

1 In Kantonen, in denen die Schulpflicht vor dem vollendeten 15. Altersjahr endet, kann die kantonale Behörde im Einzelfall die regelmässige Beschäftigung von schulentlassenen Jugendlichen, die das 14. Altersjahr vollendet haben, bewilligen.

[2] Dem Bewilligungsgesuch ist ein ärztliches Zeugnis beizulegen, das sich darüber ausspricht, ob der vorgesehenen Beschäftigung der oder des Jugendlichen nicht Krankheiten, Gebrechen oder Entwicklungsstörungen entgegenstehen.

[3] Die kantonale Behörde darf die Bewilligung nur erteilen, wenn der Gesundheitszustand der oder des Jugendlichen die vorzeitige Aufnahme einer regelmässigen Beschäftigung erlaubt, die vorgesehene Tätigkeit die Gesundheit der oder des Jugendlichen nicht gefährdet und die Sittlichkeit gewahrt wird.

[4] Auf schulentlassene Jugendliche, die vorzeitig eine regelmässige Beschäftigung aufnehmen, sind die Artikel 56–59 anwendbar.

4. Abschnitt: Arbeits- und Ruhezeit für Jugendliche über 15 Jahren

Art. 56   Tägliche Ruhezeit (Art. 31 Abs. 2 ArG)

[1] Jugendlichen von mehr als 15 Jahren ist eine tägliche Ruhezeit von mindestens 12 aufeinanderfolgenden Stunden zu gewähren.

[2] Beträgt die zusammenhängende wöchentliche Ruhezeit mindestens 36 Stunden, so darf die tägliche Ruhezeit einmal in der Woche auf 11 Stunden herabgesetzt werden.

Art. 57   Überzeitarbeit (Art. 31 Abs. 3 ArG)

Jugendliche von mehr als 16 Jahren dürfen nur an Werktagen und nur innerhalb der Grenzen der Tagesarbeit zu Überzeitarbeit herangezogen werden.

Art. 58   Nachtarbeit (Art. 31 Abs. 4 ArG)

[1] Für Jugendliche von mehr als 16 Jahren kann von der zuständigen Behörde Nachtarbeit bewilligt werden:

a.   soweit sie für die Berufsbildung unentbehrlich ist;

b.   soweit die Mitwirkung Jugendlicher zur Behebung einer Betriebsstörung infolge höherer Gewalt notwendig ist.

[2] Das Bundesamt kann die besonderen Voraussetzungen festsetzen, unter denen weitere Ausnahmen vom Verbot der Nachtarbeit bewilligt werden dürfen.

3 Mit der Bewilligung von Nachtarbeit können besondere Auflagen zum Schutz der Jugendlichen verbunden werden.

Art. 59   Sonntagsarbeit (Art. 31 Abs. 4 ArG)

1 Für Jugendliche von mehr als 16 Jahren kann von der zuständigen Behörde Sonntagsarbeit bewilligt werden:

a.   soweit sie für die Berufsbildung unentbehrlich ist;

b.   soweit sie im betreffenden Beruf in nicht industriellen Betrieben üblich ist;

c.   soweit die Mitwirkung Jugendlicher zur Behebung einer Betriebsstörung infolge höherer Gewalt notwendig ist.

2 Mit der Bewilligung von Sonntagsarbeit ist die Auflage zu verbinden, dass den Jugendlichen während der vorhergehenden oder der folgenden Woche im Anschluss an die tägliche Ruhezeit eine entsprechende, auf einen Arbeitstag fallende Ersatzruhe gewährt wird. Fällt die Sonntagsarbeit auf den Vormittag und den Nachmittag oder dauert sie länger als 5 Stunden, so hat die Ersatzruhe mindestens 24 aufeinander folgende Stunden zu betragen.

5. Kapitel: Sonderschutz von Frauen

1. Abschnitt: Beschäftigung bei Mutterschaft

Art. 60   Arbeitszeit und Stillzeit bei Schwangerschaft und Mutterschaft (Art. 35 und 35a ArG)

1 Schwangere Frauen und stillende Mütter dürfen nicht über die vereinbarte ordentliche Dauer der täglichen Arbeit hinaus beschäftigt werden, jedoch keinesfalls über 9 Stunden hinaus.

2 Für das Stillen im ersten Lebensjahr ist die Stillzeit wie folgt an die Arbeitszeit anzurechnen:

a.   Stillzeit im Betrieb gilt als Arbeitszeit;

b.   verlässt die Arbeitnehmerin den Arbeitsort zum Stillen, ist die Hälfte dieser Abwesenheit als Arbeitszeit anzuerkennen;

c.   die übrige Stillzeit darf weder vor- noch nachgeholt werden, sie darf auch nicht anderen gesetzlichen Ruhe- oder Ausgleichsruhezeiten angerechnet werden.

Art. 61   Beschäftigungserleichterung (Art. 35 ArG)

[1] Bei hauptsächlich stehend zu verrichtender Tätigkeit sind schwangeren Frauen ab dem vierten Schwangerschaftsmonat eine tägliche Ruhezeit von 12 Stunden und nach jeder zweiten Stunde zusätzlich zu den Pausen nach Artikel 15 des Gesetzes eine Kurzpause von 10 Minuten zu gewähren.

[2] Ab dem sechsten Schwangerschaftsmonat sind stehende Tätigkeiten auf insgesamt 4 Stunden pro Tag zu beschränken.

2. Abschnitt: Gesundheitsschutz bei Mutterschaft

Art. 62   Gefährliche und beschwerliche Arbeiten bei Schwangerschaft und Mutterschaft (Art. 35 ArG)

[1] Der Arbeitgeber darf schwangere Frauen und stillende Mütter zu gefährlichen und beschwerlichen Arbeiten nur beschäftigen, wenn auf Grund einer Risikobeurteilung feststeht, dass dabei keine konkrete gesundheitliche Belastung für Mutter und Kind vorliegt, oder wenn eine solche durch geeignete Schutzmassnahmen ausgeschaltet werden kann. Vorbehalten bleiben weitere Ausschlussgründe nach Absatz 4.

[2] Kann eine gefährliche gesundheitliche Belastung für Mutter und Kind nur durch das Ergreifen geeigneter Schutzmassnahmen ausgeschaltet werden, ist deren Wirksamkeit periodisch, mindestens vierteljährlich zu überprüfen. Stellt sich dabei heraus, dass das Schutzziel nicht erreicht wird, ist nach den Artikeln 64 Absatz 2 bzw. 65 zu verfahren.

[3] Als gefährliche und beschwerliche Arbeiten für schwangere Frauen und stillende Mütter gelten alle Arbeiten, die sich erfahrungsgemäss nachteilig auf die Gesundheit dieser Frauen und ihrer Kinder auswirken. Dazu gehören namentlich:

a.   das Bewegen schwerer Lasten von Hand;

b.   Bewegungen und Körperhaltungen, die zu vorzeitiger Ermüdung führen;

c.   Arbeiten, die mit Einwirkungen wie Stössen, Erschütterungen oder Vibrationen verbunden sind;

d. Arbeiten bei Überdruck, z.B. in Druckkammern, beim Tauchen usw.;

e. Arbeiten bei Kälte oder Hitze oder bei Nässe;

f. Arbeiten unter Einwirkung schädlicher Strahlen oder Lärm;

g. Arbeiten unter Einwirkung schädlicher Stoffe oder Mikroorganismen;

h. Arbeiten in Arbeitszeitsystemen, die erfahrungsgemäss zu einer starken Belastung führen.

4 Das Eidgenössische Volkswirtschaftsdepartement legt in einer Verordnung fest, wie die in Absatz 3 aufgeführten gefährlichen und beschwerlichen Arbeiten zu beurteilen sind. Überdies definiert es Stoffe, Mikroorganismen und Arbeiten, die auf Grund der Erfahrung und dem Stand der Wissenschaft mit einem besonderen hohen Gefahrenpotenzial für Mutter und Kind verbunden sind und die bei jeder Beschäftigung von schwangeren Frauen und stillenden Müttern verboten sind.

Art. 63 Risikobeurteilung und Unterrichtung (Art. 35 und 48 ArG)

1 Ein Betrieb mit gefährlichen und beschwerlichen Arbeiten für Mutter und Kind nach Artikel 62 hat die Risikobeurteilung durch eine fachlich kompetente Person nach den Grundsätzen der Artikel 11a ff. der Verordnung vom 19. Dezember 1983[5] über die Verhütung von Unfällen und Berufskrankheiten und den spezifischen Vorschriften über den Beizug von fachlich kompetenten Personen bei Mutterschaft vorzunehmen.

2 Die Risikobeurteilung erfolgt erstmals vor Beginn der Beschäftigung von Frauen in einem Betrieb oder Betriebsteil nach Artikel 62 und bei jeder bedeutenden Änderung der Arbeitsbedingungen.

3 Das Ergebnis der Risikobeurteilung ist schriftlich festzuhalten, ebenso die vom Spezialisten der Arbeitssicherheit vorgeschlagenen Schutzmassnahmen. Bei der Risikobeurteilung sind zu beachten:

a. die Vorschriften nach Artikel 62 Absatz 4;

5 SR **832.30**

b.   die Vorschriften der Verordnung 3 vom 18. August 1993[6] zum Arbeitsgesetz; und

c.   die Verordnung vom 19. Dezember 1983 über die Verhütung von Unfällen und Berufskrankheiten.

[4] Der Arbeitgeber hat dafür zu sorgen, dass Frauen mit beschwerlichen und gefährlichen Arbeiten über die mit der Schwangerschaft und der Mutterschaft in Zusammenhang stehenden Gefahren und Massnahmen rechtzeitig, umfassend und angemessen informiert sowie angeleitet werden.

3. Abschnitt: Beschäftigungseinschränkungen und -verbote

Art. 64   Arbeitsbefreiung und Versetzung (Art. 35 und 35a ArG)

[1] Schwangere Frauen und stillende Mütter sind auf ihr Verlangen von Arbeiten zu befreien, die für sie beschwerlich sind.

[2] Frauen, die gemäss ärztlichem Zeugnis in den ersten Monaten nach der Entbindung nicht voll leistungsfähig sind, dürfen nicht zu Arbeiten herangezogen werden, die ihre Leistungsfähigkeit übersteigen.

[3] Der Arbeitgeber hat eine schwangere Frau oder eine stillende Mutter an einen für sie ungefährlichen und gleichwertigen Arbeitsplatz zu versetzen, wenn:

a.   die Risikobeurteilung eine Gefahr für die Sicherheit und Gesundheit von Mutter oder Kind ergibt und keine geeignete Schutzmassnahme getroffen werden kann; oder

b.   feststeht, dass die betroffene Frau Umgang hat mit Stoffen, Mikroorganismen oder Arbeiten ausführt, die mit einem hohen Gefahrenpotenzial nach Artikel 62 Absatz 4 verbunden sind.

Art. 65   Verbotene Arbeiten während der Mutterschaft (Art. 35 ArG)

Ist eine Versetzung nach Artikel 64 Absatz 2 nicht möglich, darf die betroffene Frau im von der Gefahr betroffenen Betrieb oder Betriebsteil nicht mehr beschäftigt werden.

6   SR **822.113**

Art. 66   Verbotene Arbeiten (Art. 36a ArG)

Frauen dürfen nicht zu Arbeiten auf Untertage-Baustellen herangezogen werden, ausser für:

a. wissenschaftliche Tätigkeiten;

b. Dienstleistungen der ersten Hilfe und der medizinischen Erstversorgung;

c. kurzfristige Tätigkeiten im Rahmen einer geregelten Berufsausbildung; oder

d. kurzfristige Tätigkeiten nicht handwerklicher Art.

6. Kapitel: Besondere Pflichten der Arbeitgeber und Arbeitnehmer

1. Abschnitt: Betriebsordnung

Art. 67   Vereinbarte oder erlassene Betriebsordnung (Art. 37 ArG)

[1] Als frei gewählt gilt die Arbeitnehmervertretung, wenn die Wahl nach den Grundsätzen der Artikel 5–7 des Mitwirkungsgesetzes vom 17. Dezember 1993[7] erfolgt ist.

[2] Wird die Betriebsordnung vom Arbeitgeber erlassen, so ist der Entwurf im Betrieb gut sichtbar anzuschlagen oder den Arbeitnehmern und Arbeitnehmerinnen auszuhändigen. Innert vier Wochen können die Arbeitnehmer oder Arbeitnehmerinnen schriftlich dazu Stellung nehmen oder sie sind vom Arbeitgeber mündlich anzuhören.

Art. 68   Bekanntmachung der Betriebsordnung (Art. 39 ArG)

[1] Die Betriebsordnung ist im Betrieb gut sichtbar anzuschlagen oder den Arbeitnehmern oder Arbeitnehmerinnen auszuhändigen.

[2] Die Betriebsordnung ist der kantonalen Behörde zuzustellen.[8]

---

7   SR **822.14**

8   Fassung gemäss Ziff. I der V vom 24. April 2002, in Kraft seit 1. Juni 2002 (AS **2002** 1347).

2. Abschnitt: Weitere Pflichten gegenüber Arbeitnehmern und Arbeitnehmerinnen

Art. 69   Bekanntgabe der Arbeitszeiten und der Schutzvorschriften (Art. 47 Abs. 1 ArG)

[1] Bei der Planung für die im Betrieb massgeblichen Arbeitszeiten, wie Rahmeneinsatzzeiten, Pikettdienst, Einsatzpläne, bewilligte Stundenpläne und deren Änderungen sind die Arbeitnehmer und Arbeitnehmerinnen beizuziehen. Über den Zeitpunkt der konkreten Einführung der massgeblichen Arbeitszeiten sind die Arbeitnehmer und Arbeitnehmerinnen möglichst frühzeitig zu informieren, in der Regel zwei Wochen vor einem geplanten Einsatz mit neuen Arbeitszeiten.

[2] Besondere Schutzvorschriften nach Artikel 47 Absatz 1 Buchstabe b des Gesetzes sind die Vorschriften des Gesetzes und dieser Verordnung über den Jugendschutz, die Mutterschaft und die zu gewährenden Ausgleichsruhezeiten für geleistete Nachtarbeit.

Art. 70   Information und Anleitung der Arbeitnehmer (Art. 48 ArG)

[1] Der Arbeitgeber muss dafür sorgen, dass alle in seinem Betrieb beschäftigten Arbeitnehmer und Arbeitnehmerinnen, einschliesslich der dort tätigen Arbeitnehmer und Arbeitnehmerinnen eines andern Betriebes, ausreichend und angemessen informiert und angeleitet werden über die Organisation der Arbeitszeit, die Gestaltung der Stundenpläne und die bei Nachtarbeit vorgesehenen Massnahmen im Sinne von Artikel 17e des Gesetzes. Diese Anleitung hat im Zeitpunkt des Stellenantritts und bei jeder Änderung der Arbeitsbedingungen zu erfolgen und ist nötigenfalls zu wiederholen.

[2] Die Information und die Anleitung müssen während der Arbeitszeit erfolgen und dürfen nicht zu Lasten der Arbeitnehmer und Arbeitnehmerinnen gehen.

Art. 71   Beizug der Arbeitnehmer (Art. 48 und 6 Abs. 3 ArG)

[1] Die Arbeitnehmer und Arbeitnehmerinnen oder ihre Vertretung im Betrieb sind vorgängig über Besuche der Vollzugsbehörde zu informieren und auf ihren Wunsch in geeigneter Form zu Abklärungen und Betriebsbesuchen derselben beizuziehen. Bei unangemeldeten Betriebs-

besuchen sind die Arbeitnehmer und Arbeitnehmerinnen ebenfalls beizuziehen.

2 Der Arbeitgeber hat den Arbeitnehmern und Arbeitnehmerinnen oder deren Vertretung im Betrieb von Anordnungen der Vollzugsbehörde Kenntnis zu geben.

3. Abschnitt: Pflichten gegenüber Vollzugs- und Aufsichtsorganen

Art. 72   Zutritt zum Betrieb (Art. 45 ArG)

1 Der Arbeitgeber hat den Vollzugs- und Aufsichtsorganen Zutritt zu allen Räumen des Betriebes, mit Einschluss der Ess-, Aufenthalts- und Unterkunftsräume, zu gewähren.

2 Die Vollzugs- und Aufsichtsorgane sind befugt, im Rahmen ihrer Aufgaben den Arbeitgeber und, ohne Anwesenheit von Drittpersonen, die im Betrieb beschäftigten Arbeitnehmer und Arbeitnehmerinnen über die Durchführung des Gesetzes, der Verordnungen und der Verfügungen zu befragen.

Art. 73   Verzeichnisse und andere Unterlagen (Art. 46 ArG)

1 Die Verzeichnisse und Unterlagen haben alle Angaben zu enthalten, die für den Vollzug des Gesetzes notwendig sind, namentlich müssen daraus ersichtlich sein:

a. die Personalien der Arbeitnehmer und der Arbeitnehmerinnen;

b. die Art der Beschäftigung sowie Ein- und Austritt der Arbeitnehmer oder der Arbeitnehmerinnen;

c. die geleistete (tägliche und wöchentliche) Arbeitszeit inkl. Ausgleichs- und Überzeitarbeit sowie ihre Lage;

d. die gewährten wöchentlichen Ruhe- oder Ersatzruhetage, soweit diese nicht regelmässig auf einen Sonntag fallen;

e. die Lage und Dauer der Pausen von einer halben Stunde und mehr;

f. die betrieblichen Abweichungen von der Tag-, Nacht- und Sonntagsdefinition nach den Artikeln 10, 16 und 18 des Gesetzes;

g.   Regelungen über den Zeitzuschlag nach Artikel 17b Absätze 2 und 3 des Gesetzes;

h.   die nach Gesetz geschuldeten Lohn- und/oder Zeitzuschläge;

i.   die Ergebnisse der medizinischen Abklärungen hinsichtlich der Eignung oder Nichteignung bei Nachtarbeit oder Mutterschaft;.

j.   das Vorliegen von Ausschlussgründen oder die Ergebnisse der Risikobeurteilung bei Mutterschaft und gestützt darauf getroffene betriebliche Massnahmen.

2 Verzeichnisse und andere Unterlagen sind nach Ablauf ihrer Gültigkeit für mindestens fünf Jahre aufzubewahren.

3 Die Vollzugs- und Aufsichtsorgane können Einsicht nehmen in weitere Verzeichnisse und Unterlagen, soweit das für die Erfüllung ihrer Aufgaben notwendig ist. Sofern es für die Ermittlung notwendig ist, kann die zuständige Behörde diese Unterlagen und Verzeichnisse mitnehmen. Nach Abschluss der Ermittlungen sind diese dem Arbeitgeber zurückzugeben.

Art. 74   Altersausweis (Art. 29 Abs. 4 ArG)

1 Für alle Jugendlichen hat der Arbeitgeber einen Altersausweis zur Verfügung der Vollzugs- und Aufsichtsbehörden zu halten.

2 Der Altersausweis wird vom Zivilstandsbeamten des Geburts- oder Heimatortes, für nicht in der Schweiz geborene Ausländer und Ausländerinnen von der zuständigen Polizeibehörde unentgeltlich ausgestellt.

7. Kapitel: Aufgaben und Organisation der Behörden

1. Abschnitt: Bund

Art. 75   Bundesamt (Art. 42 Abs. 3 ArG)

1 Das Staatssekretariat für Wirtschaft (Bundesamt) ist die Fachstelle des Bundes für den Arbeitnehmerschutz. Es hat namentlich folgende Aufgaben:[9]

---

9   Fassung gemäss Ziff. I der V vom 24. April 2002, in Kraft seit 1. Juni 2002 (AS **2002** 1347).

a. Es beaufsichtigt und koordiniert die Durchführung des Gesetzes durch die Kantone und sorgt für eine einheitliche Rechtsanwendung.

b. Es stellt die Weiter- und Fortbildung der Vollzugsbehörden sicher.

c. Es berät und informiert die kantonalen Vollzugsbehörden sowie die Arbeitgeber- und Arbeitnehmerverbände bei der Anwendung des Gesetzes und der Verordnungen sowie in allgemeinen Belangen des Arbeitnehmerschutzes auch andere interessierte oder betroffene Organisationen.

d. Es beschafft Informationen auf dem Gebiet des Arbeitnehmerschutzes.

e. Es stellt Fachleute und nötige Infrastrukturen für die Beurteilung und Lösung komplexer Fragen, Probleme und Vorfälle bereit.

f. Es untersucht Grundsatz- und Spezialfragen aus dem Bereich des Arbeitnehmerschutzes und klärt Fälle ab, die von allgemeiner Bedeutung sind.

g. Es unterstützt die Bemühungen zur Förderung des Gesundheitsschutzes am Arbeitsplatz und es initiiert und fördert Forschungsvorhaben zum Thema Arbeit und Gesundheit.

h. Es nimmt im Bereich des Arbeitnehmerschutzes die Aufgaben der Öffentlichkeitsarbeit sowie die internationalen Kontakte wahr.

i. Es vollzieht das Gesetz und seine Verordnungen in den Betrieben und Verwaltungen des Bundes.

j. Es führt das Plangenehmigungsverfahren nach den Artikeln 7 und 8 des Gesetzes im koordinierten Bundesverfahren nach Artikel 62a–62c des Regierungs- und Verwaltungsorganisationsgesetzes vom 21. März 1997[10] durch.

2 Soweit es die Aufgaben nach Absatz 1 erfordern, hat das Bundesamt Zutritt zu allen Betrieben.

3 Das Bundesamt kann auf Gesuch hin gegen Ersatz der Kosten ganz oder teilweise Aufgaben eines Kantons übernehmen, wenn dieser mangels personeller, fachlicher oder sachlicher Mittel seine Aufgaben nicht erfüllen kann.

10   SR **172.010**

4 Für Gesuche, Bewilligungen und Genehmigungen kann das Bundesamt einheitliche Formulare vorschreiben.

Art. 76[11]   Gebietszuständigkeit der Eidgenössischen Arbeitsinspektion

Das Eidgenössische Volkswirtschaftsdepartement legt die Gebietszuständigkeit der Organe der Eidgenössischen Arbeitsinspektion im Sinn von Artikel 42 Absatz 4 des Gesetzes fest.

Art. 77   Verfügungen des Bundesamtes und Ersatzmassnahmen (Art. 42, 50, 51 und 53 ArG)

1 Das Bundesamt kann in seinem Aufgabenbereich gegenüber dem Arbeitgeber Verfügungen erlassen und ihn auffordern, die notwendigen Massnahmen zur Herbeiführung des gesetzmässigen Zustandes zu treffen. Ist Gefahr im Verzug, können Verfügungen im Sinne vorsorglicher Massnahmen getroffen werden.

2 Die in Absatz 1 genannten Verfügungen sind schriftlich zu eröffnen; vorsorgliche Massnahmen sind nachträglich zu bestätigen und zu begründen. Dem Arbeitgeber ist eine Frist anzusetzen, innert der er den gesetzmässigen Zustand herbeizuführen und darüber Bericht zu erstatten hat.

3 Kommt der Arbeitgeber nicht innert der gesetzten Frist den Verfügungen und angeordneten Massnahmen nach, so ergreift das Bundesamt die zur Durchsetzung notwendigen Massnahmen unter Kosten- und Straffolge für den Arbeitgeber.

4 Gegen Verfügungen des Bundesamtes kann nach dem Verwaltungverfahrensgesetz vom 20. Dezember 1968[12] Beschwerde bei der Rekurskommission EVD erhoben werden.

Art. 78   Massnahmen der Oberaufsicht (Art. 42 ArG)

Unterlässt die kantonale Vollzugsbehörde eine notwendige Amtshandlung oder widersprechen Verfügungen ganz oder teilweise dem Gesetz, so erteilt das Bundesamt die nötigen Weisungen. Ist Gefahr im Verzug oder liegen erhebliche Rechtsgüterverletzungen vor, trifft das

---

11   Fassung gemäss Ziff. I der V vom 24. April 2002, in Kraft seit 1. Juni 2002 (AS **2002** 1347).

12   SR **172.021**.